U0948549

越江海盾构隧道合理覆土厚度

袁大军　著

科 学 出 版 社
北　京

内 容 简 介

本书采用室内土工试验、室内模型试验、现场试验和理论分析等手段，从盾构泥水劈裂、开挖面稳定控制、抗浮安全等多方面探究合理覆土厚度问题，提出了越江海泥水盾构隧道合理覆土厚度的计算模型和方法，并在南京长江隧道等工程得到了成功应用。

本书内容深入浅出，既有理论解释，也有室内试验、现场试验及设计案例等，并配有大量的图片，对盾构隧道工程设计、施工和管理有较大的借鉴意义。本书可供隧道工程等相关科研人员、技术人员及高等院校相关专业的师生参考。

图书在版编目(CIP)数据

越江海盾构隧道合理覆土厚度 / 袁大军著. —北京：科学出版社，2020.7

ISBN 978-7-03-058323-9

Ⅰ. ①越… Ⅱ. ①袁… Ⅲ. ①水下隧道-隧道施工-盾构法-研究 Ⅳ. ①U455.43

中国版本图书馆 CIP 数据核字（2018）第 157958 号

责任编辑：任加林 / 责任校对：赵丽杰

责任印制：吕春珉 / 封面设计：耕者设计工作室

科学出版社出版

北京东黄城根北街 16 号

邮政编码：100717

http://www.sciencep.com

北京中科印刷有限公司印刷

科学出版社发行　各地新华书店经销

*

2020 年 7 月第　一　版　　开本：B5（720×1000）

2020 年 7 月第一次印刷　　印张：16 1/4

字数：312 000

定价：160.00 元

（如有印装质量问题，我社负责调换〈中科〉）

销售部电话 010-62136230　编辑部电话 010-62139281（HA08）

前　言

我第一次实际接触盾构隧道，是在当时世界最大直径越海盾构隧道——东京湾海底隧道工地，硕士期间从事的研究也是小覆土的泥水劈裂问题，也就是从那时起与越江海盾构隧道的覆土厚度问题结缘。

人类在硬岩中修建隧道由来已久，可如何在软土中修建隧道，一直困扰着人类。泰晤士河隧道是第一条采用盾构技术在软土地质条件下建设的隧道。当时在泰晤士河上已有不少桥梁，但桥梁的存在给河运带来诸多不便。盾构法的诞生解决了人类的重大困惑，即在软土中如何构筑隧道的问题，进一步说是在软土的河底如何构筑隧道的问题。盾构法之所以能在世界范围内得到广泛的应用，也在于其能够克服这一问题。直到今天，人类依然在为克服更复杂的地质和环境条件、更高的水压等问题努力着。

越江海盾构隧道覆土厚度问题，涉及工程造价，更是关系到工程安全和运营安全的重大问题。越江海软土盾构隧道一般采用泥水盾构进行施工。由于这类隧道受到线路线形、地层性能和工程造价制约，一般要求覆土厚度尽可能薄，即小覆土区间。小覆土区间由于覆土浅，泥水压力和切削面稳定很难控制，易引发掘进面泥水喷发，导致切削面前方地层塌陷和江（海）水倒灌等重大事故。另外，隧道运营期间的抗浮安全也必须保证。在确保工程安全和运营安全的最小覆土厚度的基础上，结合具体工程特点、隧道功能及线性的要求，确定隧道的覆土厚度，我们称为合理覆土厚度，也就是“合理”的基本概念。

本书的特点是采用室内土工试验、室内模型试验、现场试验、理论分析等手段，从盾构泥水劈裂、开挖面稳定控制及抗浮安全等多方面探究覆土厚度问题，提出越江海泥水盾构隧道合理覆土厚度的计算模型和方法，并在南京长江隧道、南京纬三路过江通道等工程得到成功应用。

本书是作者多年研究成果的一部分，其中有日本早稻田大学博士学位论文及相关发表论文的研究内容，也有归国后主持国家自然科学基金项目、国家重点基础研究发展计划（973 计划）项目，以及多项越江海盾构隧道工程项目的研究成果，包括作者指导的黄清飞博士、刘学彦博士，以及于娇、王胤、宋为、刘念等硕士的部分研究成果。

本书付梓之际，要感谢很多人。首先要感谢的是把我引领上盾构之路的早稻田大学森麟教授——我的硕士研究生导师，即使到今天，查看国际上有关盾构泥水劈裂相关文献，早稻田大学森麟研究室的论文也是最多的。当年在森麟教授的指导下，跟随师兄们一起挥汗做劈裂试验的情景至今依然历历在目。我的博士研究生导师小泉淳教授，他不仅指导我完成博士论文，而且至今依然指导和帮助着我。他多次到南京长江隧道工地考察、指导，并与我的课题组一起研讨。在我学成归国后，王梦恕院士指示我继续深入研究盾构，每每得知我研究取得点点进展，都充满激情地鼓励我。钱七虎院士是南京长江隧道和南京纬三路过江通道项目的专家组组长，每次课题汇报，他都表扬、鼓励我们，并嘱咐我们要结合工程做好课题。杨秀敏院士对我们课题鉴定给予了很高的评价。本书的研究成果也凝结着许多设计、施工及管理者的辛苦和汗水。他们是：南京长江隧道工程施工、管理及设计单位——中铁十四局工程常务副指挥王守慧、总工程师王华伟、工程部长陈健、管理公司郭信君总工程师，沙明元总机械师；中铁第四勘察设计院集团有限公司肖明清副总工程师、韩向阳总设计师；南京纬三路过江通道工程设计负责人、中交公路第二勘察设计院隧道与地下工程设计院郭小红院长和拓勇飞副院长等。

本书的主要内容反映了本书作者及其课题组研究成果，李兴高教授等在项目研究中做了大量工作。在本书撰写过程中，课题组的博士研究生金大龙、吴俊、沈翔、王滕、金慧、毛家骅、王将、陆平、韩冰宇、王小宇、罗维平、王旭阳，硕士研究生曹赛赛、许亚楼、高振峰、许丽群等都参与了文献收集、图表绘制、校稿等工作，特此致谢。本书的出版得到了国家重点基础研究发展计划（973 计划）——“高水压越江海长大盾构隧道工程安全的基础研究”（2015CB057800）的资助，在此一并表示感谢。

本书呈现给读者的虽是作者及团队多年的研究成果，但仍觉粗浅，特别是泥水劈裂及伸展问题、高水压条件下考虑刀盘作用的开挖面稳定控制问题等，还需深入研究。这些问题，我们正在结合 973 计划开展后续研究。本书可以说仅仅是个开篇，相信在不久的将来会有新的研究成果与读者见面。

覆土厚度越薄，江海水压力越大，工程风险就越大。适当地留有富余量是必要的。如本书能为读者提供这方面的参考和借鉴，将是我们的莫大荣幸。

作　者
2018 年 7 月 3 日

目　　录

第一章　绪　　论

1.1　越江（河）海盾构隧道技术

随着我国综合国力的提高和国家科技水平的进步，大型越江海隧道以其综合优势已经成为沿江和沿海大城市、区域乃至国家的重要交通干线或网络的控制性节点，对促进城市和地区的经济与社会可持续发展发挥重要的作用，具有深远的意义。从上海在黄浦江修建过江通道后，各大沿江、沿海城市纷纷开始制订越江海通道计划。2000 年以后，使用盾构法修建的公路、铁路、输水隧道越来越多，特别是在上海、南京、武汉、杭州等城市修建了多个大直径过江通道[1]。随着国家海洋强国战略、区域经济一体化、大通道建设计划的逐步实施，我国采用盾构法在深水区域挑战高水压越江海交通隧道，如台湾海峡隧道[2]、烟大渤海海峡隧道[3]、琼州海峡隧道[4]等。由于即将建设的越江海盾构隧道可能具有超高水压（水压将达到 2.0MPa 以上，国内外现有的案例最大水压 0.7MPa[5]）、长距离（烟大渤海海峡隧道长超过 125km）和大直径（琼州海峡，16.7m）等突出特点，且工程地质和水文地质条件复杂多变，加上重要交通干线使命和百年服役期的要求，不仅工程本身存在巨大风险，而且既有的设计施工的基础理论面临诸多新问题和挑战。

1.1.1　越江（河）海盾构隧道工程建设概况

国外修建越江海隧道的时间较早，如日本 1944 年便使用网格盾构法在关门海峡修建了直径为 7m 的铁路隧道，由于当时技术水平有限，使用管片较厚，施工时间较长，历时将近 8 年。40 年后，日本开始在东京湾采用桥隧结合方式筹建快速通道[6]。其中，隧道部分采用直径 14.14m 泥水盾构双向对掘，隧道覆土厚度较浅，为 9.9～40m，但由于海水很深，水压较大，最高水压约为 0.6MPa，如图 1.1.1 所示。考虑到隧道的耐久性，采用双层衬砌，其中外层衬砌为宽 1.5m、厚度 0.65m 的管片单元，如图 1.1.2 所示。该隧道的建成在世界范围内引起了轰动，对水下软土隧道修建有很好的借鉴意义。

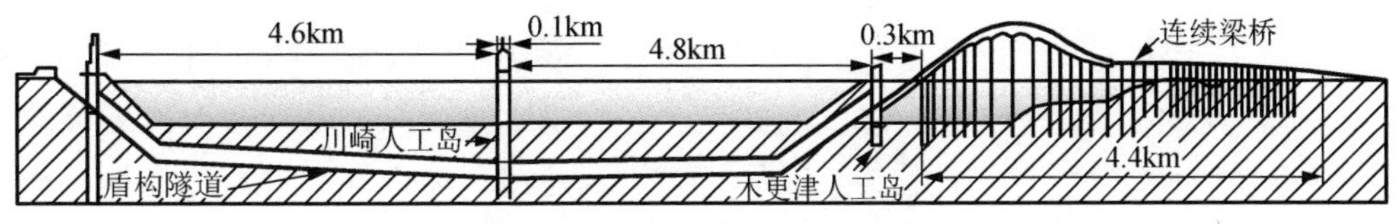

图 1.1.1　东京湾海底隧道纵断面

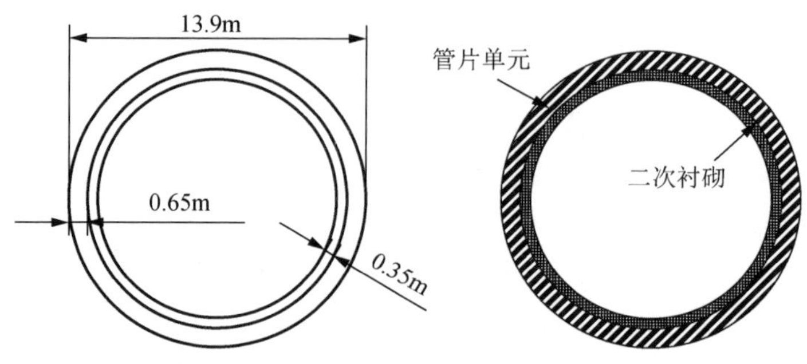

图 1.1.2　东京湾海底隧道横断面

与东京湾海底隧道几乎同时开建的英法海底隧道[7]覆土厚度较深，为20～130m，且处于泥灰岩中，如图 1.1.3 所示。因此，隧道受海水侵蚀等危害较弱，考虑到泥灰岩的围岩性能较好，主隧道仅采用厚为 0.35m 管片单元进行支护，如图 1.1.4 所示。该隧道施工较为顺利，不到 7 年便完成通车，同时也因其融资模式而享有盛誉。

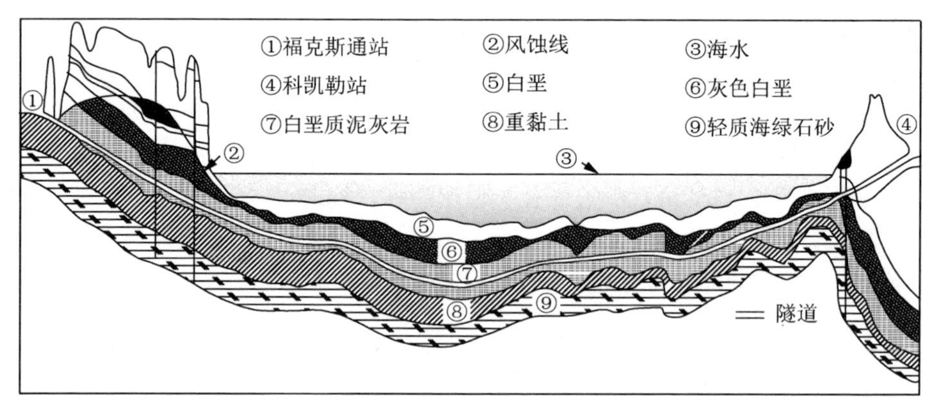

图 1.1.3　英法海底隧道纵断面

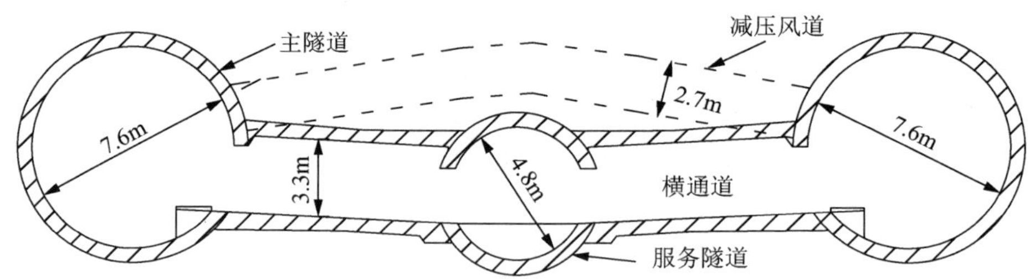

图 1.1.4　英法海底隧道横断面

其他各地陆续建立了一些越江海隧道，比较著名的有丹麦斯多贝尔海峡公路隧道[8]、荷兰西斯凯尔特隧道、德国易北河第四隧道、荷兰绿心铁路隧道等，如表 1.1.1 所示。整体来讲，由于隧道使用需求不同、各国标准不一、地质条件差异、修建技术尚未成熟等原因，其隧道管片厚度变化幅值较大，隧道所受水压力也控制在 1.0MPa 以内。

表 1.1.1　国外部分越江海盾构隧道数据

工程名称	设计时速/km	长度*/km	管片外径/内径/m	管片宽度/厚度/m	盾构开挖直径/m	最小/最大埋深/m	最高水压/MPa	工期/月	竣工年份
日本关门铁路隧道	—	3.6 (1.14)	7.0/6.0	—/0.5	—	9.5/40	约 0.4	95	1944
英法海底隧道	140	2×50 (2×37.2)	8.3/7.6	1.5/0.35	8.8	20/130	约 1.0	77	1994
丹麦斯多贝尔海峡公路隧道	60	7.9	8.5/7.7	1.65/0.4	8.78	5/60	0.65	80	1996
日本东京湾海底隧道	80	9.6 (9.1)	13.9/12.6	1.5/0.65	14.14	9.9/40	0.60	103	1997
荷兰西斯凯尔特隧道	60	2×6.6	11.0/10.1	2.0/0.45	11.34	5.0/60	0.65	60	2003
德国易北河第四隧道	80	2×2.561	13.75/12.25	2.0/0.7	14.2	7/42	0.60	29	2003
荷兰绿心铁路隧道	160	7.2	14.5/13.3	2.0/0.6	14.87	平均 35	0.5	48	2004

* 括号中为越江段长度，km。

国内修建越海隧道较早的是香港地区，1972 年香港使用沉管法建成了红磡海底隧道。修建越江隧道较早的是上海市，在 1969 年便使用网格盾构法建立了打浦路隧道。而 20 世纪 90 年代以后，越江海隧道开始大规模兴起，如上海、南京、武汉等地穿越黄浦江、长江，广州、深圳穿越珠江，杭州穿越钱塘江等隧道工程。

上海上中路隧道（图 1.1.5）[9]穿越黄浦江采用泥水盾构施工，隧道外径 14.5m，内径 13.3m，主要穿越黏土和粉土。江底最浅覆土 10m，隧道最深处水压 0.4MPa。

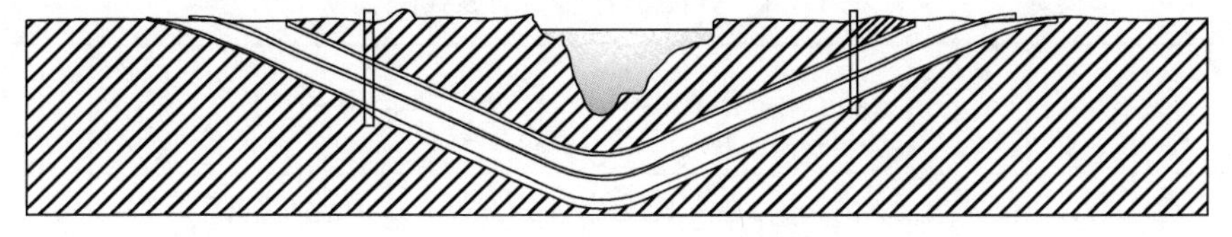

图 1.1.5　上海上中路隧道纵断面

南京长江隧道（图 1.1.6）[10]外径 14.5m（开挖直径 14.93m）、内径 13.3m。通过地层复杂：以粉细砂为主，但江中地段数百米长度为粉细砂、砾砂和卵石混合地层，土质缺乏黏性，呈松散、流塑状态，稳定性很差；隧道承受水压高，最高水压约为 0.65MPa；覆土厚度较薄，江底冲槽段最小覆土厚度仅 10.49m，约为开挖直径的十分之七。

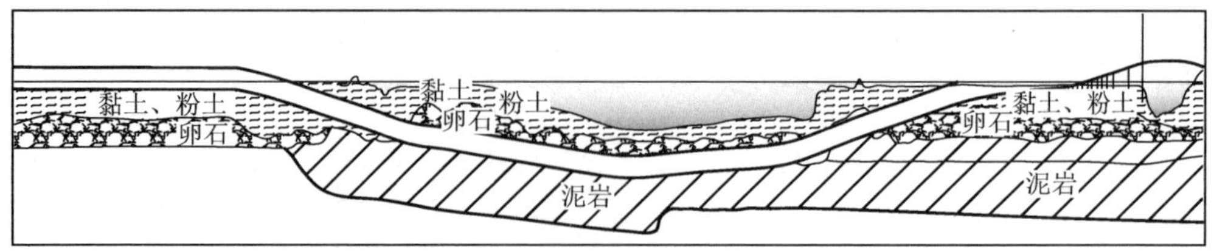

图 1.1.6　南京长江隧道地质纵断面示意图

武汉长江隧道（图 1.1.7）[11-13]外径为 11.0m，内径为 10.0m。隧道通过地层较为复杂：主要有黏土、中粗砂、卵石等，其中在江中段还切入 500m 长基岩。隧道最小埋深为 7.2m，位于始发段，最大埋深为 40.5m；水压较高，最高水压为 0.57MPa。

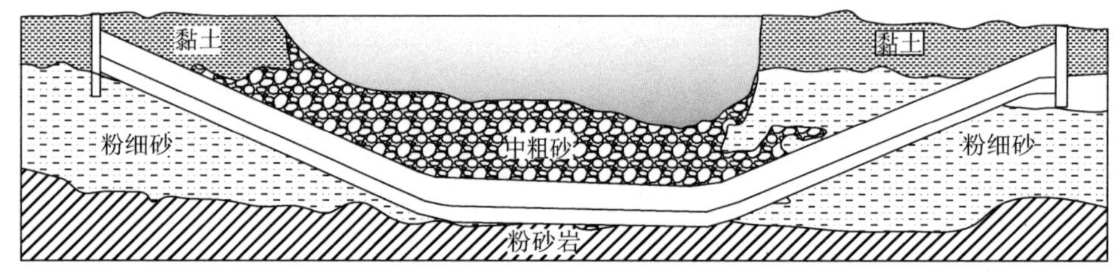

图 1.1.7　武汉长江隧道地质纵断面示意图

从以上案例可以看出：随着越江海隧道的迅速发展，我国修建水下隧道的技术趋于成熟。例如，修建过程中出现事故情况越来越少，修建工期逐渐缩短并稳定；修建隧道的标准也逐渐趋于统一，如多使用泥水盾构进行施工，隧道直径、管片宽度、管片厚度等也逐渐统一，如表 1.1.2 所示。从表 1.1.2 中可以看出，我国修建水下隧道多为越江隧道，其水压多在 0.7MPa 以下。这个水压可以被多数盾构机所接受。另外，越江隧道基本上穿越距离较短，多在 5km 以下，这也大大降低了施工难度。即使是这样，在某些复杂地层中盾构机工作依然十分吃力。

表 1.1.2　国内部分越江海盾构隧道

城市	工程名称	设计时速/km	长度*/km	管片外径/内径/m	管片宽度/厚度/m	盾构开挖直径/m	最小/最大埋深/m	最高水压/MPa	工期/月	竣工年份
上海	打浦路隧道	40	—	10.00/8.80	0.90/0.60	10.20	—/—	0.4	60	1969
	延安东路北线	60	2×2.207 (1.31)	11.00/9.90	1.00/0.55	11.32	7/—	0.4	48	1987
	延安东路南线	60	2×2.207 (1.31)	11.00/9.90	1.00/0.55	11.32	7/—	0.4	35	1994
	大连路隧道	40	2×2.565 (1.275/0.253)	11.00/10.04	1.50/0.48	11.22	8/—	0.4	28	2001
	复兴东路隧道	80	2×2.780 (1.214/1.571)	11.22/10.60	1.50/0.48	11.58	9/—	0.4	38	2005

续表

城市	工程名称	设计时速/km	长度*/km	管片外径/内径/m	管片宽度/厚度/m	盾构开挖直径/m	最小/最大埋深/m	最高水压/MPa	工期/月	竣工年份
上海	翔殷路隧道	80	2×2.606 (1.242/1.231)	11.22/10.6	1.5/0.48	11.5	9/—	0.4	30	2005
	上中路隧道	80	2×2.8 (1.25)	14.5/13.30	2.0/0.6	14.87	10/—	0.4	30	2007
	军工路隧道	80	2×2.8 (1.25)	14.5/13.30	2.0/0.6	14.87	10/—	0.4	30	2009
	长江隧道	80	2×8.9 (7.471)	15.0/13.7	2.0/0.65	15.43	7.5/42	0.65	58	2009
	长江路隧道[14]	60	2×2.86 (2×1.54)	15.0/13.7	2.0/0.65	15.43	10/—	—	—	2016
南京	长江隧道	80	2×5.85 (2×3.02)	14.5/13.30	2.0/0.6	14.93	10.8/—	0.65	62	2010
	地铁10号线越江隧道[15,16]	80	3.6	11.2/10.2	2.0/0.5	11.6	9.4/37	0.57	12	2013
	地铁3号线越江隧道[17]	80	3.3	11.2/10.2	2.0/0.5	11.57	8/40	0.62	24	2014
	纬三路过江隧道[18]	80	7.01/7.36 (3.5/4.1)	14.5/13.30	2.0/0.6	14.93	10/52	0.77	36	2015
武汉	长江隧道	60	2×3.6 (2.55/2.5)	11.0/10.0	2.0/0.5	11.38	7.2/40.5	0.4	48	2008
	地铁2号线	80	2×3.1	6.2/5.5	1.5/0.3	6.52	—/46	0.53	24	2011
	地铁4号线	80	2×3.0 (2×1.47)	6.2/5.5	1.5/0.3	6.52	7.5/—	0.52	14	2014
	地铁7号线越江隧道	—	2×2.59	15.2/13.9	2.0/0.65	15.76	—/40	0.60	—	在建
杭州	庆春路隧道[19]	60	2×3.02 (2×1.76)	11.3/10.3	2.0/0.5	11.65	—/—	—	54	2012
	钱江隧道[20-22]	80	2×4.45 (2×3.25)	15.0/13.7	2.0/0.65	15.43	7.3/—	—	33	2014
	南水北调穿黄工程[23]	—	2×3.45	8.7/7.9/7.0	1.6/0.4/0.45	9.03	23/35	0.52	74	2014
深圳	狮子洋隧道[24]	350	2×10.8 (2×9.23)	10.8/9.8	2.0/0.5	11.18	6.5/—	0.67	40	2011
	佛莞城际狮子洋隧道	200	6.5 (4.9)	13.1/12.0	2.0/0.55	13.46	—/64	0.77	—	在建
扬州	瘦西湖隧道	60	4.4 (1.28)	14.5/13.3	2.0/0.6	14.93	9.35/—	—	31	2014
汕头	苏埃隧道	60	6.4 (4.3)	14.6/13.4	2.0/0.6	15.0	—/—	—		在建

* 括号中为越江段长度，km。

虽然国内修建越海隧道所使用的工法多种多样，如香港连接本岛与九龙之间的海底隧道使用沉管法，港珠澳大桥也使用沉管法，而厦门、青岛等城市的越海隧道则使用了钻爆法[25-27]，台山核电项目使用了盾构法[28]等。但从近年来所统计的工程案例来看，依然是泥水盾构法占主流。本书所叙述的合理覆土厚度，也是仅限于用泥水盾构工法所修建的越江海隧道工程。

1.1.2 越海盾构隧道工程的特点

越海盾构隧道与越江盾构隧道一样同属水下隧道，在施工过程中都将面临掘进面支护压力大、掘进面易失稳，水下换刀等工程难题。不同的是，越海盾构隧道面临的形势更加严峻。例如，海洋面积广阔，盾构施工通过距离往往更长；海水与江河水相比较深，盾构隧道本身需要承受更大的水压水。此外，由于越海隧道比越江隧道建设难度更大，工程建设往往考虑重大需求，如公路与铁路并用等，其横断面巨大。因此，越海隧道具有水压高、距离长、断面大等工程特点[29]。下面对这些工程特点进行分析，为相关科研、工程设计和建设提供一定的参考。

1. 高水压

我国目前即将建设的越海隧道有烟大海峡隧道和琼州海峡隧道。其中，烟大海峡隧道水压将达 1.0MPa。而依据已有的勘察资料可以预测琼州海峡隧道水压将达 2.0MPa 以上。大的水压将给隧道工程建设带来一系列挑战。

（1）结构本身承载力问题。虽然越海隧道受到较大土水压，但是实际上隧道覆土厚度并不大，相比一般盾构隧道而言，水压增加部分为静水压。对于圆形管片结构，其静水压可以基本转化为环向压力[30]。一般管片混凝土的设计强度为 C60（抗压强度 60MPa）。因此，增加的 2.0MPa 静水压远远小于管片承载能力，同时也有利于管片结构的受力。

（2）结构本身的抗渗问题。越海隧道安全运营必须控制隧道衬砌结构渗透问题。其一，海水渗透管片后，流量大小将直接影响衬砌截面结构设计的改变；其二，海水渗透管片后会带入盐类腐蚀钢筋，从而减少管片衬砌的使用寿命[31]。目前混凝土的抗渗等级最大为 P12（即最大承受 1.2MPa 的水压），所以目前来讲还需要研究高水压条件下混凝土的渗透特性以满足工程需要。

（3）管片接缝的防水问题。为达到管片接缝止水的目的，一般使用橡胶胶条包裹管片，然后使用挤压力挤紧胶条进行防水[32]。这样在管片拼装时会出现挤压错位情况或接缝张开等情况。毫无疑问，拼装力越大，橡胶条的止水性能越好；拼装接位越精确，橡胶条的止水性能也会越好。因此，需要研究在现有盾构拼装机构拼装力条件下，橡胶条防水能不能达到 2.0MPa；如果能，那么接缝张开量控制值是多少；如果不能，需要提高盾构拼装机构的拼装力，那么管片能承受多大强度的拼装力等需要进一步研究。

（4）掘进面稳定问题[33,34]。在水下盾构隧道施工时，为增加掘进面的稳定性，一般采用泥水盾构法。高水压地层盾构掘进时，需要提供与之对应的支护压力。因此，支护压力将特别高。又由于越海隧道断面较大，其往往穿越不止一种地层，各种地层的支护特性各不相同。因此，掘进面支护压力较难设定，掘进面稳定性也较难保证[35]。这种情况可以通过试掘进等施工过程加以适应，尽管在施工过程中也需要小心谨慎操作，但不至于成为隧道施工的一个瓶颈。

（5）泥水环路问题。由于水下盾构隧道施工时一般采用泥水盾构法，其泥水环路是否能够承受 2.0MPa 的泥浆压力，包括泥水泵的多阶梯提压、管路材质的耐压能力等都需要确认。然后就是高水压泥浆回路的控制精度问题，在 1.0MPa 以下时，泥水压力精度可以控制到 0.05MPa 范围内，那么压力升高后，其控制精度是否会发生变化，变化范围是否可接受，有待进一步研究。

（6）盾构机械防水问题。在超高压条件下，盾构机在开挖过程中，其本身作为隧道支护结构的一部分，其抵抗高水压力的能力是否可靠，尤其是盾构机存在铰接的地方，其防水性能能否满足超高水压要求，如不能，需要怎样改进，能不能提供明确的方案，有待进一步研究。

2. 长距离

即将修建的越海隧道，如烟大海峡隧道长度将达 120km。特长盾构隧道在修建过程中将面临以下问题。

（1）盾构刀具磨损问题。由于隧道长度超长，在盾构掘进过程中，盾构刀具磨损将不可避免。于是可更换刀具及水下换刀的可行性需要被研究。由于超高水压（如 2.0MPa）已远远超出人体可承受的压强，所以需要人们研究水下换刀的其他路径，如机器人操作等。同时，人们也可以运用海峡隧道沿线岛屿进行化整为零。例如，烟大海峡隧道运用沿线岛屿进行分割后，隧道单洞最长不到 50km，小于英法海底隧道的长度，可以借鉴其修建的成功经验。

（2）地层地质变化问题。由于隧道长度较长，在隧道掘进过程中将面临不同的地层条件，需要研究不同地层条件下盾构刀盘刀具的适应性。若地层条件差异性较大，那么不同类型刀具的选择、配置及可更换刀具配置等就需要被研究。

（3）地形变化问题。由于行车线路需要具有平顺性等特点，隧道线路走向不一定与海底地形变化一致。这样就会出现隧道覆土厚度变化等问题。然后，隧道覆土厚度减薄将危及施工安全。例如，对于泥水盾构施工，当覆土厚度较薄时，易发生泥水劈裂[36]、泥水喷发[37]等导致支护压力失效等工况，进而会导致掘进面失稳、海水倒灌等危及工程安全的重大事故。因此，在盾构施工当中应当注意保持警醒，防止泥水劈裂的发生。

（4）通风、逃生救援问题。通风和逃生救援也是特长隧道的关键命题，而且通风布设通常与火灾条件下的逃生救援布置相互关联。布设方式、设置间距是隧道通风和逃生救援的重要因素。隧道逃生通道设置方式有横向联络通道、下沉式逃生楼梯、隧道内上下层互通疏散和纵横向并用疏散等。对于长大海底隧道如英法海底隧道，一般选用纵横向并用疏散方式。

（5）深水长线抗震问题。隧道结构一般较其他结构工程对地震等有较强的抵御能力。但是，线状结构在抗震设计中是不利的。隧道上覆水体更加剧了这种不利倾向，并且有些越海隧道其海水深度较深，如琼州海峡其海水深度达 80m 以上。因此，需要对深水长线隧道进行抗震研究，以便研究是否需要设置合理的减震措施。

3. 大断面

考虑国家重大需求，越海隧道一般断面较大。对于大断面隧道设计施工时需要考虑以下特点。

（1）隧道断面大，单个管片重量较大，在管片拼装时，其管片接位精度会降低。管片接位精度降低的影响是多方面的：首先会引起管片的受力不均；其次是导致管片接缝防水性能降低，特别是对于超高水压下，此问题显得特别突出。因此，需要在施工过程中对管片拼装进行重点监控。

（2）隧道断面大，在盾构掘进过程中难免会穿越不同地层。这时需要对盾构刀盘刀具的适应性设计提出了更高的要求。同时，由于地层特性不同，掘进面稳定性控制标准将会改变，如遭遇上软下硬地层等，其掘进面土压力沿竖向变化明显。设定支护压力时，要考虑其变化特性，进行适宜泥水压力设定。

（3）隧道断面大，隧道抗浮问题突出。在大断面隧道设计中，要考虑隧道的整体和局部抗浮稳定性，以及隧道施工期和运营期抗浮稳定性等[38]，且这些指标都要满足，不然会使隧道在运营过程中存在一定的安全隐患。

1.2　国内外越江海隧道覆土厚度现状

修建越江海隧道时一般都需要巨额投资，其中隧道长度是决定建设费用的主要因素之一，其长度取决于所用的坡度和隧道的覆土厚度[39,40]。当采用规范规定的坡度限值时，最小覆土厚度则成为影响隧道长度的主要因素。对于断面面积 $50m^2$ 的公路隧道，最小覆盖层厚度减小 1m，就可减少费用约 13.5 万美元[41,42]。同时，覆盖层厚度太大也会使作用于衬砌的水压力增大。但是如果覆盖层厚度太小，就可能会发生塌方、涌水、开挖面支护压力不易控制及隧道上浮问题[43,44]。控制隧道埋深的主要因素是隧址工程与水文地质、水下地形、隧道抗浮、结构稳定性和河道冲刷等。目前对于最小覆土层厚度的确定世界各国还没有一个统一的准则，盾构隧道最小覆盖层厚度需要综合考虑经济、安全两方面因素，应根据工程类比，结合抗浮计算方法和数值分析方法，选择水下盾构隧道的最小覆盖层厚度[45]。

1.2.1 钻爆法（矿山法）越江海隧道覆土厚度现状

由于盾构法修建越江海隧道覆土厚度的相关研究成果较少，我们可把历史悠久的钻爆法用来参考。钻爆法（也称矿山法）和盾构法是隧道工程中常用的开挖方法，在确定覆土厚度方面也有许多相似之处可以借鉴。钻爆法隧道，一般位于岩层中，最小岩石覆盖厚度是钻爆法修建的海底隧道垂直线路设计的重要参数。一方面，岩石覆盖厚度（隧道拱顶至海底面的高度）过薄，海底隧道工作面面临严重的失稳问题和海水涌入的危险，即使不发生，也会使辅助工法的投入增大，间接增加支护、防渗和排水的费用；另一方面，加大岩石覆盖厚度，意味着隧道埋深增大，增加隧道长度，作用于衬砌结构上的水头压力也会增大，因而使工程造价提高[40,46,47]。

世界已建的海底隧道岩石覆盖厚度经验值得我们借鉴。日本青函公路隧道全长 53.85km，海底部分长 23km，位于火山岩、堆积岩中，有多处裂缝、断层，水深 140m，最小岩石覆盖厚度为 100m。该值的确定是根据当时日本水下采煤的安全规程，即隧道最小埋深不小于 60m，鉴于该规程并没有考虑水深的因素，为了安全起见，最后将最小覆盖层厚度定为 100m[46]。日本关门铁路隧道是世界上最早的海峡隧道。该隧道是一双孔上、下行铁路隧道，全长 3.6km，海底地段长 1.14km，隧道高度为 5.75m，最大坡度为 2.0%～2.5%，海水深 14m，隧道覆盖平均厚约 11m，而靠海底填石和填黏土进行隧道开挖的覆盖层厚度最薄处仅有 9.5m。

挪威是世界上采用钻爆法修建海底隧道最多的国家，在过去 30 年中建成了 40 条海底隧道，主要是为近海石油工业服务，包括管道隧道、电缆隧道，另外还有两条在建，十多条在规划中。挪威海底隧道多建在前寒武纪的硬岩中，最典型的是花岗片麻岩。对于海底隧道最小岩石覆盖厚度，挪威公路隧道设计规范中规定要大于 50m，如果小于 50m，则必须进行详细的地质勘探及特别分析，并报告国家公路管理局批准。实际上，大部分挪威海底公路隧道的最小岩石覆盖厚度都小于 50m，最浅的只有 23m[40]。

海底隧道最小岩石覆盖厚度影响因素较多，有海水深度、岩石强度、灌浆压力、隧道断面、施工方法等，目前还没有成熟的理论公式或计算方法来确定合理的最小岩石覆盖厚度，通常采用工程类比法和数值分析法确定。工程类比法有挪威建设经验法、日本最小涌水量法和国内顶水采煤法；数值分析法通常采用有限元法、有限差分法、离散元法、断裂损伤有限元法等[48]。

1. 最小涌水量法

日本对采用钻爆法施工的隧道，主要依据涌水量确定埋深，通过选取不同的岩石覆盖层厚度计算出对应的涌水量后得到涌水量和岩石覆盖厚度的曲线，对应曲线上最小涌水量的岩石覆盖厚度为最小岩石覆盖厚度，如关门隧道、青函隧道、早崎濑户隧道及长岛海峡隧道最小岩石覆盖厚度都是通过最小涌水量法确定的。涌水量 Q 的预测计算公式为

$$Q = 2\pi kL\frac{H + h}{\ln\left(\dfrac{2h}{r}\right)} \tag{1.2.1}$$

式中：k 为渗透系数（m/s）；L 为隧道延长（m）；h 为岩石覆盖厚度（m）；H 为海水深度（m）；r 为隧道有效半径（m）。

对于拟建的海底隧道某剖面，式（1.2.1）中海水深度、隧道有效半径和隧道延长是定值，因此可以得到最小岩石覆盖厚度和海水深度、隧道有效半径之间的关系式。

2. 顶水采煤法

海底隧道最小岩石覆盖厚度和顶水采煤安全开采上限有类似之处。考虑海底隧道的特点，海底隧道最小岩石覆盖厚度的选择，可结合隧道的地质条件，借鉴顶水采煤安全防水煤岩柱高度的确定方法。对海底隧道安全施工与运营产生影响的有地表海水、松散层水体或基岩含水层水体。根据顶水采煤的经验，确定海底隧道最小岩石覆盖厚度应从分析上覆水体的类型、特征、赋存条件及上覆岩层的水文地质条件、地层结构，并根据隧道施工围岩的破裂规律，包括破裂形态和破裂范围，综合确定最小岩石覆盖厚度。

为了保证海底隧道施工安全，必须预留足够厚的防水岩柱，安全防水岩柱的最小高度应大于隧道上覆岩体的破裂带高度和保护层厚度之和，其中保护层厚度从松散层底部的隔水层顶面向下计算，若松散层底部无隔水层应从基岩顶面向下计算。防水岩柱的厚度还应包括含水的风化带厚度，安全防水岩柱高度采用经验公式

$$H = a + s + h \tag{1.2.2}$$

式中：H 为防水岩柱高度（m）；h 为隧道破裂带高度（m）；s 为保护层厚度（m）；a 为表面裂隙带深度（m）。

3. 最小位移法

数值方法有多种，各种计算方法只是手段，而不是判断围岩稳定的依据。要想通过数值分析判断围岩的稳定性，还需建立围岩稳定性判据。目前已有的围岩

稳定性判别方法较多，大体归纳为以下两类[49]。

（1）围岩强度判据是以应力状态的变化作为依据，在隧道地下结构围岩稳定性的数值分析中得到广泛应用，其理论基础是强度破坏理论，如 Mohr-Coulomb 强度准则或 Drucker-Prager 准则等。

（2）围岩变形量或变形速率判据是以位移的变化作为依据，在国内外有关规范中，围岩稳定性判据多以变形量或变形速率为主，认为围岩变形量或变形速率超过一定值岩体即发生破坏。目前主要通过应力扰动、位移收敛等数值方法确定海底隧道最小岩石覆盖厚度，然后根据围岩稳定性分析综合判断[50-52]。李术才等对不同岩石覆盖厚度的隧道开挖围岩稳定性进行了大量的弹塑性数值模拟和对变形、应力、塑性区稳定性分析，由此发现，对于海底隧道某剖面，随着岩石覆盖厚度的增加，拱顶位移是先减小后增加，存在最小值，而最小位移所确定的岩石覆盖厚度下的隧道围岩更稳定，因此认为拱顶最小位移所对应的岩石覆盖厚度为合理的最小岩石覆盖厚度[50-52]。

4. 权函数法

确定海底隧道最小岩石覆盖厚度时应该从围岩稳定性和隧道涌水量两方面考虑。首先，由于海底隧道的特殊性，围岩稳定性至关重要；其次，对于海底隧道施工安全来说，防突水也十分重要；最后，隧道涌水量影响排水费用。综上分析，提出海底隧道最小岩石覆盖厚度的确定原则：数值计算值依据围岩稳定性确定；顶水采煤值是根据预留安全煤岩柱，防止施工突水确定；依据排水成本较小确定最小涌水量（为简化叙述，数值方法确定的最小岩石覆盖厚度值简称为数值计算值，最小涌水量方法确定的最小岩石覆盖厚度值简称为最小涌水量值；依此类推）。依据重要性，根据研究者经验分别给出数值计算值 0.5 权重、顶水采煤值 0.3 权重和最小涌水量值 0.2 权重，最后加权确定最小岩石覆盖厚度综合分析建议值为

$$\text{综合分析建议值}=\text{数值计算值}\times 0.5+\text{顶水采煤值}\times 0.3+\text{最小涌水量值}\times 0.2 \tag{1.2.3}$$

5. 挪威经验法

挪威岩层条件多以硬岩即古老的火成岩和变质岩为主，由于经历了多次地壳构造运动，产生了许多断层、软弱带，而海底隧道的地质条件非常复杂，大部分被水包围，很难详尽了解海底的岩性，挪威工程师在建造海底隧道中选择隧道最小岩石覆盖厚度时，充分考虑了断层及软弱带对隧道施工的影响，并结合已建海底隧道的综合分析经验。

1993 年 Nilsen 根据挪威已建的海底隧道经验，统计得出确定海底隧道最小岩石覆盖厚度与海水深度的关系曲线[53]，随着海水深度的增加岩石覆盖厚度也相应增加。岩性的好坏对确定岩石覆盖厚度有明显的影响，相同的海水深度对应的较好岩石与较差岩石时，覆盖厚度相差较大，海水深度 0～200m，岩石覆盖厚度相

差 10～20m。挪威修建的海底隧道岩石覆盖厚度在较差岩石中一般不会超过 70m，而在较好的岩石中岩石覆盖厚度一般不超过 40m。

我国海底钻爆法隧道建设起步虽然较晚，但在学习国外先进经验的基础上，克服重重困难，也成功地建造如青岛胶州湾隧道和厦门东通道等重大海底隧道工程。相关覆土厚度的研究也取得了显著的进步。李术才、李树忱等[48,50-52]对其最小围岩顶板厚度进行了研究，指出其围岩顶板主要由围岩稳定性、突涌水和最小涌水量确定，其中，围岩稳定性至关重要。朱合华、汪成兵等[54-56]运用弹塑性损伤本构模型分析了变埋深下软弱破碎隧道围岩渐进破坏过程和不同埋深下围岩的应力场特征。张顶立、李英杰等[57-59]分析了深埋条件下考虑围岩性质劣化的软弱隧道破坏机理。这些宝贵的研究成果为钻爆法越海隧道埋深的确定提供了理论基础和技术支持。

1.2.2 越江海盾构隧道覆土厚度现状

水下隧道采用盾构掘进机法施工时，对围岩的扰动较小，同时隧道的洞形较好，所以其所需要的覆盖层厚度相比矿山法显得更小。从提高施工作业效率、构筑竖井的难易程度、防水处理的难易程度、使用的泥水压的降低和隧道建成后的维护管理及运营方便等方面看，隧道的覆盖层厚度以浅为好。考虑隧道长度，即经济方面，更是要求尽量浅埋。但是埋深太浅易发生地层沉陷和爆喷等事故，所以应以对周围环境不产生不良影响的条件选择覆盖层厚度[45]。

首先让我们看看国外几条著名的越江海盾构隧道的情况（见表 1.1.1）：①1994 年竣工的英法海底铁路隧道是连接英、法两国的海底隧道，全长约 50km，海底段 37.2km，隧道最大埋深 130m。隧道由两条外径 8.3m 的铁路隧道、一条外径 5.6m 的服务隧道组成。英国一侧的隧道主要穿过白垩纪泥灰岩层，埋深为 21～70m，平均埋深 40m，这里埋深包括海底松散沉积物的厚度。②日本东京湾隧道是世界上最长的海底公路隧道之一，长 9.5km，由两条外径 13.9m 的单向公路隧道组成，最大埋深为 40m，采用 8 台 14.14m 的泥水平衡盾构掘进机施工。隧道位于海底平坦地层中，最小覆盖层厚度 9.9m，平均覆盖层厚度为 16m 左右。隧道区段主要是软弱的冲积、洪积黏性土层。③日本关门铁路隧道海底段地层比较软弱，采用盾构法施工，盾构外径 7m，覆盖层平均厚度约 11m，最薄处 9.5m。④丹麦斯多贝尔海峡公路隧道长 7.9km，由两条外径 8.5m 的铁路隧道组成，穿越地层为冰碛和泥灰岩，最小覆盖层厚度 5m。⑤德国易北河第四隧道外径为 13.75m，最困难处土层的厚度只有 7m。

国内的越江海盾构隧道主要集中在长江、珠江和上海黄浦江下（见表 1.1.2）。上海延安东路南线越江隧道部分全长约 1310m（江中段约 500m），采用直径 11.32m 泥水平衡式盾构掘进施工，隧道内径 9.9m，外径 11m，最浅处覆土厚度为

7m。国内已修建的水下盾构隧道总体埋深均较大，一般不小于 $1.5D_{隧}$（$D_{隧}$为隧道直径），但是局部地段埋深可能存在很浅的地方，上海外滩观光隧道江底最小覆土厚度仅为 5.67m，为隧道外径 7.48m 的 0.76 倍；南京地铁南北一期工程，在盾构机穿越秦淮河时，河底标高距隧道顶仅为 0.97m，不足隧道直径的 1/6。

国内学者关于越江海盾构隧道的覆土厚度研究成果较少，刘元雪等[60]指出对于水下隧道某剖面，拱顶位移随着覆盖层厚度的增加，是先减后增加，存在最小值。对应最小位移所确定的覆盖层厚度下的情况，再通过对隧道及围岩位移、应力、塑性区进行稳定性分析，可以发现这时隧道围岩也是相对稳定的。可以据此对隧道采用的合理覆盖层厚度进行验算和优化。

盾构隧道因其所处地层性能和开挖方式的不同而呈现出新的特点。例如，盾构隧道覆土厚度往往较薄，过江越海隧道需要研究其抗浮安全。盾构施工是盾构隧道的核心。在泥水盾构施工过程中，由于其覆土厚度较薄，易引起泥水劈裂地层而喷发到地面，造成泥水压力降低而掘进面失稳、江（海）水倒灌等工程事故。因此，泥水盾构隧道合理覆土厚度的设定需要考虑盾构掘进安全和隧道抗浮安全两个方面，而其核心为以下三点：①软土地层的泥水劈裂发生条件和泥水劈裂发生、发展的力学特性；②考虑主动失稳的盾构掘进面泥水支护压力学特性；③基于盾构隧道施工运营抗浮安全的合理覆土厚度。

1.3 合理覆土厚度问题的提出

采用泥水平衡盾构法修建越江海软土隧道，主要面临的是两个“水”的问题，一个是江（海）水，另一个是泥水，既不能让江（海）水进入隧道中来，也不能让泥水串到江（海）底中去。这两个问题的防止和控制不仅是越江海盾构隧道的生命线，同时也是设定覆土厚度的基本条件。现今在国内外还没有系统地讨论越江海盾构隧道覆土厚度问题的研究成果，一般以一倍洞径的经验性方法取值。由于水底隧道的地质条件、水文条件的复杂性和施工的风险性，合理覆土厚度很难统一确定。另外，为了保证工程安全，隧道覆土厚度还要根据经验取一定保守系数。

覆土厚度的设定，是隧道设计施工的基本前提，关乎隧道施工和运营安全及隧道功能，也与工程造价和工程风险控制等密切相关。由于受到线路线形、地层性能和工程造价制约，一般要求覆土厚度尽可能薄，称之为小覆土区间。小覆土区间由于覆土浅，泥水压力和切削面稳定很难控制，稍有不慎，易引发开挖面喷发涌水[61]。泥水喷发发生后将形成水流通道，同时由于一般情况下跨江越海软土隧道水压较高，将导致掘进面前方地层塌陷和江（海）水倒灌等重大事故发生。为达到工程经济性目的，在正常区间段，隧道覆土厚度在保证安全的情况下应尽可能小；特殊小覆土区间一般采用加固或增加覆土厚度等措施，受特殊条件制约时也采用把盾构始发和到达竖井加深等措施，这样就会增大工程造价和施工难度。

在我国越江海隧道比较发达的南京、广州、深圳、大连和汕头等地广泛分布着上部淤泥、黏土或砂土，下卧强风化软岩、中风化岩层等上软下硬地层条件。若按一般原则设定覆土厚度，则遭遇岩层较多，将给盾构掘进带来极大的困难；若避开下卧岩层，则设定覆土厚度过薄，其掘进面易发生泥水喷发，工程安全无法保障。例如，南京某过江隧道的地质纵断面上多为粉细砂、细砂等砂层，下卧软岩、中风化粉砂岩等岩层。若避开下卧岩层，则隧道上方覆土厚度仅为隧道直径的一半左右；而按照以往的工程经验，则图 1.3.1 所示隧道走向非但不能避开下卧岩层，而且需要在江中水深最深处全断面通过中风化粉砂岩并连续通过约 700m 上软下硬地层。这将加速盾构刀盘刀具的磨损，从而发生高水压江中带压换刀、危及换刀工作人员生命安全的危险工况。

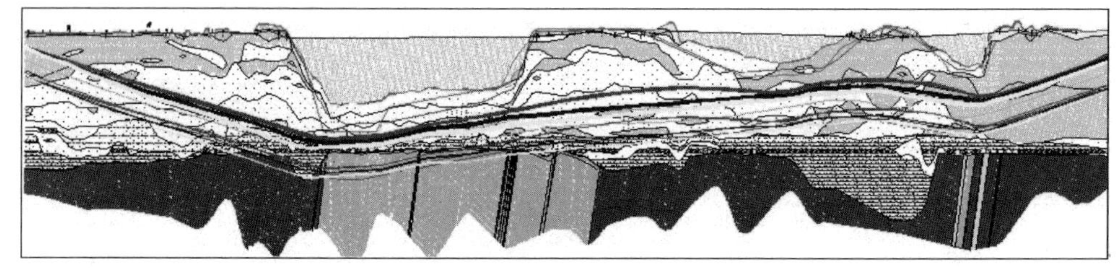

图 1.3.1　南京某越江盾构隧道初期纵断面比选图

总地说来，越江海盾构隧道的覆土厚度的设定是一个涉及诸多方面的复杂问题。从经济角度，一般要求隧道埋置深度尽可能浅；从技术角度，对于上软下硬地层等复杂地质条件，也需要隧道覆土厚度尽可能浅，以减少盾构掘削硬岩断面的面积和长度。但是，对于泥水盾构隧道，覆土厚度较薄时，盾构掘进安全和隧道抗浮安全不易保证，稍有不慎，容易发生工程事故。为此，需要从工程技术角度提出既满足盾构掘进安全和隧道抗浮安全，又能达到工程经济性高或者在上软下硬地层中掘削岩层最少的覆土厚度。在此基础上还要考虑隧道的功能，如坡度和线形（铁路或公路等），最终确定该隧道的覆土厚度，本书称为合理覆土厚度。

1.4　本 章 小 结

越江海盾构隧道的合理覆土厚度决定了其长度，是一个主要的经济要素。目前各国在隧道合理覆土厚度的决定上并没有一个统一的准则，工程类比确定覆土厚度仍是一个重要方法。越江海盾构隧道的覆土厚度的设定是一个涉及诸多方面的复杂问题。一方面从经济角度，考虑到线路线形、工程造价，一般要求隧道埋置深度尽可能浅；另一方面从技术角度，对于南京、广州、深圳和汕头等存在上软下硬地层等复杂地质条件的工程，也需要隧道覆土厚度尽可能浅，以减少盾构掘削硬岩断面的面积和长度，而不是简单地确定为不小于 1D（D 为盾构直径）。

盾构施工安全是越江海盾构隧道的核心，与水深（水压）密切相关。在泥水盾构施工过程中，由于其覆土厚度较薄，易引起泥水劈裂地层而喷发到江海底面，造成泥水压力降低而掘进面失稳、江（海）水倒灌等工程事故。因此，泥水盾构隧道合理覆土厚度的设定应从考虑盾构掘进安全和隧道抗浮安全两个方面考虑。

参考文献

[1] 孙钧. 论跨江越海建设隧道的技术优势与问题[J]. 隧道建设, 2013, 33(5):337-342.

[2] 王梦恕. 水下交通隧道发展现状与技术难题——兼论“台湾海峡海底铁路隧道建设方案”[J]. 岩石力学与工程学报, 2008, 27(11):2161-2172.

[3] 宋克志, 王梦恕. 烟大渤海海峡隧道的可行性研究探讨[J]. 现代隧道技术, 2006, 43(6):1-8.

[4] 谭忠盛, 王梦恕, 张弥. 琼州海峡铁路隧道可行性研究探讨[J]. 岩土工程学报, 2001, 23(2):139-143.

[5] 拓勇飞, 舒恒, 郭小红, 等. 超高水压大直径盾构隧道管片接缝防水设计与试验研究[J]. 岩土工程学报, 2013, 35(增刊 1): 227-231.

[6] 黄俊. 珠江口海底隧道盾构法施工方案可行性分析[J]. 现代隧道技术, 2006, 43(6):13-17.

[7] 吴效良, 陆锦荣. 英法海底隧道工程简介[J]. 煤矿设计, 1996(8):50-53.

[8] 杨文武. 盾构法水下隧道工程技术的发展[J]. 隧道建设, 2009, 29(2):145-151.

[9] 王德中, 傅德明, 丁志诚. 上海上中路越江隧道工程[C]// 大直径隧道与城市轨道交通工程技术 2005 上海国际隧道工程研讨会. 2005.

[10] 郭信君, 闵凡路, 钟小春, 等. 南京长江隧道工程难点分析及关键技术总结[J]. 岩石力学与工程学报, 2012, 31(10):2154-2160.

[11] 肖明清. 武汉长江隧道工程概况[J]. 土工基础, 2005, 19(1):2-4.

[12] 何川, 张建刚, 杨征. 武汉长江隧道管片衬砌结构力学特征模型试验研究[J]. 土木工程学报, 2008, 41(12):85-90.

[13] 李勇军. 武汉长江隧道工程施工技术[J]. 隧道建设, 2008, 28(3):318-323.

[14] 刘超, 张子新. 超大直径双线泥水盾构施工的三维数值模拟[J]. 土木工程学报, 2011(增刊): 118-122.

[15] 岳松林, 范鹏贤, 卢浩, 等. 南京地铁越江隧道盾构开挖面失稳因素的定量分析[J]. 现代隧道技术, 2013, 50(5): 112-117.

[16] 张维, 邓勇. 南京地铁十号线越江隧道主要风险及措施研究[J]. 现代隧道技术, 2012, 49(3):154-160.

[17] 李雪, 周顺华, 宫全美, 等. 大断面深埋高水压地铁盾构隧道周边土压力作用模式评价[J]. 岩土力学, 36(5): 1415-1420.

[18] LIU X Y, YUAN D J. An in-situ slurry fracturing test for slurry shield tunneling[J]. Journal of Zhejiang University Science A, 2014, 15(7):465-481.

[19] 张忠苗, 林存刚, 吴世明,等. 杭州庆春路过江隧道施工风险控制实例分析[J]. 岩石力学与工程学报, 2011, 30(增刊 2): 3471-3480.

[20] 季斌. 高耐久性、超大直径盾构管片混凝土在钱江隧道中的应用[J]. 隧道建设, 2012, 32(1):41-45.

[21] 廖少明, 门燕青, 张迪,等. 钱江隧道管片拼装过程中的力学行为实测分析[J]. 岩土工程学报, 2015, 37(1): 156-164.

[22] 孙文昊. 钱江通道及接线工程钱江隧道设计综述[J]. 现代隧道技术, 2011, 48(6): 82-93.

[23] 蔡辉, 李荣智. 南水北调中线穿黄隧洞工程盾构施工技术探讨[J]. 隧道建设, 2007, 27(6):57-62.
[24] 郑清君. 狮子洋隧道虎门港沙田港区地层破碎段盾构掘进施工技术研究[J]. 隧道建设, 2011, 31(增刊2): 35-40.
[25] 张建斌. 厦门翔安海底隧道陆域段 CRD 法位移监测分析[J]. 岩石力学与工程学报, 2007, 26(增刊 2): 3653-3658.
[26] 张欣, 李术才. 爆破荷载作用下青岛胶州湾海底隧道覆盖岩层稳定性分析[J]. 岩石力学与工程学报, 2007, 26(11):2348-2355.
[27] 王乾, 曲立清, 郭洪雨,等. 青岛胶州湾海底隧道围岩注浆加固技术[J]. 岩石力学与工程学报, 2011, 30(4):790-802.
[28] 阳军生, 邹志林, 梁奎生,等. 高强度基岩爆破预处理泥水盾构掘进特征研究[J]. 岩土工程学报, 2014, 36(6):13-16.
[29] 田海洋. 超大特长越江隧道工程全寿命风险管理实践[C]//地下交通工程与工程安全——第五届中国国际隧道工程研讨会文集. 2011.
[30] 叶飞, 朱合华, 何川. 盾构隧道壁后注浆扩散模式及对管片的压力分析[J]. 岩土力学, 2009, 30(5):1307-1312.
[31] TAN JI. Preliminary study on the water permeability and microstructure of concrete incorporating nano-SiO_2[J]. Cement and Concrete Research，2005, 35(10): 1943-1947.
[32] 周济民, 何川, 张增. 铁路隧道管片衬砌承受高水压分界值研究[J]. 岩土工程学报, 2011(10): 1583-1589.
[33] DORMIEUX L. Upper and lower bound solutions for the face stability of shallow circular tunnels in frictional materials[J]. Géotechnique, 1990, 40(4):581-606.
[34] ANAGNOSTOU G, KOVÁRI K. Face stability conditions with earth-pressure-balanced shields[J]. Tunnelling & Underground Space Technology, 1996, 11(2):165-173.
[35] ANAGNOSTOU G, KOVÁRI K. The face stability of slurry-shield-driven tunnels[J]. Tunnelling & Underground Space Technology, 1994, 9(2):165-174.
[36] 袁大军, 黄清飞, 李兴高,等. 盾构掘进黏土地层泥水劈裂伸展现象研究[J]. 岩土工程学报, 2010, 32(5): 712-717.
[37] 刘学彦, 袁大军. 泥水劈裂试验伸展现象的力学分析[J]. 岩石力学与工程学报, 2013, 32(7):1434-1442.
[38] LIU X Y, YUAN D J. Mechanical analysis of anti-buoyancy safety for a shield tunnel under water in sands[J]. Tunnelling and Underground Space Technology, 2015, 47(2015): 153-161.
[39] 王梦恕. 对 21 世纪我国隧道工程建设的建议[J]. 现代隧道技术, 2001, 38(1): 2-4.
[40] 吕明, GROV E, NILSEN B, 等. 挪威海底隧道经验[J]. 岩石力学与工程学报, 2005, 24(23): 4219-4225.
[41] DAHL T S, NILSEN B. The stability and rock cove of hard rock subsea tunnels [J]. Tunneling and Underground Space Technology, 1994, 9(2): 151-158.
[42] ARID P. The challenge of subsea tunneling[J]. Tunneling and Underground Space Technology, 1994, 02: 145-150.
[43] 刘建航，侯学渊. 盾构法隧道[M]. 北京：中国铁道出版社, 1991.
[44] 朱伟译. 隧道标准规范（盾构篇）及解说[M]. 北京：中国建筑工业出版社，2001.
[45] 宋超业, 周书明, 谭志文. 水下盾构隧道合理覆盖层厚度的探讨[J]. 现代隧道技术, 2008(增刊): 47-51.
[46] 王梦恕, 皇甫明. 海底隧道修建中的关键问题[J]. 建筑科学与工程学报, 2005, 22(4): 1-4.
[47] 李廷春, 李术才, 白世伟. 厦门海底隧道顶板厚度选择及其开挖稳定性分析[J]. 岩土力学, 2005, 26 (12): 2010-2014.
[48] 李术才, 徐帮树, 丁万涛, 等. 海底隧道最小岩石覆盖厚度的权函数法[J]. 岩土力学, 2009, 30 (4): 889-996.
[49] 邵国建, 卓家寿, 章青. 岩体稳定性分析与评判准则研究[J]. 岩石力学与工程学报, 2003, 22(5): 691-696.
[50] 李术才, 李延春, 陈卫忠, 等. 厦门海底隧道最小顶板厚度三维弹塑性断裂损伤研究[J]. 岩石力学与工程学报, 2004, 23(18): 3138-3143.
[51] 李树忱, 李术才, 张京伟, 等. 数值方法确定海底隧道最小岩石覆盖厚度研究[J]. 岩土工程学报, 2006, 28(10): 1304-1308.
[52] 李树忱, 张京伟, 李术才，等. 海底隧道最小岩石覆盖厚度的位移收敛法[J]. 岩土力学, 2007, 28(7): 1443-1447.

[53] NILSEN B. Empirical analysis of minimum rock cover for subsea rock tunnels[C]//Options for Tunnelling. Amsterdam: Elsevier, 1993: 677-687.
[54] 朱合华, 黄锋, 徐前卫. 变埋深下软弱破碎隧道围岩渐进性破坏试验与数值模拟[J]. 岩石力学与工程学报, 2010, 29(6): 1113-1122.
[55] 汪成兵, 朱合华. 埋深对软弱隧道围岩破坏影响机制试验研究[J]. 岩石力学与工程学报, 2010, 29(12): 2442-2448.
[56] 汪成兵, 朱合华. 隧道塌方机制及其影响因素离散元模拟[J]. 岩土工程学报, 2008, 30(3): 450-456.
[57] 李英杰, 张顶立, 宋义敏, 等. 软弱破碎深埋隧道围岩渐进性破坏试验研究[J]. 岩石力学与工程学报, 2012, 31(6): 1138-1147.
[58] 李英杰, 张顶立, 刘保国, 等. 考虑围岩性质劣化的深埋软弱隧道破坏机理数值模拟研究[J]. 土木工程学报, 2012, 45(9): 156-165.
[59] 李英杰, 张顶立, 刘保国. 考虑变形模量劣化的应变软化模型在FLAC3D中的开发与验证[J]. 岩土力学, 2011, 32(增刊2): 647-652.
[60] 刘元雪, 蒋树屏, 谢锋, 等. 重庆市朝天门两江隧道越江段合理覆盖层厚度研究[C]//全国岩土与工程学术大会. 武汉: 2006.
[61] 袁大军, 黄清飞, 小泉淳, 等. 水底盾构掘进泥水喷发现象研究[J]. 岩石力学与工程学报, 2007, 26(11): 2296-2301.

第二章　合理覆土厚度的基本概念

2.1 “合理”的概念及意义

由于江中水深，靠近两岸水深较浅，一般呈 U 形或 V 形，分别如图 2.1.1 和图 2.1.2 所示。由于多年的冲刷和沉积，水下一般都有冲漕和地形突变处。这些江中深水处和地形突变处将是最小覆土厚度所在断面，或称为控制点。求出这些控制断面处的最小覆土厚度，是设定合理覆土厚度的关键。

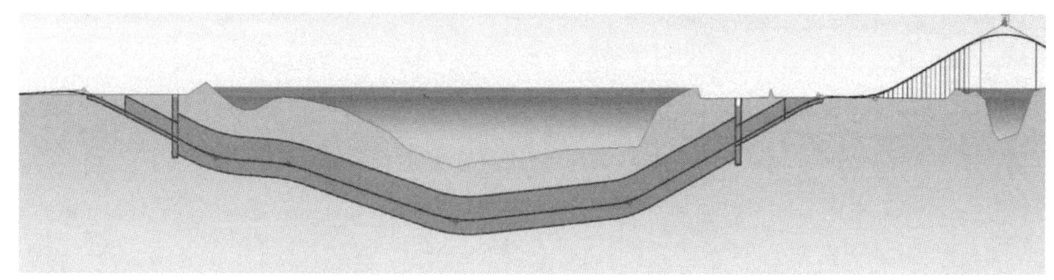

图 2.1.1　南京长江隧道纵断面图（U 形）

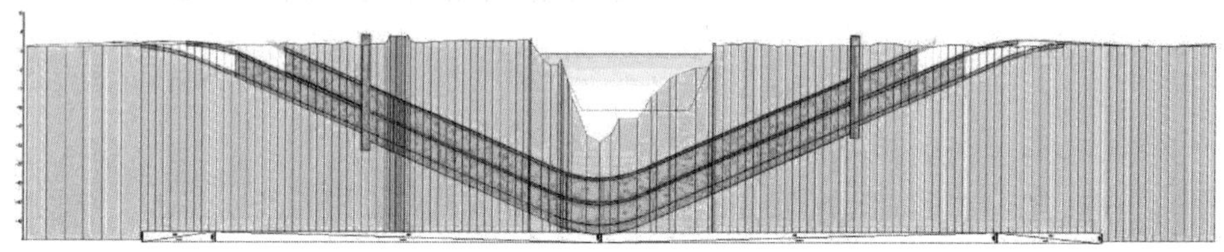

图 2.1.2　上海上中路隧道纵断面图（V 形）

要满足正常条件下的隧道建设安全、运营安全和功能，以及造价经济的覆土厚度为“合理”覆土厚度。从隧道的建设安全、运营安全的顺序来讲，隧道的建设安全是前提。在盾构掘进过程中，一方面需要设定足够大的泥水压力来维持掘进面的稳定，另一方面又需要控制泥水压力，防止其劈裂地层而发生泥水喷发（图 2.1.3）。特别是在复杂条件下，如图 2.1.4 所示盾构掘进危险工况下的水压更是难以设定。根据本书作者以往的研究[1]，随着覆土厚度的减小地层抵抗泥水劈裂的抗力逐渐减小，盾构维持掘进面稳定所需泥水支护压力也逐渐减小。但是，地层劈裂抗力与掘进面稳定所需支护压力的差值是逐渐减小的。也就是说，随着覆土厚度的减小，地层劈裂抗力与泥水支护压力的差值逐渐减小，以致盾构泥水压力无从设定，那么这个极限就是盾构隧道设定的最小覆土厚度条件之一。

（a）失稳坍塌（主动），海水倒灌

（b）开挖面

（c）地层劈裂（被动），泥水喷发

图 2.1.3　泥水平衡的基本概念

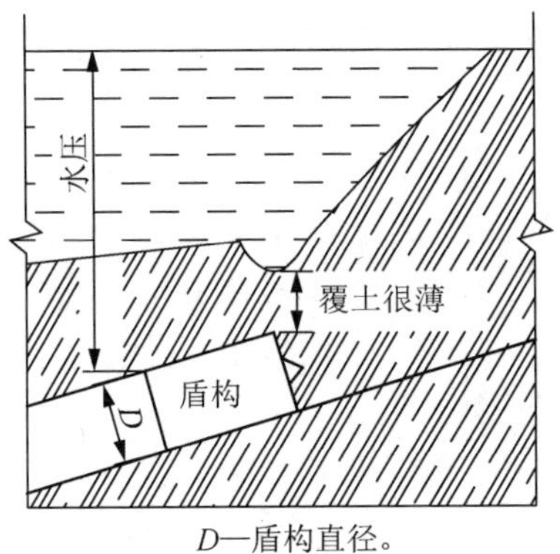

D—盾构直径。

图 2.1.4　盾构掘进危险工况

在确保盾构掘进开挖面稳定安全的基础上，加之施工期和运营期的抗浮计算所得安全覆土厚度，并考虑冲刷等影响，即可得到各控制断面的最小覆土厚度。将各控制断面的最小覆土厚度用隧道所规定的最大坡度连接起来，即可得到隧道整体的覆土厚度，再适当地考虑地质条件及掘进风险等特殊条件的安全系数，就可得到最终的合理覆土厚度。这也就是本节所叙述的合理覆土的基本概念及意义。

2.2　考虑盾构掘进泥水劈裂的极限覆土厚度

泥水劈裂的本质是水力劈裂。水力劈裂的研究始于油气的开采，现已作为油气井增产的主要技术措施广泛地应用于现代石油工业中[2-4]。而水力劈裂在岩土工程中的应用主要体现在两个方面：①原位地应力测量[5,6]。Ito 等[7]研究了水压致裂法测量水平地应力的方法；Klee 等[8]研究了水压致裂法在香港地区的应用；刘允芳等[9-11]研究了水压致裂法三维地应力测量，提出了测量成果的分析、修正方法和工程应用。②注浆加固。Shen 等[12-14]研究了水力劈裂在旋喷注浆中的作用；张忠苗等[15]、孙锋等[16]、王哲等[17]研究了劈裂注浆在工程中的应用。这些研究为运用水力劈裂进行工程应用进行了积极而有意义的探索。然而，水力劈裂在工程当中并不总是起到积极作用，如水力劈裂引起的坝体渗漏[18,19]、盾构掘进过程中由水力劈裂引起的泥水喷发等[20,21]。因此，在工程应用中不仅要积极运用水力劈裂开展工作而且要防止水力劈裂对工程的损害，甚至破坏。这些都需要进一步研究水力劈裂发生的机理和条件，以便在工程中能够运用自如。

Thusyanthan 等[22]对固结高岭土梁进行了弯曲试验。研究表明，纯拉裂破坏只发生在中主应力为零的情况，若中主应力为拉应力且有效应力路径沿 Hvorslev 面，则发生剪切/拉裂混合破坏。Hanson 等[23]进行了 132 个黏性土样的圆盘压裂试验，研究了土体的材料组成、含水量、土体放置形式、加载速率和试样尺寸对土体裂纹形式的影响。这些研究展示了土体断裂的形式和裂纹形状，为进一步研究水力劈裂打下基础。

对于土体的水力劈裂问题，Mori 等[24]研究了土体水力劈裂的机理分析，指出土体的水力劈裂为剪切破坏而不是拉裂破坏。Alfaro 等[25]研究了土体的水力劈裂，指出初始缺陷会降低劈裂压力但不会影响劈裂发生的路径，劈裂路径受土体应力状态的影响。Sarris 等[26]对水力劈裂的主要因素进行了研究，研究表明颗粒级配对劈裂压力和裂纹扩展方向影响不大。Gamzaev[27]研究了水力劈裂的扩展半径。Teodorovich 等[28]介绍了一种土体中裂纹形状的描述方法。它提出了扩展系数的概念，可以描述裂隙张开形状、压力变化等。Bezuijen 等[29]研究了砂土的水力劈裂现象，指出砂土中的水力劈裂过程中的渗滤现象对裂纹形状有重要影响。Bezuijen 等[30]提出压裂注浆中渗失和喷射的影响。Murdoch[31-34]在室内试验的基础上，从试验方法和试验现象、劈裂伸展、理论分析对水力劈裂进行了阐述。这些研究运用理论分析与室内试验相结合的方法，对劈裂压力、裂纹开度、扩散半径、裂纹的黏度影响因子和弹性模量进行了研究，并做出了理论分析，为进一步的研究打下了基础。这些室内水力劈裂试验为研究工作提供了丰富的素材，同时以下的理论研究工作更进一步揭示了水力劈裂的机理。

Vesic[35]给出了理想有限土中圆柱形和球形孔洞扩展的近似解答。Carter 等[36]把上述模型改进为黏性-摩擦性土体材料，并指出在砂土参数测试中，圆柱形孔洞扩展的小变形解答与实际比较吻合。Panah 等[37]给出了土体劈裂的三维应力状态的理论解答。Yanagisawa 等[38]基于剪切破坏模式推导了三维水力劈裂理论公式。该公式表明，最大主应力的增加会减小劈裂压力。

在上述理论研究的基础上，学者们意识到现有数值方法的局限性，开展了一系列数值方法的改进和应用：Liu 等[39]提出了基于重构核粒子法（reproducing kernel particle method, RKPM）的分析，可以进行大变形、大梯度等分析，这种分析方法可以应用到裂纹扩展模拟分析中。Belytschko 等[40,41]提出了自由单元法（element free galerkin method, EFG），该方法取消了网格划分，因此不用重新划分网格就可以轻松模拟裂纹扩展。Dauxz 等[42]提出了扩展有限元（extended finite element method, X-FEM），这种方法允许呈现孔洞和不连续裂纹。Cendón 等[43]介绍了一种分析复合裂纹模式的简单和有效的方法，该方法基于黏性断裂原理（cohesive crack concept）。这些数值方法为水力劈裂的数值方法实现开辟了新的空间。李全明等[44]、王俊杰等[45,46]运用室内试验和有限元法分析了土石坝发生水力劈裂的力学条件和影响因素，对水力劈裂理论进行了应用。Liu 等[47]运用离散元方法，研究了卸载条件下单元土体的力学性能，指出卸载条件诱发的土体迅速短时膨胀是水力劈裂发生的重要因素之一。

这些研究运用理论分析与室内试验相结合的方法，提出了土体水力劈裂的基本理论分析方法，同时提供了切实可行的数值方法，为进一步的研究打下了基础。虽然泥水劈裂与水力劈裂有相同之处，但泥水劈裂也有自己的特点[48]，如泥水的黏性、重度等。Gafar 等[49]研究了砂土压裂注浆中的水力劈裂现象，指出砂土的细粒含量和浆液的水灰比对砂土的水力劈裂影响最大，而注浆量次之。Mori 等[50]使用黏性液体（如浆液等），研究了黏土和砂土的水力劈裂现象，指出当浆液黏度（漏斗黏度）小于 30s 时，黏土的劈裂压力与圆孔扩张压力一致，当浆液黏度再增大时，由于边界黏滞阻力效应的影响，其劈裂压力会增大；高渗透性砂土的劈裂压力与圆孔扩张压力一致，不受浆液流速的影响。Bezuijen 等[51]研究了砂土中的水泥浆注入，指出在低水灰比（1～2）的情况下水泥浆为压缩注浆，而在高水灰比（5～20）的情况下水泥浆为劈裂注浆。

上述研究为泥水劈裂地层研究打下坚实的基础。泥水劈裂是盾构掘进过程中发生的泥水主动劈裂地层现象。为使研究成果能够积极应用到实际工程中，袁大军等[52-54]通过模型试验研究了泥水劈裂，为合理覆土的研究打下了基础。但是，室内试验的边界条件与现场有显著不同，并且泥水与水也有一定的差别。由于室内试验中试块体积、边界条件等因素的限制，土体发生劈裂时，试件已经全部破坏，无法观察到劈裂伸展现象。为了观察劈裂伸展现象和研究劈裂伸展力学机理，必须进行现场试验和相关的室内试验。本书所论述内容，主要是在原有理论研究及室内试验的基础上，系统展开泥水劈裂现象与合理覆土厚度关系研究的成果。

2.3　考虑盾构开挖面主动失稳的极限覆土厚度

Mollon 等[55]在考虑土体抗剪强度的条件下研究了无黏性土掘进面临界支护压力，并提出了与土体内摩擦角相关的对数塌落曲线。Liu 等[56]研究了盾构隧道扩挖法修建车站的地层沉降规律，并指出沉降主要发生在扩挖的过程中，而不是在隧道修建的过程中。在车站修建的过程中，地层的竖直位移和水平位移是引起周边建筑变形和开裂的主要原因，要对这些因素进行监测。Wong 等[57]采用离心试验和数值分析方法研究了盾构掘进面被动土压力失稳情况，论述了地层位移和被动土压力之间的关系。试验结果表明：掘进面滑裂面形状与烟囱形一致，但比 5 块失效机制（five-block failure mechanism）的滑裂面形状要窄。Chambon 等[58]运用离心试验研究了不同条件下（密度、覆土厚度）掘进面支护压力，描述了不同覆土条件下的塌落面形状，同时还研究了掘进面前方没有支护区的压力分布。王明年等[59]结合室内模型试验和调研资料，研究了土质围岩破坏的位置和形态。研究表明：土质围岩破坏模式有未支护段破坏模式、掌子面破坏模式、未支护段和掌子面同时破坏模式、不发生破坏模式 4 种。这些室内试验为进一步理论分析和数值计算打下了基础。

同时，Zhang 等[60]通过数值模拟研究了隧道开挖对地层的影响。结果表明：当覆土厚度为 0.7D～2.1D 时，可以通过调整支护压力很好地控制地层沉降。支护比（支护压力/土压力）的调整范围为 0.8～1.5。Yang 等[61]研究了双圆盾构的掘进面稳定性，描述了其三维掘进面塌落形状，并运用极限分析法给出了数值结果。Ahmed 等[62]论述了覆土厚度、掘进面支护压力与土体位移之间的关系。研究得出：最小支护压力与侧向土压力系数有关，而与覆土厚度关系不大。

在上述室内试验和数值计算的基础上，Mollon 等[63]基于三维块体失效机制提出了掘进面失效压力极限分析理论的动态分析法。该方法考虑了整个掘进面而不是局部失稳，是逐点生成破裂面而不是假定为圆柱形或者锥形破坏。因此，该方法在计算精度和计算速度上都能得到保证。Broere[64]运用边界平衡法研究了掘进面最小支护压力。研究表明：水平结构面对最小支护压力的影响显著，尤其是在掘进面上方。例如，上软下硬地层的掘进面支护压力要大于各自单一地层的支护压力。Li 等[65]运用多块分析上限理论研究了掘进面由于支护压力过小而引起的掘进面塌落或者由于支护压力过大而引起的局部喷发。研究表明：大断面泥水盾构隧道需要考虑掘进面的局部破坏，尤其是支护压力过大时，掘进面的局部破坏会引起泥水喷发。Subrin 等[66]运用动态跟踪法建立了黏性-摩擦性材料掘进面稳定三维力学模型。该模型基于屈服设计理论，假定滑裂面为对数螺旋线，并有两个确定参数。Leca 等[67]运用极限分析法研究了掘进面三维力学特性。研究表明：上限法理论解与模型试验测得的掘进面崩塌临界压力较为一致。Huang 等[68,69]运用极限分析上限法和 Hoek-Brown 非线性失效准则建立了掘进面支护压力方程，并与线性多块体理论和 Mohr-Coulomb 强度准则确定的掘进面失效机制进行了对比。Mollon 等[70]运用动态极限分析法研究了掘进面失稳或者隆起的极限支护压力。对于主动、被动土压力两种情况分别提出两种失效模式。这两种失效模式有以下优点：①考虑了整个掘进面而不是局部失稳；②与试验现象更为吻合。村山朔郎等[71]假定掘进面滑裂面为对数螺旋线，运用受力平衡原理提出了掘进面稳定性的判断方法，村山公式原理如图 2.3.1 所示。真下英人等[72]运用室内模型试验获得了掘进面滑裂面的几何形状，验证了对数螺旋线假设的合理性，但是对于不同土体性质，对数螺旋线的具体形式是否统一仍然没有定论。

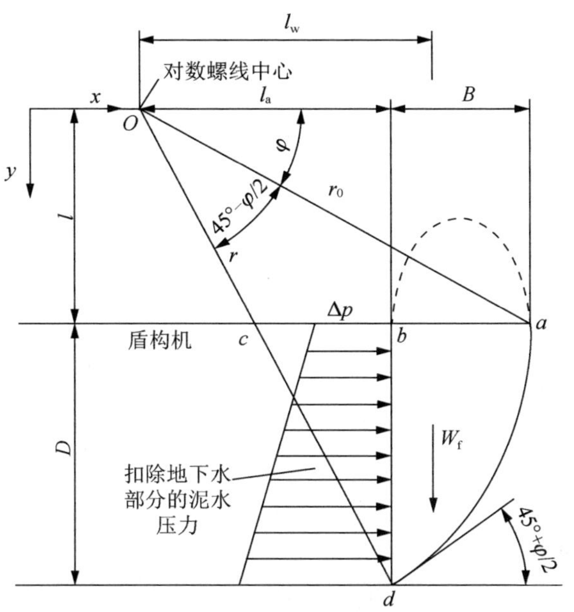

W_f—滑动土块重量；Δp—泥水过剩压力；φ—土体内摩擦角。

图 2.3.1　村山公式原理图

同时，Chen 等[73,74]给出了用于边坡稳定分析的条分法统一理论，给出了力平衡方程和运动平衡方程，提出基于安全系数的边界自动搜寻程序，并把它应用于不同支护形式的主动土压力计算。陈祖煜[75]建立了稳定极限分析的垂直条分法和斜条分法。该方法适用于土体形状不规则、分层、含有地下水等复杂情况。曹文贵等[76]认为滑裂面是边坡稳定性研究的关键，并基于 Janbu 法，利用动态规划理论成功地解决了非圆临界滑面的确定及相应安全系数的求算问题。这些研究为滑裂面的确定提供了很好的参考。

对于水下隧道掘进面的稳定问题，Wang 等[77]研究了在渗流条件下的掘进面稳定性，并给出了渗流条件下掘进面稳定支护压力上限解；指出在渗流力存在的条件下，支护压力主要是平衡孔隙水压力。因此，支护压力最小值接近于静孔隙水压力。Lee 等[78]研究了由地下水引起的渗透力问题；研究考虑了由极限上限分析法计算的有效支护压力、由地下水稳定渗流引起的渗流力等，给出了维持掘进面稳定所需要的支护压力，可以为水下隧道设计提供参考。Anagnostou[79]在考虑掘进速率的条件下研究了多孔弹性介质中隧道开挖掘进面的影响效应，并建立了以掘进面为参考系的渗流控制方程。Davis 等[80]研究了三种不排水条件下掘进面稳定的上下限解，分析过程考虑到了因覆土原因而引起的局部塌落失稳，也给出了因支护压力过大而引起的土体隆起失效风险的解决方法。高健等[81]研究表明，在低渗透性土壤中掘进，盾构掘进速度的改变将引起作用在掘进面上支护压力的显著变化。王浩然等[82]提出了渗流条件下盾构隧道开挖面稳定性分析的破坏模式，建立了考虑渗流影响的极限分析上限法，并以此获得维持开挖面稳定的极限支护压力。

基于安全评估，Augardea 等[83]运用有限元法研究了不排水土体的掘进面稳定性。研究表明：稳定系数（荷载与自重的比值）虽然不是那么精确，但在进行掘进面稳定性分析中是适用的。Vermeer 等[84]提出使用φ、c 折减法来确定掘进面的稳定性。研究指出：若土体的内摩擦角大于 20°，则掘进面的稳定性取决于隧道上方土层性能；对于排水地层若地层黏聚力大于 10%的竖直应力，则掘进面能够保持稳定。Fellin 等[85]提出了运用现有掘进面稳定试验来评估现有各种预测模型的新方法，分析了不同试验结果、预测模型、输入参数和预测结果的不确定性。同时，Mohammadi 等[86]研究了土压平衡盾构支护压力的设定，并在 Tehran 地铁 7 号线进行了应用。

从以上研究成果可以看出，对于掘进面稳定性问题的研究集中在理论和数值分析中，而室内试验或者现场试验的开展尤为不足，需要进一步开展试验研究。需要强调的是，这些研究成果为掘进面稳定试验的设计和开展提出了很好的参考。

2.4　基于抗浮稳定的盾构隧道极限覆土厚度

White 等[87]通过离心试验研究了管道上浮问题，并提出了新的管道上浮滑裂面模型。结果表明：回填土的重度对管道抗浮的贡献最大。Cheuk 等[88]研究了砂土中管道上浮土体变形机制，为了追踪土体的运动轨迹进行了图像分析：在上提过程中，管道两肩和地面之间出现了剪切带；在最大抗浮阻力达到之后，应变出现局部化，主要发生在剪切带内。同时，研究表明：土体颗粒对最大抗浮阻力没有影响。Hodder 等[89]通过离心试验和理论分析建立了不排水黏土中刚性管竖直加载和水平加载条件下的变形理论模型。Bransby 等[90]对管道上浮现象进行了小比例模型试验。结果表明：上浮阻力和地层模型、土层特性有关，松砂和密砂在上浮阻力最大值出现后表现出不同的变形机制。Schupp 等[91]进行了不同条件下（覆土厚度、上浮速率和管道直径）管道的上浮阻力试验，同时也进行了管道锚固条件下的上浮阻力试验。Schaminee 等[92]对埋置在饱和土中的全尺寸管道进行了静载上浮试验，试验中使用了松砂、密砂、重塑黏土和岩石，覆土厚度为 4～12 倍洞径不等，试验环境跟海岸环境十分接近。White 等[93]针对砂土中管道和锚固体的上浮阻力给出了极限平衡解，且该理论解在试验中得到了很好的验证。Cheuk 等[94]运用新的变形成像技术对砂土中管道上浮机制进行了模型试验研究。试验结果表明：被剪切区和管道包围的倒置梯形区与最大上浮阻力同时出现，之后出现剪切带和应力软化现象。最后，出现滑移块和局部土体回流现象。局部土体回流区形状和大小主要取决于土体密度和颗粒大小。Palmer 等[95]为研究管道上浮进行了全尺寸试验和1/10 尺寸离心试验，并基于图 2.4.1 得出无量纲上浮阻力的表达式。

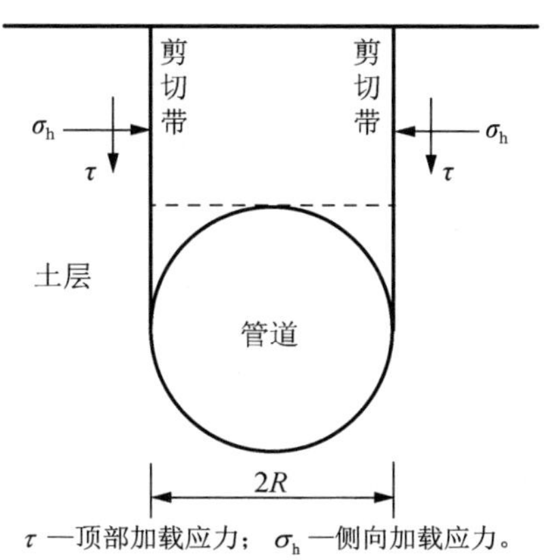

τ —顶部加载应力；σ_h —侧向加载应力。

图 2.4.1　竖向剪切带模型

以上试验和理论研究表明：土体埋管的上浮机制与土体剪切与剪胀效应密切相关。为此，Bardet 等[96]利用二维颗粒流程序研究了颗粒材料剪切带的发展变化，监测了剪切带内的位移、体应变、孔隙比、颗粒转动和接触方向，并评价了剪胀效应。Vermeer[97]进行了土样剪切带平面应变的理论研究。该研究表明：细砂的剪切带为 Coulomb 式而粗砂的剪切带为 Roscoe 式。它很好地解释了在试验中观察到的现象：剪切方向角与颗粒尺寸有关。Bolton[98]收集了 17 种砂土不同重度、不同围压、不同加载条件下的剪切强度和剪胀强度。研究表明：体积不变条件下土体的剪切角与临界状态角基本一致。密砂的剪切强度与土体的剪胀率有关。

同时，White 等[99]介绍了粒子测速和微距成像技术在岩土工程中的应用。试验结果表明：该技术比单元测试更加精密、准确和有序。Jiang 等[100]运用离散元研究了土体颗粒大小对上浮阻力的影响。研究表明：颗粒尺寸对上浮阻力、土体变形的影响不大。Schmidt 等[101]研究表明，埋筑物的上浮一般由土体的液化引起。埋筑物的上浮需要的条件有埋筑物周边土体的液化、在液化土体中埋筑物承受浮力、没有锚固装置、改良土或者其他加固措施的液化。这些研究为管道上浮提供了更多的研究方法和研究对象。

Mohri 等[102]通过室内模型试验和离散元分析得出土工格栅和卵石组合可以有效阻止浅覆土管道上浮。Santiago 等[103]研究了管道上浮中的土体阻抗行为，并给出一种新的格栅加固方法。这些研究给管道上浮提供了一定的加固方法参考。

隧道抗浮稳定性能研究成果较少，但国内的一些学者已经开始了研究。叶飞等[104-107]分析了隧道施工期上浮的原因，指出管片上浮是有多种因素作用造成的，并重点研究了螺栓接头的抗浮效应；杨方勤等[108]进行了隧道模型上浮试验，建立了动态浮力密度曲线；戴小平等[109]考虑上覆土体和周围土体之间的摩阻力改进了最小埋深的计算方法。而在隧道运营期，隧道抗浮的影响因素较少，但也要考虑洪水冲刷等因素的影响。黄忠辉等[110]利用 1∶1 衬砌水平整环错缝结构为上海长江隧道工程进行了上浮试验。结果表明：采用衬砌整环试验方式能较好地模拟衬砌结构的受力特征。由于城市越江隧道刚刚兴起，大断面过江隧道的抗浮安全设计尚无统一的标准，考虑因素的种类和量值范围也没有定论。

2.5 特殊条件下的安全覆土厚度

由于越江海隧道建成运营的复杂性，运营后其周边环境可能发生变化。以图 2.5.1 所示越海隧道为例，隧道建成运营后将面临后期规划航道疏浚对盾构隧道结构产生的巨大卸载作用，以及岸壁构筑对隧道引起的加载作用。因此，在隧道设计时就应从覆土考虑结构受力、管片接缝等问题，设定合理覆土厚度。

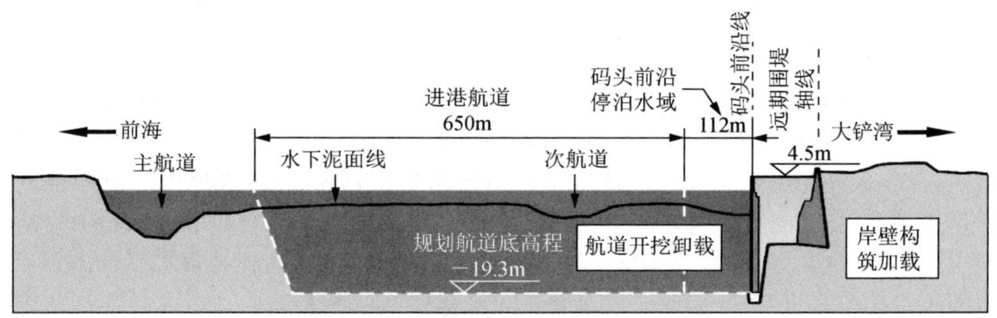

图 2.5.1 越海隧道开挖及构筑岸壁示例

2.6 合理覆土厚度的确定

从确保越江海盾构隧道施工安全和运营安全的角度设定合理覆土厚度极为复杂，以盾构施工为例，其本身是个动态的风险控制问题，必须与盾构施工控制结合起来。以泥水压力控制为例，盾构掘进过程中伴随着盾构刀盘的旋转和泥水的送入和输出，泥水压力在掘进面前方会有一定的波动。只有波动范围小于地层劈裂抗力与泥水支护压力下限的差值，盾构施工才具有可操作性。同时，该条件下的覆土厚度设定为合理覆土厚度。

假设在覆土厚度 C 条件下盾构掘进泥水压力波动值为 l_{pr}；把该地层抵抗泥水劈裂的抗力称为泥水压力设定上限值 p_{max}；盾构维持掘进面稳定所需最小泥水压力设定值称为泥水压力设定下限值 p_{min}，则应有

$$l_{pr} \leqslant p_{max} - p_{min} \tag{2.6.1}$$

因此，泥水盾构隧道合理覆土厚度设定从盾构掘进安全来讲，需要满足施工

过程中泥水压力的上、下限设定。

概括地讲，越江海泥水盾构隧道的合理覆土厚度需要从泥水劈裂的力学特性，考虑主动失稳的盾构开挖面泥水支护压力学特性，以及基于盾构隧道施工、运营抗浮安全的覆土厚度等综合确定，如图 2.6.1 所示。

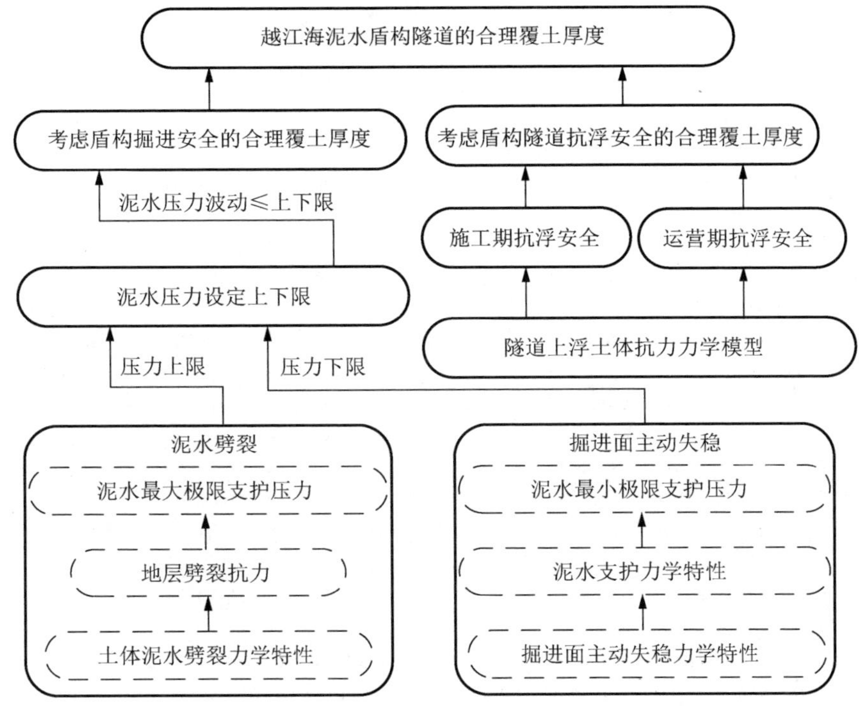

图 2.6.1　越江海盾构隧道合理覆土厚度研究路线

2.7　本 章 小 结

越江海盾构隧道覆土厚度问题与盾构施工控制密切相关，掘进效果又与千差万别的现场条件有关，影响因素较多，发现覆土厚度设定的主要影响因素较为困难；另外，覆土厚度与泥水劈裂和开挖面稳定有关，这两个问题本身就是工程界较难的课题。因此，越江海盾构隧道的覆土厚度问题一直没有较好的解决和论证。

作者从盾构掘进安全和隧道运营安全角度提出了合理覆土厚度的影响因素和各影响因素之间的相互关系，但若要真正求得合理覆土厚度，问题难题众多，不仅涉及土力学、水力学等基础问题，更涉及盾构掘进控制问题。从以上国内外研究现状调研结果可以看出，无论是盾构掘进土层的劈裂抗力，还是盾构开挖面稳定最小支护压力，或者盾构隧道在施工运营期的抗浮特性等研究成果都不是很完善，也很难直接运用到合理覆土厚度的设定上来。因此，需要进行更加深入的研究并运用到盾构隧道纵断面设计中，从而为我国越江海盾构隧道的设计施工提供理论基础和技术支持。

参 考 文 献

[1] 袁大军，黄清飞，刘学彦. 南京长江隧道泥水盾构小覆土长距离掘进技术研究[R]. 北京：北京交通大学，2010.

[2] GIDLEY J L, HOLDITCH S A, NIERODE D E, et al. Recent advances in hydraulic fracture[J]. Society Petroleum Engineering Monograph, 1989: 452-456.

[3] VEATCH R W. Overview of current hydraulic fracture design and treatment technology—Part 1[J]. Journal of Petroleum Technology, 1983: 677-687.

[4] VEATCH R W. Overview of current hydraulic fracture design and treatment technology—Part 2[J]. Journal of Petroleum Technology, 1983, 35(05): 853-863.

[5] 王建军. 应用水压致裂法测量三维地应力的几个问题[J]. 岩石力学与工程学报, 2000, 19(2): 229-233.

[6] 陈群策，安美建，李方全. 水压致裂法三维地应力测量的理论探讨[J]. 地质力学学报, 1998, 4(1): 37-43.

[7] ITO T, EVANS K, KAWAI K, et al. Hydraulic fracture reopening pressure and the estimation of maximum horizontal stress[J]. International Journal Rock Mechanics Mining Science, 1999, 36(6): 811-826.

[8] KLEE G, RUMMEL F, WILLIAMS A. Hydraulic fracturing stress measurement in Hong Kong[J]. International Journal Rock Mechanics Mining Science, 1999, 36:731-741.

[9] 刘允芳. 水压致裂法三维地应力测量[J]. 岩石力学与工程学报, 1991, 10(3): 246-256.

[10] 刘允芳，钟作武，汪洁. 水压致裂法三维地应力测量成果计算与分析的探讨[J]. 岩石力学与工程学报，2002, 21(6): 833-838.

[11] 刘允芳，罗超文，景锋. 水压致裂法三维地应力测量及其修正和工程应用[J]. 岩土工程学报，1999, 21(4): 465-470.

[12] SHEN S L, WANG Z F, YANG J, et al. Generalized approach for prediction of jet grout column diameter[J]. Journal of Geotechnical and Geoenvironmental Engineering, 2013, 139(12): 2060-2069.

[13] SHEN S L, WANG Z F, SUN W J, et al. A field trial of horizontal jet grouting using the composite-pipe method in the soft deposit of Shanghai[J]. Tunnelling and Underground Space Technology, 2013, 35: 142-151.

[14] SHEN S L, WANG Z F, HORPIBULSUK S, et al. Jet-Grouting with a newly developed technology: the Twin-Jet Method[J]. Engineering Geology, 2013, 152(1): 87-95.

[15] 张忠苗，邹健. 桩底劈裂注浆扩散半径和注浆压力研究[J]. 岩土工程学报, 2008, 30(2): 181-184.

[16] 孙锋，张顶立，陈铁林. 基于流体时变性的隧道劈裂注浆机理研究[J]. 岩土工程学报, 2011, 33(1): 88-93.

[17] 王哲，龚晓南，程永辉，等. 劈裂注浆法在运营铁路软土地基处理中的应用[J]. 岩石力学与工程学报，2005, 24(9): 1619-1623.

[18] SHERARD J L. Hydraulic fracturing in embankment dams[J]. Journal of Geotechnical Engineering, 1986, 112(10): 905-927.

[19] VALLEJO L E. Shear stresses and the hydraulic fracturing of earth dam soils[J]. Soils and Foundations, 1993, 33(3): 14-27.

[20] BEZUIJEN A, BRASSINGA H E. Blow-out pressures measured in a centrifuge model and in the field[C]// Tunnelling. A Decade of Progress. GeoDelft 1995-2005. Boca Raton: CRC Press, 2005: 143.

[21] BROERE W. Tunnel face stability & New CPT applications[D]. Delft, 2001.

[22] THUSYANTHAN N I, TAKE W A, MADABHUSHI S P G, et al. Crack initiation in clay observed in beam bending[J]. Geotechnique, 2007, 57(7): 581-594.

[23] HANSON J A, HARDIN B O, MAHBOUB K. Fracture toughness of compacted cohesive soils using ring test[J].

Journal of Geotechnical Engineering, 1994, 120(5): 872-891.

[24] MORI A, TAMURA M. Hydrofracturing pressure of cohesive soils[J]. Soils and foundations, 1987, 27(1): 14-22.

[25] ALFARO M C, WONG R C K. Laboratory studies on fracturing of low-permeability soils[J]. Canadian Geotechnical Journal, 2001, 38(2): 303-315.

[26] SARRIS E, PAPANASTASIOU P. Modeling of hydraulic fracturing in a poroelastic cohesive formation[J]. International Journal of Geomechanics, 2011, 12(2): 160-167.

[27] GAMZAEV K M. One method of calculation of the hydraulic fracturing of a formation[J]. Journal of Engineering Physics and Thermophysics, 2009, 82(6): 1110-1113.

[28] TEODOROVICH E V, TROFIMOV A A, SHUMILIN I D. Shape of a plane hydraulic fracture crack in an elastic impermeable medium at various injection rates[J]. Fluid Dynamics, 2011, 46(4): 603-612.

[29] BEZUIJEN A, GROTENHUIS R te, van TOL A F, et al. Analytical model for fracture grouting in sand[J]. Journal of Geotechnical and Geoenvironmental Engineering, 2011, 137(6): 611-620.

[30] BEZUIJEN A, TOL A F. Compensation grouting in sand, fractures and compaction[C]//Proc. XIV European Conference on Soil Mechanics & Geotechnical Engineering, 2007.

[31] MURDOCH L C. Hydraulic fracturing of soil during laboratory experiments, Part 1. Methods and observations[J]. Geotechnique, 1992, 43(2): 255-265.

[32] MURDOCH L C. Hydraulic fracturing of soil during laboratory experiments, Part 2. Propagation[J]. Geotechnique,1993, 43(2): 267-276.

[33] MURDOCH L C. Hydraulic fracturing of soil during laboratory experiments, Part 3. Theoretion[J]. Geotechnique,1993, 43(2): 277-287.

[34] MURDOCH L C. Mechanical analysis of idealized shallow hydraulic fracture[J]. Journal of Geotechnical and Geoenvironmental Engineering, 2002, 128(6): 488-495.

[35] VESIC A S. Expansion of cavities in infinite soil mass[J]. Journal of Soil Mechanics & Foundations Div, 1972, 98(SM3): 265-290.

[36] CARTER J P, BOOKER J R, YEUNG S K. Cavity expansion in cohesive frictional soils[J]. Geotechnique, 1986, 36(3): 349-358.

[37] PANAH A K, YANAGISAWA E. Laboratory studies on hydraulic fracturing criteria in soil[J]. Soils and Foundations, 1989, 29(4): 14-22.

[38] YANAGISAWA E, PANAK A. Two dimensional study of hydraulic fracturing criteria in cohesive soils[J]. Soils and Foundations, 1994, 34(1): 1-9.

[39] LIU W K, CHEN Y, CHANG C T, et al. Advances in multiple scale kernel particle methods[J]. Computational Mechanics, 1996, 18(2): 73-111.

[40] BELYTSCHKO T, LU Y Y, GU L. Crack propagation by element-free Galerkin methods[J]. Engineering Fracture Mechanics, 1995, 51(2): 295-315.

[41] BELYTSCHKO T, TABBARA M. Dynamic fracture using element-free Galerkin methods[J]. International Journal for Numerical Methods in Engineering, 1996, 39(6): 923-938.

[42] DAUXZ C, MOES N, DOLBOW J, et al. Arbitrary branched and intersecting cracks with the extended finite element method[J]. International Journal for Numerical Methods in Engineering, 2015, 48(12): 1741-1760.

[43] CENDÓN D A, GÁLVEZ J C, ELICES M, et al. Modelling the fracture of concrete under mixed loading[J]. International Journal of Fracture, 2000, 103(3): 293-310.

[44] 李全明, 张丙印, 于玉贞, 等. 土石坝水力劈裂发生过程的有限元数值模拟[J]. 岩土工程学报, 2007, 29(2): 212-217.

[45] 王俊杰, 朱俊高, 张辉. 关于土石坝心墙水力劈裂研究的一些思考[J]. 岩石力学与工程学报, 2005, 24(增刊2): 5664-5668.

[46] 王俊杰. 基于断裂力学的土石坝心墙水力劈裂研究[D]. 南京：河海大学, 2005.

[47] LIU X Y, YUAN D J, JIANG M J. Macro-micro analysis of soil failure mechanism in unloading condition[J].

Applied Mechanics and Materials, 2012, 170: 1847-1855.

[48] BOYCE G, WOLSKI M, ZAVITZ R, et al. Chemistry and physics behind microtunnel slurries[J]. North American Society for Trenchless Technology, 2011:1-10.

[49] GAFAR K, SOGA K, BEZUIJEN A, et al. Fracturing of sand in compensation grouting[C]// Geotechnical Aspects of Underground Construction in Soft Ground: Proceedings of the 6th International Symposium (Is-Shanghai), Shanghai, China. 2008: 281-286.

[50] MORI A, TAMURA M, FUKUI Y. Fracturing pressure of soil ground by viscous materials[J]. Soils and Foundation, 1990, 30(3): 129-136.

[51] BEZUIJEN A, SANDERS M P M, DEN HAMER D, et al. Laboratory tests on compensation grouting, the influence of grout bleeding[C]//International Pulp and Paper Mill Effluent Fate and Effects Conference on CD-ROM. Boca Raton: CRC Press, 2004: 395.

[52] 袁大军, 小泉淳, 森麟. 泥水加圧による粘性土地盤の割裂状況に関する実験的研究[J]. 土木学会論文集, 2002, 701: 3-58.

[53] YUAN D J, KOIZUMI A. Study on hydraulic fractures of slurry type shield in excavation cohesive soil grounds[C]// AITES- ITA 2002 World Tunnel Congress, 2002, Sydney Australia.

[54] 袁大军, 黄清飞, 小泉淳, 等. 水底盾构掘进泥水喷发现象研究[J]. 岩石力学与工程学报, 2007, 26(11): 2296-2301.

[55] MOLLON G, PHOON K K, DIAS D, et al. A new 2D failure mechanism for face stability analysis of a pressurized tunnel in spatially variable sands[C]// GeoFlorida 2010: Advances in Analysis, Modeling & Design, ASCE, 2010: 2052-2061.

[56] LIU J, QI T, WU Z. Analysis of ground movement due to metro station driven with enlarging shield tunnels under building and its parameter sensitivity analysis[J]. Tunnelling and Underground Space Technology, 2012, 28: 287-296.

[57] WONG K S, NG C W W, CHEN Y M, et al. Centrifuge and numerical investigation of passive failure of tunnel face in sand[J]. Tunnelling and Underground Space Technology, 2012, 28: 297-303.

[58] CHAMBON P, CORTÉ J F. Shallow tunnels in cohesionless soil: stability of tunnel face[J]. Journal of Geotechnical Engineering, 1994, 120(7): 1148-1165.

[59] 王明年, 陈炜韬, 张磊, 等. 土质围岩开挖破坏模式研究[J]. 岩土力学, 2010, 31(8): 2479-2483.

[60] ZHANG Z X, HU X Y, SCOTT K D. A discrete numerical approach for modeling face stability in slurry shield tunnelling in soft soils[J]. Computers and Geotechnics, 2011, 38(1): 94-104.

[61] YANG Y, ZHOU Q, LI H, et al. Analysis of face stability during excavation of double-O-tube shield tunnel[J]. The Scientific World Journal, 2013: 1-11.

[62] AHMED M, ISKANDER M. Evaluation of tunnel face stability by transparent soil models[J]. Tunnelling and Underground Space Technology, 2012, 27(1): 101-110.

[63] MOLLON G, DIAS D, SOUBRA A H. Face stability analysis of circular tunnels driven by a pressurized shield[J]. Journal of Geotechnical and Geoenvironmental Engineering, 2009, 136(1): 215-229.

[64] BROERE W. Face stability calculation for a slurry shield in heterogeneous soft soils[J]. Tunnels and Metropolises, 1998, 23: 215-218.

[65] LI Y, EMERIAULT F, KASTNER R, et al. Stability analysis of large slurry shield-driven tunnel in soft clay[J]. Tunnelling and Underground Space Technology, 2009, 24(4): 472-481.

[66] SUBRIN D, WONG H. Tunnel face stability in frictional material: a new 3D failure mechanism[J]. Comptes Rendus Mecanique, 2002, 330(7): 513-519.

[67] LECA E, DORMIEUX L. Upper and lower bound solutions for the face stability of shallow circular tunnels in frictional material[J]. Géotechnique, 1990, 40(4): 581-606.

[68] HUANG F, YANG X, ZHAO L. Upper bound solution of supporting pressure for a shallow square tunnel based on the Hoek-Brown failure criterion[J]. Journal of Zhejiang University Science A, 2012, 13(4): 284-292.

[69] HUANG F, YANG X L. Upper bound solutions for the face stability of shallow circular tunnels subjected to nonlinear failure criterion[C]//Deep and underground excavations. Proceedings of the 2010 GeoShangai international conference, Shangai, China. 2010: 251-256.

[70] MOLLON G, DIAS D, SOUBRA A H. Rotational failure mechanisms for the face stability analysis of tunnels driven by a pressurized shield[J]. International Journal for Numerical and Analytical Methods in Geomechanics, 2011, 35(12): 1363-1388.

[71] 村山朔郎, 遠藤正明, 橋塲友則. 機械化シールドの掘進性能に関する土質力学的考察[J], 第 1 回土質工学研究発表会, 1966, 75-79.

[72] 真下英人, 鈴木正彦, 猪熊明. トンネル切羽安定性の簡易評価法の提案[J]. 土木学会論文集, 1999(638): 117-129.

[73] CHEN Z Y, MORGENSTERN N R. Extensions to the generalized method of slices for stability analysis[J]. Canadian Geotechnical Journal, 1983, 20(1): 104-119.

[74] CHEN Z, LI S. Evaluation of active earth pressure by the generalized method of slices[J]. Canadian Geotechnical Journal, 1998, 35(4): 591-599.

[75] 陈祖煜. 土力学经典问题的极限分析上下限解[J]. 岩土工程学报, 2002, 24(1): 1-11.

[76] 曹文贵, 颜荣贵. 边坡非圆临界滑面确定之动态规划法研究[J]. 岩石力学与工程学报, 1995, 14(4): 320-328.

[77] WANG H R, LU X L, LIU Y L, et al. Analysis of Face Stability of Shield Tunnel under Seepage Condition[C]// GeoCongress 2012, ASCE, 3209-3218.

[78] LEE I M, NAM S W. The study of seepage forces acting on the tunnel lining and tunnel face in shallow tunnels[J]. Tunnelling and Underground Space Technology, 2001, 16(1): 31-40.

[79] ANAGNOSTOU G. The influence of tunnel excavation on the hydraulic head[J]. International Journal for Numerical and Analytical Methods in Geomechanics, 1995, 19(10): 725-746.

[80] DAVIS E H, GUNN M J, MAIR R J, et al. The stability of shallow tunnels and underground openings in cohesive material[J]. Geotechnique, 1980, 30(4): 397-416.

[81] 高健, 张义同. 考虑盾构掘进速度的隧道掘进面稳定性分析[J]. 岩土力学, 2010, 31(7): 2232-2237.

[82] 王浩然, 黄茂松, 吕玺琳, 等. 考虑渗流影响的盾构隧道开挖面稳定上限分析[J]. 岩土工程学报, 2013, 35(9): 1696-1704.

[83] AUGARDEA C E, LYAMINB A V, SLOANB S W. Stability of an undrained plane strain heading revisited[J]. Computers and Geotechnics, 2003(30): 419-430.

[84] VERMEER P A, RUSE N, MARCHER T. Tunnel heading stability in drained ground[J]. Felsbau, 2002, 20(6): 8-18.

[85] FELLIN W, KING J, KIRSCH A, et al. Uncertainty modelling and sensitivity analysis of tunnel face stability[J]. Structural Safety, 2010, 32(6): 402-410.

[86] MOHAMMADI J, SHAHRIAR K, MOAREFVAND P. Tunnel face stability analysis in soft ground in urban tunneling by EPB shield[J]. Australian Journal of Basic and Applied Sciences, 2011, 5(11): 589-601.

[87] WHITE D J, BAREFOOT A J, BOLTON M D. Centrifuge modelling of upheaval buckling in sand[J]. International Journal of Physical Modelling in Geotechnics, 2001, 1(2): 19-28.

[88] CHEUK C Y, WHITE D J, BOLTON M D. Deformation mechanisms during uplift of buried pipes in sand[C]//proceedings of the international conference on soil mechanics and geotechnical engineering. Aa Balkema Publishers, 2005, 16(3): 1685-1688.

[89] HODDER M S, CASSIDY M J. A plasticity model for predicting the vertical and lateral behaviour of pipelines in clay soils[J]. Géotechnique, 2010, 60(4): 247-263.

[90] BRANSBY M F, NEWSON T A, DAVIES M C R, et al. Physical modelling of the upheaval resistance of buried offshore pipelines[C]//4th International Conference on Physical Modelling in Geomechanics. St. Johns:[s.n.], 2002: 899-904.

[91] SCHUPP J, BYRNE B W, EACOTT N, et al. Pipeline unburial behaviour in loose sand[C]//25th International

Conference on Offshore Mechanics and Arctic Engineering. American Society of Mechanical Engineers, 2006: 297-308.

[92] SCHAMINEE P E L, ZORN N F, SCHOTMAN G J M. Soil response for pipeline upheaval buckling analyses: full-scale laboratory tests and modelling[C]//Offshore Technology Conference. Offshore Technology Conference, 1990.

[93] WHITE D J, CHEUK C Y, BOLTON M D. The uplift resistance of pipes and plate anchors buried in sand[J]. Geotechnique, 2008, 58(10): 771-779.

[94] CHEUK C Y, WHITE D J, BOLTON M D. Uplift mechanisms of pipes buried in sand[J]. Journal of Geotechnical and Geoenvironmental Engineering, 2008, 134(2): 154-163.

[95] PALMER A C, WHITE D J, BAUMGARD A J, et al. Uplift resistance of buried submarine pipelines: comparison between centrifuge modelling and full-scale tests[J]. Geotechnique, 2003, 53(10): 877-883.

[96] BARDET J P, PROUBET J. Numerical investigation of the structure of persistent shear bands in granular media[J]. Geotechnique, 1991, 41(4): 599-613.

[97] VERMEER P A. The orientation of shear bands in biaxial tests[J]. Geotechnique, 1990, 40(2): 223-236.

[98] BOLTON M D. The strength and dilatancy of sands[J]. Geotechnique, 1986, 36(1): 65-78.

[99] WHITE D J, TAKE W A, BOLTON M D. Soil deformation measurement using particle image velocimetry (PIV) and photogrammetry[J]. Geotechnique, 2003, 53(7): 619-631.

[100] JIANG M J, ZHANG W C, LIU F, et al. Investigating particle-size effect on uplift mechanism of pipes buried in sand using distinct element method[J]. Advanced Materials Research, 2012, 361: 505-509.

[101] SCHMIDT B S, HASHASH Y M A. Preventing tunnel flotation due to liquefaction [C]//Proceedings of the 2nd international conference on earthquake geotechnical engineering, Lisboa, Portugal. 1999: 509-512.

[102] MOHRI Y, FUJITA N, KAWABATA T. A simulation on uplift resistance of buried pipe by DEM[J]. Pipeline, 2001: 1-12.

[103] SANTIAGO P C, SABOYA JR F, REIS R M, et al. Uplift capacity of reinforced buried pipelines on sand[C]// 2011 Pan-Am CGS Geotechnical Conference. 2011.

[104] 叶飞，朱合华，丁文其．考虑管片环间接头效应的盾构隧道抗浮计算与控制分析[J]．中国公路学报，2008, 21(3): 76-80.

[105] 叶飞，朱合华，丁文其，等．大断面盾构隧道施工抗浮计算研究[J]．地下空间与工程学报，2007, 3(5): 849-853.

[106] 叶飞，丁文其，朱合华．盾构隧道抗浮计算模式及其适应性分析[J]．公路交通科技, 2009, 26(5): 91-96.

[107] 叶飞，朱合华，丁文其，等．施工期盾构隧道上浮机理与控制对策分析[J]．同济大学学报(自然科学版), 2008, 36(6): 738-743.

[108] 杨方勤，段创峰，吴华柒，等．上海长江隧道抗浮模型试验与理论研究[J]．地下空间与工程学报, 2010, 6(3): 454-459.

[109] 戴小平，郭涛，秦建设．盾构机穿越江河浅覆土层最小埋深的研究[J]．岩土力学, 2004, 27(5): 782-786.

[110] 黄忠辉，季倩倩，林家祥．超大直径泥水平衡盾构隧道抗浮结构试验研究[J]．地下空间与工程学报，2010, 6(2): 250-254.

第三章　土体的泥水劈裂力学特性

3.1　泥水劈裂现象

在城市中修建大直径隧道多使用泥水盾构法。受路线线形选择、地质条件、隧道里程、工程造价等因素的影响，隧道覆土厚度往往较薄，称为小覆土区间隧道。采用泥水平衡盾构进行隧道施工时，重要的技术难点是特殊小覆土区间盾构掘进保证开挖面稳定及防止泥水劈裂的发生。在调查的 15 条过江跨海隧道中[1,2]，直径在 11～12m 的盾构隧道占调查总数的 47%，其最小覆土厚度多为 0.65D，埋深较小；而盾构直径为 14m 以上大直径盾构隧道占调查总数的 40%，其最小覆土厚度在 0.65D～1D。可以看出，这些越江跨海隧道均存在小覆土区间。小覆土区间由于覆土浅，泥水压力和切削面稳定很难控制，稍有不慎，就有可能发生泥水劈裂，导致泥水喷发到江底，引发塌陷和江（海）水倒灌等工程事故。泥水劈裂发生后，尚无补救措施，只能采用快速通过等施工方法降低损失，但仍存在泥水压力无从设定、掘进效果无从保证等施工风险。因此，需要从根本上研究泥水劈裂，提出防止劈裂发生的要素和指标。在盾构始发前，准备好这些要素的控制指标具有重要的工程意义。

从发展阶段来说，土体的泥水劈裂现象可以分为劈裂的发生、发展和贯通三个阶段。其中，泥水劈裂的贯通阶段也称为泥水喷发。使劈裂发生的压力称为启裂压力或劈裂压力，而维持劈裂发展的压力称为劈裂持续压力[3]。

3.2　泥水劈裂的理论

1948 年，Clark 提出了“水力劈裂”的概念，并介绍了水力劈裂法在石油开采中的应用。水力劈裂的理论、技术和分析方法是在石油工业近半个世纪的调查和开发的基础上发展起来的。水力劈裂法首先应用于石油行业，作为一种提高石油产量的方法，在几十年的石油开采中得到一定的发展。当前，水力劈裂已应用于岩土工程、环境工程、建筑工程和水利工程等诸多领域；水力劈裂技术在工程实践中得到了广泛应用的同时，也带来了许多的负面效应。如在进行地基固结灌浆时，过大的灌浆压力可能导致某些完整的基岩被劈开，形成新的裂缝，在利用水力劈裂技术进行防渗灌浆补漏时，也可能因为较高的液体压力而在防渗帷幕中形成新的渗流通道。在泥水盾构过江隧道建设过程中，也可能由于各种原因使覆土厚度设定过小，导致盾构掘进的过程中泥水劈裂地层，造成江水倒灌等重大事故。研究水力劈裂地层的发生条件和机理，可以为过江隧道设定合理覆土厚度提供一定的理论基础[4,5]。

3.2.1 水力劈裂地层发生条件和机理

研究泥水盾构施工劈裂地层，必须结合隧道覆土土性和应力条件，即需要把研究的问题放在问题提出的环境中研究，如果离开了研究问题的环境，问题本身也就失去了研究的意义。因此，可以从覆土土性和应力环境出发，考虑泥水盾构的泥水特性，分析水力劈裂发生的物质条件和力学条件，基于断裂力学的理论，认识水力劈裂发生的力学机理。

1. 水力劈裂发生的物质条件

在泥水盾构施工中，覆土地层劈裂发生必须具备两个条件：覆土地层具有足够小的渗透系数，不至于使泥水直接从地层中渗流流出；泥水压力具有良好的定向性和足够大的泥水压力差。

在这里，假定覆土地层中各点的渗透性完全相同。如果覆土地层存在缺陷或软弱带，它将进一步诱导劈裂的发生和发展，使泥水劈裂更易发生。因为覆土地层缺陷或者软弱带的渗透性比周围土体的渗透性大很多，泥水会很快进入覆土地层缺陷或软弱带，水压力作用于缺陷边界形成集中的水头梯度。当作用于裂缝或缺陷边界的水头梯度到达临界值时，裂缝会扩展，即发生水力劈裂现象。

实际上，相对泥水而言，土层颗粒的粒径往往较大，土颗粒之间的空隙或孔隙相对土颗粒而言都是缺陷。因此，土体相对泥水而言普遍存在着缺陷，这是泥水劈裂发生的物质条件。在地层突变或者地层起伏较大处，特别是不同地层垂直接触时，更易发生劈裂。

劈裂的发生需要形成足够大的水头梯度，所以土层的低渗透性也是劈裂发生的必要条件。只有当土层的渗透性足够小，而泥水又不能通过土层渗透过去时，积聚水头梯度可能使劈裂发生。

2. 水力劈裂发生的力学条件

在物质条件具备的情况下，水力劈裂的发生也不是必然的。只有在物质条件具备的同时也具备力学条件，水力劈裂才可能发生。

假设土颗粒间的空隙或孔隙为土体的缺陷或表面裂纹，当外部水压升高时，水体进入裂纹，裂纹面作用水压力。这一水压力随着外部水压力的升高而增大，当其大到足以使裂纹发生扩展时，裂纹就扩展。裂纹扩展后，水体进入新扩展的裂纹，水压力也作用于新的裂纹面。若该水压继续扩展，直到水压力的强度不足以使裂纹进一步扩展，最终形成贯穿地层的裂缝。

另外，土层中也存在缺陷或者软弱带，特别是不同地层垂直接触时，由于缺陷或者软弱带的渗透系数远远大于周围土体，会在缺陷或者不同土性地层之间形成“水楔”作用（“water wedging” action），而“水楔”作用使水力劈裂更易发生。

3. 水力劈裂影响因素

水力劈裂的影响因素主要包括土层特性、土层应力状态、泥水黏度和盾构姿态。

（1）土层特性对水力劈裂的影响很大。在许多情况下土体的应力变形并不能近似为平面应变状态。在盾构开挖土体的过程中，由于土体特性会引起应力拱效应，盾构切口处的应力降低，劈裂更易发生。土层的渗透系数是影响水力劈裂的重要因素，较低的渗透系数会使劈裂更易发生。土体弹性模量和内摩擦角对成拱效应有影响。弹性模量和内摩擦角越大，成拱效应越显著；土体黏聚力越大，发生水力劈裂的可能性越小。

（2）土层应力状态是发生水力劈裂的力学条件，土体为压硬性材料，围压越高，劈裂压力越高。由于土体中缺陷或者不同土层接触面的存在，形成“水楔”作用，水力劈裂更易发生。

（3）在泥水盾构施工过程中，为了达到较好的掘进面支护效果，需要动态调整泥水参数，使泥水能够充分渗透到开挖面前方的地层中，达到良好的支护效果。试验研究表明，泥水的黏度、重度越大，其劈裂地层所需要的泥水压力也就越大。

（4）盾构姿态对水力劈裂的影响是间接的，良好方向性的泥水压力会形成集中的水力梯度，使劈裂更易发生。所以，当盾构姿态为向上掘进时，会形成向上的集中泥水压力水头和水力梯度，使劈裂更易发生。

3.2.2 水力劈裂地层理论分析

在工程中，人们关心的是水力劈裂压力。基于一定的室内外试验，结合有关力学理论，研究人员已提出了多种水力劈裂压力的计算方法，即水力劈裂的判定准则。

水力劈裂压力的研究可大体分为三类：第一类是依据在圆孔（或球孔）中进行的水力劈裂试验，结合弹塑性力学中的圆孔（或球孔）扩张理论提出的理论公式；第二类是在现场试验的基础上提出的经验公式；第三类是依据在裂缝中进行的水力劈裂试验，结合断裂力学理论提出的公式。其中第一类的文献较多，是前人研究成果的主要部分。

对水力劈裂发生的力学机理，目前主要有两种观点：其一是认为土体的破坏是由于拉应力达到临界值产生的，即拉裂破坏；其二则认为土体的破坏是由于剪应力达到临界值引起的，即剪切破坏。

剪切破坏的判别准则通常是 Mohr-Coulomb 强度准则。从土体发生剪切破坏时的 Mohr 圆与 Mohr-Coulomb 强度线相切的位置关系可知，当最小主应力大于零（即为压应力）时，土中任何面上均不存在负的正应力（即拉应力），利用弹塑性力学的理论，很难解释此时裂缝的产生和扩展。一般认为，土体水力劈裂是拉裂破坏或者是拉裂和剪切两者的复合型破坏。

1. 基于圆孔扩张理论的水力劈裂

弹性力学中“圆筒受均匀分布压力作用”问题（图 3.2.1）的解为

$$\begin{cases}\sigma_r = \dfrac{a^2b^2}{b^2-a^2}\cdot\dfrac{p_\mathrm{f}-\sigma_\mathrm{h}}{r^2}+\dfrac{b^2\sigma_\mathrm{h}-a^2p_\mathrm{f}}{b^2-a^2}\\ \sigma_\theta = \dfrac{a^2b^2}{b^2-a^2}\cdot\dfrac{p_\mathrm{f}-\sigma_\mathrm{h}}{r^2}+\dfrac{b^2\sigma_\mathrm{h}-a^2p_\mathrm{f}}{b^2-a^2}\end{cases} \tag{3.2.1}$$

式中：p_f 为劈裂压力；a、b 分别为圆孔的内、外半径。在 $r=a$ 处有

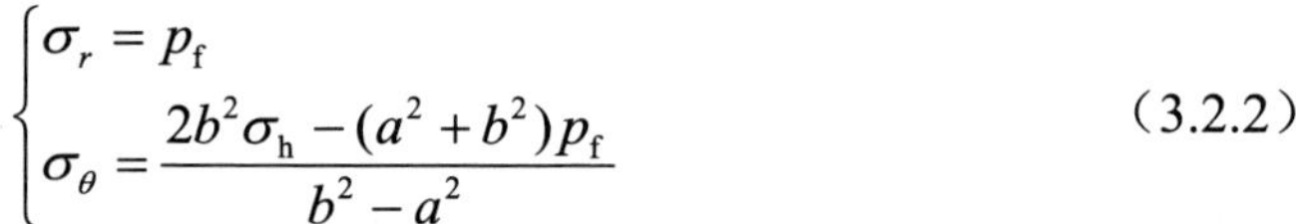

$$\begin{cases}\sigma_r = p_\mathrm{f}\\ \sigma_\theta = \dfrac{2b^2\sigma_\mathrm{h}-(a^2+b^2)p_\mathrm{f}}{b^2-a^2}\end{cases} \tag{3.2.2}$$

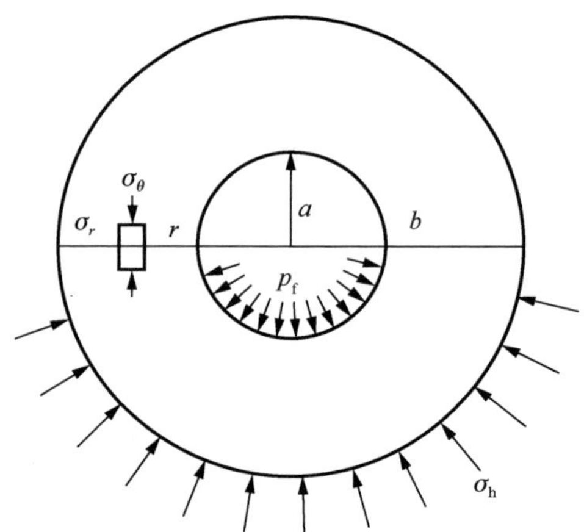

图 3.2.1　圆孔扩张理论示意图

（1）若假定水力劈裂是拉裂破坏，则水力劈裂发生的条件为

$$p_\mathrm{f} = \frac{2b^2\sigma_\mathrm{h}-(b^2-a^2)\sigma_\mathrm{t}}{a^2+b^2} \tag{3.2.3}$$

式中：σ_t 为土体的抗拉强度。

（2）如果假定水力劈裂是剪切破坏，即满足 Mohr-Coulomb 强度准则，则水

力劈裂压力为

$$p_{\mathrm{f}}=\frac{b^2(1+\sin\varphi)}{b^2+a^2\sin\varphi}\cdot\sigma_{\mathrm{h}}+\frac{c(b^2-a^2)\cos\varphi}{b^2+a^2\sin\varphi} \tag{3.2.4}$$

式中：c 为土体的黏聚力；φ 为土体的内摩擦角。

（3）若允许孔周土体发生塑性变形，且屈服条件为 Mohr-Coulomb 强度准则，则水力劈裂压力的弹塑性解为

$$p_{\mathrm{f}}=\frac{\dfrac{b^2(1+\sin\varphi)}{b^2+(b')^2\sin\varphi}\cdot\sigma_{\mathrm{h}}+\dfrac{c\cdot[b^2-(b')^2]\cos\varphi}{b^2+(b')^2\sin\varphi}+c\cdot\cot\varphi}{\left(\dfrac{a'}{b'}\right)^{\frac{2\sin\varphi}{1+\sin\varphi}}}-c\cdot\cot\varphi \tag{3.2.5}$$

式中：a'为圆孔扩张后的半径；b'为弹性区和塑性区交界面的半径，且 $b'\leqslant b$。

2. 基于球孔扩张理论的水力劈裂

弹性力学中“空心圆球内外壁受均布压力作用”问题的解为

$$\begin{cases}\sigma_r=\dfrac{a^3b^3}{b^3-a^3}\cdot\dfrac{p_{\mathrm{f}}-\sigma_{\mathrm{h}}}{r^3}+\dfrac{b^3\sigma_{\mathrm{h}}-a^3p_{\mathrm{f}}}{b^3-a^3}\\[2ex]\sigma_\theta=\dfrac{a^3b^3}{2(b^3-a^3)}\cdot\dfrac{p_{\mathrm{f}}-\sigma_{\mathrm{h}}}{r^3}+\dfrac{b^3\sigma_{\mathrm{h}}-a^3p_{\mathrm{f}}}{b^3-a^3}\end{cases} \tag{3.2.6}$$

式中：a、b 分别为球孔的内、外半径。在 $r=a$ 处有

$$\begin{cases}\sigma_r=p_{\mathrm{f}}\\[1ex]\sigma_\theta=\dfrac{3b^3\sigma_{\mathrm{h}}-(2a^3+b^2)p_{\mathrm{f}}}{2(b^3-a^3)}\end{cases} \tag{3.2.7}$$

（1）若假定水力劈裂是拉裂破坏，则水力劈裂压力为

$$p_{\mathrm{f}}=\frac{3b^3\sigma_{\mathrm{h}}+2(b^3-a^3)\sigma_{\mathrm{t}}}{2a^3+b^3} \tag{3.2.8}$$

（2）若水力劈裂是剪切破坏，满足 Mohr-Coulomb 强度准则，则水力劈裂压力为

$$p_{\mathrm{f}}=\frac{3b^3(1+\sin\varphi)}{3b^3-(b^3-4a^3)\sin\varphi}\cdot\sigma_{\mathrm{h}}+\frac{4c(b^3-a^3)\cos\varphi}{3b^3-(b^3-4a^3)\sin\varphi} \tag{3.2.9}$$

（3）若允许孔周土体发生塑性变形，且屈服条件为 Mohr-Coulomb 强度准则，则水力劈裂压力弹塑性解为

$$p_{\mathrm{f}}=\frac{\dfrac{3b^3(1+\sin\varphi)}{3b^3-(b^3-4b'^3)\sin\varphi}\cdot\sigma_{\mathrm{h}}+\dfrac{4c[b^3-(b')^3]\cos\varphi}{3b^3-(b^3-4b'^3)\sin\varphi}+c\cdot\cot\varphi}{\left(\dfrac{a'}{b'}\right)^{\frac{4\sin\varphi}{1+\sin\varphi}}}-c\cdot\cot\varphi \tag{3.2.10}$$

式中：a'为球孔扩张后的半径；b'为弹性区和塑性区的交界面半径，且 $b' \leqslant b$。

3. 真三轴应力状态的水力劈裂理论

基于圆孔和球孔扩张理论建立的水力劈裂理论，土体的应力状态也仅仅是轴对称和球对称的，而实际的土体应力状态应该是各向不等压的。因此，一些学者建立了真三轴应力状态下的水力劈裂压力计算理论。

图 3.2.2 所示是内部有一个圆柱形小孔的方形试样在真三轴应力状态作用下的情况。假定与圆孔轴向一致的主应力（图中为 σ_1），对与圆孔轴向垂直方向应力状态（图中为 σ_2 和 σ_3）的影响可以忽略，即考虑平面应变条件。实际上，试样内圆柱形小孔的轴向可以是三个主应力方向中的任意一个，下面对其分别说明。

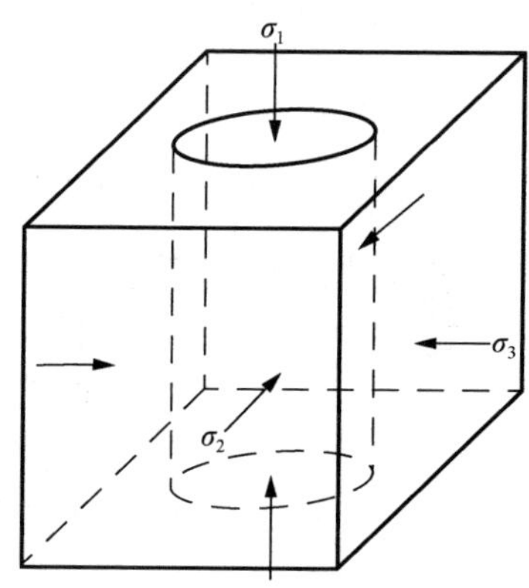

图 3.2.2　三轴应力下的中空圆孔方形式样

1）试样内圆孔轴向沿 σ_1 方向

利用图 3.2.3 的应力叠加原理，可以确定孔周任意点的应力状态。在 $r = a$ 处有

$$\begin{cases} \sigma_r = p_f \\ \sigma_\theta = \sigma_3(1 - 2\cos 2\theta) + \sigma_2(1 + 2\cos 2\theta) - p_f \\ \tau_{r\theta} = 0 \end{cases} \tag{3.2.11}$$

（1）假定水力劈裂是拉裂破坏，则水力劈裂压力为

$$p_f = \sigma_3(1 - 2\cos 2\theta) + \sigma_2(1 + 2\cos 2\theta) - \sigma_t \tag{3.2.12}$$

上式当 $\cos 2\theta = -1$ 时，p_f 为最小，且最小值为

$$p_f = 3\sigma_3 - \sigma_2 + \sigma_t \tag{3.2.13}$$

（2）假定水力劈裂是剪切破坏，则有

$$p_f = \frac{1}{2}[\sigma_3(1 - 2\cos 2\theta) + \sigma_2(1 + 2\cos 2\theta)](1 + \sin\varphi) + c \cdot \cos\varphi \tag{3.2.14}$$

上式当 $\cos 2\theta = -1$ 时，p_f 为最小，且最小值为

$$p_f = (1.5\sigma_3 - 0.5\sigma_2)(1 + \sin\varphi) + c \cdot \cos\varphi \tag{3.2.15}$$

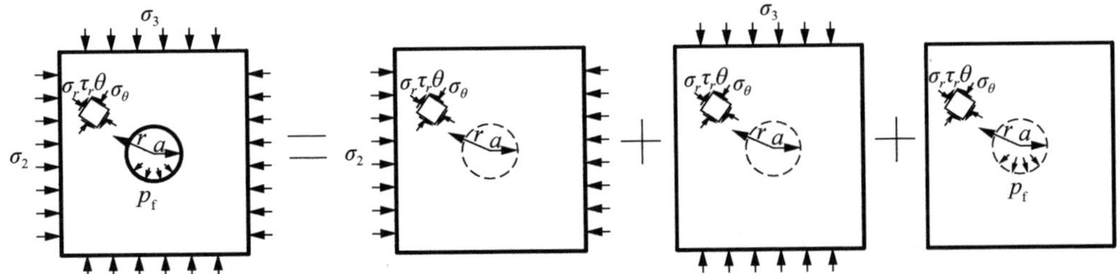

图 3.2.3　应力叠加原理示意图

（3）若允许孔周土体发生塑性变形，则水力劈裂压力的弹塑性解为

$$p_f=\frac{\frac{1}{2}[\sigma_3(1-2\cos2\theta)+\sigma_2(1+2\cos2\theta)+2c\cdot\cot\varphi](1+\sin\varphi)}{\left(\frac{a'}{b'}\right)^{\frac{2\sin\varphi}{1+\sin\varphi}}}-\cot\varphi \tag{3.2.16}$$

上式当 $\cos2\theta=-1$ 时，p_f 为最小，且最小值为

$$p_f=\frac{(1.5\sigma_3-0.5\sigma_2+c\cdot\cot\varphi)(1+\sin\varphi)}{\left(\frac{a'}{b'}\right)^{\frac{2\sin\varphi}{1+\sin\varphi}}}-c\cdot\cot\varphi \tag{3.2.17}$$

2）试样内圆孔方向沿 σ_2 方向

（1）假定水力劈裂是拉裂破坏，则

$$p_f=3\sigma_3-\sigma_1+\sigma_t \tag{3.2.18}$$

（2）假定水力劈裂是剪切破坏，则

$$p_f=(1.5\sigma_3-0.5\sigma_1)(1+\sin\varphi)+c\cdot\cos\varphi \tag{3.2.19}$$

（3）假定允许孔周土体发生塑性变形，则

$$p_f=\frac{(1.5\sigma_3-0.5\sigma_1+c\cdot\cot\varphi)(1+\sin\varphi)}{\left(\frac{a'}{b'}\right)^{\frac{2\sin\varphi}{1+\sin\varphi}}}-c\cdot\cot\varphi \tag{3.2.20}$$

3）试样内圆孔方向是沿 σ_3 方向

（1）假定水力劈裂是拉裂破坏，则

$$p_f=3\sigma_2-\sigma_1+\sigma_t \tag{3.2.21}$$

（2）假定水力劈裂是剪切破坏，则

$$p_f=(1.5\sigma_2-0.5\sigma_1)(1+\sin\varphi)+c\cdot\cos\varphi \tag{3.2.22}$$

（3）假定允许孔周土体发生塑性变形，则

$$p_f=\frac{(1.5\sigma_2-0.5\sigma_1+c\cdot\cot\varphi)(1+\sin\varphi)}{\left(\frac{a'}{b'}\right)^{\frac{2\sin\varphi}{1+\sin\varphi}}}-c\cdot\cot\varphi \tag{3.2.23}$$

4. 基于经验公式的水力劈裂理论

以上水力劈裂理论都是建立在严格的力学理论基础上的。众所周知，土体的应力-应变特性非常复杂，目前还没有哪种理论能够真实、全面地反映土体的力学特性，因此在土体的研究文献中，存在着许多建立在工程经验基础上的理论或经验公式。在土体的水力劈裂问题研究中，也同样存在一些经验公式。在工程实践中，有些经验公式的应用很普遍，因为其不仅简单易用，而且计算结果也能够得到认可。

（1）Jaworski 等在对美国 Teton 坝失事原因的调查中，基于室内的中空方形试样的水力劈裂试验，提出计算水力劈裂压力的经验公式，即

$$p_{\mathrm{f}} = m\sigma_{\mathrm{h}} + \sigma_{\mathrm{ta}} \tag{3.2.24}$$

式中：σ_{ta} 为土体的视抗拉强度（apparent tensile strength），因该值明显大于试验得到的土体抗拉强度而得此定义，取 20.0～265.0kN/m^2；σ_{h} 为垂直于试样内圆孔轴向的围压，即最小主应力；m 为 p_{f} - σ_{h} 曲线的斜率，取 1.50～1.80。

对于参数 m 的取值，许多学者进行了深入研究。Fukushima 建议，m 取 1.30～1.60；Panah 和 Yanagisawa 的试验中，m=1.085，σ_{ta}= 0.80kN/m^2；在刘令瑶等对宽级配砾土的试验中，m=0.86，σ_{ta}=210.0kN/m^2。

（2）Mori 和 Tamura 在对六种黏性土进行室内水力劈裂试验的基础上，提出水力劈裂压力为

$$p_{\mathrm{f}} = \sigma_3 + q_{\mathrm{u}} \tag{3.2.25}$$

式中：σ_3 为最小主应力；q_{u} 为无侧限抗压强度。

对于砂土中的水力劈裂压力，Mori 和 Tamura 提出了

$$p'_{\mathrm{f}} = \sigma'_3 + \sigma_{\mathrm{t}} + R \tag{3.2.26}$$

式中：$p'_{\mathrm{f}} = P_{\mathrm{f}} - u_0$；$\sigma'_3 = \sigma_3 - u_0$；$u_0$ 为初始孔隙水压力；m=1.00～2.00；R 为裂缝扩展阻力，且 $\sigma_{\mathrm{t}} + R = \sigma_{\mathrm{ta}}$。

（3）Decker 和 Clemence 利用插入试样中部的皮下注射器针头进行了水力劈裂试验，并提出经验公式：

$$p_{\mathrm{f}} = 1 - \mu\sigma_{\mathrm{t}} + 2 - \alpha + \beta(K_0 p'_0)(S)^{-1} \tag{3.2.27}$$

式中：μ 为泊松比；α、β 分别为与土体压缩性有关的系数；K_0 为静止土压力系数；p'_0 为有效应力增量；S 为与插入试样针头直径有关的系数。

（4）曾开华进行了真三轴应力状态下的水力劈裂试验，并提出

$$p_{\mathrm{f}} = 1.826\sigma_3 - 0.637(\sigma_2 - \sigma_3) + 5.04 \tag{3.2.28}$$

（5）Andersen 等在考虑土体应力-应变关系的非线性和孔压变化的基础上，假定水力劈裂发生的条件为

$$\sigma_3 - u \leqslant -\sigma_{\mathrm{t}} \tag{3.2.29}$$

式中：u 为孔隙水压力，且 $u = u_0 + \Delta u$，u_0 为初始孔隙水压力，Δu 为孔隙水压力增量，且 $\Delta u = \Delta\sigma_{\text{oct}} + \alpha_{\text{m}}\Delta\tau_{\text{oct}}$ 或 $\Delta u = \Delta\sigma_{\text{oct}} - D_{\text{孔}}(\Delta\tau_r - \Delta\tau_\theta)$，$\Delta\sigma_{\text{oct}}$、$\Delta\tau_{\text{oct}}$ 分别为八面体正应力和剪应力的增量，α_{m} 为 Henkel 孔压系数，$D_{\text{孔}}$ 为孔压系数且与竖直平面上剪应力变化引起的孔压变化相关，$\Delta\tau_r$、$\Delta\tau_\theta$ 分别为径向和切向剪应力的增量。

Andersen 等认为，水力劈裂破裂面可以沿水平方向，也可以沿竖直方向，关键是看竖向和切向应力中，哪一个先出现拉应力，即哪个先满足水力劈裂的发生条件。

① 水力劈裂破裂面为竖直方向，即

$$p_{\text{f}} = u_0 + K_0\sigma'_{v0} + \Delta p_{\text{m}} \tag{3.2.30}$$

式中：K_0 为静止土压力系数；σ'_{v0} 为竖向有效应力；Δp_{m} 为竖直向水力劈裂发生时的圆孔内水压力增量。

② 水力劈裂破裂面为水平方向，即

$$p_{\text{f}} = u_0 + \sigma'_{v0} + \Delta p_{\text{m}} \tag{3.2.31}$$

式中：Δp_{m} 为水平向水力劈裂发生时的圆孔内水压力增量。

5. 土性材料断裂力学基本理论

通过大量破坏事故的研究发现，较低应力水平脆性破坏的主要原因是实际结构中存在着各种缺陷或裂纹，这些裂纹的存在显著地降低了结构材料的实际强度。由于历史条件和环境因素的复杂性，土体往往不是各向同性的均质体，可以认为天然土体中存在着各种缺陷，相当于结构材料中的裂纹或缺陷。因此，土性材料的水力劈裂和材料的断裂有相似之处，可以适当地运用材料断裂力学的相关理论来解释和解析相关的土性材料的劈裂问题[6,7]。

材料断裂力学基本理论认为材料发生低应力断裂的主要原因是实际结构中存在着各种缺陷或裂纹；而土性材料是由土颗粒经过复杂条件固结而成，土体颗粒之间存在孔隙或空隙，可以认为这些孔隙或空隙是土体劈裂发生的先天“裂纹”条件。

在断裂力学中，按裂纹受力情况可将裂纹分为三种基本类型，如图 3.2.4 所示。这三种类型分别称为张开型（Ⅰ型）、滑开型（Ⅱ型）和撕开型（Ⅲ型）裂纹。由图 3.2.4 可以看出，各种类型的裂纹受力特点如下：Ⅰ型裂纹受垂直于裂纹面的拉应力作用；Ⅱ型裂纹受平行于裂纹面而垂直于裂纹前缘的剪应力作用；Ⅲ型裂纹受既平行于裂纹面又平行于裂纹前缘（图直线）的剪应力作用。

这三种类型的裂纹表面，对应着三种不同的相对位移。Ⅰ型裂纹上下表面相对张开；Ⅱ型裂纹上下表面沿 x 轴相对滑开；Ⅲ型裂纹上下表面沿 z 轴相对滑开。在土性材料中，以Ⅰ型裂纹、Ⅱ型裂纹和Ⅰ型-Ⅱ型复合型裂纹最为常见。

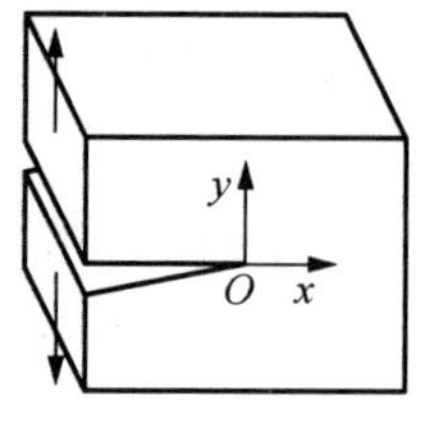

（a）Ⅰ型：张开型

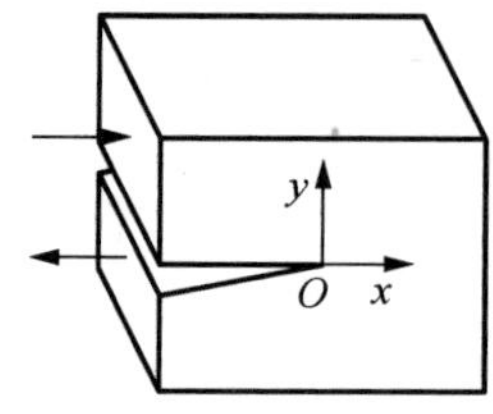

（b）Ⅱ型：滑开型

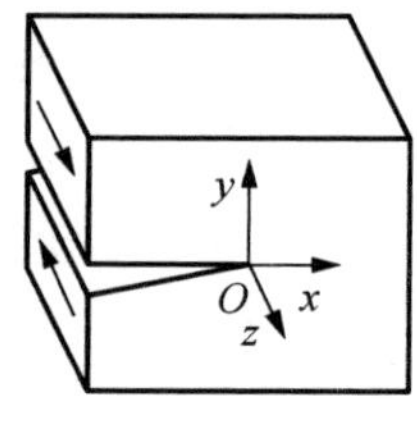

（c）Ⅲ型：撕开型

图 3.2.4　裂纹的基本类型

设一无限大板，中心有一裂纹，长为 $2a$，受双轴拉应力 σ 作用，如图 3.2.5 所示，为典型张开型裂纹（Ⅰ型裂纹）。

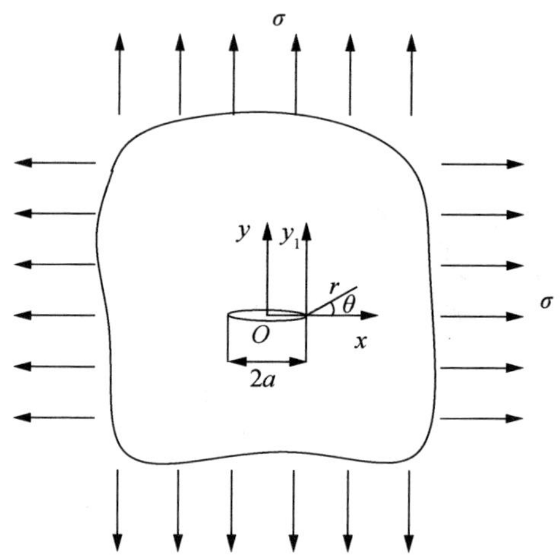

图 3.2.5　无限大板中心有Ⅰ型裂纹受力形式

按弹性力学的平面问题求解，得出裂纹尖端附近的应力场和位移场为

$$\sigma_x = \frac{K_{\mathrm{I}}}{\sqrt{2\pi r}}\cos\frac{\theta}{2}\left(1-\sin\frac{\theta}{2}\sin\frac{3\theta}{2}\right) \tag{3.2.32}$$

$$\sigma_y = \frac{K_{\mathrm{I}}}{\sqrt{2\pi r}}\cos\frac{\theta}{2}\left(1+\sin\frac{\theta}{2}\sin\frac{3\theta}{2}\right) \tag{3.2.33}$$

$$\tau_{xy} = \frac{K_{\mathrm{I}}}{\sqrt{2\pi r}}\cos\frac{\theta}{2}\sin\frac{\theta}{2}\cos\frac{3\theta}{2} \tag{3.2.34}$$

$$\tau_{xz} = \tau_{yz} = 0 \tag{3.2.35}$$

$$\sigma_z = \mu(\sigma_x + \sigma_y) \tag{3.2.36}$$

$$\sigma_z = 0 \tag{3.2.37}$$

$$u = \frac{2(1+\mu)K_{\mathrm{I}}}{4E}\sqrt{\frac{r}{2\pi}}\left[(2k-1)\cos\frac{\theta}{2} - \cos\frac{3\theta}{2}\right] \tag{3.2.38}$$

$$v=\frac{2(1+\mu)K_{\mathrm{I}}}{4E}\sqrt{\frac{r}{2\pi}}\left[(2k+1)\sin\frac{\theta}{2}-\sin\frac{3\theta}{2}\right] \tag{3.2.39}$$

$$w=0\ (\text{平面应变}) \tag{3.2.40}$$

$$w=-\int\frac{\mu}{E}(\sigma_x+\sigma_y)\mathrm{d}z\ (\text{平面应力}) \tag{3.2.41}$$

式中：r、θ 为裂纹尖端附近点的极坐标量；u、v、w 为位移分量；σ_x、σ_y、τ_{xy}、σ_z、τ_{xz}、τ_{yz} 为应力分量；E 为弹性模量。

$$K=\begin{cases}3-4\mu & \text{平面应变}\\ \dfrac{3-\mu}{1+\mu} & \text{平面应力}\end{cases} \tag{3.2.42}$$

式中：共有的系数 K 称为裂纹尖端应力强度因子，简称应力强度因子。对于无限大板有中心裂纹、受双轴拉应力的应力强度因子为

$$K_{\mathrm{I}}=\sigma\sqrt{\pi a} \tag{3.2.43}$$

II 型裂纹问题与 I 型裂纹问题类似，不同的是两者在无限远处边界上的受力条件不同，II 型裂纹问题在无限远处受均匀剪力作用。其数学本质是一样的，II 型裂纹的应力强度因子为

$$K_{\mathrm{II}}=\tau\sqrt{\pi a} \tag{3.2.44}$$

裂纹扩展时，材料释放的应变能不仅用于形成裂纹表面所吸收的表面能，还要克服扩展裂纹所需要吸收的塑性变形能。对于金属来说，材料抵抗裂纹扩展的能力是一个常数，只有应变能释放率大于此常数时，裂纹才能失稳。

设裂纹扩展单位面积所需要的塑性能为 P，用 G_{c} 表示材料对裂纹扩展抵抗能力，G 代表应变能释放率。用根据吸收能量率概念，则脆性材料裂纹失稳扩展的临界条件为

$$G=G_{\mathrm{c}}=P \tag{3.2.45}$$

且应变能释放公式 $G=\dfrac{\pi\sigma^2 a}{E}$ 和式（3.2.43）相比较得出

$$G=\frac{\pi\sigma^2 a}{E}=\frac{K^2}{E} \tag{3.2.46}$$

于是，以应力强度因子表示裂纹失稳扩展的临界条件为

$$K=K_{\mathrm{c}} \tag{3.2.47}$$

它表示裂纹尖端的应力强度因子 K 达到某一个临界值 K_{c} 时，裂纹将失稳扩展。式中，K_{c} 与 G_{c} 类似，是材料常数，称为材料平面应变断裂韧度。K 和 K_{c} 是两个不同的概念，应力强度因子 K 是由载体及裂纹体的形状和尺寸决定的量，是表示裂纹尖端应力场强度的一个参量，可以用弹性理论的方法进行计算；而断裂韧度 K_{c} 由于是材料的一种本质特性，表示材料抵抗脆性断裂破坏的能力，可以由试验确

定。理论和试验分析表明：材料的断裂韧度随着试样厚度的增加而下降，如图 3.2.6 所示。

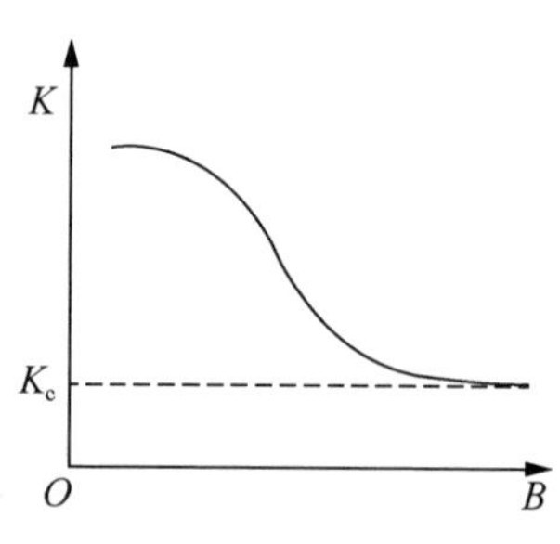

图 3.2.6　K 和 K_c 关系示意图

当材料为薄板时，裂纹尖端处于平面应力状态，裂纹不易扩展，其断裂韧度值较高。一般用 K_c 表示平面应力断裂韧度，随着板厚度的增加，裂纹尖端处于平面应变状态的部分增加，裂纹较易于扩展，其断裂韧度降低。当板的厚度增加到某一定值以后，裂纹韧度降至最低值，称为平面应变断裂韧度，用 K_c 表示。

在实际工程中，裂纹多处于复合型变形状态。例如，航空与船舶结构中的加劲板和壳，它们的裂纹往往是张开型（I 型）和滑开型（II 型）并存的复合型裂纹。在岩土工程中，单一说土层中的裂纹为 I 型并不能很好的或者不能解释裂纹的开展现象。实际上，复合型裂纹一般不按裂纹原来的方向开裂与扩展，而且失稳的条件比较复杂，不能把 Irwin 理论简单地应用到复合型问题中来。在复合型裂纹问题中，需要研究以下两个问题。

（1）裂纹沿什么方向开裂（开裂角）。

（2）裂纹在什么条件下开裂（断裂准则）。

目前，国内外提出的复合型断裂准则，一般从以下三方面进行分析：①以应力为参数；②以位移为参数；③以能量为参数。其中，以最大应力准则、应变能密度准则、应变能释放率准则最为流行。

1963 年，Eedogan 和 Sih 根据具有中心斜裂纹承受均匀拉伸的树脂玻璃板的试验结果，提出了最大周向应力复合型断裂准则，简称最大应力准则。

具体方法为：将 I 型裂纹和 II 型裂纹运用叠加原理进行叠加，叠加结果为

$$\sigma_x = \frac{K_{\mathrm{I}}}{\sqrt{2\pi r}}\cos\frac{\theta}{2}\left(1-\sin\frac{\theta}{2}\sin\frac{3\theta}{2}\right)+\frac{K_{\mathrm{II}}}{\sqrt{2\pi r}}\sin\frac{\theta}{2}\left(2+\cos\frac{\theta}{2}\cos\frac{3\theta}{2}\right) \tag{3.2.48}$$

$$\sigma_y = \frac{K_{\mathrm{I}}}{\sqrt{2\pi r}}\cos\frac{\theta}{2}\left(1+\sin\frac{\theta}{2}\sin\frac{3\theta}{2}\right)+\frac{K_{\mathrm{II}}}{\sqrt{2\pi r}}\sin\frac{\theta}{2}\cos\frac{\theta}{2}\cos\frac{3\theta}{2} \tag{3.2.49}$$

$$\tau_{xy} = \frac{K_{\mathrm{I}}}{\sqrt{2\pi r}}\cos\frac{\theta}{2}\sin\frac{\theta}{2}\cos\frac{3\theta}{2}+\frac{K_{\mathrm{II}}}{\sqrt{2\pi r}}\cos\frac{\theta}{2}\left(1-\sin\frac{\theta}{2}\sin\frac{3\theta}{2}\right) \tag{3.2.50}$$

上述结果用极坐标形式表示为

$$\sigma_r = \frac{\cos\frac{\theta}{2}}{2\sqrt{2\pi r}}K_{\mathrm{I}}(3-\cos\theta)+\frac{\sin\frac{\theta}{2}}{2\sqrt{2\pi r}}K_{\mathrm{II}}(3\cos\theta-1) \tag{3.2.51}$$

$$\sigma_\theta = \frac{\cos\frac{\theta}{2}}{2\sqrt{2\pi r}}[K_\text{I}(1+\cos\theta) - 3K_\text{II}\sin\theta] \tag{3.2.52}$$

$$\tau_\theta = \frac{\cos\frac{\theta}{2}}{2\sqrt{2\pi r}}[K_\text{I}\sin\theta + K_\text{II}(3\cos\theta - 1)] \tag{3.2.53}$$

式中，r 为径向坐标；θ 为角坐标；K_I 和 K_II 分别为 I 型和 II 型的应力强度因子。

最大应力准则的基本假定如下。

（1）裂纹沿最大周向应力 $\sigma_{\theta\max}$ 的方向开裂。

（2）当此方向的周向应力达到临界值时，裂纹失稳扩展。

根据上述假定，可得

$$\frac{\partial\sigma_\theta(K_\text{I}, K_\text{II}, \theta)}{\partial\theta} = 0 \tag{3.2.54}$$

于是，裂纹的开裂方向与裂纹面的交角，即开裂角 θ_0 为

$$\theta_0 = \arccos\frac{3K_\text{II}^2 + \sqrt{K_\text{I}^2 + 8K_\text{I}^2K_\text{II}^2}}{K_\text{I}^2 + 9K_\text{II}^2} \tag{3.2.55}$$

根据最大应力准则假定确定的开裂条件，当沿 θ_0 方向的周向应力达到 $\sigma_{\theta c}$ 时，裂纹失稳扩展，把式（3.2.55）代入式（3.2.54）即

$$\sigma_\theta = \cos\frac{\theta_0}{2}\left(K_\text{I}\cos^2\frac{\theta_0}{2} - \frac{3}{2}K_\text{II}\sin\theta_0\right) = K_\text{c} \tag{3.2.56}$$

3.3　室内三轴劈裂试验

3.3.1　试验仪器研制与试样材料选择

物理模拟试验是研究水力劈裂裂隙发生、破坏规律的重要手段，是研究水力劈裂力学机理的试验方法。室内试验研究的试样小，实际工程中的尺寸效应较大，因此室内试验用于研究力学机理。国内外学者采用真三轴仪和常规三轴仪作为试验设备，对岩体或水泥试样等进行了大量的水力劈裂试验。相对于其他形状的试样，圆孔试样的应力集中程度最低，故本书试验采用中空圆柱试样在改装后的三轴仪中进行泥水劈裂[8]。

1. 力学模型研究

盾构施工对土体的扰动多表现为对土体的加压和松动、加载和卸载、孔隙水

压上升与下降所引起的沉降等。盾构隧道的开挖使周围土体的极限平衡状态破坏，应力状态或者应力路径发生变化。根据室内盾构模型掘进泥水劈裂试验结果，在最大主应力与最小主应力差较小时，土体劈裂裂缝发生在盾构模型机前方 20°～45°内，即图 3.3.1 中挤压扰动区①和剪切扰动区②。

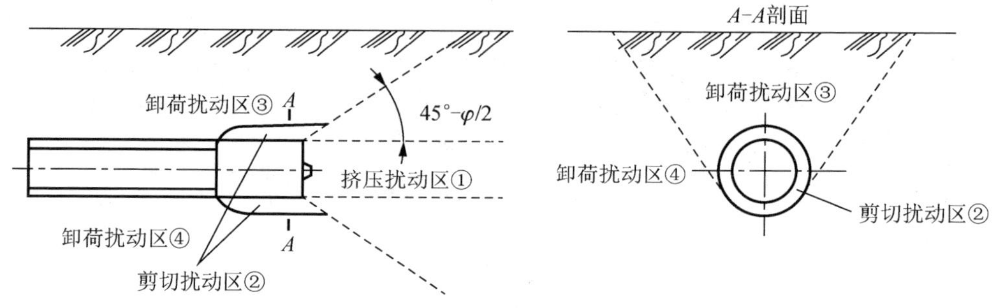

图 3.3.1　盾构施工扰动分区

不同位置的土体应力路径不同，图 3.3.2 为近盾构点土体 B 的应力路径，当 B 位于盾构前方时，土体受挤压 σ_1 的增量幅度小于 σ_3 增量，Mohr 应力圆直径减小且向右移动，应力路径为 *AB* 线；当盾构掘进至 *B* 点，由于盾构对土体的剪切挤压作用，使土体 σ_1 的增量幅度大于 σ_3 增量，Mohr 应力圆直径逐渐变大，且向右移动，应力路径为 *BC* 线；*CD* 线和 *DE* 线分别为盾尾脱离和注浆阶段的应力路径。

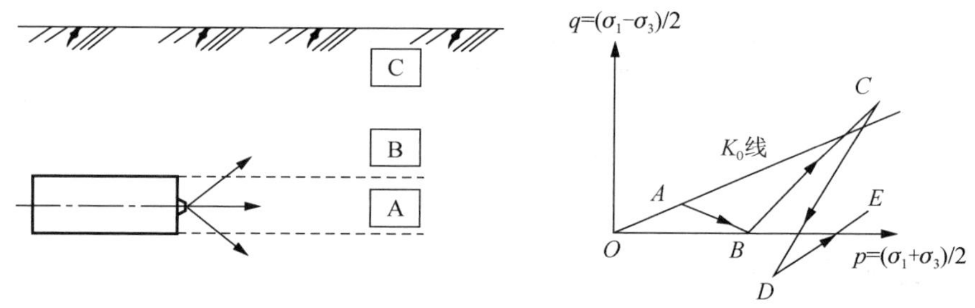

图 3.3.2　土体应力路径变化

浅覆土盾构隧道前方土体也遵循以上应力路径。软黏土地层覆土浅、上部荷载小，故受扰动程度将明显加大，泥水劈裂破坏在每一个阶段都有可能发生。

为了具体研究泥水劈裂发生机理，故采用三轴仪进行试验研究，严格控制应力和边界条件，采用中空圆柱试样进行试验。如图 3.3.3 所示为泥水劈裂试验示意图。

如图 3.3.4 所示，应变控制式三轴仪可以通过调节 p_a 严格控制最大应力和最小主应力，且采用中空圆柱试样试验，由于围压的施加沿四周均匀施加，试样受力沿轴线方向对称，属于轴对称问题。

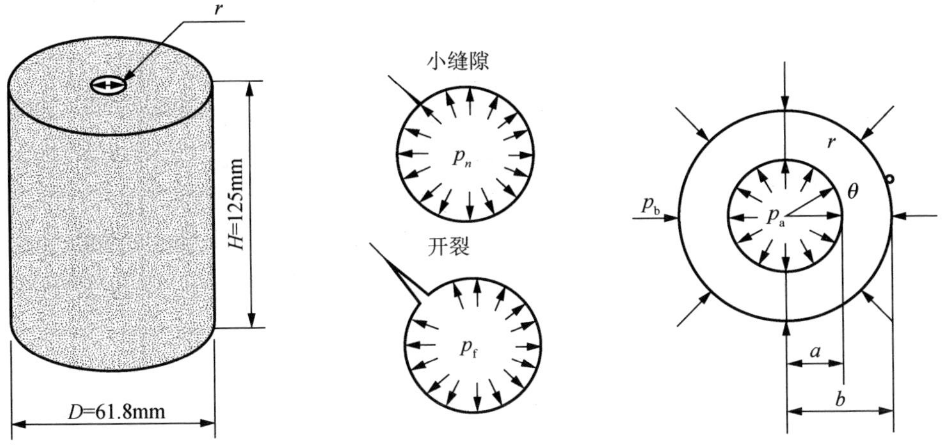

图 3.3.3　泥水劈裂试验示意图　　图 3.3.4　劈裂试验力学状态示意图

2. 试验仪器研制

本试验的主要仪器设备为应变控制式三轴仪，仪器构造如图 3.3.5 所示。应变控制式三轴仪的压力系统由围压加压系统和反压加压系统组成，具体参数如下。

（1）三轴仪试样尺寸为ϕ61.8mm×125mm。

（2）轴向荷载量程为 0～10kN。

（3）应变速率为 0.016～1.6mm/min（机械变速 6 挡）。

（4）围压压力量程为 0～1.0MPa，反压压力量程为 0～0.6MPa。

（5）轴向位移为 0～30mm，工作台行程为 0～90mm。

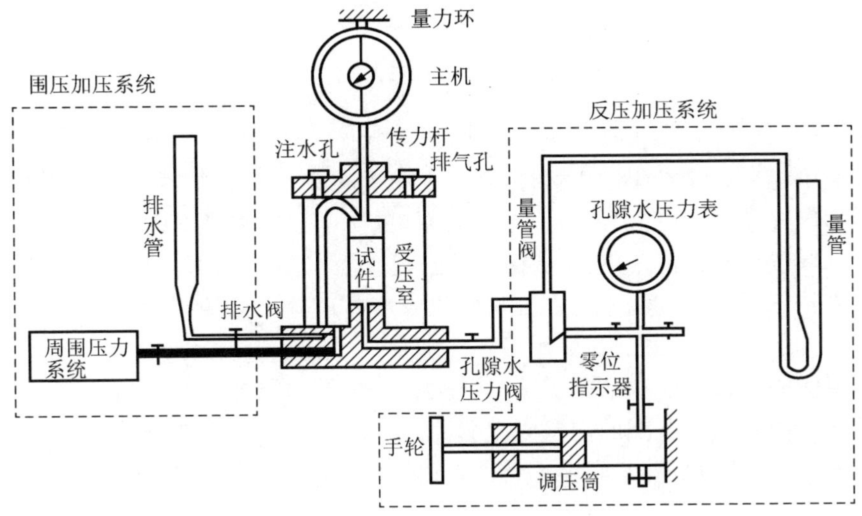

图 3.3.5　应变控制式三轴仪构造示意图

为了研究泥水劈裂破坏特性，精确控制压力的加载，本试验对应变控制式三轴仪进行了如下系统改造。

将原应变控制式三轴仪的反压加压系统的加压管与孔隙压力阀相连接，并用环氧树脂进行密封防水，气压源可通过反压加压系统将水压施加到试样内部。作为试验的内水压力系统，加压系统的压力源与围压加压系统的压力源都是采用同一个气泵，且压力控制阀的控制精度一致，避免了由于压力施加来源、路径等造成的试验误差。同时，由于三轴仪原孔隙压力的传递路径连接压力室底座的中心，也就是与试样中心重合，内水压力能够均匀施加于试样内壁，满足受力分析的边界条件，如图 3.3.6 所示。

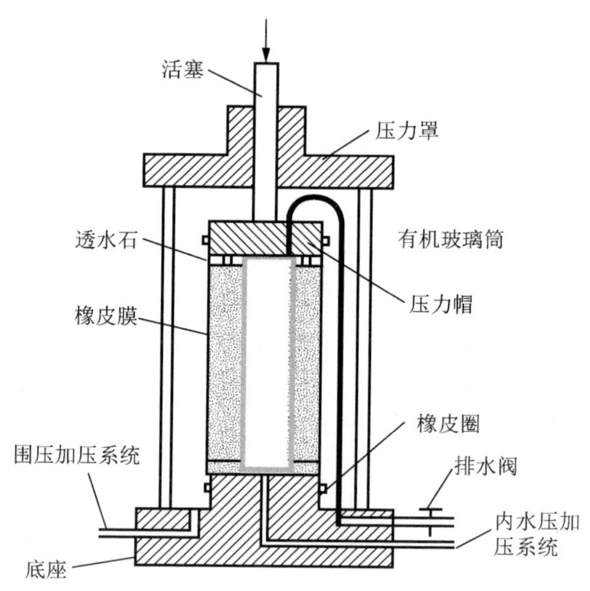

图 3.3.6　三轴仪改装示意图

试验中，试样两端板和开孔处容易出现渗水、不稳定等因素的影响，出现受力薄弱点可能对试验结果的破坏性影响，因此采取一系列措施对薄弱面加强处理。为了能够研究试样中空孔径尺寸对劈裂破坏的影响，作者团队研制了一套具有不同直径，厚度为 0.5mm 的刚性试样内壁固定套筒（图 3.3.7），用于保护试样端部土体、维护试样端部的稳定，保证试验段长度内试验土体的应力状态满足试验要求，其结构示意图如图 3.3.8 所示。

利用底座已有中心输水孔扩钻一个ϕ5mm 螺纹内嵌孔，并研制一系列易于安装拆卸的与内嵌螺纹匹配的内壁固定套筒。套筒底部能够完全嵌入底座中心，与底座连为一体，并保持输水管道的畅通，如图 3.3.9 所示。套筒高 15mm、厚 0.5mm，直径与试样内孔直径相匹配，分别为 20mm、30mm 和 40mm。

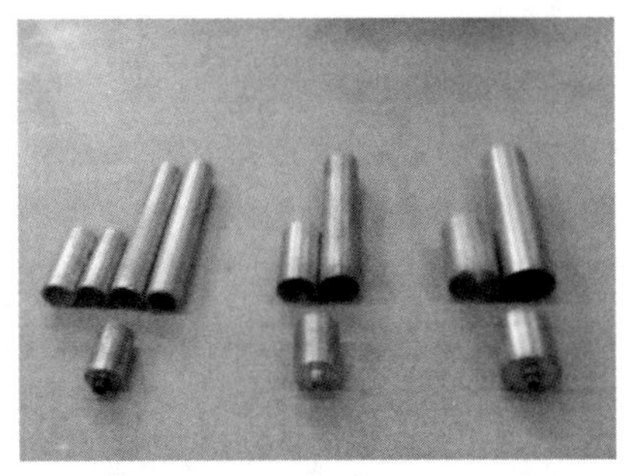

图 3.3.7　试样内壁固定套筒

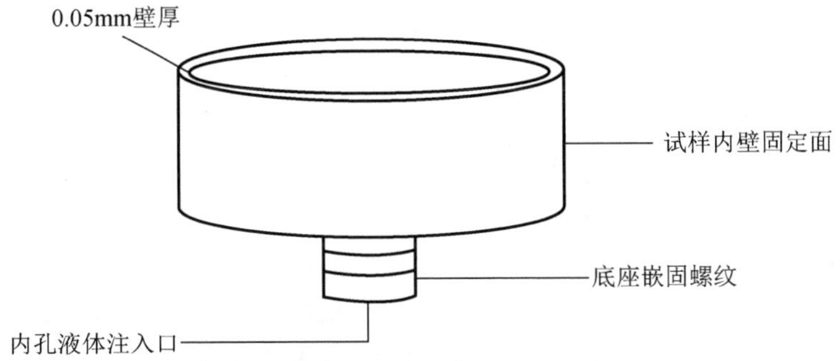

图 3.3.8　试样内壁固定套筒结构示意图

图 3.3.9　劈裂试验试样底座

经过改装后的三轴仪，可将围压加压系统对试样外壁均匀施加外力，通过活塞杆下端头与连接试样帽上端的传力柱传递垂直方向压力，将孔压系统经过改造作为内腔压力系统，并配套一系列的固定措施和断面处理措施，使得本试验仪器既能够对圆柱试样进行常规力学参数测定，又能够进行泥水劈裂试验。

3. 试样制备

软黏土是软弱黏性土的简称，包括淤泥、淤泥质黏土、淤泥质亚黏土等，一般具有含水率高、孔隙比大、强度低、压缩性高、塑性各向异性等特点。

本试验中人工黏度制备的相关力学参数参考软黏土地层地质条件参数如表 3.3.1 所示。

表 3.3.1　软黏土地层地质条件参数

土体	φ / (°)	c / kPa	K	E / MPa	q_u / kPa
①$_1$ 黏土、粉质黏土	14	12.3	0.65	4.2	52
②$_1$ 黏土	9.6	20.6	0.65	4.21	81.5
②$_2$ 淤泥质粉质黏土	8.8	25.4	0.72	3.14	41.2
③$_1$ 粉质黏土夹粉砂	11.7	22.4	0.68	3.95	56.8
④$_2$ 粉质黏土	7.1	26.6	0.65	4.23	43.8

本试验采用人工黏土进行模拟试验，可通过改变参数配比来改变试样的力学参数，进行更广泛的研究。

人工黏土的力学特性决定了模型试验的成败，正确的选择必须兼顾所有参数性质。在试验中要考虑周全所有参数十分困难，可采用单因素分析法，在其他条件相同的情况下，单独考虑某一因素的变化和影响。根据研究问题的性质，抓住主要因素，忽略次要因素，从而最小化偏差。根据室内盾构机模型掘进泥水劈裂试验结果可知，劈裂压力与表 3.3.1 中的参数有着密切的联系，其中无侧限抗压强度 q_u 是主要决定因素。因此，在进行人工黏土进行模拟试验中，对于以上土体 q_u 可作为判定配合比优劣的标准。

1）人工黏土材料选择

本试验选择高岭土和膨润土作为骨料，快黏粉为胶结材料。

高岭土（kaolin）是一种以高岭石为主要成分的材料，具有良好的可塑性和黏结性，与水结合的泥料在外力作用下的变形在外力去除后仍能保持。同时高岭土也具有较好的悬浮性和分散性，使其在水中难以沉淀，物料性能均匀。若在空气中长期放置，高岭土会发生干燥收缩。

膨润土（bentonite）是一种以蒙脱石为主的含水黏土矿，主要化学成分为 SiO_2、Al_2O_3 和 H_2O，具有较强的吸湿性和膨胀性，在水介质中具有一定的黏滞性、能变性和润滑性。由于钠基膨润土性能比钙基膨润土优，采用钠基膨润土作为增强土体黏性的物料。

快黏粉（plaster）是一种黏合石膏制品。以石膏为胶结物的相似材料，弹性模量和抗压强度调节范围较大，制作工艺简单，材料来源方便。由于黏结剂的性能对相似材料的力学性能起着主要的控制作用，快速凝结和高黏结强度是主要考虑因素。快黏粉只需水调，黏结强度高，凝结速度快，一般为 3～5min，无毒无味。

2）试样制备步骤

试样制备要严格按照制定步骤进行操作，尽量保持动作平稳，减少人为因素对土体的影响。制备试样步骤如下。

（1）采用高岭土、膨润土作为骨料，快黏粉作为胶结材料，按照一定配比进行搅拌至均匀，将土体均分 5 份。

（2）在改善后的三瓣膜中进行制样，土样分 5 层均匀击实。每层土体击实采用重 0.7 的击锤从 250mm 的高度自由落下，连续 5 次击锤击实后，用游标卡尺记录击实后的土层高度。

（3）试样脱模，并用游标卡尺记录试样尺寸（直径、高度），称量试样质量。

4. 材料配比试验及试样基本力学参数测定

采用高岭土、膨润土、快黏粉和水进行不同配比试验，并用正交试验设计方法研究各成分对试样强度的影响。正交试验设计方法是研究与处理多因素试验的一种科学方法，能从很多试验中选出代表性强的少数次条件，并能对少数次试验条件分析，找出较好的试验方案。根据对已有类似成果的调查，结合材料本身特性，选择了四因素三位级试验。高岭土（K）取 400g、380g 和 400g 三个位级，膨润土（B）取 100g、125g 和 150g 三个位级，快黏粉（P）取 60g、70g 和 80g 三个位级，水（W）取 210mL、230mL 和 250mL 三个位级，共 81 组试验。

若每组试验所制试样都进行相应的力学参数测定，工作量过大，因此在 81 组试样中主要对无侧限抗压强度进行测定，寻找较优配合比。在选出的较优配合比中，对试样进行基本力学参数测定，选出最优配合比进行泥水劈裂试验。本次试验中主要测定的力学参数有无侧限抗压强度、弹性模量、抗拉强度、抗剪强度和泊松比。

3.3.2　黏土水力劈裂试验研究

本小节详细介绍黏土水力劈裂圆筒模型试验研究的内容，包括试验设计及方法、试验步骤、试验结果和理论分析，通过改变试样尺寸、加载条件、土体性能等影响因素，对圆筒试样进行人工黏土水力劈裂试验研究。通过对试验成果的分析，找出水力劈裂的破坏形式、水力劈裂临界内孔水压力与试样破坏时应力状态之间的关系，以及各因素对劈裂破坏压力值的影响程度。在已有的圆孔扩张理论基础上，总结归纳已有分析方法，结合试验结果，研究黏土水力劈裂破坏的力学机理，为下一步的泥水劈裂试验提供参考。

泥水盾构掘进中的泥水劈裂是物理现象水力劈裂。目前已有的室内力学试验研究成果大多是对岩体水力劈裂的研究，对于黏土的水力劈裂机理的研究并不多，黏土有显著的应变软化弹性，且遇到高应力作用时仍出现大变形特性使得黏土的水力劈裂问题较复杂，室内模型试验和现场劈裂试验等总结出的经验公式和半经验公式在一定程度上说明了劈裂规律，但由于无法精确控制试验的应力和边界条件，有一定的局性。因此，研究黏土的水力劈裂发生机制对泥水劈裂的研究是必要的[9,10]。

本试验采用改装后的压力室试样尺寸 $\phi 61.8\text{mm} \times 125\text{mm}$ 的应变控制式三轴仪对黏土进行水力劈裂试验研究。

1. 试验方案制定

1）试验目的

本试验采用单因素分析法研究各因素对黏土水力劈裂的影响，通过试验结果对比分析，达到以下目的。

（1）根据试验后的试样破坏形态和发生水力劈裂时的土体的应力状态对比，研究土体在不同应力状态下的破坏形态。

（2）采用不同强度的土体进行劈裂试验，研究土体力学参数与水力劈裂压力的关系。

（3）改变围压设定值，观察试样在不同围压加压时的劈裂压力，研究加载条件对试样劈裂破坏的影响。

（4）通过改变试样内径尺寸，即改变试样径比（试样外径直径与内径直径之比，反映试样壁厚），观察不同试样径比对劈裂破坏的影响。

（5）通过结合理论公式分析，研究黏土水力劈裂的破坏机理。

2）试验方案设计

根据以上试验目的，本试验中主要考虑以下因素对黏土水力劈裂的影响。

（1）人工黏土。人工黏土进行配比试验时测得的基本力学参数，分别代表土体的某一种特性。本试验通过采用不同参数的土体进行试验，从而研究土体特性和劈裂破坏的关系。

（2）试样尺寸。在黏土泥水劈裂的研究中，覆土厚度对劈裂压力值的影响十分显著，因此研究圆筒壁厚对劈裂压力的影响也十分关键。采用本试验研制的直径分别为 20mm、30mm 和 40mm 的制样器具进行制样，由于试样外直径固定，中空圆柱体试样的径比分别为 3.09、2.06 和 1.55。试样径比为试样外径与试样内径比值，反映中空圆柱试体的壁厚，也是厚壁试样与薄壁试样的判定标准，当径比大于 1.2 时认为是厚壁试样，小于 1.2 时则是薄壁试样。

（3）围压加压。黏土水力劈裂试验中，围压和内水压直接影响土体的受力情况，也是导致水力劈裂发生的直接因素，故本试验中通过改变围压压力值，研究黏土试样在不同加载条件下，土体的应力状态和劈裂发生的关系。试验中，围压固定值分别为 10kPa、15kPa、20kPa、25kPa、30kPa、35kPa、40kPa 和 45kPa。

（4）轴向压力。通过调节试验台的升降控制轴向压力的加载，在应变控制式三轴仪中，测力计读数为最大主应力与最小主应力之差，试验中通过使试验台上升压缩土体，待测力计读数为 0～3 时停止升降，从而使垂直主应力略大于水平主应力，符合力学分析模型的假定。轴向压力的施加同时也是为了固定试样，保证试验中的稳定性。

（5）加载速率。加载速率对劈裂破坏的影响不容忽视，本试验中采取先将围压和内水压力同时加到设定值，再以缓慢速度增加内水压力，观察试验破坏现象。

综合考虑各因素的影响，试样外径尺寸为 61.8mm，高度约 100mm，试样内孔径 d 分别为 20mm、30mm 和 40mm。针对每一个尺寸的试样进行的试验按照无侧限抗压强度 q_u 等级可分为 5 组，分别为 45kPa、50kPa、55kPa、60kPa 和 65kPa，每组按照围压的加载分为 8 级，分别为 10kPa、15kPa、20kPa、25kPa、30kPa、35kPa、40kPa 和 45kPa，共 120 组试验数据。

3）试验步骤

用改装后的三轴仪进行劈裂试验，试样轴向固定后，在封闭的压力室内对试样进行围压 P_0 和内腔液体压力加载，通过改变因变量而进行不同的试验。

试样发生劈裂破坏的现象为裂缝贯穿试样半径方向土体，形成内外连通的通道，内腔液体由通道流向试样外壁，体积测量管液面高度急剧下降，内水压力也会急剧减小，另由于试验前对内腔液体着红色，可通过直接观察判断劈裂破坏的发生。

利用改装后的三轴仪进行泥水劈裂试验，应严格按照以下步骤进行操作。

（1）在三瓣膜内进行土体制样，分五层均匀击实。

（2）土体击实后在试样断面标记中心点，将长 50mm、厚 0.5mm 的开孔圆筒的中心与之对齐，沿着试样轴线方向垂直开挖直至开孔圆筒全部埋入土体，取出开孔筒换长 120mm 的开孔筒继续开挖直至贯穿土体。

（3）将橡皮膜装在承膜桶内，用洗耳球从气嘴中吸气，使橡皮膜贴紧筒壁。试样开孔后进行脱模，迅速置于贴有橡皮膜的承膜筒中，并放置在安装有内孔固定套筒的底座上，去除承膜筒，翻下橡皮膜将试样帽置于试样顶端，并用厚 10mm 的橡皮泥对试样顶端孔口进行密封处理。

（4）用橡皮膜将试样顶端与压力帽、底端与底座包裹，并用橡皮筋扎紧连接处，将试样与压力室连为一体。

（5）将压力罩中心传压活塞扣入试样帽的凹槽，拧紧压力罩与底座的密封螺帽，归零百分表读数，安装完毕。将压力室注满水，试样中心孔内注满液体。

（6）施加轴向压力、围压和内水压。将三轴仪主系统控制箱的压力阀门打开，并调节围压和内水压压力值，待读数稳定后，打开底座围压阀门和孔压阀门进行加压，与此同时试验台以 0.08mm/min 的速率上升，直至测力计读数达到设定值停止试验台升降。

（7）试验开始时将围压和内水压同步调到设定围压值，待系统压力读数稳定后，保持围压不变，内水压每 5min 进行加载，每次加载 5kPa，隔 30s 作一次记录（围压压力值、内水压力值、体积测量管液面高度等），并观察试样形态变化。

2. 试验结果及分析

1）软黏土水力劈裂现象

将内孔压力液体着色，便于观察劈裂的发生。如图 3.3.10 和图 3.3.11 所示，当裂缝贯通着色水迅速渗出土体，由此判断劈裂破坏的发生。将破坏试样取出，通过橡皮膜可以观察裂缝的形态和位置。

图 3.3.10　水力劈裂破坏发生

图 3.3.11　水力劈裂破坏试样

劈裂破坏现象十分明显，当内水压力加到一定压力值后，着色水迅速渗出，现象十分明显，便于观察。体积测量管的液面高度随之迅速下降，同时压力表盘上的内水压力值随着劈裂的发生有所下降。试样的劈裂裂缝一般位于试样中部，每组试样的裂缝为一条或两条，沿着垂直方向延展，长度约为试样高度的 1/3。

劈裂破坏的现象一发生，立即对压力系统进行卸载。首先，关闭压力室底座上的围压阀门、内水压阀门，避免试样内浑浊液体倒流加压系统。拧开压力罩上的螺帽，释放压力室内压力，并归零围压和内水压，关闭加压阀门。

取下破坏试样，透过橡皮膜可明显观察到裂缝在外壁的形态，呈垂直方向弯曲。去除橡皮膜后，将试样沿劈裂裂缝垂直方向切开，观察裂缝方向如图 3.3.12 所示，裂缝沿半径方向发展，裂缝数量为 1～2 条。沿母线方向和裂缝方向剖开试样，观察裂缝沿试样高度的发展情况，如图 3.3.13 所示，裂缝发展面为垂直方向。

图 3.3.12　水力劈裂破坏试样平面图

图 3.3.13　水力劈裂破坏试样剖面图

通过对破坏试样平面的观察，着色水区域为裂缝区和内孔壁区，其中裂缝区为一条或两条直线，内孔壁区为中腔水的渗透区域，试验现象表明试样中腔水的渗透区域很小。

2）水力劈裂数据统计与分析

根据试验数据的记录和统计，试样外径尺寸为ϕ61.8mm，高度约 100mm，试样内孔径分别为ϕ20mm、ϕ30mm 和ϕ40mm。针对每一个尺寸的试样进行的试验按照无侧限抗压强度等级可分为 5 组，分别为 45kPa、50kPa、55kPa、60kPa 和 65kPa，每组按照围压加载分为 8 级，分别为 10kPa、15kPa、20kPa、25kPa、30kPa、35kPa、40kPa 和 45kPa，共 120 组试验数据，通过试验数据分析黏土水力劈裂的影响因素。由于数据较多，故选取围压为 30kPa 的数据列表，如表 3.3.2 所示。

表 3.3.2　黏土水力劈裂破坏数据统计（围压 p_W=30kPa）

试验编号	p_f/kPa	d/mm	q_u/kPa	c/kPa	φ/(°)	μ	σ_t/kPa
203045	56.02	20	44.5	10.5	20	0.40	9.15
203050	56.55	20	50.4	10.7	22	0.38	8.62
203055	57.17	20	54.5	10.9	24.5	0.37	8.92
203060	57.51	20	60.9	11	25	0.37	11.09
203065	58.01	20	65	11.5	26	0.36	10.88
303045	50.24	30	44.5	10.5	20	0.40	9.15
303050	50.64	30	50.4	10.7	22	0.38	8.62
303055	51.11	30	54.5	10.9	24.5	0.37	8.92
303060	51.37	30	60.9	11	25	0.37	11.09
303065	51.77	30	65	11.5	26	0.36	10.88
403045	43.72	40	44.5	10.5	20	0.40	9.15
403050	44.00	40	50.4	10.7	22	0.38	8.62
403055	44.20	40	54.5	10.9	24.5	0.37	8.92
403060	44.86	40	60.9	11	25	0.37	11.09
403065	44.93	40	65	11.5	26	0.36	10.88

3.3.3　黏土泥水劈裂试验研究

本节在对黏土进行了水力劈裂研究的基础上，采用泥浆作为内腔压力液体进行泥水劈裂室内试验研究，并采用不同黏性的浆液对不同强度的土体进行试验，通过与水力劈裂试验结果的对比分析研究，从而分别研究泥浆的黏性对泥水劈裂压力的影响及泥浆对不同土体劈裂压力的影响。

泥水盾构中泥浆是产生劈裂的压力源，而产生破坏的对象是土体。对黏土的水力劈裂研究具有普遍规律，为泥水劈裂的研究提供了规律性的参考，为了进一步研究泥水劈裂的机理和影响因素，为盾构掘进泥水劈裂风险区段提供有力参考，本试验采用泥浆作为压力源进一步进行系统的劈裂试验研究。

基于经验公式的水力劈裂理论，一些学者通过室内试验研究，对公式进行了部分修正，使其应用于泥水劈裂的研究。森麟和田村昌仁对盾尾注浆时的劈裂现象进行了室内试验模型机试验研究，得出泥水劈裂压力与泥水黏性和土层强度的关系[11-13]，即

$$p_f = \sigma_3 + \alpha q_u \tag{3.3.1}$$

式中：p_f为水力劈裂压力；σ_3为最小主应力；q_u为无侧限抗压强度；α为与泥水黏性相关的系数。

关于α取值没有统一的标准，因此本试验针对泥水黏性对劈裂压力的影响系数进行试验研究[14-16]。

1. 方案制定

与水力劈裂试验对比，泥水劈裂试验中将试样中空压力源由水换为泥水。实际上，通过改变泥水黏度（漏斗黏度，下同），间接影响了土体的强度，从而改变劈裂压力。然而，对于试验中的试样尺寸、径比和围压，泥水黏度的变化不产生相应影响。同时，试验方案很明确，即采用泥水黏度作为变量，其余参数与水力劈裂一致的单因素分析法研究。为了便于与水力劈裂值进行对比，选取有以下参数具有代表性的试样进行泥水劈裂试验研究。

研究泥水黏度对劈裂压力的影响时选取内径为10mm和20mm的试样，其无侧限抗压强度为45kPa、55kPa和65kPa，在围压设定值为30kPa的条件下进行泥水劈裂试验。

2. 试验及结果分析

1）试验现象

通过将中空液体着蓝色液体，以区分水力劈裂中的红色液体，观察劈裂的发生，当裂缝贯通蓝色液体迅速渗出土体，由此判断劈裂破坏的发生。将试验后的试样取出，如图3.3.14和图3.3.15所示，可以通过橡皮膜观察裂缝的形态和位置。

劈裂破坏现象易于观察，当内水压力加到一定压力值，蓝墨水迅速渗出，现象十分明显。体积测量管的液面高度随之迅速下降，同时压力表盘上的内水压力随着劈裂的发生有所下降。试样的劈裂裂缝一般位于试样中部，每组试样的裂缝为一条或两条，沿着垂直方向延展。相比水力劈裂发生的破坏，当裂缝贯通后，蓝色液体并未迅速窜流至整个橡皮膜。

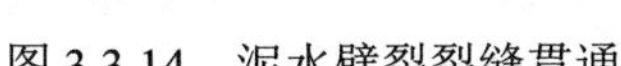

图 3.3.14　泥水劈裂裂缝贯通

图 3.3.15　泥水劈裂破坏

劈裂破坏的现象一发生，立即对压力系统进行卸载。操作步骤与水力劈裂破坏后的卸载步骤一样。卸载后取下破坏试样，透过橡皮膜可明显观察到裂缝在外壁的形态，呈垂直方向弯曲。拆去橡皮膜后，将试样沿劈裂裂缝垂直方向切开，观察裂缝方向如图 3.3.16 所示，裂缝沿半径方向发展，裂缝数量基本为 2 条。

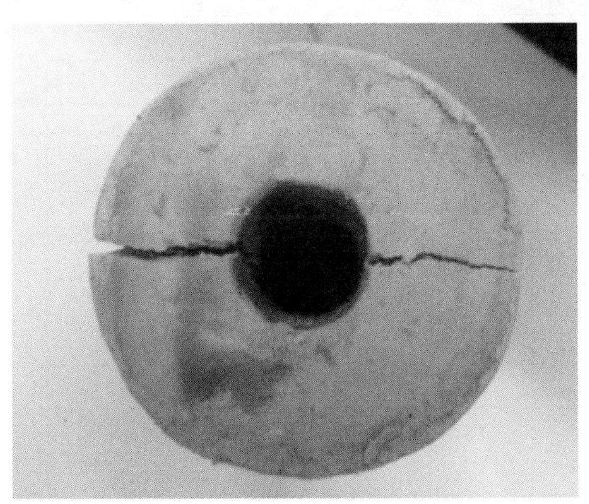

图 3.3.16　泥水劈裂破坏试样

2）试验数据统计

根据试验数据的记录和统计，试样外径尺寸为ϕ61.8mm，高度约 110mm，试样内孔径分别为ϕ20mm 和ϕ40mm，围压设定值为 30kPa，针对每一个尺寸的试样进行的试验按照无侧限抗压强度等级可分为 3 组，分别为 44.5kPa、54.5kPa 和 65kPa，采用泥水黏度 F 分别为 20s、22s、25s、27s、30s、32s 和 35s 共 7 种泥浆作为内腔压力源，共 42 组试验数据，如表 3.3.3 所示。

表 3.3.3　泥水劈裂试验数据（p_0=30kPa）

编号	试样参数				F/s	p_f/kPa
	a/mm	q_u/kPa	c/kPa	σ_t/kPa		
1	10	44.5	10.5	20.0	20	40.45
2	10	54.5	10.9	24.5		46.85
3	10	65.0	11.5	26.0		53.56
4	20	44.5	10.5	20.0		37.83
5	20	54.5	10.9	24.5		43.64
6	20	65.0	11.5	26.0		49.73
7	10	44.5	10.5	20.0	22	43.73
8	10	54.5	10.9	24.5		50.86
9	10	65.0	11.5	26.0		58.35
10	20	44.5	10.5	20.0		43.73
11	20	54.5	10.9	24.5		50.86
12	20	65.0	11.5	26.0		58.35
13	20	65.0	11.5	26.0	25	46.80
14	10	44.5	10.5	20.0		54.62
15	10	54.5	10.9	24.5		62.83
16	10	65.0	11.5	26.0		44.04
17	20	44.5	10.5	20.0		51.24
18	20	54.5	10.9	24.5		58.80
19	10	44.5	10.5	20.0	27	47.82
20	10	54.5	10.9	24.5		55.87
21	10	65.0	11.5	26.0		64.33
22	20	44.5	10.5	20.0		45.04
23	20	54.5	10.9	24.5		52.47
24	20	65.0	11.5	26.0		60.26
25	10	44.5	10.5	20.0	30	48.44
26	10	54.5	10.9	24.5		56.62
27	10	65.0	11.5	26.0		65.22
28	20	44.5	10.5	20.0		45.64
29	20	54.5	10.9	24.5		53.20
30	20	65.0	11.5	26.0		61.14
31	10	44.5	10.5	20.0	32	49.05
32	10	54.5	10.9	24.5		57.38

续表

编号	试样参数				F/s	p_f/kPa
	a/mm	q_u/kPa	c/kPa	σ_t/kPa		
33	10	65.0	11.5	26.0	32	66.12
34	20	44.5	10.5	20.0		46.24
35	20	54.5	10.9	24.5		53.94
36	20	65.0	11.5	26.0		62.02
37	10	44.5	10.5	20.0	35	49.26
38	10	54.5	10.9	24.5		57.63
39	10	65.0	11.5	26.0		66.42
40	20	44.5	10.5	20.0		46.44
41	20	54.5	10.9	24.5		54.18
42	20	65.0	11.5	26.0		62.31

3.4　劈裂压力及影响因素

3.4.1　劈裂压力模型

由室内三轴劈裂试验可以得出泥水劈裂压力与泥水黏度、开孔直径等的关系不大，而与土体的应力状态、自身强度有关。

取一个单元土体进行分析，并假定初始裂隙为一个无限小圆孔，圆孔的半径假设为 a。由于不知道泥水劈裂的发生方向，为简化模型 Yanagisawa 等[17]假定裂隙方向垂直于主应力方向。按照假定：当劈裂面垂直于 σ_1 方向，如图 3.4.1（a）所示。假设单元体为一个弹性体，则图 3.4.1（a）可以转化为平面应力问题，如图 3.4.1（b）所示。

在土力学中常以压应力为正，由叠加原理得图 3.4.1（b）的解答为

$$\sigma_r = \frac{\sigma_2+\sigma_3}{2}\cdot\left(1-\frac{a^2}{r^2}\right)+\frac{\sigma_2-\sigma_1}{2}\cdot\cos 2\theta\cdot\left(1-\frac{a^2}{r^2}\right)\left(1-3\frac{a^2}{r^2}\right)+\frac{a^2}{r^2}\cdot p_f \tag{3.4.1}$$

$$\sigma_\theta = \frac{\sigma_2+\sigma_3}{2}\cdot\left(1+\frac{a^2}{r^2}\right)-\frac{\sigma_3-\sigma_2}{2}\cdot\cos 2\theta\cdot\left(1-\frac{a^2}{r^2}\right)\left(1+3\frac{a^2}{r^2}\right)-\frac{a^2}{r^2}\cdot p_f \tag{3.4.2}$$

$$\tau_{\theta r}=\tau_{r\theta}=\frac{\sigma_2-\sigma_3}{2}\cdot\left(1-\frac{a^2}{r^2}\right)\cdot\left(1+\frac{3a^2}{r^2}\right)\cdot\sin 2\theta \tag{3.4.3}$$

式中：r 为方板上一点距圆心的位置；θ 为沿 x 轴方向顺时针旋转的角度，则圆孔边上 $r=a$ 的应力即为

$$\sigma_r = p_f \tag{3.4.4}$$

$$\sigma_\theta=\sigma_2-\sigma_3-2\cdot(\sigma_3-\sigma_2)\cdot\cos 2\theta-p_f \tag{3.4.5}$$

$$\tau_{\theta r}=\tau_{r\theta}=0 \tag{3.4.6}$$

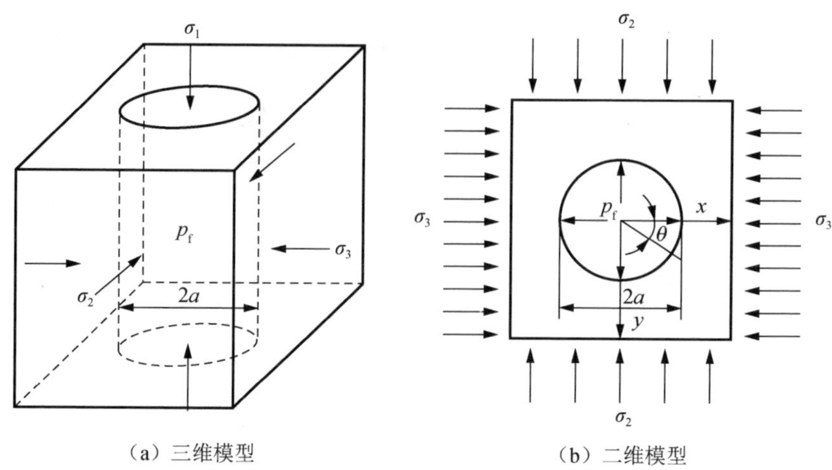

（a）三维模型　（b）二维模型

图 3.4.1　土体劈裂模型

假设圆孔为剪切破坏，则由 Mohr-Coulomb 强度准则得

$$p_f = 0.5(\sigma_2 + \sigma_3)(1 + \sin\varphi) - (\sigma_3 - \sigma_1)(1 + \sin\varphi)\cos 2\theta + c \cdot \cos\varphi \tag{3.4.7}$$

当 $\theta = \pi / 2 + n \cdot \pi$ 时，p_f 取得最小值

$$p_f = (1.5\sigma_3 - 0.5\sigma_2)(1 + \sin\varphi) + c \cdot \cos\varphi \tag{3.4.8}$$

式中：$n = 1,2,3,4\cdots$；φ 为内摩擦角；c 为黏聚力。c、φ 均为总应力强度指标，应用这些指标进行土体稳定性分析的方法称为总应力法，由固结不排水试验得到。

同理，对于裂隙面垂直于 σ_2 方向时有

$$p_f = (1.5\sigma_3 - 0.5\sigma_1)(1 + \sin\varphi) + c \cdot \cos\varphi \tag{3.4.9}$$

对于裂隙面垂直于 σ_3 方向时有

$$p_f = (1.5\sigma_2 - 0.5\sigma_1)(1 + \sin\varphi) + c \cdot \cos\varphi \tag{3.4.10}$$

由于室内泥水劈裂试验，初始孔面垂直于 σ_1 方向，且 $\sigma_2 = \sigma_3$，从而对于固结不排水条件

$$p_f = (1 + \sin\varphi)\sigma_3 + c \cdot \cos\varphi \tag{3.4.11}$$

对于固结排水条件，采用有效应力表达，式（3.4.11）可以转化为

$$p_f = (\sigma_3 - u_0)(1 + \sin\varphi') + c' \cdot \cos\varphi' + u_0 \tag{3.4.12}$$

式中：φ' 为内摩擦角有效值；c' 为黏聚力有效值，由固结不排水试验得到。c'、φ' 均为有效应力强度指标，应用这些指标进行土体稳定性分析的方法称为有效应力法。

对于不固结不排水条件，式（3.4.11）可以转化为

$$p_f = (\sigma_3 - u_0)(1 + \sin\varphi_{uu}) + c_{uu} \cdot \cos\varphi_{uu} + u_0 \tag{3.4.13}$$

式中：φ_{uu} 为不固结不排水条件下的内摩擦角；c_{uu} 为不固结不排水条件下的黏聚力，由不固结不排水试验得到。

3.4.2 劈裂压力影响因素

影响劈裂压力主要因素有围压、无侧限抗压强度、径比、泥水黏度。根据第3.3节试验数据统计，分别就以上影响因素展开分析。

1. 围压对水力劈裂压力的影响

通过散点图3.4.2～图3.4.4可知，劈裂破坏时的内水压与围压有着同增长的关系，当围压增大，劈裂压力增大，故对两者进行一元线性回归拟合。

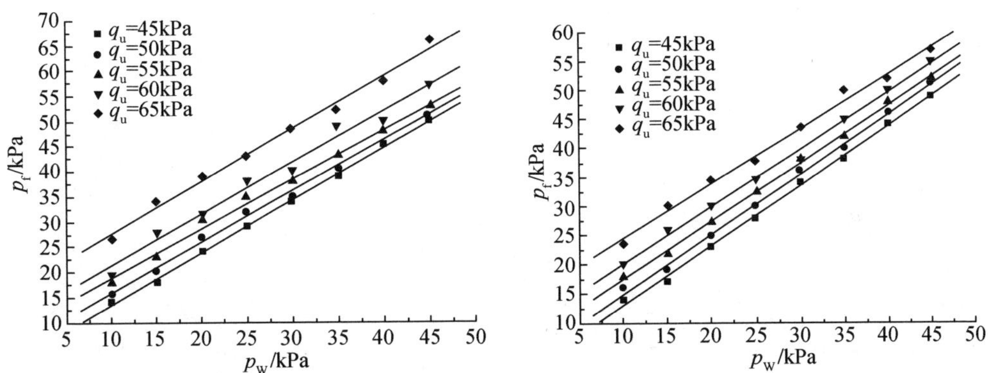

图3.4.2 围压与劈裂压力的关系（a=10 mm） 图3.4.3 围压与劈裂压力的关系（a=15mm）

根据试验数据可以得出以下结论。

（1）围压相等的条件下，相同强度的试样产生水力劈裂的内水压基本相等。

（2）对于相同试样，试样发生水力劈裂时的内外压差基本为一常数。

（3）随着内径的增大，试样无侧限抗压强度对劈裂破坏的影响逐渐减小。

2. 无侧限抗压强度

根据第3.4.2节的结论（1）可知，围压设定值对于水力劈裂压力几乎没有影响，故在对无侧限抗压强度影响分析时，采取围压分别为20kPa、30kPa和40kPa的试验数据绘制散点图，并进行线性拟合分析，如图3.4.5～图3.4.7所示。

根据数据分析可以得出以下结论。

（1）对于同一围压条件下，不同径比试样的劈裂破坏与无侧限抗压强度呈线性增长关系。

（2）对于无侧限抗压强度相同的试样，内孔径变化对劈裂压力的影响明显，内孔径越大，破坏越小。

（3）对于径比为3.09、2.05的试样，劈裂破坏与无侧限抗压强度的斜率相同，即在相同围压作用下，两者差值为一常数。对于径比为1.53的试样，由于内径较大，劈裂破坏与围压差值不大，故曲线上的斜率不一。

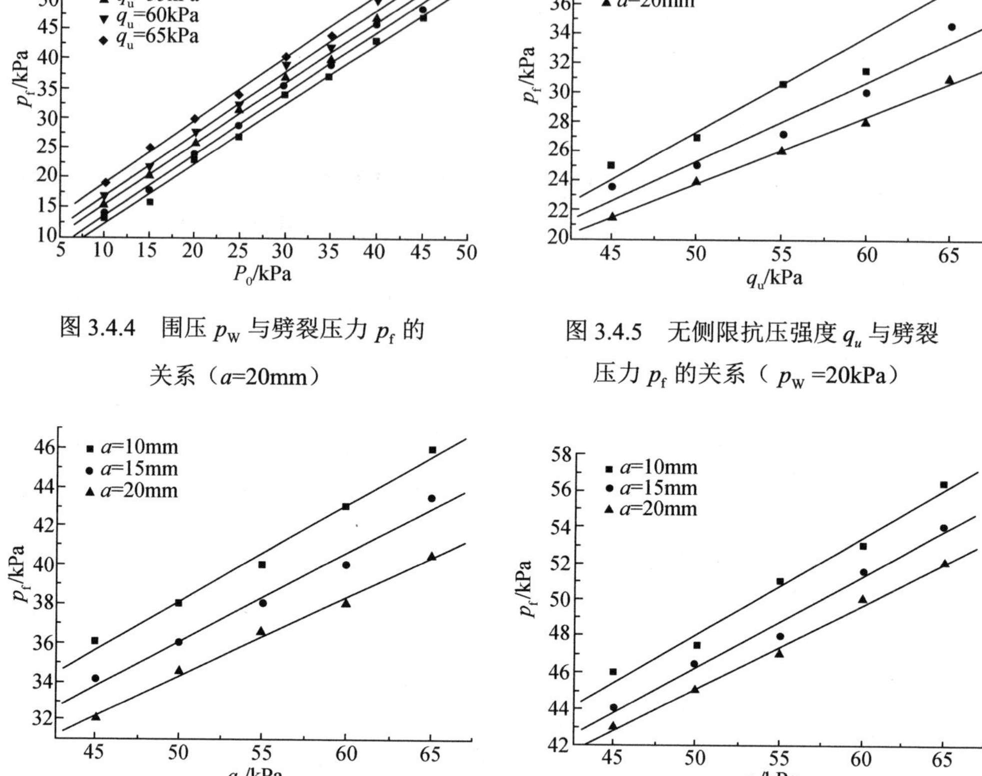

图 3.4.4　围压 p_W 与劈裂压力 p_f 的关系（a=20mm）

图 3.4.5　无侧限抗压强度 q_u 与劈裂压力 p_f 的关系（ p_W =20kPa）

图 3.4.6　无侧限抗压强度 q_u 与劈裂压力 p_f 的关系（ p_W =30kPa）

图 3.4.7　无侧限抗压强度 q_u 与劈裂压力 p_f 的关系（ p_W =40kPa）

对径比为 3.09（a=10mm）的试样水力劈裂数据进行分析，得到线性拟合关系

$$y = 0.46x + 0.80 \quad （p_0=20\text{kPa}） \tag{3.4.14}$$

$$y = 0.45x + 13.75 \quad （p_0=30\text{kPa}） \tag{3.4.15}$$

$$y = 0.46x + 22.1 \quad （p_0=40\text{kPa}） \tag{3.4.16}$$

对径比为 2.05（a=15mm）的试样水力劈裂数据进行分析，得到线性拟合关系

$$y = 0.51x - 1.70 \quad （p_0=20\text{kPa}） \tag{3.4.17}$$

$$y = 0.46x + 13.1 \quad （p_0=30\text{kPa}） \tag{3.4.18}$$

$$y = 0.44x + 21.3 \quad （p_0=40\text{kPa}） \tag{3.4.19}$$

对径比为 1.53（a=20mm）的试样水力劈裂数据进行分析，得到线性拟合关系

$$y = 0.65x - 5.51 \quad （p_0=20\text{kPa}） \tag{3.4.20}$$

$$y = 0.46x + 13.0 \qquad (p_0\text{=30kPa}) \qquad (3.4.21)$$

$$y = 0.40x + 18.57 \qquad (p_0\text{=40kPa}) \qquad (3.4.22)$$

从以上线性拟合关系式可以看出，在径比较大时，对于同一径比试样，围压设定值越小，无侧限抗压强度的变化对水力劈裂的影响越大；对于同一围压条件，径比越小，曲线斜率越大，即无侧限抗压强度的越大对水力劈裂的影响越大。

因此，对于径比小的试样，即壁厚较薄的试样，提高无侧限抗压强度是提高劈裂破坏的有效办法。同样，对于径比已定的试样，提高围压设定值能有效提高试样发生水力劈裂的内水压。

3. 试样径比

为了综合分析试样径比的影响，采取围压分别为 20kPa 和 40kPa，无侧限抗压强度分别为 45kPa、50kPa、55kPa、60kPa 和 65kPa 的试验数据绘制散点图，并进行线性拟合分析，如图 3.4.8 和图 3.4.9 所示。

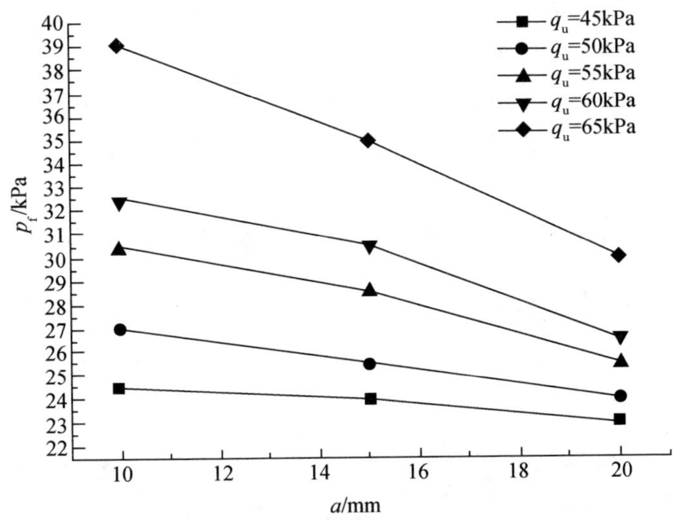

图 3.4.8　试样尺寸 a 与劈裂压力 p_f 的关系（p_0=20kPa）

根据数据分析可以得出以下结论。

（1）对于相同无侧限抗压强度试样，径比越大，即试样内径尺寸越小，劈裂内水压越大，呈非线性增长趋势。

（2）对于相同围压设定条件，无侧限抗压强度越大，径比变化对劈裂压力的影响越大，即孔口效应越明显。

从上述分析可以得出，虽然试样径比在 1.2 以上，可作为厚壁圆筒试样进行分析，即劈裂应与试样内径尺寸呈线性关系，但是图表显示当试样径比接近 1.2，在 1.5 左右时，劈裂压力随着内径的增大而急剧减小，不同强度试样的劈裂压力最终趋于一致。其原因是当试样壁厚较小时，劈裂压力与围压接近，劈裂压力波动范围较小。

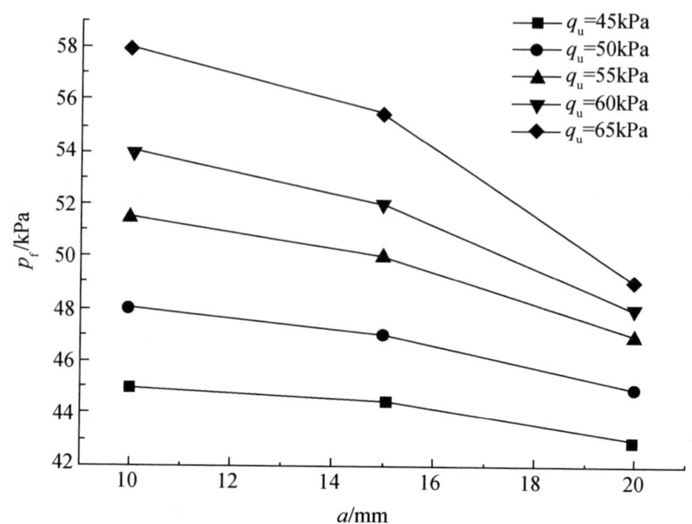

图 3.4.9　试样尺寸 a 与劈裂压力 p_f 的关系（p_W=40kPa）

4. 泥水黏度

1）泥水黏度对劈裂压力与无侧限抗压强度的影响

从图 3.4.10 和图 3.4.11 中得出泥水黏度与劈裂压力关系如下。

（1）泥水黏度越大，劈裂压力越大，即泥水黏度对劈裂压力有贡献。

（2）土体无侧限抗压强度对劈裂压力值的影响不随泥水黏度的变化而变化，曲线斜率不因泥水黏度的变化而变化。

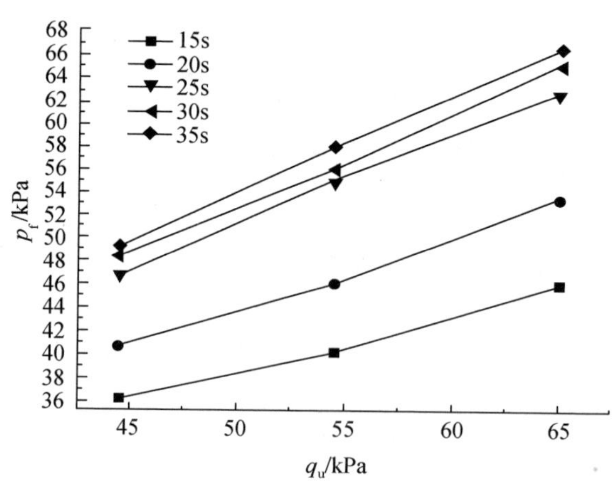

图 3.4.10　无侧限抗压强度 q_u 与劈裂压力 p_f 的关系（a=10mm）

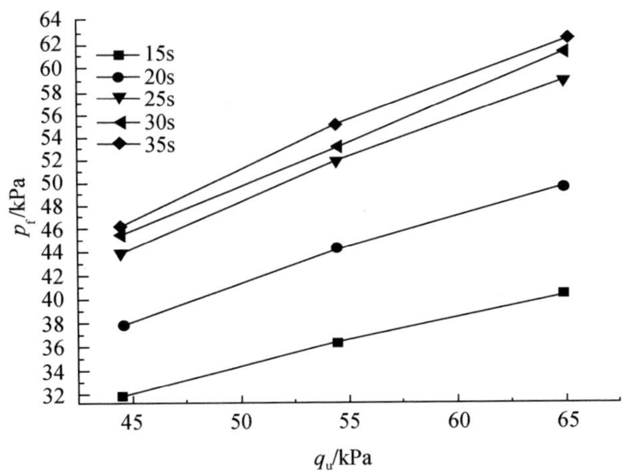

图 3.4.11　无侧限抗压强度 q_u 与劈裂压力 p_f 的关系（a=20mm）

（3）当泥水黏度在 15～25s 时，增大泥水黏度可有效提高劈裂压力值；当泥水黏度大于 25s 时，增大泥水黏度对劈裂压力的影响较小。

2）泥水黏度对劈裂压力的影响

从图 3.4.12 和图 3.4.13 中可以更加直观地看出泥水黏度对劈裂压力的影响范围和程度。

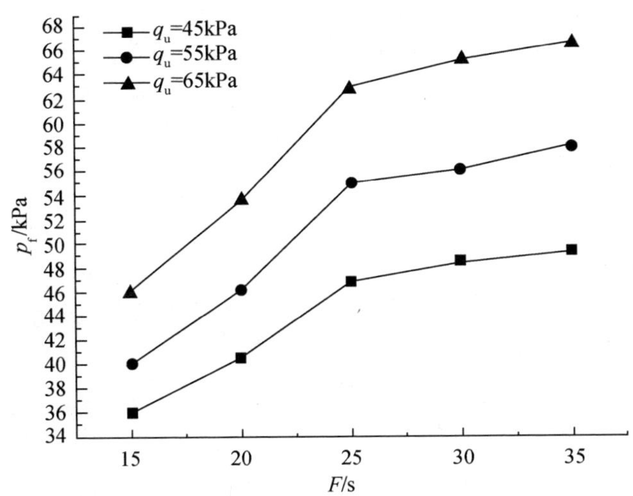

图 3.4.12　泥水黏度 F 与劈裂压力 p_f 的关系（a=10mm）

根据之前对黏土水力劈裂的试验研究，对于围压 30kPa、内径分别为 10mm 和 20mm 的试验数据进行了线性拟合，表达式如下：

$$p_f = 0.45q_u + 13.75 \qquad (a=10\text{mm}) \tag{3.4.23}$$

$$p_f = 0.46q_u + 13.0 \qquad (a=20\text{mm}) \tag{3.4.24}$$

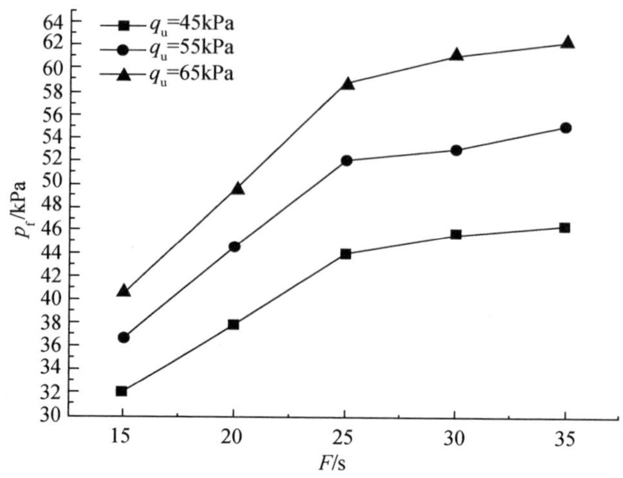

图 3.4.13　泥水黏度 F 与劈裂压力 p_f 的关系（a=20mm）

由于围压对劈裂破坏与试样无侧限抗压强度的关系没有影响，此处表达式的曲线截距 B 十分接近，为了便于进行其余数据的分析处理，将此处的常数设为围压的函数，即

$$B = kp_{\mathrm{W}} \tag{3.4.25}$$

此处的 $k = 0.45$。

为了更好地表达泥水黏度的影响程度，引入 α 作为黏度对劈裂压力的影响因子。由于无侧限抗压强度对劈裂压力的影响不随泥水黏度的变化而变化，即曲线斜率不因黏度的变化而变化，在围压为 30kPa 时的泥水劈裂为

$$p_{\mathrm{f}} = 0.45\alpha q_{\mathrm{u}} + 0.45p_{\mathrm{W}} \tag{3.4.26}$$

采用上式对试验数据进行处理，可得黏度影响因子与劈裂压力的关系，如图 3.4.14 所示。

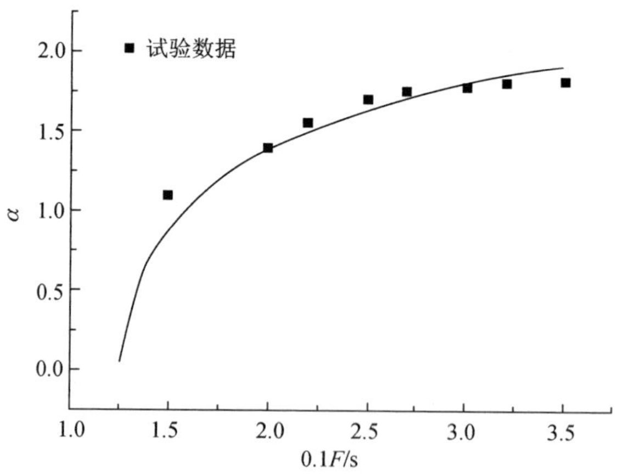

图 3.4.14　黏度影响因子 α 与黏度 F 的关系（a=10mm，$P_0 = 30\text{kPa}$）

对曲线进行拟合，黏度影响因子为

$$\alpha = \frac{a}{10} + 0.5\left[1 + \ln\left(\frac{F}{10} - 1.2\right)\right] \tag{3.4.27}$$

$$p_{\mathrm{f}} = 0.45\left\{\frac{a}{10} + 0.5\left[1 + \ln\left(\frac{F}{10} - 1.2\right)\right]\right\}q_{\mathrm{u}} + 0.45p_{\mathrm{w}} \tag{3.4.28}$$

式中：a 为试样内孔半径，mm；F 为泥水黏度（漏斗黏度），s，F 取值 15～30s；α 为黏度影响因子。

用式（3.4.27）和式（3.4.28）可以较好地表达泥水黏度对劈裂强度的影响机制和范围，也可作为今后提高劈裂压力采用黏性液体的参考。

采用水作为孔内压力源时，随着压力的加载，水渗入土体，造成内摩擦角减小和孔隙水压升高，从而使有效应力减小，土体强度降低，劈裂发生。当试样内壁发生微小裂缝时，水会沿着产生的裂缝劈裂破坏，且一旦裂缝产生，裂缝会迅速被贯通。

若采用黏性液体，液体并不会迅速沿着裂缝对土体迅速劈裂，这极大地增大了劈裂强度。当液体的黏性增加到一定值后，对于土体劈裂几乎没有影响，原因是当渗透力小到可以忽略不计时，内腔压力即全部作为面力施加于试样内壁，此时劈裂压力与液体黏性无关。

综上所述，我们认为在一定范围内泥水黏度通过改变对土体的渗透作用，从而对劈裂压力有明显增加的作用。

通过应变控制式三轴仪进行功能改造，对人工黏土制备的空心圆柱体试样进行试验研究，研究结果表明以下几个方面的内容。

（1）作用相同围压时，劈裂压力与无侧限抗压强度呈线性增长关系，相同强度试样破坏时的内外压差基本为一常数。

（2）对于在相同围压作用下的试样，无侧限抗压强度越大，试样径比变化对劈裂压力的影响基本越大。

（3）试样尺寸对劈裂压力有非线性衰减作用。无侧限抗压强度越大，衰减影响越明显，当试样径比接近于 1.2 时，劈裂强度接近围压设定值；围压设定值越小，径比变化对劈裂压力的影响越大，即孔口效应越明显。

（4）对于相同径比的试样，无侧限抗压强度越大，围压变化对劈裂压力的影响越小。

（5）根据试验数据分析，认为当泥水黏度在 15～30s 时，液体的增加对劈裂压力的影响较大，若继续增加液体黏度，劈裂压力变化不大。

（6）与水力劈裂试验研究数据进行对比，推出围压为 30kPa 时泥水黏度对劈裂压力的影响因子 α 的表达式，α 与试样内孔径尺寸、泥水黏度有关，并由此推出泥水劈裂压力表达式与围压、土体强度、试样内孔径尺寸和泥水黏度有关。

（7）对试验数据分析结论进行研究，发现泥水黏度对劈裂压力的影响机理与泥水盾构掘进中泥膜作用的机理相似，通过改变土体的渗透性或黏聚力从而降低因内摩擦角度减小、孔隙水压升高造成的有效应力减小的程度，进而提出在高水压小覆土等易发泥水劈裂地层中掘进时应采取措施进行有效规避风险。

3.5 本章小结

在泥水盾构过江隧道建设过程中，覆土厚度设定过小时，会导致盾构掘进过程中泥水劈裂地层，造成江水倒灌等重大事故。研究土体的泥水劈裂力学特性，可以为过江隧道设定合理覆土厚度提供一定的理论参考。

本章首先从覆土土性和应力环境出发，考虑泥水盾构的泥水特性，分析水力劈裂发生的物质条件和力学条件，基于断裂力学的理论，认识水力劈裂发生的力学机理。之后采用室内试验对圆筒试样进行水力劈裂研究，分析试样尺寸、加载条件、土体性能等因素对劈裂压力的影响。通过对试验的分析，找出水力劈裂的破坏形式、水力劈裂临界内孔水压力与试样破坏时应力状态之间的关系，以及各因素对劈裂压力的影响程度。

参考文献

[1] 袁大军, 刘学彦. 南京纬三路过江通道工程合理覆土厚度研究[R]. 北京：北京交通大学, 2013.

[2] 蒋树屏，刘元雪，谢锋, 等. 重庆市朝天门两江隧道越江段盾构法合理覆盖层厚度研究[J]. 岩石力学与工程学报, 2007, 26(6):1188-1193.

[3] 袁大军，黄清飞，李兴高，等. 盾构掘进黏土地层泥水劈裂伸展现象研究[J]. 岩土工程学报，2010，32(5): 712-716.

[4] 袁大军, 黄清飞, 刘学彦. 南京长江隧道泥水盾构小覆土长距离掘进技术研究[R]. 北京: 北京交通大学, 2010.

[5] 朱合华，黄锋，徐前卫. 变埋深下软弱破碎隧道围岩渐进性破坏试验与数值模拟[J]. 岩石力学与工程学报, 2010, 29(6): 1113-1122.

[6] 王梦恕. 水下交通隧道的设计与施工[J]. 中国工程科学, 2009, 11(7): 4-10.

[7] YUAN D J, KOIZUMI A. Study on Hydraulic Fractures of Slurry Type Shield in Excavation Cohesive Soil Grounds[C]//AITES- ITA 2002 World Tunnel Congress, 2002, Sydney Australia.

[8] 宋为. 盾构掘进泥水劈裂现象试验研究[D]. 北京: 北京交通大学, 2013.

[9] 袁大军. 泥水盾构软粘土地层泥水劈裂伸展机理及应用研究[R]. 国家自然基金结题报告, 2011.

[10] 刘学彦, 袁大军, 郭小红. 现场泥水劈裂试验及应用研究[J]. 岩土工程学报, 2013, 35(10): 1901-1907.

[11] MORI A, TAMURA M. Hydrofracturing pressure of cohesive soils[J]. Soils and Foundations, 1987, 27(1):14-22.

[12] MORI A, TAMURA M, FUKUI Y. Fracturing pressure of soil ground by viscous materials [J]. Soils and Foundations, 1990, 30(3):129-136.

[13] 森麟，田村昌仁. シールドト工事における黏性地盤の割裂現象（その２）裏込注入圧による割裂現象）[C]// 第 24 回土質工学発表会, 1990: 1773-1774.

[14] 刘学彦, 朱定华, 袁大军. 扁铲侧胀仪的改进及应用[J]. 岩土工程学报, 2013, 35(7): 1375-1380.

[15] 刘学彦, 袁大军. 泥水劈裂试验伸展现象的力学分析[J]. 岩石力学与工程学报, 2013, 32 (7): 1434-1442.

[16] 刘学彦, 袁大军. 盾构掘进过程中防止泥水劈裂的泥水压力设定[J]. 土木工程学报，2014, 47(5): 128-132.

[17] YANAGISAWA E, PANAH A K. Two dimensional study of hydraulic fracturing criteria in cohesive soils[J]. Soils and Foundations, 1994, 34(1): 1-9.

第四章　泥水劈裂伸展及喷发

4.1　泥水劈裂和喷发现象

盾构技术已经在我国地铁、公路、铁路、电力、输水、电力管道等基础建设中发挥着巨大的作用[1-3]。泥水盾构是现代盾构法的重要分支，在世界范围内得到了广泛的应用。我国在建或将建的大型跨江海软土隧道几乎都采用了泥水盾构工法[4]。泥水盾构在软土隧道施工时，为了保证施工的质量和工程安全，最重要的问题之一就是如何以泥水压力平衡开挖面土水压力来保证开挖面的稳定[5]。特别是盾构在江海中段掘进时，覆土厚度一般较小，水压较大，开挖面稳定难以控制，如有不慎，就有可能发生泥水劈裂地层，从而产生塌陷和江水倒灌等重大事故。

关于劈裂问题在岩石力学领域从很早就有人开始研究，但在土力学及地基基础领域还是一个比较新的课题。泥水式盾构掘进泥水劈裂现象，从物理学角度讲是水力劈裂（hydraulic fracturing）问题。对水力劈裂问题的研究，在注浆加固研究领域，应用劈裂注浆技术加固土体可以达到改良效果。这方面的研究主要集中在劈裂注浆的加固范围和加固效果[6-12]。关于黏性土劈裂现象的研究文献不多，已有的一些文献[13,14]还没有提及劈裂伸展等问题。我国已有许多学者致力于劈裂现象的研究，主要集中在岩体水力劈裂等方面[15,16]。

关于泥水式盾构的劈裂研究，是从对日本的东京湾海底隧道的研究开始的。栗原和夫等[17]用盾构模型机对泥水盾构施工中可能产生的泥水劈裂和喷发现象进行了研究。其结论是在砂土层，除了覆盖层过薄的特殊条件以外，几乎没有发生泥水喷发的可能。当在软黏土层中时，劈裂喷发产生的泥水压力与维持切削面稳定所需要的泥水压力相近，他们给出一个劈裂喷发的经验公式。当时的试验加压液体用的是水，没有考虑黏性的影响。另外，因为其是小型模型试验，没有考虑泥水伸展的影响，所以它难以评价工程中的劈裂伸展现象。森麟等[18]对盾尾注浆时的劈裂现象进行了室内试验研究，还研究了各种黏性的浆液对劈裂压力的影响，得出了劈裂压力与注浆黏性等的关系。本书作者也做了大量的室内三轴泥水劈裂试验，研究泥水的黏性对劈裂压力的影响等[19,20]。由于受室内试验中试块体积、边界条件等因素限制，土体发生劈裂时试件已经全部破坏，无法观察到劈裂伸展现象。

在发生泥水劈裂的工程案例中，泥水压力无一例外地发生了波动，但并不是所有的案例都发生了喷发。泥水劈裂后是否会发生喷发，有没有相应的措施，需要研究劈裂的扩展过程，即劈裂伸展。室内试验无法观察劈裂伸展现象和研究劈裂伸展力学机制，必须进行现场试验。本章主要通过两个现场泥水劈裂试验，对泥水劈裂伸展及喷发现象进行讨论。为准确掌握黏土地层中泥水劈裂发生和发展的机理，使用自主研制的试验仪器在日本东京湾海底隧道工程中进行了现场泥水劈裂试验Ⅰ，得出了泥水盾构泥水劈裂持续压力、劈裂伸展速度计算公式、伸展流量的经验计算公式等。为进一步对泥水劈裂现场进行理论分析，在理论分析和原有工作的基础上研制了现场泥水劈裂仪，并在南京某在建过江隧道工程中进行了现场泥水劈裂试验Ⅱ。随后阐述了劈裂伸展模型的验证和修正过程，进一步讨论了劈裂伸展与盾构泥水劈裂现象的关系。

4.2 现场泥水劈裂试验Ⅰ

使用实际的盾构机进行泥水劈裂试验，既昂贵又危险，因此作者采用自主研制的现场劈裂试验用劈裂仪在厚厚堆积的均一黏土层进行现场劈裂试验。8 个劈裂试验孔分两列配置，孔间距 3.0m。试验孔的构造及试验仪器如图 4.2.1 所示。

劈裂泥水加压孔长 20.0cm，其孔壁是发生劈裂的部位，没有做任何处理。地表到劈裂泥水加压孔中心的深度分为 15.5m 和 20.0m；加压液体为膨润土与水混合的泥水，其质量质量分数为 12%和 18%，对应的见表 4.2.1 相对密度和泥水黏度。表 4.2.2 是该区域的土层条件、土工试验结果和地层围压 σ_3 的测试结果。加压液体选用的泥水，是考虑到通常泥水盾构所用泥水。

表 4.2.1 相对密度和泥水黏度

泥水质量分数/%	相对密度	泥水黏度/s
12	1.06	24.1～27.0
18	1.08	39.4～39.8

表 4.2.2 土层条件、土工试验结果和地层围压 σ_3 的测试结果

数据类别	土层深度	
	15.0m	20.0m
q_u/kPa	46.0	66.7
γ/(kN · m^{-3})	14.91	14.72
σ_3/kPa	247.0	315.0

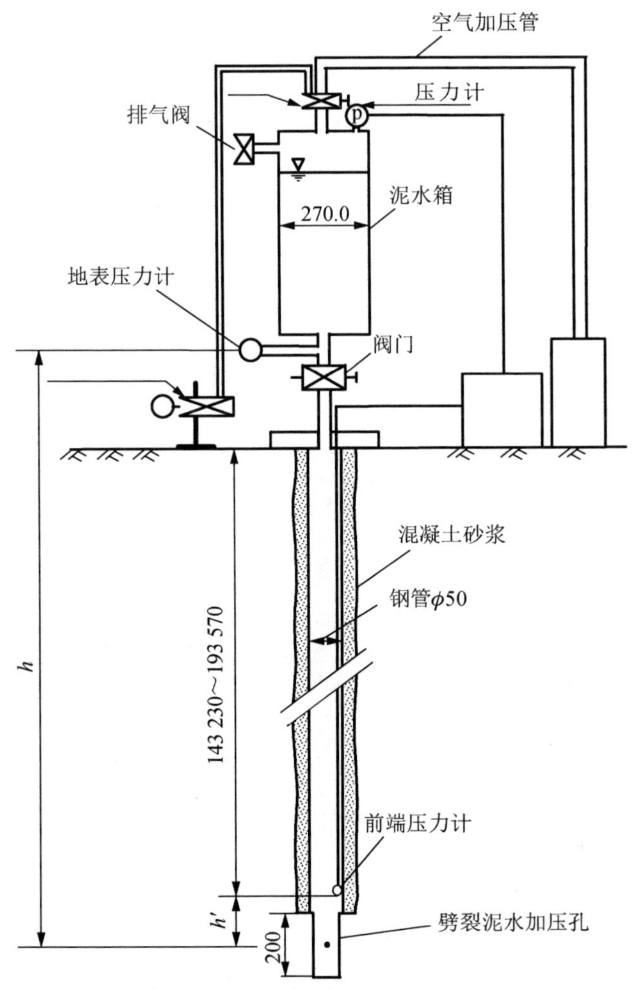

图 4.2.1　试验孔的构造及试验仪器简图（单位：mm）

为了进行精确的试验，必须保证试验孔的质量。开孔用钢管保护，钢管和土层之间用混凝土砂浆密实填充。试验孔成孔后，立即向其中充满加压液体泥水至地表面，插入前端压力计，之后在试验孔的最上部安装如图 4.2.1 所示的加压及测定装置，持续进行泥水加压。加压时为了尽量不使连接部位残存空气，需进行充分排气，当泥水箱中的泥水量达到设定高度后，连接上部的空气加压管，打开泥水箱下部的阀门开始进行试验。

泥水加压是通过调节器进行的，加压后的泥水损失量是通过泥水箱中泥水液面的下降量测定的。由此可以得出施加压力和泥水液面下降之间的关系。加压速度以 1～2kPa/s 为基准进行。从泥水箱中泥水液面开始下降时停止加压，到泥水箱水面没有变化为止保持一定的加压压力。之后，再加压反复进行同样的操作，当液面降低的速度急剧增加，且持续不断，泥水箱中的泥水完全排出，试验结束。如图 4.2.1 所示的前端压力计、地表压力计、空气加压管里用压力计的值分别以 1s 为间隔通过数据分析器进行记录。

4.3　泥水劈裂的发生及伸展压力

4.3.1　劈裂伸展现象

图 4.3.1 是其中 4 个试验孔的泥水压力时间 t 与前端压力计所测泥水前端压力 P，以及泥水压力时间 t 和泥水储存罐中泥水液面高度曲线。由于篇幅所限，另外 4 个试验孔的曲线在此省略。

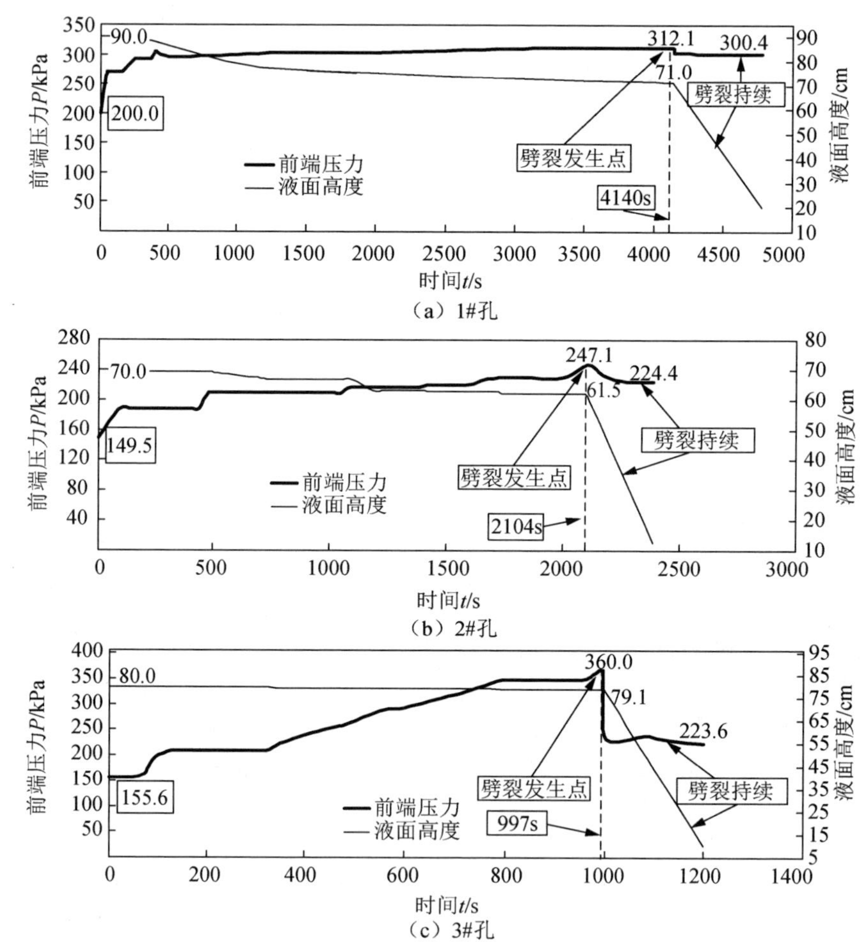

图 4.3.1　泥水压力时间与前端压力计所测泥水前端压力及泥水储存罐中泥水液面高度曲线

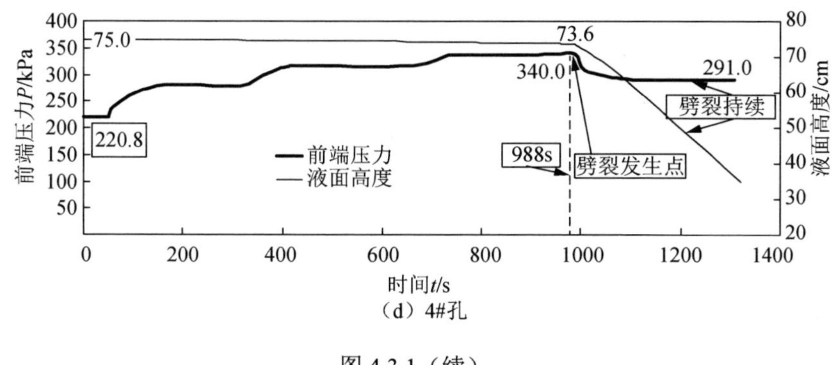

（d）4#孔

图 4.3.1（续）

从曲线的特征可以看出，随着时间的增加，泥水前端压力逐渐增大，在达到最大值后急剧下降，下降后几乎保持定值。泥水前端压力最大点即劈裂发生点，前端压力急剧下降之后基本以一定值推移，伴随劈裂持续进行，这部分我们称作劈裂伸展或劈裂持续现象。这个现象在室内小型试验中是无法看到的。

4.3.2　劈裂持续压力及劈裂伸展流量

实际泥水盾构工程中，由于土层有一定的厚度，劈裂持续压力对实际工程中的劈裂乃至泥水喷发现象的预防具有重要的意义。在泥水盾构掘进时，控制盾构掘进面顶部的泥水压力（称为切口压力）是关键。如果控制上切口压力在劈裂发生后的劈裂持续阶段小于劈裂持续压力，劈裂就能够停止持续进行。在本试验中这个劈裂持续伸展中的泥水压力称为劈裂持续压力，图 4.3.1 中的泥水前端压力与前端压力计位置到泥水加压孔中心的深度 h' 的泥水柱高（压力）的和就是劈裂持续压力 p_{con}。另外，劈裂伸展过程中的泥水箱中水位下降的速度和劈裂发生之前相比急剧增加，但都大致稳定在一定的下降速度。通过这个水位的下降速度可以求得劈裂空间增加速度相当的劈裂伸展流量 q_c。该劈裂伸展流量 q_c 会因试验孔的不同产生较大差异。表 4.3.1 表示现场试验孔的劈裂持续压力和泥水箱水位下降速度换算得到的劈裂伸展流量 q_c。从表中可以看出，虽然劈裂伸展流量 q_c 变化很大，但劈裂持续压力 p_{con} 却与不同深度对应的地层围压 σ_3 基本相等。因此，p_{con} 可表示为

$$p_{con} = \sigma_3 \tag{4.3.1}$$

式（4.3.1）中表示的劈裂持续压力也可以理解为抵抗劈裂继续伸展的压力，其值为 σ_3。

表 4.3.1 现场试验孔的劈裂持续压力和劈裂伸展流量

试验孔序号	深度/m	泥水质量分数/%	劈裂持续压力 p_{com}/kPa	劈裂伸展流量 q_c/(cm^3/s)
1	20.0	12	308.3	47.56
4		12	299.0	83.78
6		12	329.2	160.64
2	15.5	12	233.5	110.05
3		12	236.7	194.51
5		12	247.2	97.29
7		18	240.0	8.01
8		18	239.1	14.31

4.3.3 劈裂伸展速度的理论方程

劈裂发生后，在持续的泥水压力作用下劈裂裂缝会继续发展或伸展。其发展或伸展的速度对于现场实际工程来说是一个重要的问题。特别是在水底盾构隧道施工中，如果劈裂伸展速度很快，容易出现加压液体冲破江底发生泥水喷发，江水倒灌、开挖面坍塌的事故。黏性土地层劈裂的伸展不同于玻璃等脆性材料，流入劈裂裂隙空间的液体只有使劈裂裂缝体积增加部分的体积。劈裂的发展是一个较快的发展过程，黏土渗透系数极小，因此进入劈裂裂隙空间中的泥水几乎不渗透到地层中，可以假定渗透量为零。劈裂裂隙伸展流量 q_c 成为使裂隙空间持续增加的唯一因素。根据劈裂试验后开挖观测结果看，劈裂裂隙的形状为垂直地表面的半椭圆的板状，劈裂裂隙的厚度基本相同。假定劈裂裂隙以均厚的板状伸展，该板状裂隙空间的厚度即裂隙厚度为 b_f，劈裂伸展流量为 q_c，则裂隙前端部分单位时间增加面积 ΔA 即 q_c / b_f。如果知道裂隙的全部形状和裂隙伸展路径的话，由某个劈裂裂隙的伸展时间 t 时的形状可以知道裂隙前端部分的总的延伸量 L_t。假定劈裂裂隙持续时间 t 时刻的伸展速度 V_f 在裂隙前端相同，其概算公式为

$$V_f=\frac{\Delta A}{L_t}=\frac{q_c}{b_f L_t} \tag{4.3.2}$$

因此，为求解劈裂伸展速度 V_f，q_c、b、L_t 是必要的。

4.3.4 有效劈裂伸展压力及劈裂伸展流量

为了向劈裂裂隙空间中流入（押入）q_c，需要使劈裂裂隙伸展，并需要施加大于劈裂伸展抵抗 σ_3 的泥水压力。一般来讲，使泥水流入劈裂裂缝空间的泥水压力越大，劈裂伸展的速度也就越快，这个泥水压力被称为劈裂伸展压力。了解劈裂伸展压力与劈裂伸展流量的关系对我们理解和解释劈裂伸展速度非常重要。劈裂裂隙伸展中的泥水储蓄罐的空气压加上泥水箱的水面到泥水加压孔中心为止深度相当的泥水压力为泥水的压入压力 p_p。使用泥水箱的空气压力和深度相当的泥

水压力随着泥水箱水面的下降也在变动，因此需要进行繁琐的计算，比较麻烦。在此，如图 4.2.1 所示的泥水箱下面地表压力计的裂隙发展压力 p_s，加上挖掘孔中心为止的深度 h 相当的泥水压力 p_h 就是泥水的压入压力 p_p。因此，泥水压入压力 p_p 为

$$p_p = p_s + p_h \tag{4.3.3}$$

另外，压入压力 p_p 与劈裂伸展抵抗 σ_3 的差值为泥水有效劈裂伸展压力 p_p'，即

$$p_p' = p_s + p_h - \sigma_3 \tag{4.3.4}$$

按式（4.3.4）计算得到 8 个孔的 p_p' 和 q_c 的关系如图 4.3.2 所示，随着 p_p' 的增大 q_c 也随之增大。7#孔和 8#孔使用了 18%（质量分数）的高浓度水泥，黏性很大，q_c 特别小，而理论上泥水的黏性也与 q_c 存在密切关系，因此图 4.3.2 中的直线没有把其考虑在内，只考虑泥水质量分数 12%、泥水黏度 24～27s 的 6 个点通过原点的直线，可得

$$q_c = 1.572 p_p' \tag{4.3.5}$$

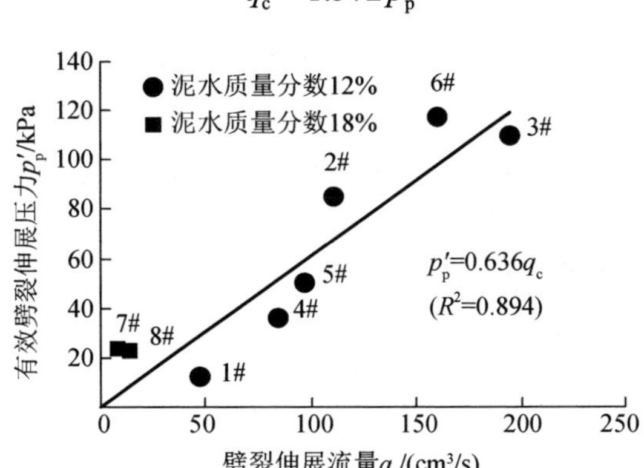

图 4.3.2　泥水有效劈裂伸展压力与劈裂伸展流量的关系

需要说明的是，虽然通常认为泥水的黏度变大则 q_c 变小，但其定量的关系并不明确。式（4.3.5）也只能反映泥水质量分数为 12%且黏度为 24～27s 时 p_p' 与 q_c 的关系。

另外，劈裂伸展流量 q_c 不仅与 p_p' 相关，且与泥水通过流入口的面积（裂隙口的总长和裂隙厚度的乘积）成比例。假定流入口面积为 a_0，盾构开挖面产生的劈裂裂隙的流入口的面积为 A，则 q_c 为

$$q_c = 1.572 p_p' \frac{A}{A_0} \tag{4.3.6}$$

式中：q_c 为劈裂伸展流量（cm^3/s）；p_p' 为有效压入压力（kPa）；A_0 为现场试验孔情况下的流入口面积（cm^2）；A 为盾构等情况的流入口的面积（cm^2）。

泥水流入面积的差异也是图 4.3.2 中出现离散点的原因之一。图 4.3.2 中表示的 q_c 不大也与该流入口面积 A_0 很小有关系。另外，式（4.3.6）对泥水的渣口黏度 24～27s 之外的情况不适用，需要进行其他的试验来确定。

4.4 现场泥水劈裂试验 II

4.4.1 现场泥水劈裂仪和试验步骤

为了进行现场原位劈裂试验，作者团队自主研制了现场泥水劈裂仪，如图 4.4.1 所示。现场劈裂仪由泥水箱、压气设备、测量设备、托运设备和地下成孔装置组成。泥水箱用来存储泥水。为了便于测量泥水液面的下降，泥水箱侧壁选用有机玻璃材质并粘贴刻度。同时，泥水箱上、下盖板为结合板+结构板的组合设计，保证了泥水箱的密封性；压气设备为空气压缩机，用来给泥水箱加压进而通过地下成孔设备对地层进行劈裂；为减少地层扰动，保证钢管的刚度，地下成孔设备选用外径为 5cm、内径为 4cm 的钢管，并使钢管底部保留约 20cm 长的原状土孔壁，这样泥水就会沿钢管导向在原状土中发生劈裂。同时，为了防止试验过程中泥水沿钢管外壁翻出，钢管外壁用水泥砂浆填充封堵。测量设备分为地上部分和地下部分。地上部分由空气压力表和地表液体压力表组成；地下部分为前端压力计，用于测量劈裂端头的劈裂压力。

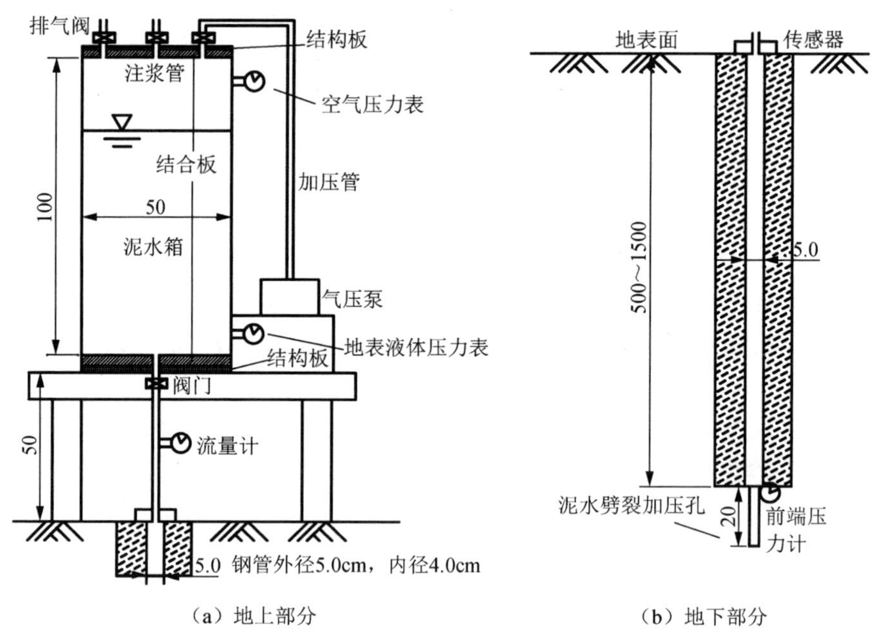

图 4.4.1 试验孔构造及试验用仪器简图（单位：cm）

现场泥水劈裂试验实施步骤分为钻孔、下管、封堵、洗孔、拌浆、压浆劈裂和开挖验证，如图 4.4.2 所示。在试验场地中，地层的表面普遍存在一层硬壳。为了测定淤泥质粉质黏土地层的劈裂压力，对地层表面的硬壳进行了挖除。

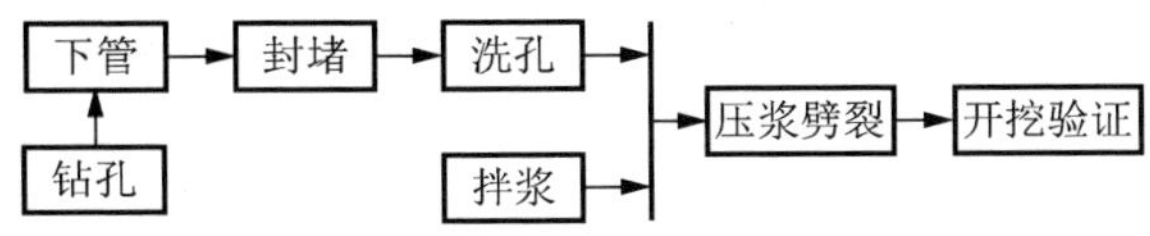

图 4.4.2　现场泥水劈裂试验实施步骤

4.4.2　试验场地和试验孔布置

南京某过江隧道始发处于淤泥质地层中，而且场地在始发区段上方还建有建筑物。已有研究表明：浅覆土黏土地层中，地层的劈裂压力与维持掘进面稳定所需泥水压力比较接近，上方建筑物的存在使得这一工况更加严峻。为此，需要确定该位置的劈裂压力，从而为泥水压力设定上限提供参考。试验场地地层分布如图 4.4.3 所示。在试验深度范围内，其地层为单一淤泥质粉质黏土，其物理力学参数如表 4.4.1 所示。

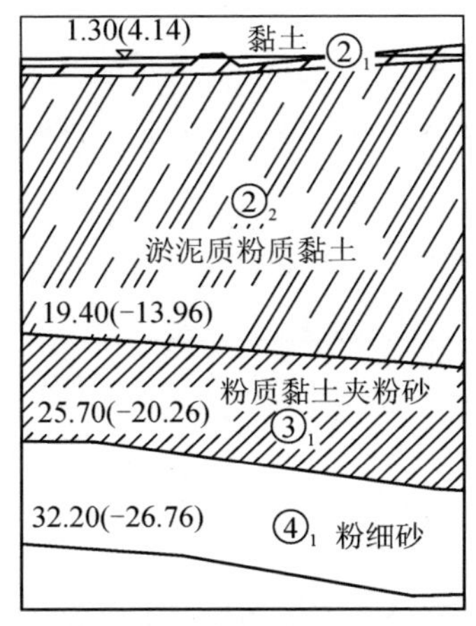

图 4.4.3　试验场地地层分布（单位：m）

表 4.4.1　淤泥质粉质黏土的物理力学参数

序号和土性	重度 γ/(kN/m^3)	含水量 S/%	孔隙比 e	塑性指数 I_p	液性指数 I_L	泊松比 μ	压缩模量 E_s/MPa
②$_2$ 淤泥质粉质黏土	18.0	38.9	1.097	14.0	1.34	0.42	3.14

序号和土性	CU 三轴		CU′三轴		UU 三轴		单轴抗压强度 q_u/kPa
	q/(°)	c/kPa	q'/(°)	c'/kPa	q/(°)	c/kPa	
②$_2$ 淤泥质粉质黏土	15.6	12.1	25.4	8.8	2.65	18.4	41.2

为测定不同深度和不同泥水性能下地层的泥水劈裂性能，一共布置 6 孔，分为 A、B 两组。每组中设置不同孔深，分为 5m、10m 和 15m；两组使用不同泥水配比，如表 4.4.2 所示。现场试验时，为保证各个试验点不相互影响，按照 45° 最大破坏线（水平地应力等于竖向地应力的情况）确定试验点的布置和其影响范围，如图 4.4.4 所示。

表 4.4.2　试验使用泥水性能

组别	使用泥水配比	浆液性能	
		重度 γ/(kN/m^3)	泥水黏度 F/s
A	膨润土∶CMC∶水=8∶0.075∶91.925	10.2	20
B	黏土∶膨润土∶CMC∶水=20∶8∶0.075∶71.925	11.4	35

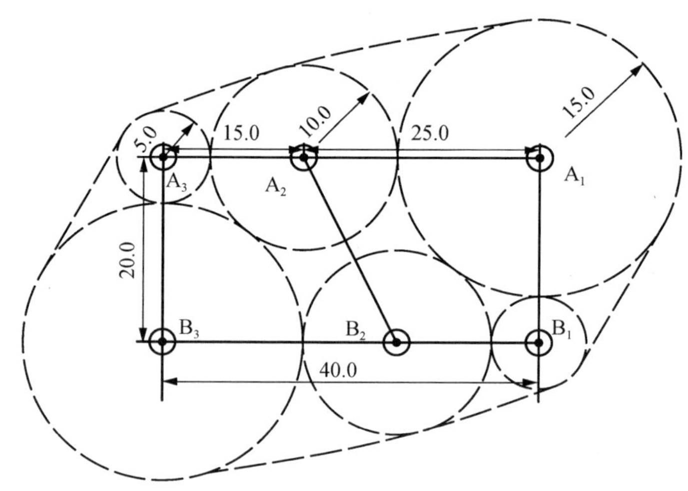

图 4.4.4　测试孔相对位置关系和影响范围（单位：m）

4.4.3　泥水喷发和劈裂面描述

试验时，其地面的劈裂冒浆现象如图 4.4.5 所示。劈裂试验后，为观察劈裂路径，对 5m 深 A_3 孔采用人工台阶法开挖，并每隔 0.3m 测量劈裂面与水平面交线两端与试验孔点围成的三角形各边长度，然后对劈裂面进行定位和绘制，如图 4.4.6 和图 4.4.7 所示。从图可以看出，劈裂面为不规则曲面。随着高度的上升，其劈裂面的宽度逐渐增大，其方向迅速由倾斜方向变化为竖直方向，但末端向水平方向倾斜。

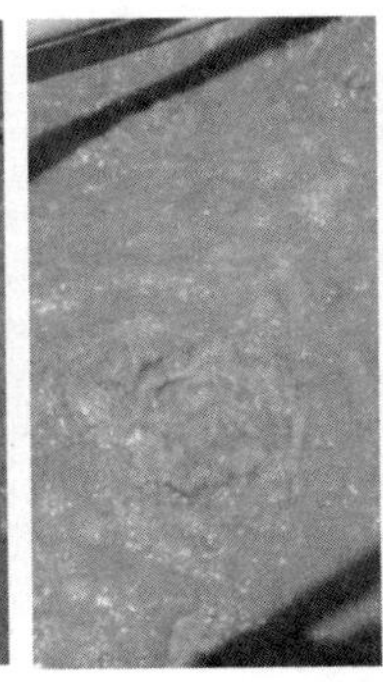

图 4.4.5　现场劈裂试验冒浆现象

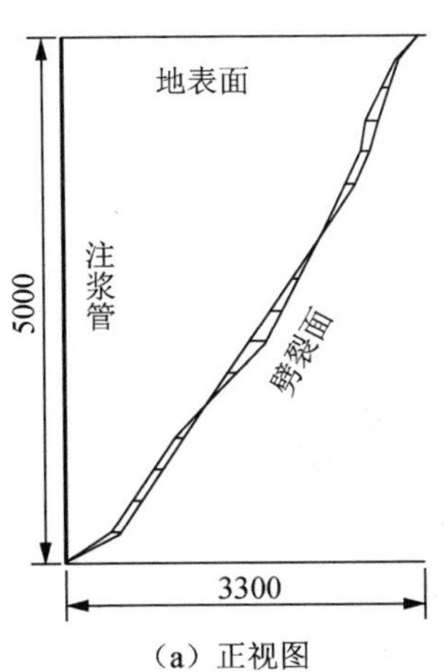

（a）正视图

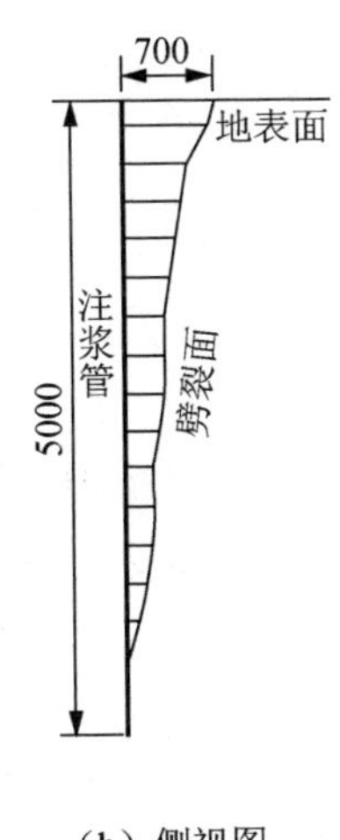

（b）侧视图

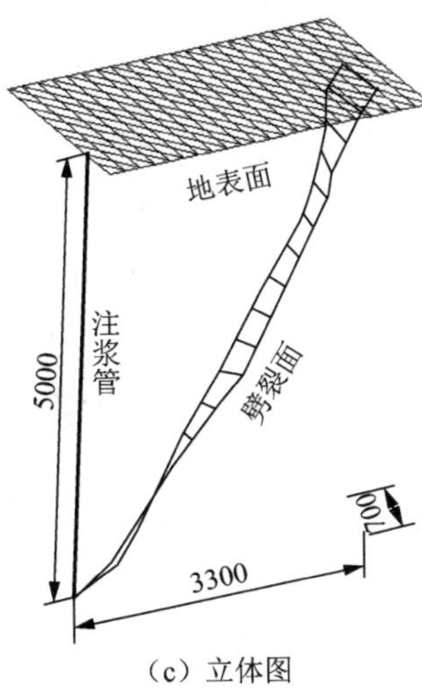

（c）立体图

图 4.4.6　A_3 孔裂隙面正视图、侧视图和立体图（单位：mm）

在测量劈裂面形状的同时，对土体裂隙开度也进行了测量。裂隙开度平均值为 1.1mm，范围为 0.9～2.1mm。另外，土体埋置深度越深，裂隙开度越小。劈裂面的开挖在劈裂试验后进行。另外，为了使裂隙面保持原状，只使用速度较慢的人工开挖。揭露裂隙面时，其内泥水已渗失大部分，只剩下泥浆。因此，劈裂开度测量值只是劈裂后的裂隙残余开度，应该小于实际劈裂发生时产生的裂隙开度。

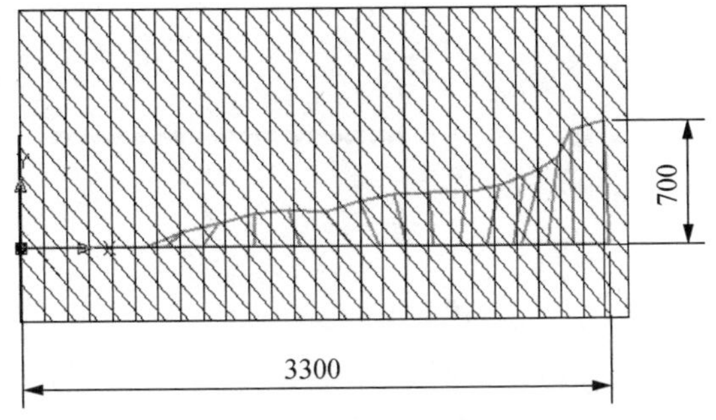

图 4.4.7　A_3 孔裂隙面俯视图（单位：mm）

4.4.4 空气压力和流量变化

劈裂试验进行时，分别使用空气压力表、孔压计、流量计和刻度尺测量并记录加压空气压力、前端劈裂处孔隙水压、流量和流速及泥水箱液面高度。如图 4.4.8 所示，在 A_1 孔试验过程中，随着空气压力的增大，液面高度在缓慢降低（10mm/h），当空气压力达到 100kPa 时，液面骤然下降，当空气压力增大到 104kPa 时，其降低幅值较大，不宜再增加。而图 4.4.9 也显示，此时流量和流速突然出现，意

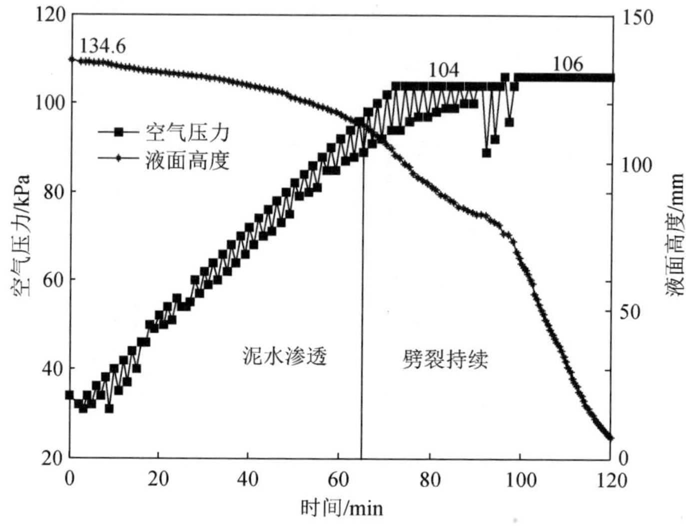

图 4.4.8 A_1 孔液面高度和空气压力随时间的关系

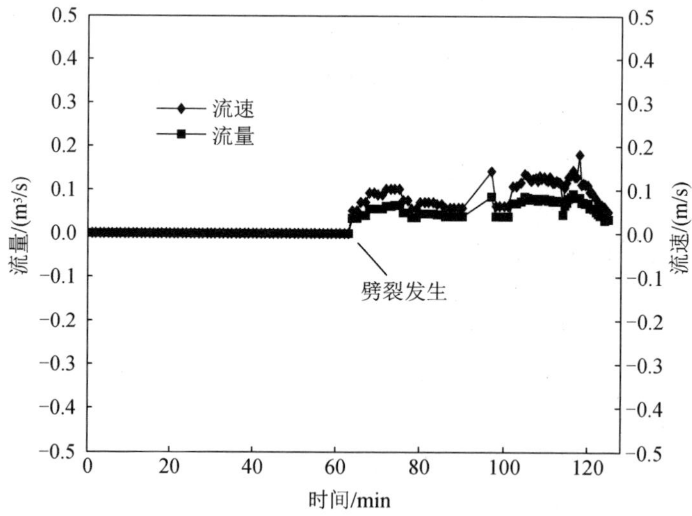

图 4.4.9 A_1 孔流量和流速随时间的关系

味着劈裂的发生。事实上，此刻以前也有微弱的流量，但是不在流量表显示精度范围内，流量表显示为 0。如图 4.4.8 所示，劈裂发生后，空气压力维持稳定，而液面下降速度也基本稳定，当空气压力下降时，液面下降速度放缓，当空气压力增加时，液面下降速度也增加。这说明劈裂发生后，其液面流速跟劈裂伸展压力有一定的关系，液面流速会随着劈裂伸展压力的增大而增大。

4.4.5 劈裂压力的确定

在综合分析空气压力、流速等随时间的变化后，可以确定流速与空气压力的关系，而端头压力为空气压力加上水头高度。流速和端头压力的关系，如图 4.4.10 所示。由流速和端头压力的关系可以确定 A_1 孔的劈裂压力为 250kPa。

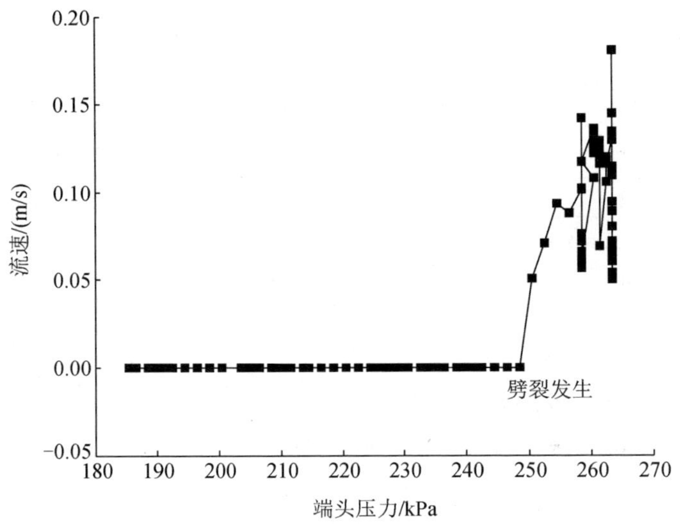

图 4.4.10 A_1 孔流速随端头压力的变化关系

同理，可以确定其他 5 孔的劈裂压力如表 4.4.3 所示。由于南京江滩附近的地下水位较浅，基本上在地下 0.5m 以内。由于不考虑地表硬壳的影响，在试验过程中挖除了地表硬壳，并且出现了地下水位面，现假定覆水深度等同于覆土厚度。

表 4.4.3 劈裂试验结果

试验孔编号		使用浆液类型	覆土厚度/m	覆水深度/m	实测劈裂压力/kPa
A 组	A_1	膨润土：CMC：水=8：0.075：91.925	15	15	250
	A_2		10	10	155
	A_3		5	5	80
B 组	B_1	黏土：膨润土：CMC：水=20：8：0.075：71.925	5	5	82
	B_2		10	10	162
	B_3		15	15	255

将表 4.4.1 中参数代入式（3.4.10）～式（3.4.12）中，计算上覆水土压力、水平侧压力和劈裂压力的结果如表 4.4.4 所示。为了更加清晰地表述劈裂压力预测值与实测值之间的关系，绘制图形如图 4.4.11 所示。由图 4.4.11 可以看出，采用总应力法和有效应力法均能较好地预测土体劈裂压力，而不固结不排水强度参数的预测准确性较差。

表 4.4.4　劈裂压力预测值与实测值比较

试验孔编号		覆土厚度/m	上覆水土压力/kPa	水平侧压力/kPa	劈裂压力计算值/kPa			实测劈裂压力/kPa
					总应力法	有效应力法	不固结不排水	
A 组	A_1	15	270	162	217.2	260.8	187.9	250
	A_2	10	180	108	148.7	176.5	131.4	155
	A_3	5	90	54	80.2	92.2	74.9	80
B 组	B_1	5	90	54	80.2	92.2	74.9	82
	B_2	10	180	108	162	176.5	131.4	162
	B_3	15	270	162	255	260.8	187.9	255

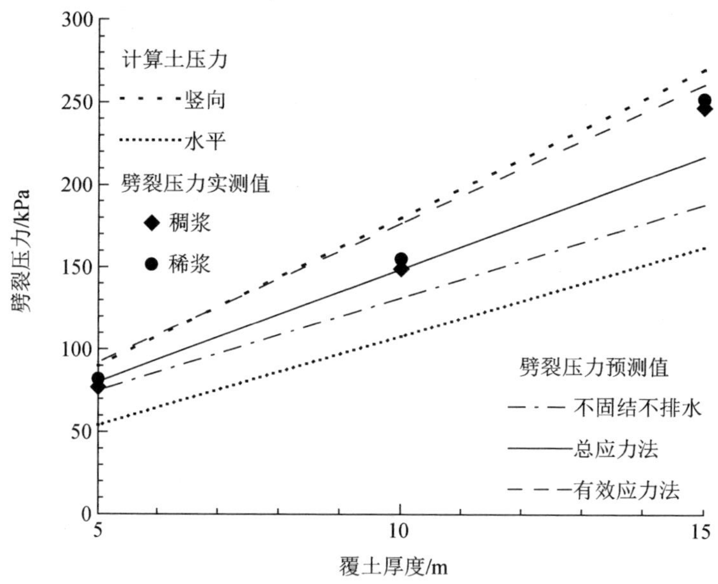

图 4.4.11　基于不同强度参数的劈裂压力预测值

总应力法对于 5m 和 10m 孔的劈裂压力预测值与实测值基本相当，而对于 15m 孔的劈裂压力预测值偏小，大约偏小 8%；有效应力法过高地估计了土体劈裂压力，特别是对于埋深较浅的情况，这不利于工程安全。因为实际地层也进行了相当长时间的固结，且劈裂过程为突变过程，采用总应力法预测更符合实际工况，也有一定的安全储备。

4.5 劈裂伸展模型和修正

4.5.1 劈裂伸展模型

泥水在劈裂地层的过程中，不仅要克服劈裂尖端的土层劈裂抗力和自身重力，而且受到劈裂面的边界黏滞阻力。取图 4.4.6 和图 4.4.7 的一段劈裂面进行分析，建立裂隙面伸展力学模型如图 4.5.1 所示。

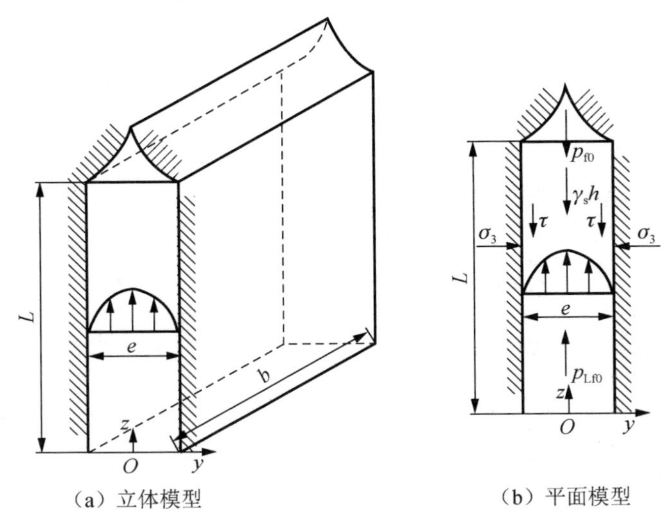

（a）立体模型　　（b）平面模型

图 4.5.1 裂隙面伸展力学模型

建立各分量的力学平衡方程，即

$$p_{Lf0}be = p_{f0}be + 2\tau bL + \gamma_s hbe_k \tag{4.5.1}$$

式中：p_{Lf0} 为劈裂面的端头压力；b 为尖端附近劈裂面的宽度；e_k 为劈裂面的开度；p_{f0} 为劈裂面的尖端压力；τ 为劈裂面对流动泥水的阻力；L 为劈裂面的长度；γ_s 为劈裂泥水的重度；h 为劈裂尖端距离泥水端头的高度。

对式（4.5.1）进行化简，可得

$$p_{Lf0} = p_{f0} + \frac{2\tau \cdot L}{e} + \gamma_s h \tag{4.5.2}$$

式中：p_{f0} 为劈裂面的尖端压力，由已有分析得

$$p_{f0} = (1+\sin\varphi)\sigma_3 + c\cdot\cos\varphi \tag{4.5.3}$$

含有黏土或膨润土等颗粒的泥水或者砂浆等一般被认为是宾汉姆流体。在直接剪切过程中，其应力-应变关系为非线性，即

$$\mu_1 \frac{\partial u}{\partial y} = \begin{cases} 0 & |\tau| < \tau_0 \\ \tau - \tau_0 \cdot \mathrm{sgn}\left(\dfrac{\partial u}{\partial y}\right) & |\tau| \geqslant \tau_0 \end{cases} \tag{4.5.4}$$

式中：μ_1为动力黏度系数；u为流速；τ为剪应力；τ_0为屈服剪应力；sgn( )为符号函数，且 $\mathrm{sgn}(x)=x/|x|$。

对于水泥砂浆来说，泥水较稀，且膨润土也起到润滑作用，因此初始剪应力很小，可以忽略不计。其应力-应变关系可以简化为

$$\tau = \frac{\mu_1 \cdot \partial u}{\partial y} \tag{4.5.5}$$

由于所选取的分析单元较小，可以假定：劈裂面的弯曲程度较小，即曲率半径要比劈裂的裂隙宽度大得多。只要沿着裂隙面建立y轴，其解答与裂隙面为平面一致。同时，由于裂隙的流速较小，假设裂隙流体为层流[21-23]，由边界层理论[24]得平面表层的黏性摩擦力为

$$\tau = \mu_1 \left(\frac{\partial u}{\partial y}\right)_{y=0} = \mu_1 u_{\max} \sqrt{\frac{u_{\max}}{vx}} f''(0) = \frac{0.332 \rho U^2}{\sqrt{Re}} \tag{4.5.6}$$

式中：μ_1为动力黏度系数；$u_{\max}$为泥水最大流速；Re为雷诺数，$Re = \dfrac{Ux}{v}$，x为劈裂面的长度，v为运动黏度。

这样端头压力可以表示为

$$p_{\mathrm{Lf}0} = \sigma_3 \cdot (1 + \sin\varphi) + c \cdot \cos\varphi + \frac{0.664 \rho u_{\max}^2}{\sqrt{Re}} \cdot \frac{L}{e_k} + \gamma_{\mathrm{s}} h \tag{4.5.7}$$

由于裂隙的开度比边界层理论解释的边界层厚度要小，这样两边界层相交的中间点流速为最大，但导数不连续，其截面流速分布接近二次抛物线。于是，假定裂隙中的分布为二次抛物线，裂隙中间的流速最大为$u_{\max}$，速度分布为

$$u = \frac{1}{2\mu_1} \cdot \frac{\Delta p}{L} \cdot (y^2 - e_k y) \tag{4.5.8}$$

式中：Δp为压力差，则流速最大值$u_{\max}$为

$$u_{\max} = \frac{1}{2\mu_1} \frac{\Delta p}{L} \left[\left(\frac{e_k}{2}\right)^2 - e_k \cdot \frac{e_k}{2}\right] = \frac{e_k^2}{8\mu_1} \cdot \frac{\Delta p}{L} \tag{4.5.9}$$

且速度平均值$\bar{u}$为

$$\bar{u} = \frac{1}{e_k} \int_0^{e_k} u_z \mathrm{d}y = \frac{1}{e_k} \int_0^{e_k} \frac{1}{2\mu_1} \frac{\Delta p}{L} (y^2 - e_k y) \mathrm{d}y = \frac{e_k^2}{12\mu_1} \cdot \frac{\Delta p}{L} = \frac{2}{3} u_{\max} \tag{4.5.10}$$

裂隙通过的流量q为

$$q = \bar{u} \cdot A = \bar{u} \cdot e_k \cdot b \tag{4.5.11}$$

4.5.2　模型验证及修正

对于埋深为 5m 的试验孔 A_3 孔，劈裂面到达地面以下 2m 时，由测量可知裂隙的平均开度为 1.1mm，宽度为 0.35m，长度为 3.6m。此处劈裂点距离劈裂端头的高度为 3m，泥水的重度为 10.2kN/m^3，由已有研究成果得：泥水的动力黏度为 10～30MPa·s[25]，取中间值 20MPa·s，则运动黏度为 1.96×10^{-5}m^2/s，此时的流量为 0.047m^3/h。而淤泥质粉质黏土的重度为 18.0kN/m^3，侧压力系数为 0.6，总应力内摩擦角为 15.6°，总应力黏聚力为 12.1kPa。那么，由式（4.5.6）、式（4.5.9）和式（4.5.10）可以联合求得此时的劈裂端头压力为 73.52kPa。

同理，运用测量所得几何尺寸、地层参数和计算式（4.5.6）～式（4.5.10）可以求出不同深度劈裂的端头压力，并与实测劈裂端头压力对比如图 4.5.2 所示。可以看出，随着劈裂的伸展，理论值与实测值的差值逐渐加大。这与假定裂隙面为平滑平面有关，实际上土体裂隙面比较粗糙，为此假设裂隙面的黏度影响因子为 α，则式（4.5.7）变为

$$p_{\mathrm{Lf0}} = \sigma_3 \cdot (1+\sin\varphi) + c\cdot\cos\varphi + 0.664\cdot\alpha\cdot\frac{\rho u_{\max}^2}{\sqrt{Re_x}}\cdot\frac{L}{e_k} + \gamma_{\mathrm{s}} h \qquad (4.5.12)$$

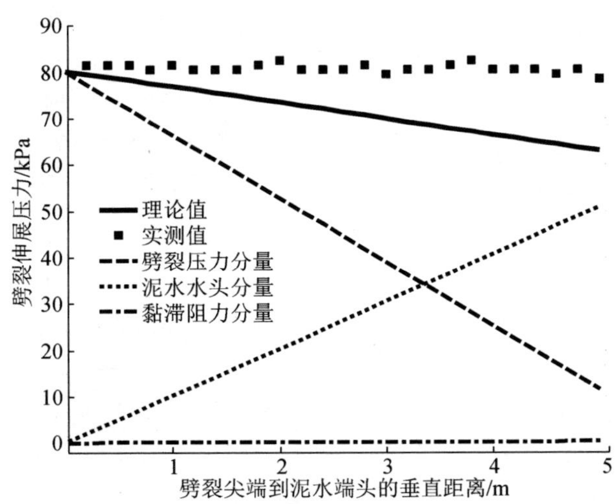

图 4.5.2　不同深度处 A_3 孔劈裂伸展压力理论值与实测值的比较

取黏度影响因子 α=20，则泥水水头分量不同深度处劈裂的端头压力理论值与实测值对比如图 4.5.3 所示。可以看出，劈裂压力分量随着劈裂伸展逐渐降低，泥水水头分量随着劈裂伸展逐渐增大，而黏滞阻力分量也随着劈裂伸展逐渐增大，但幅值较小。考虑黏度影响因子后理论值与实测值的吻合度比较高。同时，测得裂隙开度实际为劈裂后裂隙的残余开度，与劈裂发生时产生的裂隙开度有一定的差距。因此，黏度影响因子的取值也包含了这一部分差距的修正。

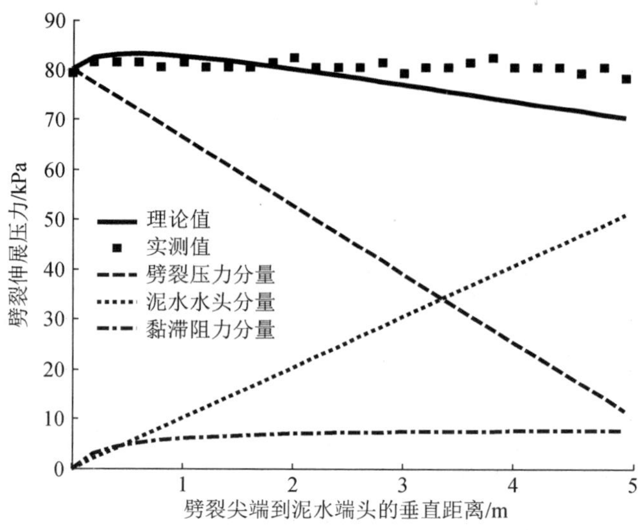

图 4.5.3　不同深度处 A_3 孔劈裂伸展压力理论值与实测值的比较

A_1 孔深 15m，A_2 孔深 10m，运用相同的方法，对 A_1 孔、A_2 孔进行分析，对于 A_1 孔取 α=40，对于 A_2 孔取 α=30，得到理论值并与实测值比较如图 4.5.4 和图 4.5.5 所示。在图 4.5.4 中，理论值与实测值有一定的差距，劈裂压力误差为 8%，之后逐渐减小后又增大，后续劈裂伸展压力差距较大，理论值相对保守。从图 4.5.5 中可以看出，随着劈裂的伸展，理论值与实测值比较吻合。但端头压力理论值呈现先稍微增加而后逐渐下降的趋势，而实测值有稍微增加趋势，这种差别可能与接近地表处水平应力增大有关。同时，埋深较深，其劈裂路径分支多也可能是导致实测值偏大的原因。

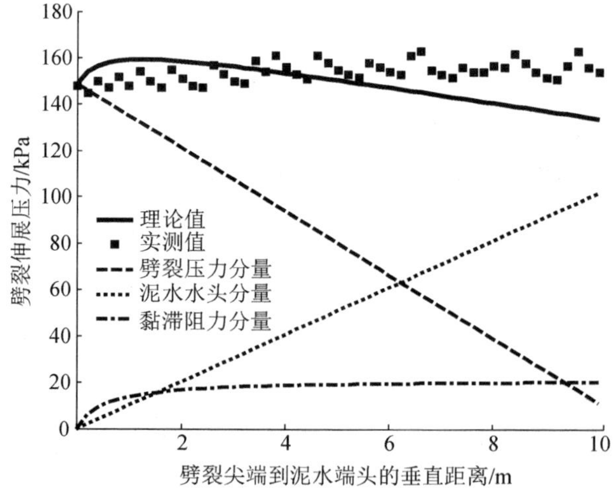

图 4.5.4　A_1 孔劈裂伸展压力理论值与实测值的比较

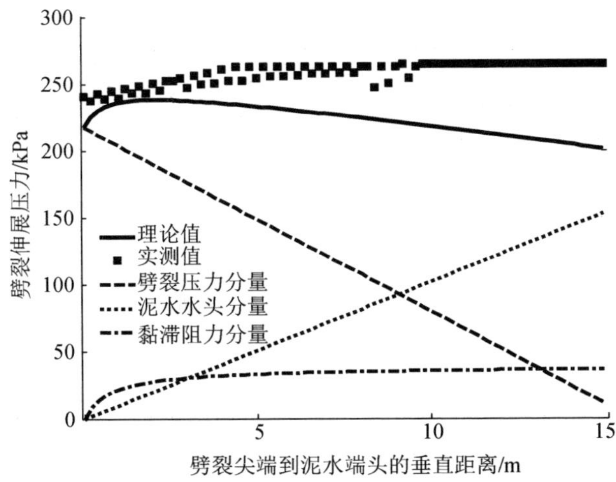

图 4.5.5　A_2 孔劈裂伸展压力理论值与实测值的比较

4.5.3　敏感度分析

由式（4.5.12）可知，泥水劈裂伸展的端头压力与尖端劈裂压力、泥水位置水头和黏滞阻力等分量有关。这些分量又与土体特性，如重度、内摩擦角、黏聚力和静止土压力系数；泥水特性，如重度、泥水黏度等有关。这些参数对劈裂压力的影响程度如何，运用式（4.5.12）在可能的变化范围内变化参数进行计算分析。

假设某孔深 10m、裂隙开度为 1.1mm、长度为 12m、地面裂隙宽度为 0.70m，为分析各影响因素对端头压力的影响程度，设定如表 4.5.1 所示计算工况。

表 4.5.1　影响因素与计算工况

<table>
<tr><th>工况</th><th>土体重度 $\gamma/(kN/m^3)$</th><th>静止土压力系数 K_0</th><th>内摩擦角 $\varphi/(°)$</th><th>黏聚力 c/kPa</th><th>泥水容重度 $\gamma_s/(kN/m^3)$</th><th>泥水运动黏度 $\nu/(m^2/s)$</th></tr>
<tr><td rowspan="3">1</td><td>15</td><td rowspan="3">0.6</td><td rowspan="3">15</td><td rowspan="3">10</td><td rowspan="3">11</td><td rowspan="3">2×10^{-5}</td></tr>
<tr><td>17</td></tr>
<tr><td>19</td></tr>
<tr><td rowspan="3">2</td><td rowspan="3">17</td><td>0.4</td><td rowspan="3">15</td><td rowspan="3">10</td><td rowspan="3">11</td><td rowspan="3">2×10^{-5}</td></tr>
<tr><td>0.6</td></tr>
<tr><td>0.8</td></tr>
<tr><td rowspan="3">3</td><td rowspan="3">17</td><td rowspan="3">0.6</td><td>10</td><td rowspan="3">10</td><td rowspan="3">11</td><td rowspan="3">2×10^{-5}</td></tr>
<tr><td>15</td></tr>
<tr><td>20</td></tr>
<tr><td rowspan="3">4</td><td rowspan="3">17</td><td rowspan="3">0.6</td><td rowspan="3">15</td><td>5</td><td rowspan="3">11</td><td rowspan="3">2×10^{-5}</td></tr>
<tr><td>10</td></tr>
<tr><td>15</td></tr>
</table>

续表

工况	土体重度 γ/(kN/m³)	静止土压力系数 K_0	内摩擦角 φ/(°)	黏聚力 c/kPa	泥水容重度 γ_s/(kN·m⁻³)	泥水运动黏度 ν/(m²/s)
5	17	0.6	15	10	10	2×10^{-5}
					11	
					12	
					13	
6	17	0.6	15	10	11	1×10^{-5}
						2×10^{-5}
						3×10^{-5}

按照表 4.5.1 变化工况进行不同参数因素的对比分析计算，并绘成图形，如图 4.5.6～图 4.5.11 所示。土体性质通过影响劈裂压力进而影响端头压力。其中，侧向土压力系数、重度和内摩擦角对劈裂压力的影响较大，而土体黏聚力的影响较小，如图 4.5.6～图 4.5.9 所示。可以看出，对于重度和内摩擦角等强度参数较大的土体，随着劈裂的伸展，其需要的劈裂端头压力越来越小。这说明了劈裂一旦发生将会一直持续。

泥水性能同时影响泥水水头分量和黏滞阻力分量，如重度、黏度等。随着泥水重度的增加，泥水水头分量和黏滞阻力分量同时增加，如图 4.5.10 所示；而泥水黏度只影响黏滞阻力分量，如图 4.5.11 所示。可以看出，随着泥水重度和黏性的增加，劈裂发生后，其伸展需要的劈裂端头压力越大。所以，如果泥水端头压力不再增加，则劈裂不会伸展。

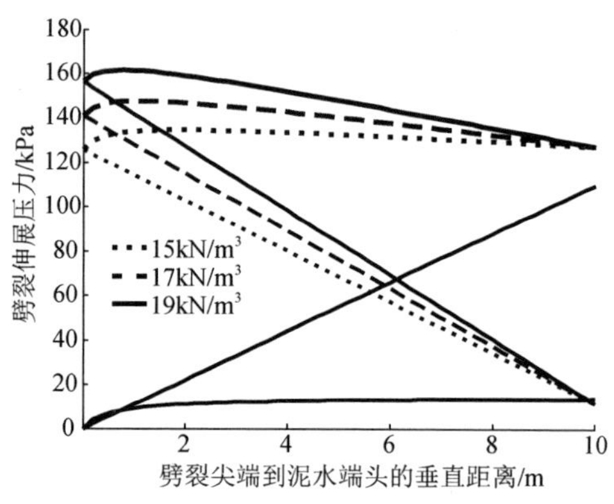

图 4.5.6　不同覆土重度下的劈裂伸展压力计算值

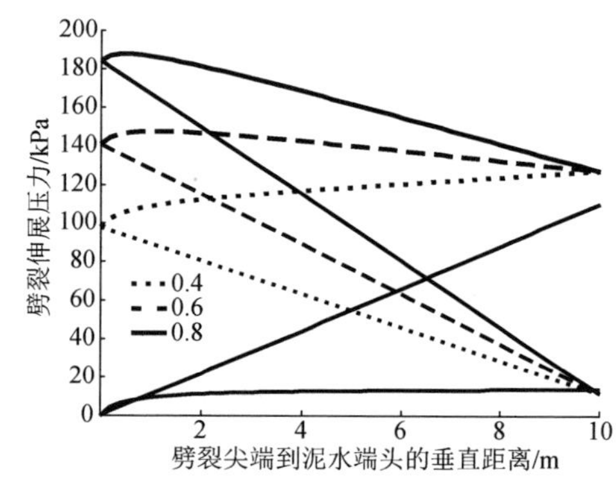

图 4.5.7　不同静止土压力系数下的劈裂伸展压力计算值

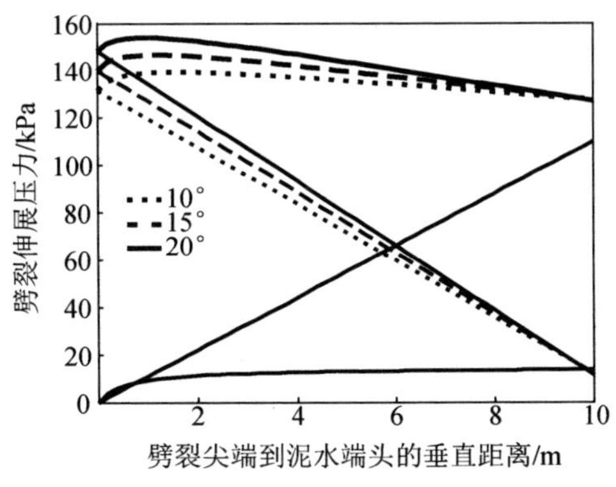

图 4.5.8 不同覆土内摩擦角下的劈裂伸展压力计算值

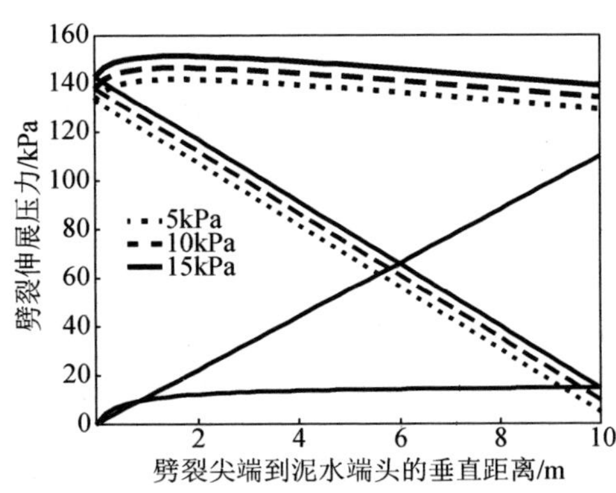

图 4.5.9 不同覆土黏聚力下的劈裂伸展压力计算值

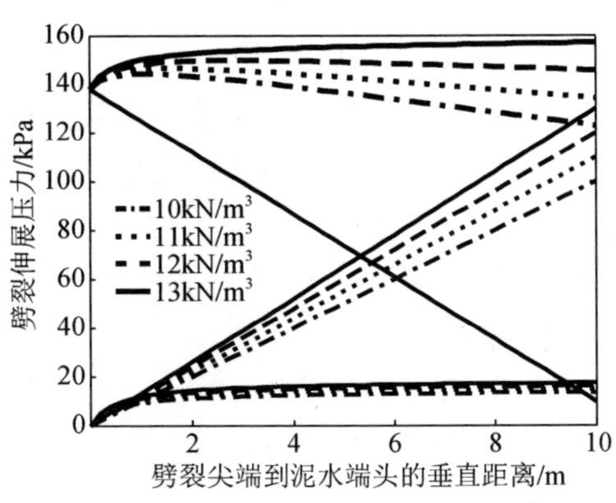

图 4.5.10 不同泥水重度下的劈裂伸展压力计算值

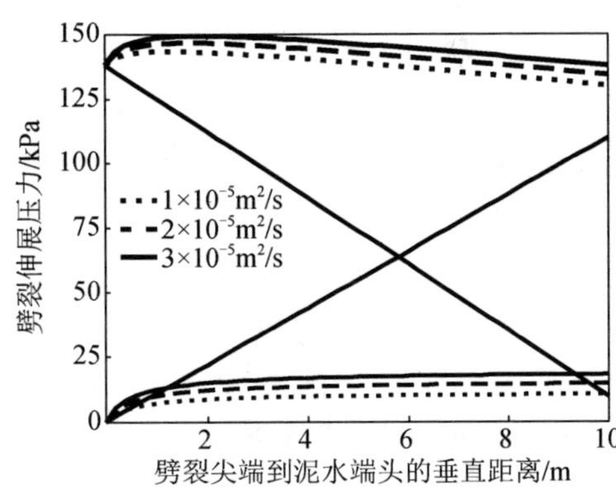

图 4.5.11 不同泥水运动黏度下的劈裂伸展压力计算值

4.6 劈裂伸展与盾构泥水劈裂现象的关系

土体的劈裂问题一直是工程界的难题，而劈裂后的伸展问题几乎很少有人触及。本章在现场试验和 Murdoch[21-23]假定的基础上进一步假定裂隙面弯曲程度较小，引入边界层理论，建立了泥水劈裂伸展模型。该模型把端头劈裂伸展压力分为尖端劈裂压力分量、泥水水头分量和黏滞阻力分量。其中，在进行黏滞阻力分量分析时，黏度影响因子α_c取值为 20～40，与 Murdoch 通过室内试验得出裂隙伸展压力接近总压力的 10%[21-23]基本一致，也与实际劈裂测量值较为一致。运用该模型解释了 Murdoch 试验中，在一定压力下土体产生劈裂后，有些裂隙能够持续伸展直至贯通，而有些裂隙劈裂后便不再伸展的现象[21-23]。

在盾构掘进过程中发生泥水劈裂后，泥水压力将降低至某一数值后保持稳定。劈裂伸展模型解释了这一现象：劈裂发生后由于泥水的大量流失而出现泥水压力降低，同时泥水压力降低至某一数值后与劈裂伸展阻力也是端头压力相平衡，此时裂隙不再伸展，从而泥水压力保持稳定。因此，劈裂发生后出现的泥水压力降低将有利于阻止泥水劈裂的进一步伸展。在劈裂发生后，不能因为泥水压力下降而急忙增加泥水压力，这样不但泥水压力增加不上去，反而会导致泥水劈裂的迅速伸展，加快泥水喷发的发生。

地层劈裂伸展所需要的端头压力不仅与地层性能有关，还与所用的泥水特性有关。实际工程中，在地层性能不易改变的条件下，增加泥水重度、提高泥水黏性有利于阻止劈裂进一步伸展，如图 4.5.10 所示。

在泥水劈裂伸展的过程中，绝大多数情况下泥水和地层的劈裂抗力会逐渐变小，如图 4.5.6～图 4.5.11 所示。仅有个别情况其劈裂抗力会逐渐增大，但幅值不大（图 4.5.10），特别是地层的劈裂抗力会逐渐变小，直至为零。不能将劈裂伸展作为泥水劈裂发生后的安全储备。大多数情况下一旦出现泥水劈裂，发生泥水喷发只是时间的问题。在泥水劈裂发生后，需要盾构机在保证工程安全的前提下迅速通过。预防泥水盾构开挖过程中的泥水喷发问题，要从预防劈裂入手，把工作重点放在预防泥水劈裂，而不是寄希望于劈裂发生后的安全富裕。

因此，在盾构掘进过程中，需要对其泥水压力的设定上限进行控制以防发生泥水劈裂地层等工程问题。通常泥水压力设定以盾构中心为基点进行设定，称为泥水压力设定值 p_0，其数值取决于图 4.6.1 中 h_0 处水土压力。盾构掘进面顶部的泥水压力称为切口压力 p_c。它与泥水压力 p_0 之间的关系为

$$p_0 = p_c + \gamma_s \cdot \frac{D}{2} \tag{4.6.1}$$

式中：γ_s 为泥水重度；D 为盾构直径。当切口压力 p_c 达到劈裂压力 p_f 时，泥水将劈裂地层，如图 4.6.1 所示为可能劈裂路径之一。因此，泥水压力设定最大值为

$$p_{0\max} = p_f + \gamma_s \cdot \frac{D}{2} \tag{4.6.2}$$

联合式（4.6.2）和式（3.4.11）可以得出

$$p_{0\max} = \sigma_3(1+\sin\varphi) + c\cdot\cos\varphi + \gamma_s \cdot \frac{D}{2} \tag{4.6.3}$$

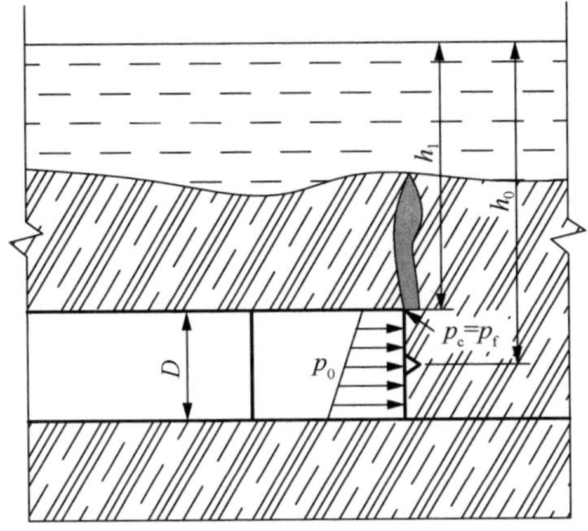

图 4.6.1　泥水劈裂与泥水压力设定之间的关系

为验证预测模型的准确性并同时服务于实际工程，对南京某过江隧道始发处进行了预测。隧道位于淤泥质粉质黏土地层，其力学性能如表 4.4.1 所示，与试验场地地层一致，如图 4.6.2 所示。根据式（4.6.2）和现场实测数据对隧道南北线始发后的泥水压力上限分别给出参考值为 0.220MPa 和 0.210MPa。由于始发处上方没有覆水，泥水喷发后易从地面捕获，所以运用盾构机在北线隧道始发不远处进行了劈裂试验。当泥水压力设定为 0.22MPa 时，地表出现了冒浆现象，在一定程度上验证了劈裂试验预测模型的准确性。当然，由于施工现场条件的复杂性，冒浆现象的产生还与其他因素，如土体扰动、建筑物的局部附加荷载和地表硬壳土体等有关。这次盾构机泥水劈裂试验和现场试验一起为盾构机通过江中段较为危险工况的泥水压力上限控制打下基础。

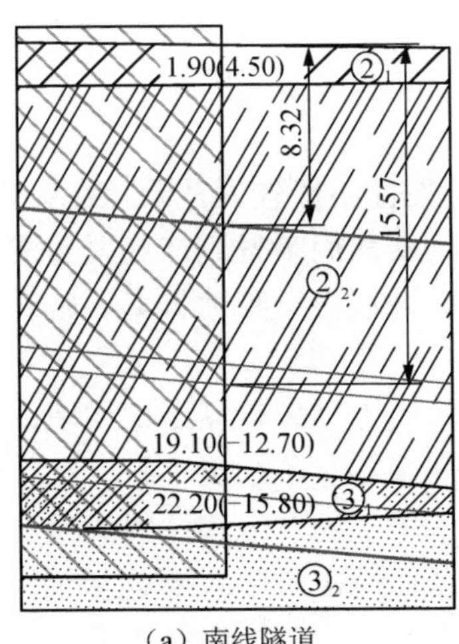

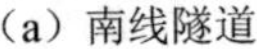
（a）南线隧道

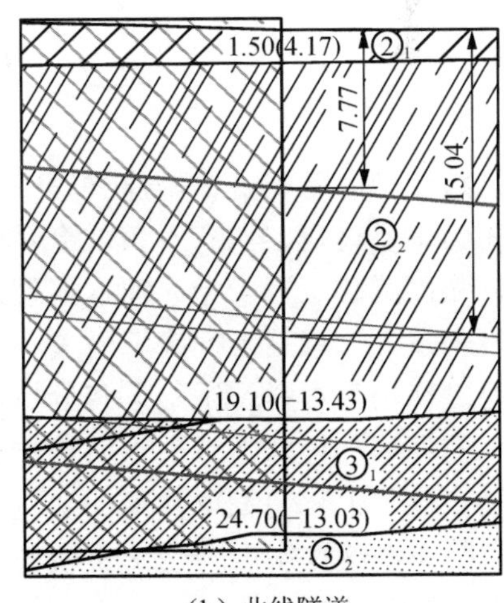

（b）北线隧道

②$_1$—黏土；②$_2$—淤泥质粉质黏土；③$_1$—粉质黏土夹粉砂；③$_2$—粉砂。

图 4.6.2　隧道所处地层分布（单位：m）

以上的试验和理论分析均是建立在黏性土体材料上的。然而，不是所有的土体均会发生泥水劈裂。泥水在砂性土层中会发生渗滤、渗透甚至成膜等现象，其力学机制更为复杂。

对于砂性土体，在向上的渗透水流下，表层土局部范围内的土体或者颗粒群同时发生悬浮、移动的现象称为流砂。流砂的发生主要是渗透力超过了土颗粒本身的浮重度，从而导致土颗粒上浮的现象，也称为渗透破坏。

发生渗透破坏的临界条件为

$$i = i_{cr} = \frac{\gamma'}{\gamma_w} \tag{4.6.4}$$

式中：i 为水力梯度；i_{cr} 为临界水力梯度；γ' 为土体的浮重度；γ_w 为水的重度。

此时渗透体积力为

$$j = i\gamma_w = i_{cr}\gamma_w = \gamma' \tag{4.6.5}$$

此时切口处压力差 Δp_0 为

$$\Delta p_0 = j \times C = \gamma' \times C \tag{4.6.6}$$

式中：C 为覆土厚度。

此时切口压力为

$$p_c = \Delta p_0 + \gamma_w \times H = \gamma' \times C + \gamma_w \times H \tag{4.6.7}$$

式中：H 为水头高度。为安全起见，可以使用水流对砂土的临界渗透破坏压力来估计泥水对砂土的水力破坏的下限，以防止泥水在砂土中的喷发现象。此时的临界切口压力可以使用式（4.6.7）表示。这种估计经过南京纬三路过江通道工程的检验是可行的。

4.7　本 章 小 结

在跨江越海盾构隧道修建过程中，当泥水盾构在江中段较为危险工况掘进时，泥水压力不易设定，稍有不慎就会发生泥水劈裂地层从而喷发到江底，造成江水倒灌，从而威胁工程安全。泥水劈裂出现后，劈裂伸展力学特性如何、是否会发生泥水喷发等一直是工程施工所关心的问题。

通过现场泥水劈裂试验 I 和分析，我们对泥水压力劈裂软黏土地层现象有了较深入的理解，特别是对泥水盾构的泥水劈裂伸展现象有了初步了解。在现场泥水劈裂试验 I 中我们发现并验证了泥水劈裂软黏土地层的发生和伸展的现象，并且得出劈裂继续泥水压力是一个较稳定的值。劈裂伸展现象中的重要参数伸展流量与有效劈裂伸展压力、泥水流入面积等相关，在本试验所用的泥水黏度等范围内，给出了其相关方程式。实际泥水盾构的劈裂伸展现象也可以通过本次试验得知，劈裂伸展压力几乎与所在位置的水平侧向土水应力 σ_3 相等。实际泥水盾构的劈裂伸展流量可以通过泥水流入口面积的比例关系求得。

为进一步观察并研究劈裂伸展现象，作者在研制现场泥水劈裂仪的基础上进行了现场劈裂试验Ⅱ，建立了泥水劈裂伸展理论模型，并根据实测数据进行了模型修正。现场劈裂试验结果表明，泥水劈裂压力与泥水黏度、开孔直径等关系不大，而与土体的应力状态、自身强度有关，泥水劈裂压力与土体最小主应力呈现良好的线性关系。实际地层中，土体可以视为完全固结。由于劈裂为突变过程，采用总应力法的地层劈裂模型较好地预测了地层劈裂压力，与实际工况也更加符合。在劈裂伸展过程中，劈裂压力分量受土体强度特性影响，如侧向土压力系数、内摩擦角、黏聚力和重度。对于高强度土体，随着劈裂的发生，劈裂伸展的过程中所需压力越来越小，从而可知劈裂一旦发生将会一直持续直到喷发；而泥水水头分量和黏滞阻力分量与泥水性能有关，如泥水重度和黏度。随着泥水重度和黏度的增加，劈裂伸展的过程中所需压力越来越大，可以看出随着泥水重度和黏度的增加，劈裂发生后将很难持续。因此，在实际工程地层性能不易改变的条件下，增加泥水重度、提高泥水黏性有利于阻止劈裂进一步伸展。

劈裂发生后出现的泥水压力降低现象有利于阻止泥水劈裂进一步伸展。在劈裂发生后，不能因为泥水压力下降而迅速增加泥水压力，这样不但不能维持泥水压力反而会导致泥水劈裂的迅速伸展，加快泥水喷发。对于砂性土，其泥水土层中的渗滤、渗透甚至成膜等力学机制更为复杂，可以使用砂土的临界渗透破坏压力来作为泥水盾构切口压力设定的参考。在泥水劈裂伸展的过程中，泥水和地层的劈裂抗力在多数情况下会逐渐变小，所以不能将劈裂伸展作为泥水劈裂发生后的安全储备。在泥水劈裂发生后，需要盾构机在保证工程安全的前提下快速通过。预防泥水盾构开挖过程中的泥水喷发问题，要从预防劈裂入手。在盾构机通过江中段较为危险工况时，泥水压力宜根据地质、水文条件、盾构姿态等综合设定并对泥水压力的上限进行控制，以防发生泥水喷发现象而危及工程安全。

参考文献

[1] 朱合华, 徐前卫, 等. 土压平衡盾构法施工参数的模型试验研究[J]. 岩土工程学报, 2006, 28(5): 553-557.

[2] 廖少明, 余炎, 等. 盾构隧道叠交施工引起的土层位移场分布规律[J]. 岩土工程学报, 2006, 28(4): 485-490.

[3] 何川, 苏宗贤, 等. 盾构隧道施工对已建平行隧道变形和附加内力的影响研究[J]. 岩石力学与工程学报, 2007 (10): 2063-2069.

[4] 孙钧. 海底隧道工程设计施工若干关键技术的商榷[J]. 岩石力学与工程学报, 2006, 25(8): 1513-1521.

[5] 周文波. 盾构法隧道施工技术及应用[M]. 北京: 中国建筑工业出版社, 2004.

[6] SCOTT P P, BEARDEN W G, HOWARD G C. Rock rupture as affected by fluid property[J]. Petroleum Transaction, AIME, 1953, 198: 111-120.

[7] HARRISON E, KIESHNICK W F, MCGUIRE W J. The mechanic of fracture induction and extension[J]. Petroleum Transaction, AIME, 1954, 201: 252-263.

[8] HUBBERT M K, WILLIS B G. Mechanices of hydraulic fracturing[J]. Trans, AIME, 1957, 210: 153-166.

[9] HAIMSON B, FAIRHURST C. In-situ stress determination at great depth by means of hydraulic fracturing[C]// Proc. 11th Symp. Rock Mech. New York:American Institute og Mining Engineering, 1970: 559-584.

[10] 藤沢侃彦, 中村昭, 山口嘉一, 等. 割裂制御グラウチングに関する基礎実験[J]. ダム工学, 1995, 5(3): 13-22.

[11] 村瀬祐司, 大根義男, 成田国朝, 等. 土質コアを有するロックフィルダムの水利破壊現象に関する研究[J]. ダム工学, 1996, 6(3): 16-28.

[12] 建設省土木研究所. 薬液注入の評価と開発に関する研究報告書[R]. 东京: (s. n.), 1979.

[13] AKIRA MORI, MASAHITO TAMURA. Hydrofracturing pressure of cohesive soils[J]. Soils and Foundations, 1987, 14(2): 14-22.

[14] AKIRA M, MASAHITO T, FUKUI Y. Fracturing pressure of soil ground by viscous materials[J]. Soils and Foundations, 1990, 30(3): 129-136.

[15] 谢兴华, 速宝玉. 裂隙岩体水力劈裂研究综述[J]. 岩土力学, 2004, 25(2):330-336.

[16] 唐红侠, 周志芳, 王文远. 水劈裂过程中岩体渗透性规律及机理分析[J]. 岩土力学,2004, 25(8):1320-1322.

[17] 栗原和夫, 森麟, 田村昌仁: 泥水式シールドのブロー現象に関する実験的研究[C]//土木学会論文集. 1988,397: 95-104.

[18] 森麟, 田村昌仁. シールドト工事における粘性地盤の割裂現象（その２）裏込注入圧による割裂現象[C]// 第 24 回土質工学発表会. 1990: 1773-1774.

[19] 袁大軍, 泥水シールド掘進による粘性土地盤の割裂状況に関する実験的研究[D]. 东京: 早稲田大学, 2002.

[20] YANAGISAWA E, PANAH A K. Two dimensional study of hydraulic fracturing criteria in cohesive soils[J]. Soils and Foundations, 1994, 34(1): 1-9.

[21] MURDOCH L C. Hydraulic fracturing of soil during laboratory experiments, Part 1. Methods and observations[J]. Geotechnique, 1992, 43(2) : 255-265.

[22] MURDOCH L C. Hydraulic fracturing of soil during laboratory experiments, Part 2. Propagation[J]. Geotechnique, 1993, 43(2) : 267-276.

[23] MURDOCH L C. Hydraulic fracturing of soil during laboratory experiments, Part 3. Theoretical analysis[J]. Geotechnique, 1993, 43(2) : 277-287.

[24] 朱克勤, 徐晓春. 黏性流体力学[M]. 北京: 高等教育出版社, 2009: 94-102.

[25] 赵东杰. 新型土压平衡盾构用泥浆研究[D]. 北京：中国地质大学, 2012.

第五章　盾构掘进泥水喷发判定标准

5.1　超大直径盾构机泥水劈裂现象的实际验证试验

泥水盾构在江海中段掘进时，由于覆土厚度一般较小，水压较大，极限支护压力难以确定。当极限支护压力偏大时，极易发生泥水劈裂，造成开挖面失稳坍塌、海水倒灌的严重后果。关于泥水式盾构的劈裂研究，是从日本的东京湾海底隧道开始的。历史上也曾发生过此类事件，1997 年在荷兰第二个 Heinenoord 隧道的掘进过程中发生喷发事故，造成了掌子面的不稳定[1]。但该隧道直径仅为 8.5m，为探究超大直径盾构隧道泥水劈裂现象，作者课题组依托南京长江隧道进行了超大直径盾构机泥水劈裂试验，该试验是世界首次使用盾构机进行的劈裂试验。

5.1.1　试验概况

1. 试验依托隧道概况

试验隧道：南京长江隧道左线。

开挖方式：泥水盾构。

隧道直径：14.93m。

泥水性质：泥水黏度 20～25s，相对密度取 1.3。

地质情况：主要为淤泥质粉质黏土，覆土厚度为 8～11m，水头高度与地面相平，池塘内水深 1m。

试验位置：如图 5.1.1 所示，里程 LK3+698.83（池塘中）和里程 LK3+724.83（岸上）。

2. 试验目的

（1）有水压状况和无水压状况下的比较。

（2）加压劈裂试验时进行孔隙水压力和土压力的测量，建立和完善泥水劈裂发生机理。

（3）得出具体的劈裂位置，分析泥水盾构劈裂风险区域。

（4）由实际的劈裂压力完善泥水盾构劈裂压力经验公式，为江中冲槽段劈裂压力计算提供依据。

3. 试验方案

（1）里程 LK3+698.83（45 环掘进结束后）进行有水状况下逐级加压劈裂试验；LK3+724.83（58 环掘进结束后）进行无水状况下逐级加压劈裂试验。

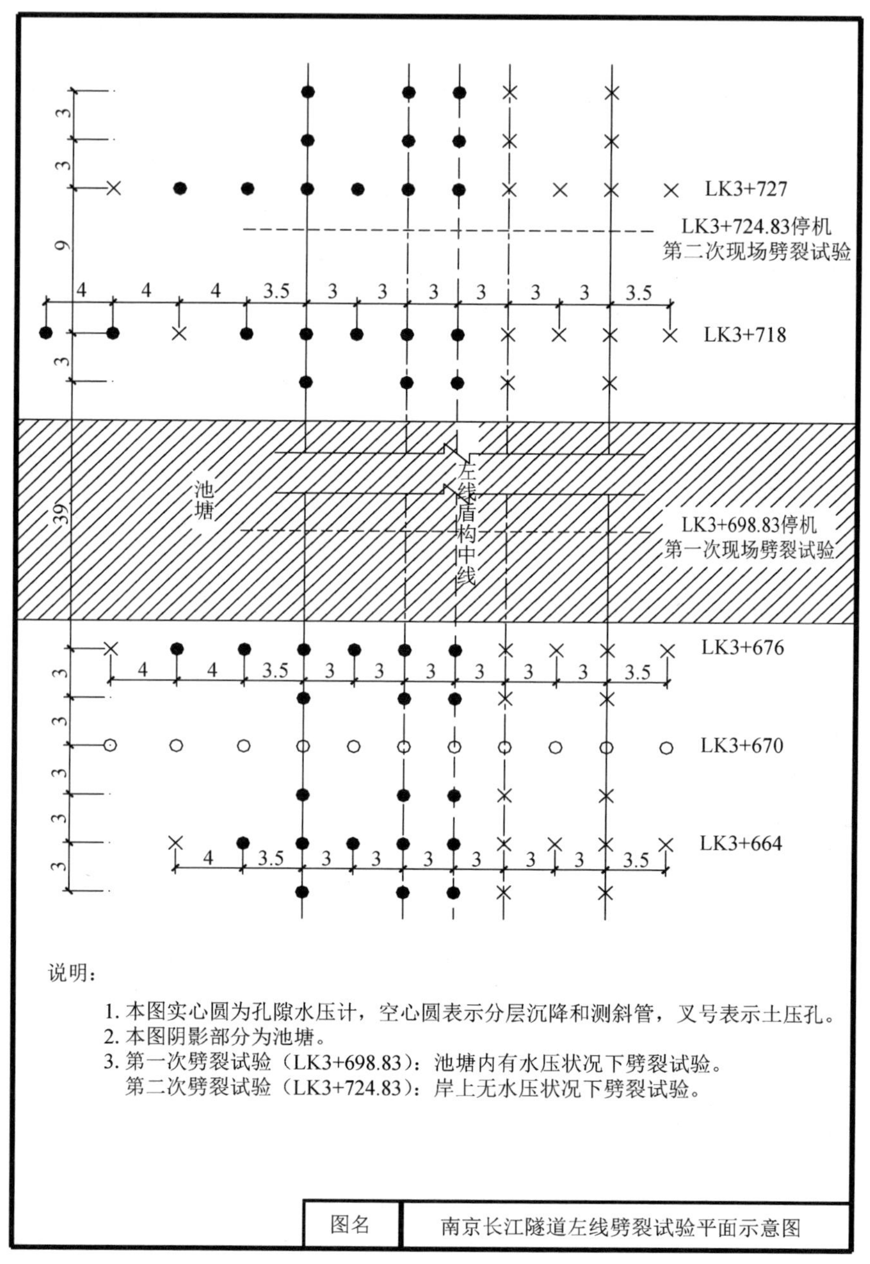

图 5.1.1　劈裂试验平面示意图（单位：m）

（2）每次加压+0.1bar（1.0m 水头压力，1bar=10^5Pa），加压持续时间暂定为30min。

（3）在这 30min 内对水压和土压进行数据采集。两次数据压力差的最大值小于 1kPa（0.1m 水头压力）时视为达到稳定，进行下一级加压。

4. 劈裂发生判定

（1）泥水舱液面急剧下降。

（2）泥水压力发生突变。

（3）池塘水面或地表面有持续的泥浆冒出。

（4）如有持续气泡冒出时，应综合考虑前两项发生的状态综合判定。

当劈裂破坏现象产生时停止加压，分级减压至初始值。注意记录每次加压的压力值及其持续时间，特别需要测量岸上劈裂产生的确切位置。

5.1.2　试验内容

1. 第一次劈裂试验

1）试验基本情况

第一次劈裂试验基本情况如表 5.1.1 所示。

表 5.1.1　第一次劈裂试验基本情况

日期/年-月-日	2008-6-11
盾构位置	池塘内，切口里程：LK3+698.83
加载时间/时:分	11:55～13:00
卸载时间/时:分	13:00～13:30
试验工况	45 环掘完未拼装状态下实施的分级加载
分级加压/bar	2.0～2.5
加载级别	6 级
加载压力/bar	2.00，2.06，2.15，2.20，2.30，2.40，2.50
液位下降/m	0.71
分级卸压/bar	2.5～2.0
卸载级别	3 级
卸载压力/bar	2.5，2.3，2.1，2.0
液位回升/m	0.29

2）试验现象

在加载过程池塘液面多次出现大量液化涌水及气泡，记录如表 5.1.2 所示。

表 5.1.2　第一次劈裂试验现象记录表

时间/时:分	加载压力/bar	现象	约持续时间/min	位置
12:06	2.06	水面有少量气泡产生	25	纵向（盾构前进方向）：刀盘与盾尾位置附 2～3m；横向：盾构所在区域正上方（大概 1 倍洞径）
12:30	2.30	水面有大量气泡产生	20	
12:50	2.50	大量气泡伴随水面小区域浑浊	15	

第一次劈裂试验池塘水面现象，如图 5.1.2 所示。

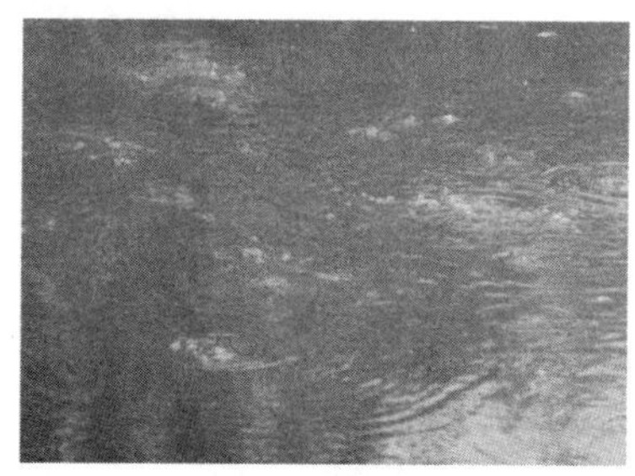

图 5.1.2　第一次劈裂试验池塘水面现象

3）现象初步分析

此次多级加压劈裂试验等同于池塘淤泥质土地层中进行的分级静压加载试验。淤泥质土孔隙小且不连通，在多级加压作用下泥水进入土层，泥水周围土体的孔隙水压力急剧增高，当其大于地层的初始应力时，引起局部土体剪切破坏，泥水沿着地层的结构面及最小主应力作用面产生劈裂，泥水沿池塘地层中的结构面及最小主应力面向外向上出现液化、形成劈裂、延伸和扩散。同时，由于孔隙水压力的消散不充分，伴随六级加载三级卸载过程池塘液面多次出现大量液化涌水及气泡。水泡在平面上呈现沿中轴线的发射状及网络状分布。

对卸载过程中池塘液面大量涌水及气泡消失分析：在软黏性土中，泥水伴随瞬间劈裂效应将浆脉结构固结在土体中形成一定密度和刚度的骨架结构，泥水在劈裂、延伸及扩散过程中对周围土体产生挤密及充填作用，从而瞬间改变地层的物理性质及承载作用机制，泥水的水化凝固与地层排水及固结变形不协调，致使泥水与土之间界面的透水性大于土体本身的透水性，形成纵横交错的排水通道，有利于由劈裂引起的超孔隙水压力消散及浆脉与土体产生固结，从而加载稳定 20min 后很快产生孔隙水压力恢复，水面出现从排水通道带出泥沙而产生水面浑浊现象，伴随地层强度回升及固结变形稳定，水面气泡及沸水现象减少至消失。

2. 第二次劈裂试验

1）试验基本情况

第二次劈裂试验基本情况如表 5.1.3 所示。

表 5.1.3　第二次劈裂试验基本情况

日期/年-月-日	2008-6-15
盾构位置	岸上，切口里程：LK3+724.83
加载时间/时:分	18:55～20:30
卸载时间/时:分	20:30～21:15
试验工况	58 环掘完未拼装状态下实施的分级加载
分级加压/bar	2.5～3.0
加载级别	5 级
加载压力/bar	2.50，2.58，2.65，2.80，2.93，3.00
液位下降/m	0.67
分级卸压/bar	3.0～2.5
卸载级别	4 级
卸载压力/bar	3.00，2.80，2.70，2.60，2.50
液位回升/m	0.30

2）试验现象

本次加压劈裂试验历经约 2h，分别在初始加压 60min 后的 2.93bar、初始加压 80min 后 3.0bar 持压情况下，里程 LK3+714～718 盾构中轴线附近出现多处涌水及窜浆劈裂现象，但未出现坍塌及明显沉陷。试验现象记录如表 5.1.4 所示。

表 5.1.4　第二次劈裂试验现象记录表

时间/时:分	加载压力/bar	现象	约持续时间/min	位置
19:56	2.93	1#点劈裂冒浆，水头高度约 2cm	30	LK3+718 盾构中轴线处的 30 号孔隙水压计埋设位置
20:03	2.93	2#点涌水劈裂，水头高度约 8cm	20	LK3+714.6 盾构中轴线附近 0.5m 处
20:24	3.00	窜浆，持续涌水，窜浆水头高度达到 15cm	10	2#点附近 0.5m 范围内新增两处冒浆孔
20:35～21:15	3.00～2.50	2#点冒浆速率减小，其他点停止	40	

第二次劈裂试验池塘水面现象及冒浆位置，如图 5.1.3 与图 5.1.4 所示。

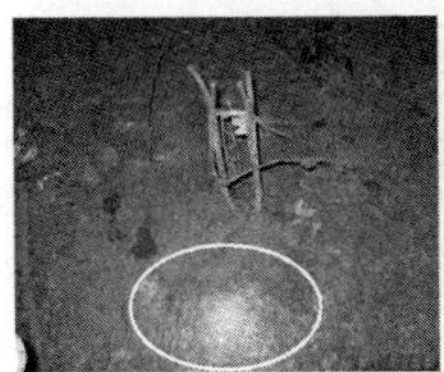
（a）1#冒浆孔

（b）2#冒浆孔

（c）加载压力加到3.0bar时新增的冒浆情况

图 5.1.3　第二次试验劈裂及冒浆情况

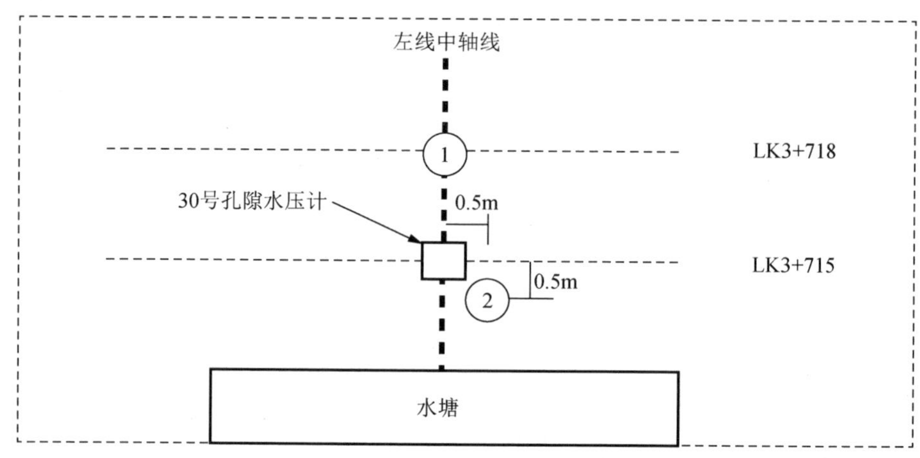

图 5.1.4　第二次试验冒浆位置平面图

5.1.3　试验结果分析

劈裂试验水压和土压测量数据（所有数值均是在泥水压力稳定后测量所得）如下。

（1）劈裂的位置在隧道轴线靠近盾尾孔隙水压计埋设处附近。分析其原因：第一，刀盘直径比盾壳大，导致泥浆充满了盾壳和土体之间的空隙，从而使整个盾构周边的土体都成了泥浆压力的作用面；第二，盾构处于下坡阶段，坡度为4.5%，切口处的覆土厚度约比盾尾大 0.5m；第三，壁后注浆对土体产生二次扰动；第四，埋设仪器后对钻孔处的回填不够密实。所以判断劈裂的发生位置时应考虑整个盾构长度范围内的薄弱点，而不是只考虑切口附近，往往盾尾附近比切口更危险。

（2）随着泥水压力的增大，盾构周围土体的土压力和水压力也随着增大。每级泥水压力下的增大幅度为 $0.03\Delta P$～$1.0\Delta P$（其中ΔP 为该级泥水压力增加值）不等，离盾构越远，变化幅度越小（图 5.1.5）。

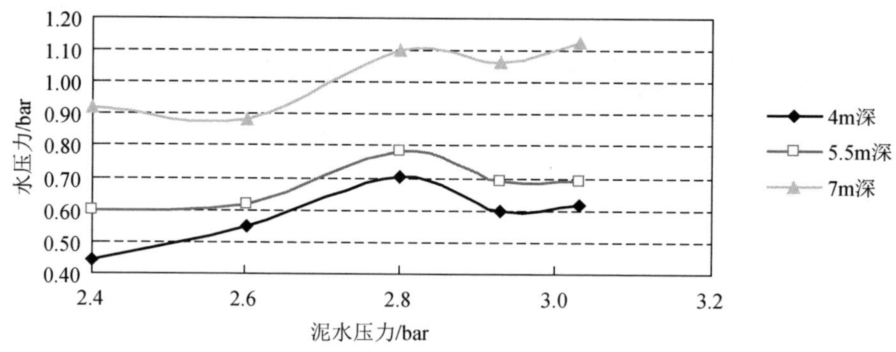

图 5.1.5　试验二 1#冒浆点水压变化曲线（2.93bar 冒浆）

（3）刀盘前方土体的压力变化小于刀盘后方土体的（刀盘后方土体因开挖受扰动所致）。

（4）水压力的变化幅度大于土压力的变化幅度，这是因超孔隙水压力产生的结果。

试验二冒浆点的压力变化曲线如图 5.1.6 所示。

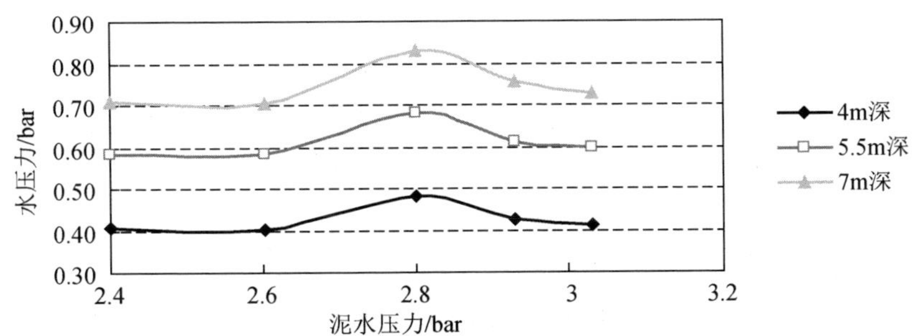

图 5.1.6　试验二 2#冒浆点水压变化曲线（2.93bar 冒浆）

由图 5.1.6 中可以看出，整个冒浆过程一共分成 4 个阶段。

第一阶段（2.4bar→2.6bar），挤压阶段。起始点 2.4bar 时，泥浆和周围土体之间已经形成了一层微透水或者不透水的泥膜，超孔隙水压力也就是泥浆的渗透和挤压作用产生的。当压力加到 2.6bar 时，测量所得水压力几乎没变，这说明此时的泥浆压力并未破坏泥膜，泥浆对土体的作用只有挤压没有渗透，而且该级挤压作用未使土体产生明显的变形，土中的孔隙度和裂缝没有发生变化，这就导致没有多余的超孔隙水压力产生。

第二阶段（2.6bar→2.8bar），泥膜破坏阶段。泥水压力在 2.8bar 稳定后，可以看到土层各个深度水压力都有明显上升，最大上升幅度达到 0.21bar，约等于ΔP（ΔP 为该级泥水压力增加值）。这说明，在 2.8bar 的压力下，泥膜破坏，产生了大量的裂缝，泥浆不断地渗入周围的土体，土体的孔隙度和裂缝增大，此时泥浆承担了主要的应力传递介质，从而导致超孔隙水压增大。

第三阶段（2.8bar→2.93bar），劈裂破坏阶段。这一级压力原定是加到 3.0bar，但加到 2.93bar 时泥水仓压力出现较大波动，液位下降，随之地表 1#和 2#点相继出现冒浆现象，说明此时土体中已经产生了贯穿的裂缝，泥水冲破地层并不断外冒。泥水冲破地层带来的另外一个结果就是应力释放，从而水压力较之前的有明显减小，但仍略大于初始值。该现象可视为已经发生了水力劈裂，劈裂压力为 2.93bar；但如果 $V_1 > V_2$（V_1 为加压速率，V_2 为裂缝伸展速率），也就存在另一种可能性，只要有足够的反应时间，这个阶段不需要加到 2.93bar 就能产生冒浆现象，但由于试验条件有限，这点未得到证实。

第四阶段（2.93bar→3.03bar），裂缝失稳扩展阶段。此时冒浆速率明显加快，水头升高，新增两处小的冒浆孔，说明裂缝在不断扩大，持续的加压导致新的贯穿裂缝产生。各深度水压力的测量值较上一级压力并无明显的变化。

5.2 盾构掘进模型泥水劈裂试验

超大直径盾构机泥水劈裂的现场验证试验初步探究了泥水盾构掘进泥水劈裂现象，定性分析了泥水劈裂发生现象及其发展过程，但定量分析还需进行模型试验。对于模型试验，我国著名学者华罗庚、宋健有非常经典的论述[2]：“模型是对实体的特征和变化规律的一种定量的抽象，而且是对那些所要研究的特定的、特征的定量的抽象。模型能在所要研究的主题范围内更普遍、更集中、更深刻地描述实体的特征。通过建立模型而达到的抽象反映了人们对实体认识的深化，是认识论的一个飞跃。”

关于盾构模型泥水劈裂试验较早的有栗原和夫等[3]用盾构模型机对泥水盾构施工中可能产生的泥水劈裂喷发现象进行了研究。在砂土层，除了覆盖层过薄这一特殊条件以外，几乎没有发生泥水喷发的可能；而在软黏土层中，劈裂喷发发生的泥水压力与维持切削面稳定所需的泥水压力相近，且相关研究给出了一个劈裂喷发的经验公式。但因为当时试验所用的加压液体是水，即没有考虑浆液黏性的影响。另外，因为是小型的模型试验，没有考虑劈裂伸展的影响，所以难以评价工程中的劈裂喷发现象。

5.2.1 盾构模型试验机及配套设备

1. 盾构模型试验机

模型试验机外径 0.6m，有效推进距离 2m。主要组成部分包括：推进系统、刀盘刀具切削系统（可装卸及更换）、控制系统（掘进距离、掘进速度、转速等）、量测系统（总推力、总扭矩、土仓压力、排土压力等）。盾构模型机示意图如图 5.2.1（a）所示[4]，其模型实物图如图 5.2.1（b）所示。覆盖层厚度为 1.75D。

2. 盾构掘进模型试验的土槽、模拟土层及加载系统

（1）土槽为立方体土槽，用透明板做成，为了适应各种边界条件的需要，土槽用拼装式板做成。

（2）土槽侧板及底板等部设有测压计、土压计、孔隙水压计，在土槽内设置两个三相土压计。

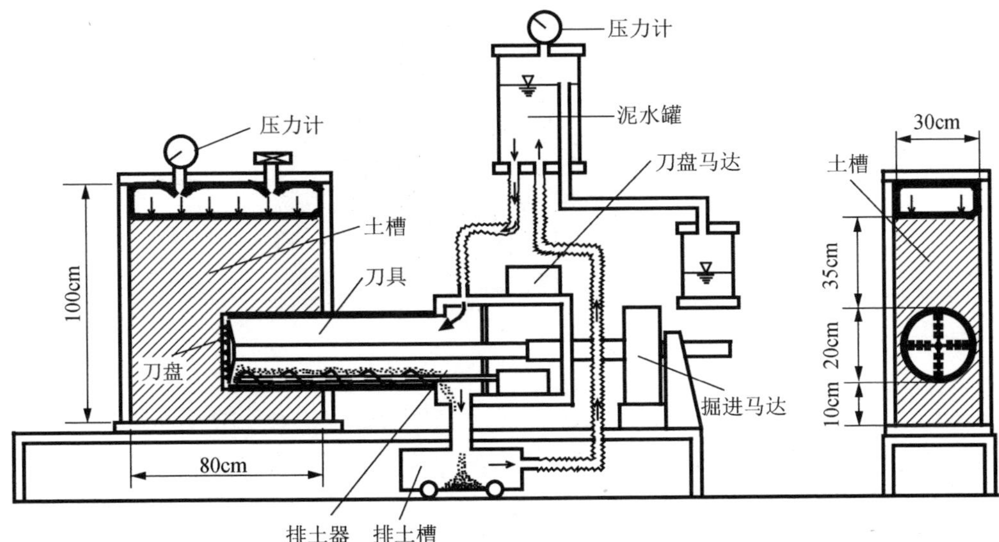

（a）盾构模型机示意图

（b）盾构模型机实物图

图 5.2.1　盾构模型试验机

（3）在充分研究富水砂地层特性的基础上，按级配及含砂、含黏土成分调配模型地层，并运用压密（固结）、夯实的手段制作试验用土层。

（4）运送土石料设备及土渣接收土槽及排污系统。

（5）加载系统，用橡皮胶囊充气加载方式进行加载。

3. 盾构掘进模型试验的观测及数值采集系统

（1）除在模型盾构机及土槽中没有的监测外，两侧面板布设网格，如图 5.2.2 所示，用以观察各土层的变位情况等。

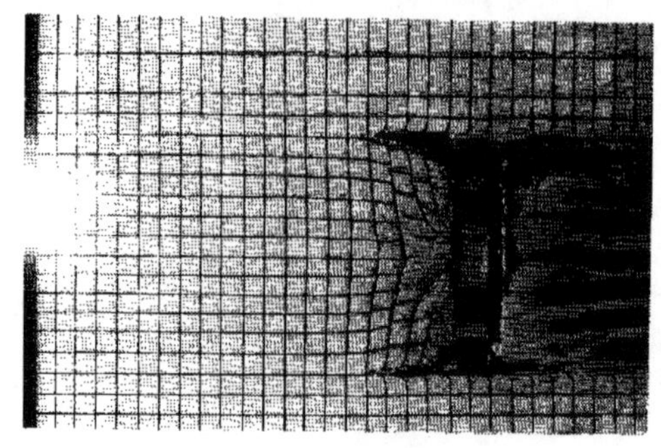

图 5.2.2　土箱面板网格布置

（2）为观察切削土体的流动轨迹，用发光体或彩色体代表一定局部位置的土体。

（3）用两部数码摄像机，追踪土体的流态及在各种条件下的变化。两部数码摄像机与模型盾构同步移动。

（4）各观测数据用有线及无线的方式传送到中控计算机，同时进行处理及相应的运算。

（5）对排出土体的性质、黏性、粒径等进行观测。

4. 试验材料

使用的土槽人工石膏黏土配比如表 5.2.1 所示。土层的无侧限抗压强度 q_u 通过调整配比的水量来定，所用泥水是质量分数为 10%的膨润土拌和而成。为观察劈裂面情况，把泥水着色成红色。泥水黏度为 25～29s。

表 5.2.1　土槽人工黏土配比

配比/g	q_u/kPa
高岭土 3000，粉黏土 2000 石膏 2000，水 4000～6000	10～140

5.2.2　模型试验内容

1. 预备试验

预备试验主要进行模型盾构各参数及性能试验，土槽等观测系统的状态的确认，模拟土层等的确认。

2. 劈裂试验

试验按两种形式进行：一种是掘进 20cm 后停止，以一定的泥水加压速度使地层劈裂破坏（即停止中试验）；另一种是盾构模型机以 1mm/min 掘进，并以一定的泥水加压速度使地层劈裂破坏（即掘进中试验）。

5.2.3　模型试验结果分析

1. 劈裂发生方向及劈裂宽度

斜向上劈裂发生的角度在各种情况下测定的角度为 30°～45°。表 5.2.2 是试验结果。图 5.2.3 是上荷载 10kPa 条件下的劈裂发生状况的照片。劈裂是从盾构切削面发射状发生，即与盾构水平轴直交的铅直面和平行的铅直面发生。在有上荷载的情况下，铅直土压力 σ_1 与侧向土压力 σ_3 的差（即 $\sigma_1-\sigma_3$）比较大，劈裂应该在与水平方向上的最小主应力 σ_3 垂直的面上发生。这与以往所做的室内劈裂三轴试验的结果相同，即劈裂发生在与 σ_3 垂直的面上。

图 5.2.4 和图 5.2.5 是无上荷载条件下的劈裂发生状况照片。劈裂是从切削面斜向上发生。在无上荷载的情况下，几乎可以认为是 $\sigma_1=\sigma_3$，劈裂是沿着从垂直方向到水平方向任意角度发生。因此，在无上荷载的情况下，劈裂是朝着唯一的自由面即地表面斜方向发生伸展。

劈裂从发生到喷涌现象发生，每个试验都用了约 2s。劈裂厚度为 2.1～2.9mm，平均是 2.58mm。

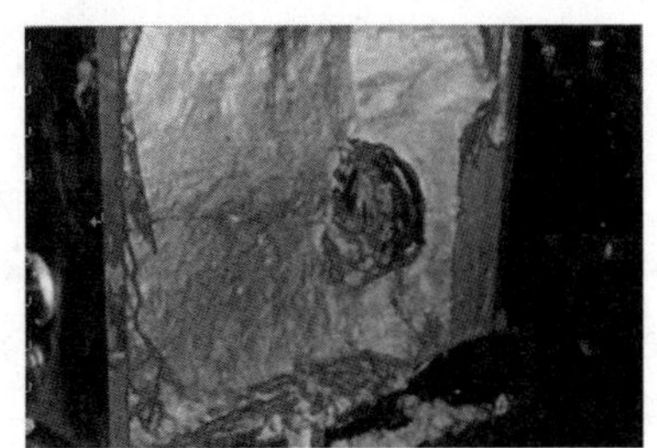

图 5.2.3　上荷载 10kPa 条件下劈裂发生状况照片（铅直方向，试验 5）

图 5.2.4　无上荷载条件下的劈裂发生状况照片（一）（斜向上伸展，试验 1）

表 5.2.2　盾构模型试验结果

试验序号	无侧限抗压强度/kPa	上荷载/kPa	劈裂发生压力/kPa	劈裂发生角度/(°)
1	69.5	0	71.3	45
2	114.0	0	92.3	38
3	132.1	0	108.5	30
4	134.3	0	190.0	35
5	101.2	10	175.0	铅直
6	78.3	10	148.1	铅直
7	60.5	10	126.0	铅直
8	68.0	10	157.6	铅直
9	19.0	10	55.7	铅直

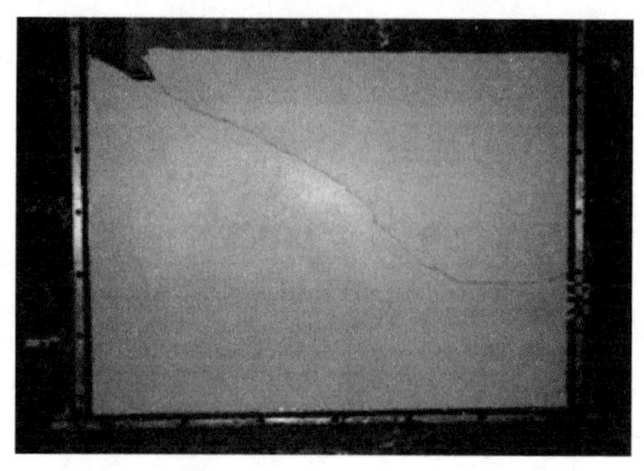

图 5.2.5　无上荷载条件下的劈裂发生状况照片（二）（斜向上伸展，试验 1）

2. 盾构开挖面劈裂发生过程

图 5.2.6 是试验 9 的泥水压力与盾构推进距离的试验结果。试验结束后，挖开盾构模型机通过的土层，观察结果表明图中的 A 区间没有发现异常，在 B 区间发现如图 5.2.7 所示的劈裂发生前的裂缝（由于预先在泥水中加入了着色染料，所以可以清楚地识别裂缝）。这些裂缝都是从壁面开始呈放射状伸展，其劈裂发生深度距离泥水喷发（劈裂）处越近就越深。由图 5.2.6 可以看出，裂缝发生时的泥水压力比泥水喷发发生压力（劈裂）小得多。如图 5.2.7 所示裂缝的间隔与盾构的刀具前端到盾壳前端的距离几乎相等，约 1.2cm。当实际泥水压力小于泥水喷发发生压力时，裂缝也有发生，但长度很小，约为 2mm。此时，盾构机继续掘进 1.2cm，已发生的裂缝被盾构壳体堵住，泥水压力无法再作用于裂缝发生处。新的开挖面产生新的裂缝，就这样裂缝循环发生。

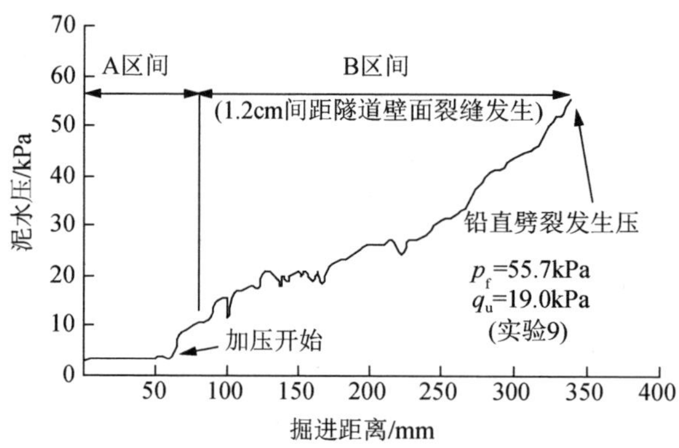

图 5.2.6　掘进中裂缝与劈裂发生过程

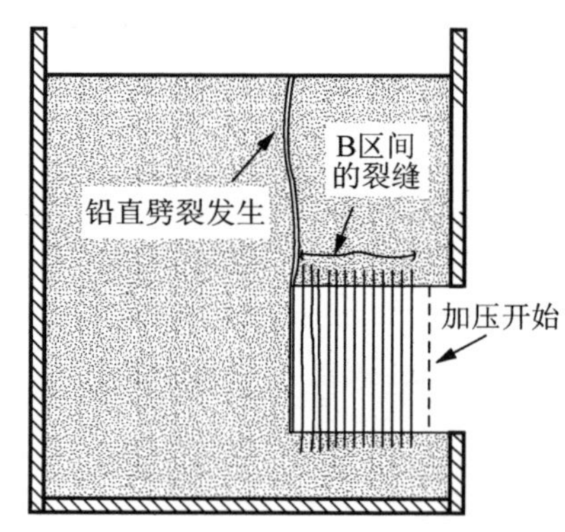

图 5.2.7　裂缝与劈裂状况

图 5.2.8 是盾构掘进和停止状态下的劈裂压力与土层无侧限抗压强度的关系。从图中可以看出，在土层无侧限抗压强度相等的条件下，盾构掘进和停止状态的劈裂压力几乎相等。

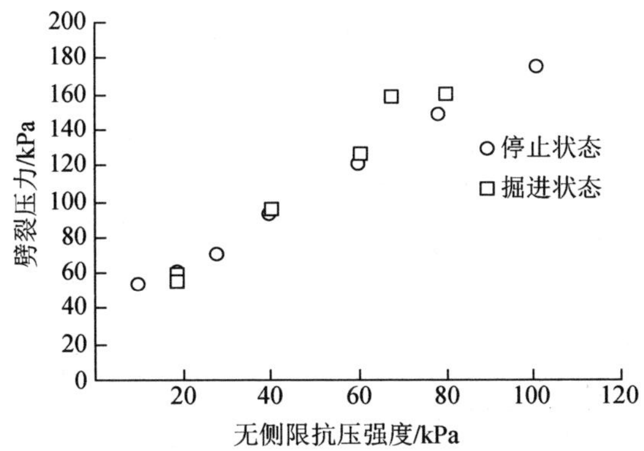

图 5.2.8　掘进状态对劈裂压力的影响

3. 劈裂发生时间及伸展速度

从达到劈裂压力开始到泥水喷发的劈裂发生时间，通过录像统计在 20～35s，初步计算其劈裂伸展速度为 20～35cm/s。实际盾构掘进时劈裂伸展速度是决定发生泥水喷发现象的关键。如在一定的时间里，劈裂伸展到地面泥水喷发事件发生，将是重大事故。此类事故通常在覆盖土较薄或长时间停机等情况下有可能发生。根据劈裂试验后开挖观测结果看，劈裂裂隙的形状为垂直于地表面的半椭圆的板状，劈裂裂隙厚度基本相同。假定劈裂裂隙以均厚的板状伸展，该板状裂隙空间的厚度即裂隙厚度（b_{f}）、劈裂伸展流量为 q_{c}、裂隙前端部分单位时间增加的泥水流入面积 ΔA（即 $q_{\mathrm{c}}/b_{\mathrm{f}}$），如果知道裂隙的全体形状和裂隙伸展的路径的话，由劈裂裂隙的伸展时间 t 的裂隙形状可以知道裂隙前端部分的总的延伸量 L_t。假定劈裂裂隙持续时间 t 时刻的伸展速度 V_{f} 在裂隙前端相同，其概算公式为[5]

$$V_{\mathrm{f}}=\frac{\Delta A}{L_t}=\frac{q_{\mathrm{c}}}{b_{\mathrm{f}}L_t} \tag{5.2.1}$$

式中：V_{f} 为劈裂伸展速度；ΔA 为劈裂前端单位时间增加面积；L_t 为劈裂发生口的周长，即总的延伸量；q_{c} 为劈裂伸展流量，与开挖面的劈裂发生口处的泥水流入面积 A 成正比；b_{f} 为裂隙厚度。

5.3　盾构掘进泥水劈裂力学模型和喷发的判定标准

5.3.1　盾构掘进泥水劈裂力学模型

通过对盾构掘进泥水劈裂进行模型试验，建立盾构掘进泥水劈裂力学模型如图 5.3.1 所示。劈裂是沿着斜向上或垂直地表面的方向伸展，则 L_t 可表示为[6]

$$L_t = \sqrt{D^2 - \frac{4q_c t \tan\varphi}{b_f}} \tag{5.3.1}$$

式中：t 为劈裂继续时间；φ 为图 5.3.1 中斜向上劈裂伸展的角度。

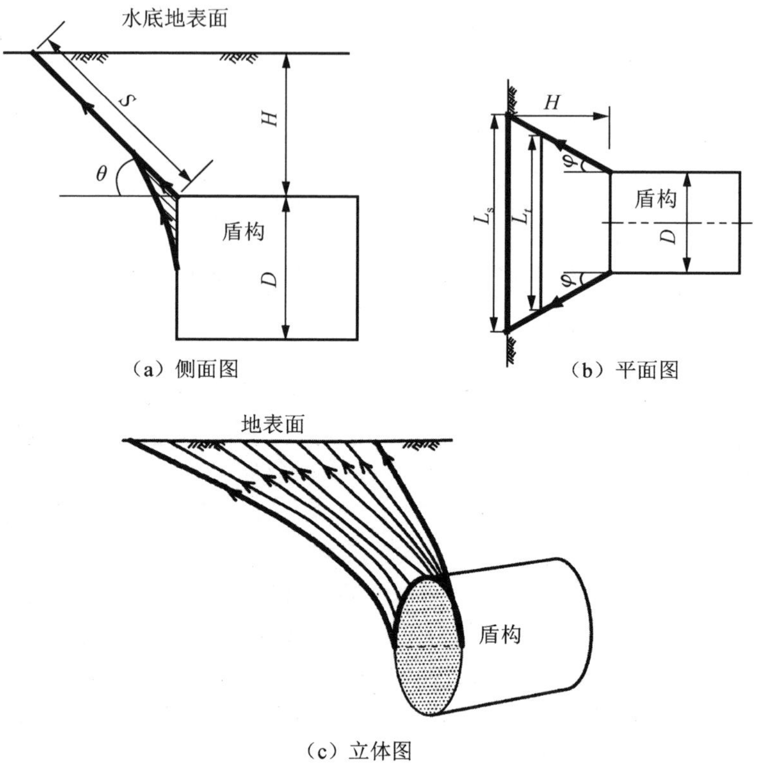

图 5.3.1　盾构掘进泥水劈裂力学模型（斜向上劈裂形状）

L_t 随着时间的增加而增加，到达地表时为 L_s，这时发生泥水喷发。如果设劈裂伸展到地面的时间为 t_s，则 L_s 可表示为

$$L_s = \sqrt{D^2 - \frac{4q_c t_s \tan\varphi}{b_f}} \tag{5.3.2}$$

由此 t_s 的表达式为

$$t_s = \frac{(L_s^2 - D^2)b}{4q_c \tan\varphi} \tag{5.3.3}$$

5.3.2　发生泥水喷发的判定标准

实际的泥水式盾构的劈裂发生在泥水压力大于地层的劈裂压力情况下，从前述的盾构模型试验结果看来：①在地表有上部荷载的情况下，劈裂是铅直方向发

生；②当无上部荷载时，劈裂是斜向上发生。前者相当于$\sigma_1 > \sigma_3$的情况，也就是相当于覆盖层较厚的情况；后者相当于$\sigma_1 \approx \sigma_3$的情况，也就是覆盖土层较薄的情况，如按盾构直径$D$考虑，可以考虑覆盖层厚度为$1D$或小于$1D$的情况。

当劈裂在切削面发生时，劈裂裂缝先端是否在土层中停止，或者伸展到地表发生泥水喷发，取决于一定的劈裂伸展速度下劈裂伸展到达地表的时间t_s和泥水压力作用于劈裂发生口的时间t_0的关系。t_0与盾构掘进速度密切相关，即盾构掘进中如果劈裂发生后，随着盾构的继续掘进，盾构本体外壳到达劈裂口，把劈裂口堵死，泥水压力无法继续作用，劈裂伸展就会停止。在切削面的劈裂发生后盾构掘进的最长距离L（图 5.3.2），即最大的距离为刀具前端到盾构壳体的前端的距离L_m。因此，劈裂发生口的泥水压力的作用时间可表示为

$$t_0 = \frac{L}{V_s} \tag{5.3.4}$$

式中：V_s为盾构机的掘进速度（cm/s）；L为刀具前端到盾壳前端的距离。

将t_s与t_0进行比较，就可判断是否能发生泥水喷发现象。当$t_s < t_0$时，会出现泥水喷发现象；$t_s > t_0$时，不会发生泥水喷发现象。

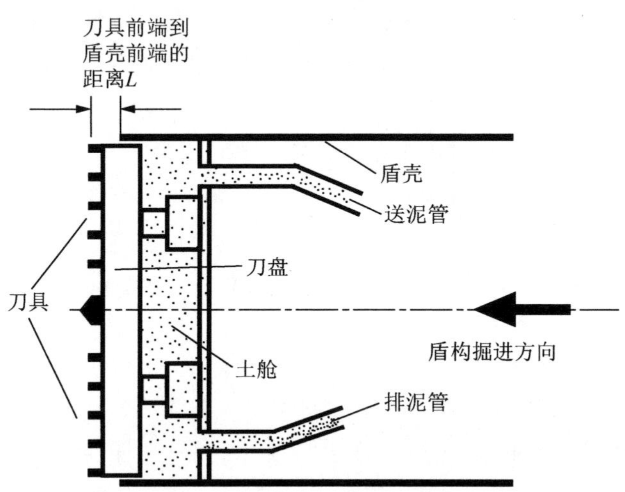

图 5.3.2　刀具前端到盾壳前端的距离L示意图

5.3.3　泥水喷发计算案例

以盾构直径D=8m 的泥水盾构为例[7]，地层为黏性土地层（无侧限抗压强度q_u=100kPa），泥水黏度 24～27s，盾构开挖面产生的劈裂裂隙的流入口的面积为A，当劈裂为铅直面向上时以A_v表示，当劈裂为斜向上时以A_i表示，那么有

$$A = A_v = A_i = \pi \times 800\text{cm} / 2 \times 0.3\text{cm} = 376.8\text{cm}^2$$

其中裂隙厚度 $b_{\mathrm{f}}=3\mathrm{mm}$。

由第四章的现场劈裂试验得到试验孔情况下的流入口面积 A_0 为 13.2cm^2，有效压入压力为 αq_{u}，α 为试验条件下各参数（径比 D/d、加压液体的黏度、加压速度等）对劈裂压力变化的影响系数，取值 0.8[8]，得到

$$q_{\mathrm{c}}=1.572\times 80\times\frac{376.8}{13.2}=3590(\mathrm{cm}^3/\mathrm{s})$$

1）覆土厚度 1D

覆土厚度为 1D，相当于 $\sigma_1\approx\sigma_3$ 的情况，由前述公式计算得到

$$S=D\csc 45^\circ=1131(\mathrm{cm})$$

斜向上劈裂伸展角度为 30°，得到

$$L_{\mathrm{s}}=2S\tan\varphi+D=2\times 1131\times\tan 30^\circ+800=2106(\mathrm{cm})$$

则

$$t_{\mathrm{s}}=\frac{(L_{\mathrm{s}}^2-D^2)b}{4q_{\mathrm{c}}\tan\varphi}=\frac{(2106^2-800^2)\times 0.3}{4\times 3590\times\tan 30^\circ}=137(\mathrm{s})$$

2）覆土厚度 3D

覆土厚度为 3D，相当于 $\sigma_1>\sigma_3$ 的情况，斜向上劈裂伸展角为 30°，得到

$$L_{\mathrm{s}}=2S\tan\varphi+D=2\times 3\times 800\times\tan 30^\circ+800=3571(\mathrm{cm})$$

则

$$t_{\mathrm{s}}=\frac{(L_{\mathrm{s}}^2-D^2)b_{\mathrm{f}}}{4q_{\mathrm{c}}\tan\varphi}=\frac{(3571^2-800^2)\times 0.3}{4\times 3590\times\tan 30^\circ}=438(\mathrm{s})$$

得到覆土厚度为 1D～3D 时，劈裂伸展到地表的时间为 137～438s。

刀具前端到盾构壳体的前端的距离 L 为 30cm，盾构掘进的速度为 3cm/min，即为 0.05cm/s，那么

$$t_0=\frac{L}{V_{\mathrm{s}}}=\frac{30}{0.05}=600(\mathrm{s})$$

通过计算得到覆土厚度为 1D～3D 时，$t_{\mathrm{s}}<t_0$，根据前述的判定标准，泥水喷发现象可能发生。相反，如果不发生泥水喷发，那么覆土厚度需达到 3.63D。另外，如果盾构的掘进速度达到 4.11cm/min，那么覆土厚度大于 3D 时都不会发生泥水喷发。以上计算都是基于泥浆压力高达（$\sigma_3+0.8q_{\mathrm{u}}$）时的情形，但通常实际的泥水盾构掘进中泥浆压力均小于静止土压力即 σ_3，因此是不会发生泥水喷发的。但即使泥浆压力低于 σ_3，也可以根据图 5.2.6 和图 5.2.7 所示的劈裂发生过程及状况在劈裂中以规则间隔发生的裂缝进行估算。

参 考 文 献

[1] BEZUIJEN A, BRASSINGA H E. Blow-out pressures measured in a centrifuge model and in the field [J]. Tunnelling A Decade of Progress GeoDelft 1995-2005, 2005: 143-148.

[2] 华罗庚, 宋健. 模型与实体 [J]. 系统工程与电子技术, 1980, 8: 3-4.

[3] 栗原和夫. 泥水式シールドのブロー現象に関する基礎的研究 [J]. 土木学会論文集, 1988, 395: 95-104.

[4] 袁大军, 黄清飞, 小泉淳, 等. 水底盾构掘进泥水喷发现象研究 [J]. 岩石力学与工程学报, 2007, 11: 2296-2301.

[5] 袁大军, 黄清飞, 李兴高, 等. 盾构掘进黏土地层泥水劈裂伸展现象研究 [J]. 岩土工程学报, 2010, 32(5): 712-717.

[6] 袁大軍. 泥水シールド掘進による粘性土地盤の割裂状況に関する実験的研究[D]. 东京: 早稻田大学, 2002,

[7] 袁大軍, 小泉淳, 森麟. 泥水加圧による粘性土地盤の割裂状況に関する実験的研究 [J]. 土木学会論文集 =, 2002, 701: 55-72.

[8] 森麟. シールドトンネルの裏込め注入圧および切羽泥水圧による粘性土地盤の割裂現象 [J]. トンネルと地下, 1991: 222-229.

第六章　开挖面、滑裂面形状及稳定性分析

泥水盾构掘进时，需要一定的泥水压力来维持开挖面的稳定。泥水压力过小不能维持开挖面的稳定，甚至出现开挖面塌落、冒顶等危险工况，当这种工况发生在江底时更加危险。因此，需要研究防止开挖面失稳的最小支护压力。村山朔郎等[1]假定开挖面滑裂面为对数螺旋线，运用力学平衡原理提出了开挖面稳定性的判断方法。吕玺琳等[2]在假定为剪切破坏的基础上，运用上限分析法给出了开挖面最小极限支护压力，并与村山公式进行了对比。可见，研究开挖面最小支护压力必须先确定在弱支护条件下，开挖面土体有滑动趋势时滑裂面的形状；进而确定滑动土体的范围，然后才能确定最小支护压力的大小。

因此，本章考虑不同加载模式、不同覆土厚度、不同土体应力条件下开挖面模型试验。作者从研究滑裂面形状出发，进而进行开挖面最小支护压力的理论研究并与试验结果进行对比。

6.1　开挖面稳定模型试验

开挖面稳定模型试验的目的是：①研究开挖面前方的土压力分布形式，探索合理的泥水压力支护模式；②研究不同支护压力下，开挖面前方土体的滑裂面形状和松动区范围，确定最小支护压力。

6.1.1　试验原理和模型设计

1. 试验原理

泥水盾构掘进时，由带有一定压力的泥水介质维持开挖面的稳定，这种支护模式为应力支护模式；同时泥水盾构的面板也对开挖面稳定的维持起到一定的积极作用，这种支护模式为位移支护模式。由此可见，泥水盾构开挖面的稳定是由这两种支护模式共同作用的结果，但应力支护模式起主要作用。为简化分析，对这两种支护模式分别进行研究。

为显示不同支护条件下开挖面前方土体位移的情况，选择开挖面的纵剖面和横剖面两个典型断面加装玻璃面板进行视窗观察。假定试验土体均匀，则试验土体位移关于隧道纵剖面对称：隧道纵剖面上只有 y、z 向位移，没有 x 向位移；隧

道纵剖面两侧土体位移关于纵剖面对称。根据几何对称性，只取一半进行分析即可。同时，由于圆形隧道受力的对称性，其一半土体的受力特性与整体一致。因此，建立如图 6.1.1 所示装置 1——紧贴玻璃面板的半圆形厚壁桶可以观察到实际隧道开挖面纵剖面的土体位移情况。同时，建立如图 6.1.1 所示装置 2——在 y 方向与玻璃面板齐平圆形厚壁桶可以观察到开挖面横剖面的土体位移情况。

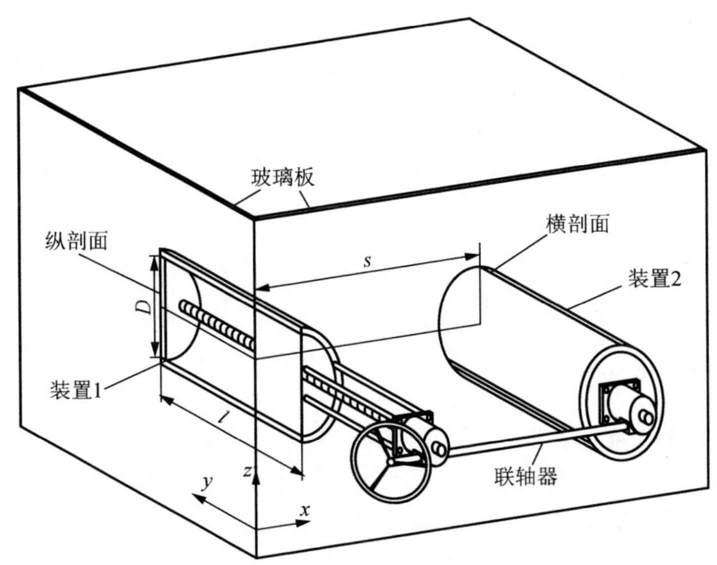

图 6.1.1　位移加载条件下的盾构隧道开挖面稳定试验装置

保持图 6.1.1 所示装置 1 和装置 2 之间的距离为 s，使其不相互影响。使用联轴器连接装置 1 和装置 2 保持其位移同步。由于两个隧道圆筒的周边土体性能相同且应力环境一致，装置 1 和装置 2 可以看作是测定同一隧道开挖面土体不同剖面位移的有机整体。

进行位移加载试验时，在整圆形隧道刚性支护面板上分布布置压力传感器。装载圆形和半圆形刚性支护面板并推进至预定位置。在加载预定荷载工况下，转动手轮使支护面板发生微小位移，然后采集支护面板上的土压力，同时观察隧道不同剖面的土体位移情况，确定不同位移条件下支护面板上的土压力分布形式和土体滑裂面形状。

进行应力加载时，在圆形和半圆形的钢桶内卸下刚性支护面板并装载相应的圆形或者半圆形柔性气囊，并把气囊连接在压力罐上，通过空压机和阀门调节气囊中的压力，从而研究不同支护压力下开挖面土体的位移，确定开挖面土体发生滑动的临界支护压力，从而确定最小支护压力，如图 6.1.2 所示。

为使试验工况更加接近实际工况，可以在气囊中充水并保持压力罐中有部分空气，这样可以通过水体的重力梯度模拟带有一定梯度的泥水支护压力。

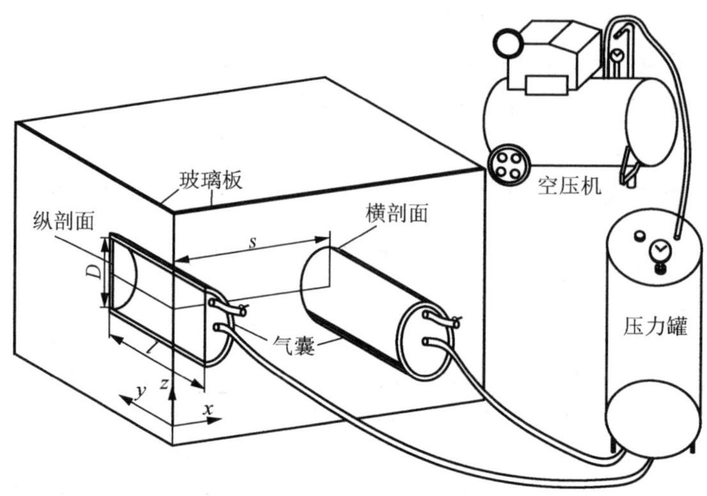

图 6.1.2　应力加载条件下的盾构隧道开挖面稳定试验装置

2. 试验装置设计

试验装置包括箱体、模型隧道、加载装置、位移支护装置、应力支护装置、测量装置，如图 6.1.3 和图 6.1.4 所示。试验箱体设计长 1.2m，宽 1.0m，高 1.5m。经计算为保证强度要求箱体使用 20mm 厚钢板，并在长度方向每隔 0.4m、高度方向每隔 0.5m 设置宽 100mm、厚 20mm 加劲肋。在隧道横断面侧和隧道纵断面侧设置有机玻璃——聚甲基丙烯酸甲酯（polymethyl methacrylate，PMMA），玻璃板厚 50mm，并在长度方向每隔 0.4m、高度方向每隔 0.5m 设置宽 100mm 加劲钢梁。模型隧道使用内直径 300mm、厚度 20mm 的圆筒或者半圆筒模拟。圆筒中心距箱体底板距离为 350mm，满足覆土厚度 0～3*D* 的试验工况。

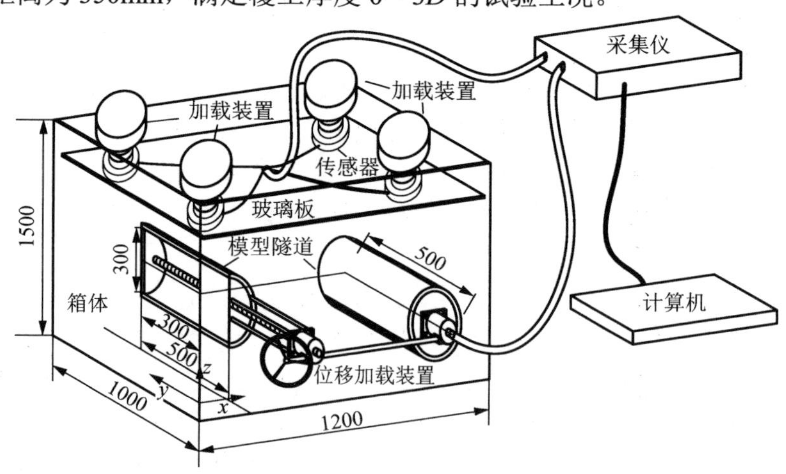

图 6.1.3　盾构隧道开挖面的稳定试验装置示意图（单位：mm）

图 6.1.4　盾构隧道开挖面的稳定试验装置现场

加载装置主要为一组（4 套）升降机，使用联轴器使之加载同步。设计轴向应力正常负荷 400kPa，极限负荷 600kPa，即升降机正常加载 48t，极限加载 72t。采用 4 套 20t 升降机在加载平面内均匀布置。升降机下布置 1.2m×1.0m、厚 20mm 加劲钢板进行均匀加载。钢板与升降机之间采用传感器连接。传感器量程为 20t，精度为 1%，加载应力可由感器量测量并反馈，这样可以实现加载应力控制。

位移支护装置采用 20mm 厚内接钢板进行刚性支护。使用两套 5t 升降机对内接钢板进行微型位移控制（行程为 7mm/24r）。使用联轴器连接两套升降机进行同步控制。应力支护装置主要为直径 300mm、高度 500mm 的圆形或者半圆形气囊。气囊连接压力罐进行压力平衡。压力罐连接空压机和出气阀门进行压力调节。

测量装置主要为应力加载控制传感器、刚性支护面板上均布土压力传感器、气压计、采集仪和有机玻璃面板上的二维刻度贴膜。

6.1.2　试验步骤和试验工况

1. 试验步骤

1）位移加载试验

（1）布置土压力传感器。土压力传感器共 37 个，沿经纬向均匀布置，并进行编号如图 6.1.5 所示。在布置传感器的同时对砂土进行染色，如图 6.1.6 所示。

（2）传感器初始化。起吊加载装置，启动采集仪和计算机，进行传感器路桥平衡后导出路桥平衡文件（图 6.1.7），作为本次试验的数据初始参考值。

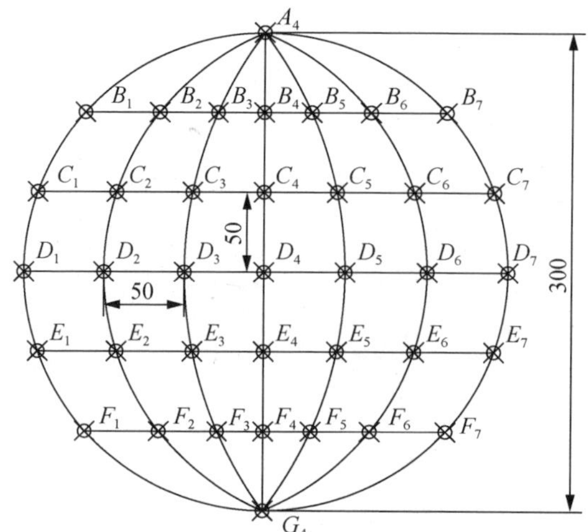

图 6.1.5　位移支护模式下的刚性面板上传感器布置图（单位：mm）

图 6.1.6　砂土染色

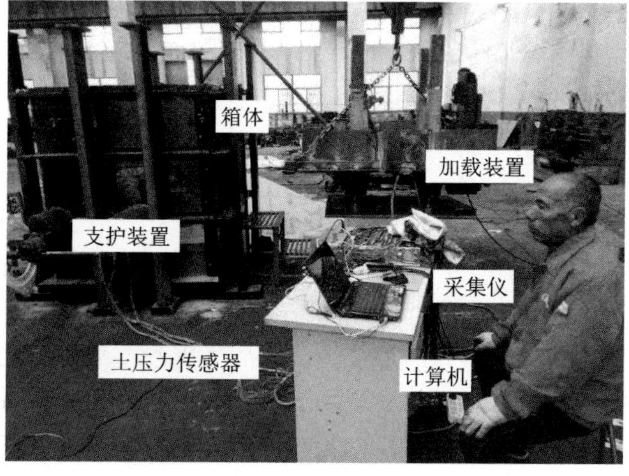

图 6.1.7　传感器路桥平衡初始值采集

（3）分层填土。土体使用细砂和粉砂。在玻璃面板视口每 4cm 高度使用 0.5cm 厚染色同类砂土进行分层标记。图 6.1.8 为分层填土过程。

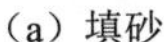
（a）填砂

（b）标记

（c）完成

图 6.1.8　分层填土过程

（4）安装加载装置及反力装置（图 6.1.9）。起吊加载装置至安装位置，然后安装螺栓进行紧固。

（a）土位

（b）固定

图 6.1.9　安装加载装置及反力装置

（5）加载。启动电动机，推行加载面板到预定位置，安装手轮 1 并逆时针旋转进行加载。同时，观察轴力计示数进行施加荷载控制，如图 6.1.10 所示。

图 6.1.10　加载

（6）试验。摇动手轮 2 并观察土压力传感器的变化。手轮 2 转动时为使挡板位移变化为均匀微小变化，每 3min 转动 1/6 圈，使得挡板移动 0.05mm（手轮行程为 7mm/24r）。摇动手轮直至土压力传感器示数接近为零。然后每次转动 3 圈，观察成层砂土的位移变化。

（7）卸土。试验完毕后，把土箱中的土体从卸载口卸载。

2）应力加载试验

（1）安装气囊（图 6.1.11）。卸载位移支护装置后，把制作完成的气囊［圆形和半圆形，如图 6.1.11（a）所示］分别装入对应的圆筒内，并充入 0.1MPa 空气使之饱满。

（a）气囊

（b）安装

（c）加压

图 6.1.11　安装气囊

（2）分层填土。实施过程与位移加载模式一致。

（3）安装加载装置及反力装置。同位移加载模式。

（4）加载。启动电动机，推行加载面板到预定位置，安装手轮 1 并逆时针旋转进行加载。同时，观察轴力计示数进行施加荷载控制，如图 6.1.11 所示。加载过程中，增加气囊压力与估算最大支护压力一致。

（5）试验。试验时，为确定支护压力，采用分步释放气压，同时观察开挖面土体位移情况。当开挖面土体发生微小位移时，即认为开挖面失稳，此时的支护压力为最小支护压力。为使压力平稳变化，每 3min 释放气压 0.01MPa。

（6）卸土。试验完毕后，把土箱中的土体从卸载口卸载。

2. 试验工况

本试验的目的是研究开挖面土压力分布形式和滑裂面形状，而它们与隧道的应力状态、覆土厚度、土体特性等因素有关。为此，设定试验工况如表 6.1.1 所示。试验时隧道直径不变，为 300mm。

表 6.1.1 开挖面的稳定试验工况

试验工况	竖向压力 P/kPa	覆土厚度 C/mm	土性	支护模式
1	100	300	粉砂	位移支护
	200			
	400			
2	200	150	粉砂	位移支护
		300		
		450		
		600		
3	200	300	粉砂	位移支护
			细砂	
4	200	150	粉砂	位移支护
			细砂	
5	200	300	粉砂	位移支护
				应力支护

6.1.3 试验材料和材料特性

试验材料为砂土，分为细砂和粉砂两种，如图 6.1.12 所示。土体的物理力学性能通过室内试验获得。由比重试验和密度试验可以获得砂土的比重 G_s、自然密度 ρ 和孔隙比 e 如表 6.1.2 所示。由筛分试验可以获得其级配曲线如图 6.1.13 所示。由三轴剪切试验可以得到不同围压下细砂、粉砂的应力-应变曲线分别如图 6.1.14 和图 6.1.15 所示，其抗剪强度参数分别通过 Mohr 圆法确定，如图 6.1.16 和图 6.1.17 所示。

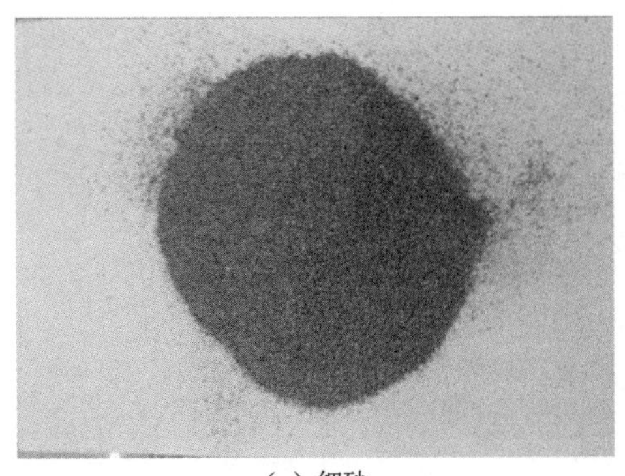
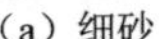
（a）细砂

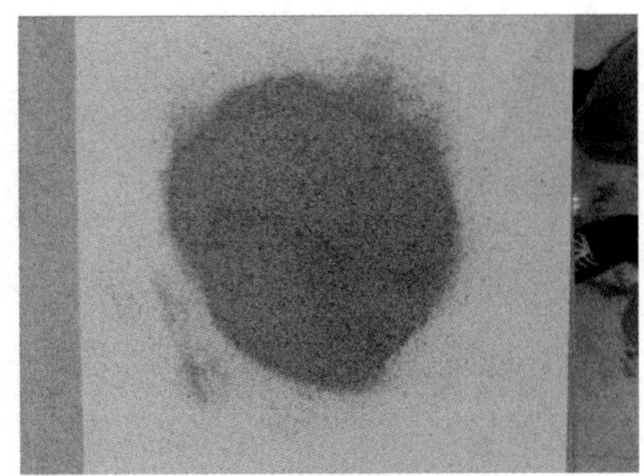
（b）粉砂

图 6.1.12 试验用砂

表 6.1.2　砂土的物理力学性能

土性	比重/G_s	自然密度ρ/(kg/m^3)	孔隙比 e
细砂	2.56	1.65	0.55
粉砂	2.48	1.60	0.55

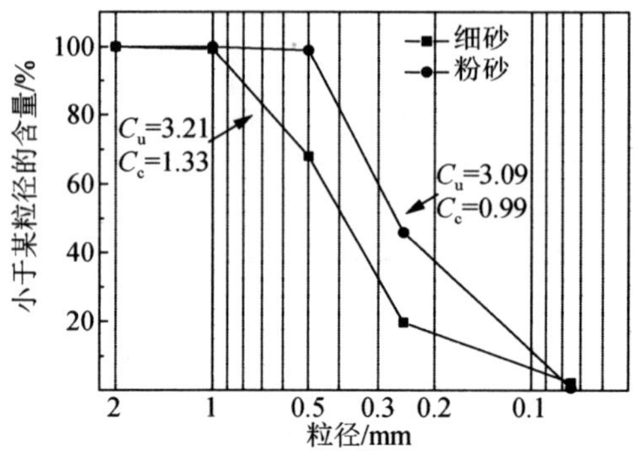

图 6.1.13　试验用砂粒径级配

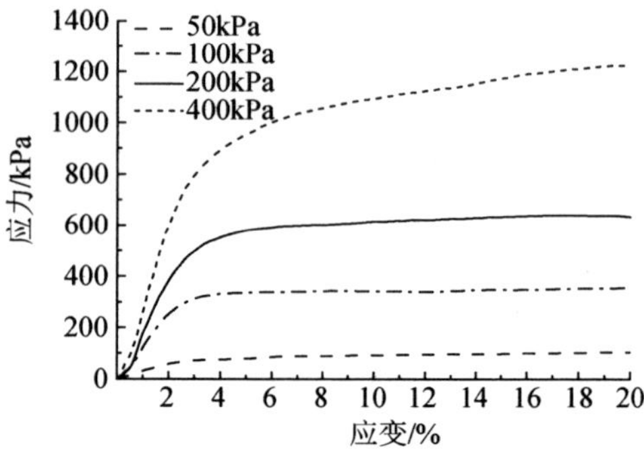

图 6.1.14　不同围压下细砂的应力-应变关系

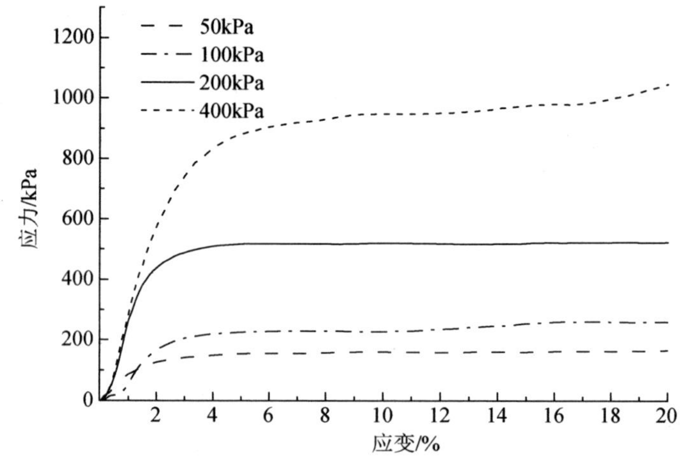

图 6.1.15　不同围压下粉砂的应力-应变关系

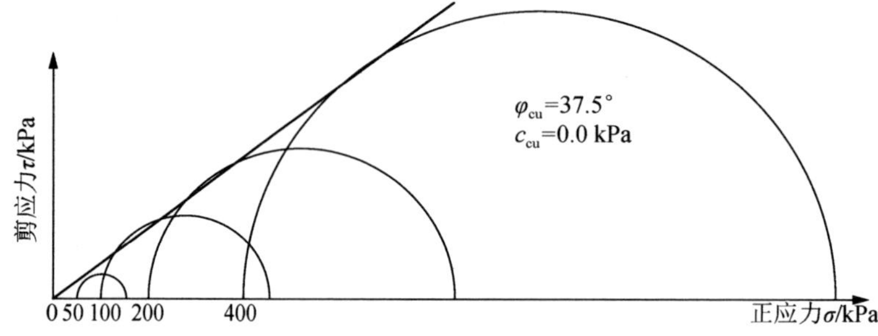

图 6.1.16　细砂抗剪强度参数的 Mohr 圆法确定

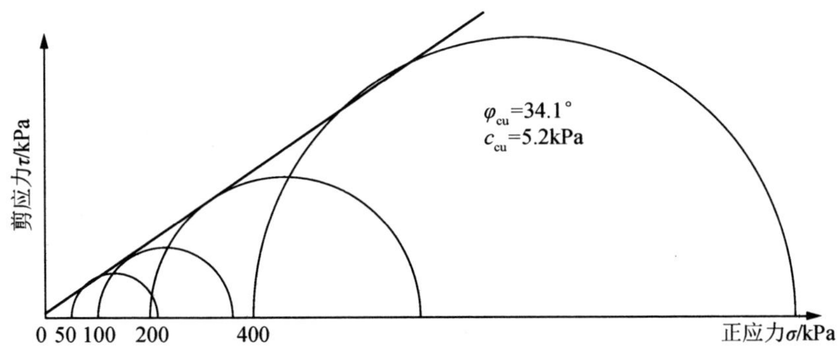

图 6.1.17　粉砂抗剪强度参数的 Mohr 圆法确定

6.1.4　侧向土压力及其分布

1. 侧向土压力

随着支护挡板离开开挖面土体，其支护侧向土压力急剧减小。当位移达到 1.0mm（d/D=0.33%）时，侧向土压力减小趋势明显降低，且侧向土压力已较为微弱，部分基本为零，如图 6.1.18 和图 6.1.19 所示（图中 P 表示竖向压力，C 表示覆土厚度）。在挡板发生位移的过程中，位于挡板中间监测点的侧向土压力比边缘点减小要慢。当挡板位移达到 0.2mm 时，其中心监测点的侧向土压力已比其他监测点高，如图 6.1.18 和图 6.1.19 所示。

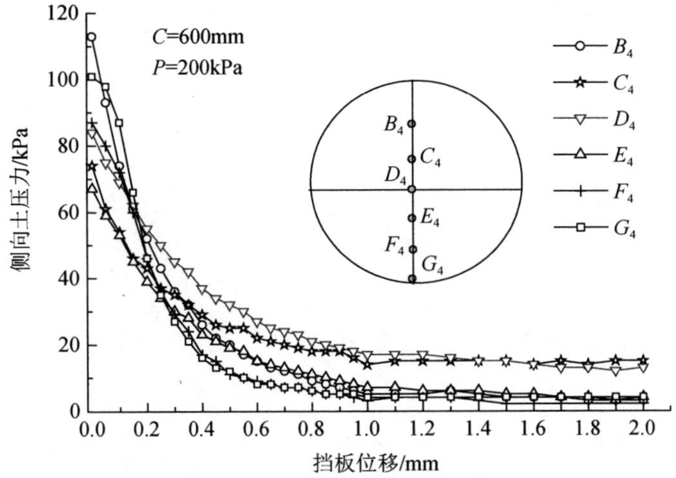

图 6.1.18　支护挡板竖轴监测点侧向土压力与挡板位移的关系

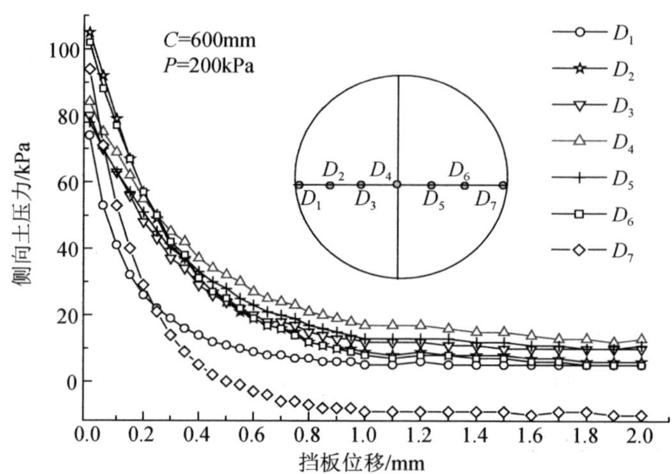

图 6.1.19　支护挡板横轴监测点侧向土压力与挡板位移的关系

如图 6.1.20 所示（*d* 表示挡板位移），侧向土压力随着上覆荷载的增大而增大，其增加趋势基本为线性。侧向土压力随覆土厚度的变化较小，尤其是当土体产生松动后，其侧向土压力随覆土厚度有减小趋势，如图 6.1.21 所示。同时，侧向土压力也受土体性能的影响，由图 6.1.22 可以看出细砂的侧向土压力要小于粉砂。

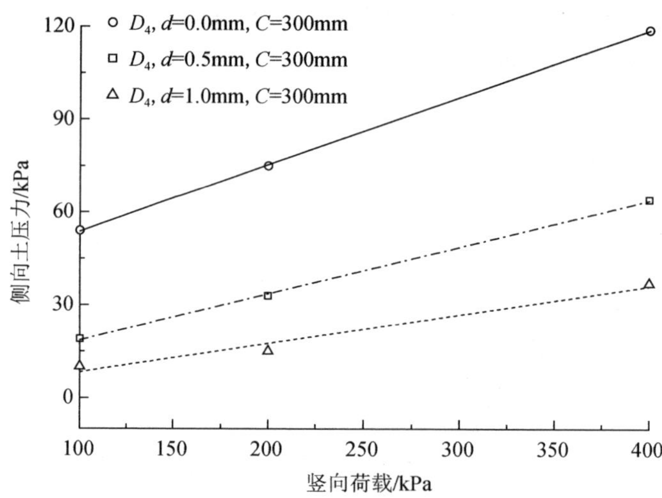

图 6.1.20　不同挡板位移下支护挡板监测点 D_4 侧向土压力与竖向荷载的关系

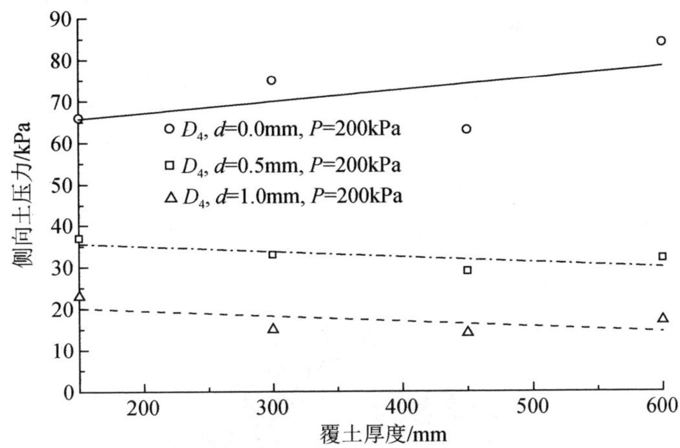

图 6.1.21　不同覆土厚度下支护挡板监测点 D_4 侧向土压力与覆土厚度的关系

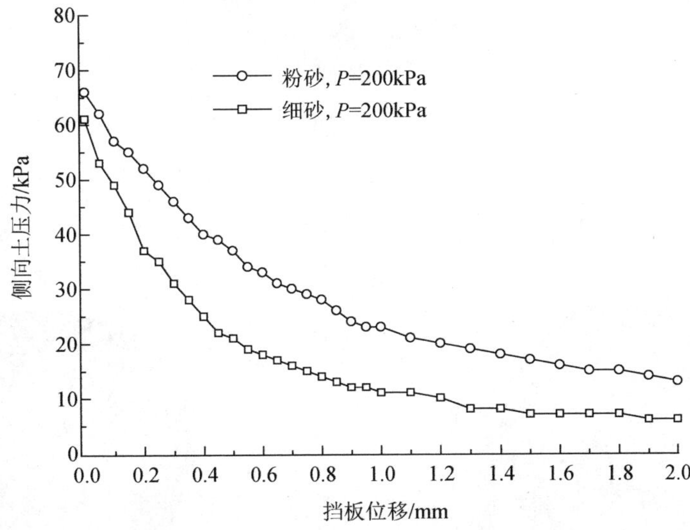

图 6.1.22　不同土体性能下支护挡板监测点 D_4 侧向土压力与挡板位移的关系

2. 压力分布

对于支护面板整体侧向土压力，其变化趋势如图 6.1.23 和图 6.1.24 所示。随着支护面板位移的增大，整体上其侧向土压力逐渐减小。从图 6.1.23（a）和图 6.1.24（a）中也可看出，挡板侧向土压力云图上有水平分布的印记，这是由计算机绘图不连续造成的，但这对侧向土压力的分布形式影响不大。随着支护面板位移的增大，其侧向土压力的分布形式从无序分布变为中间大、周围小，如图 6.1.23（c）和图 6.1.24（c）所示。

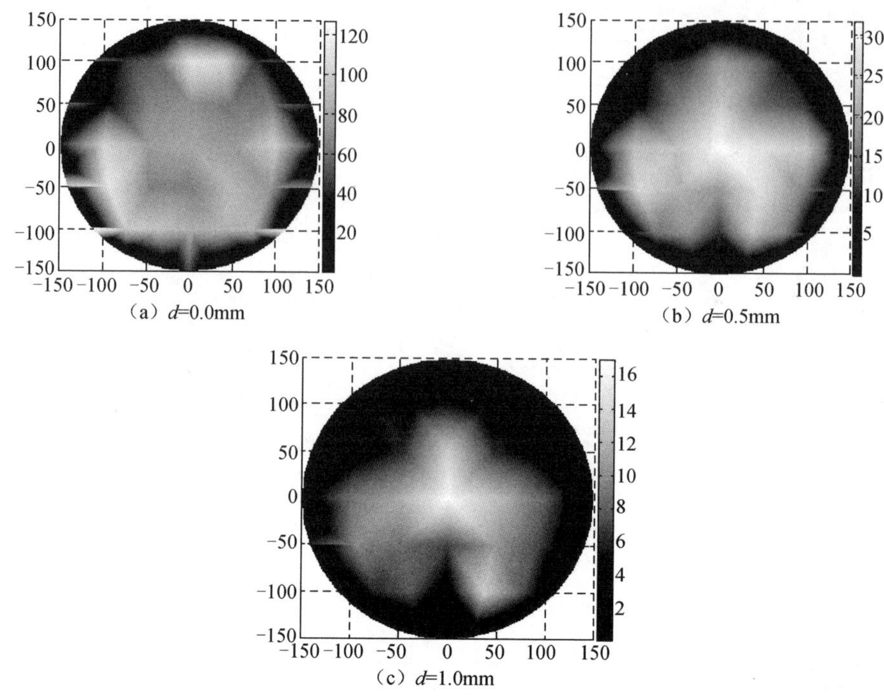

（a）d=0.0mm　（b）d=0.5mm　（c）d=1.0mm

图 6.1.23　当 C=600mm，P=200kPa 时，
不同挡板位移下支护挡板的侧向土压力（单位：kPa）云图

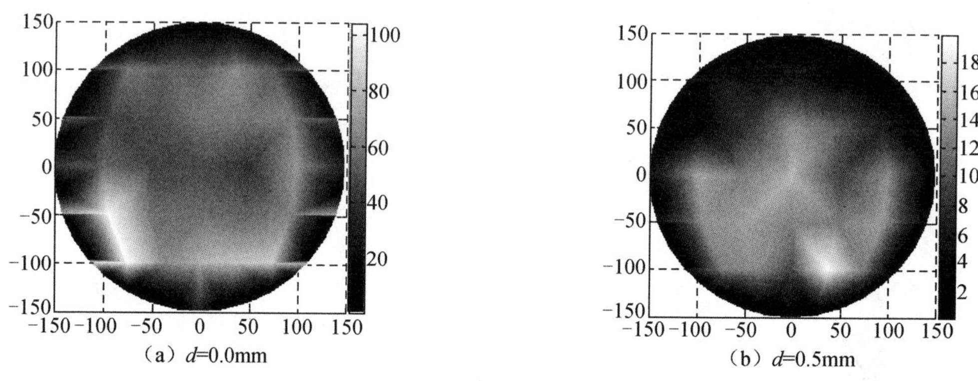

（a）d=0.0mm　（b）d=0.5mm

图 6.1.24　当 C=450mm，P=100kPa 时，
不同挡板位移下支护挡板的侧向土压力（单位：kPa）云图

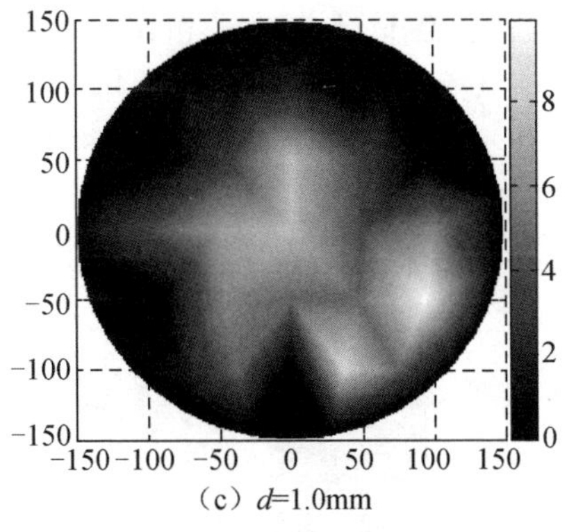

（c）d=1.0mm

图 6.1.24（续）

综上所述，随着挡板位移的发展，其上侧向土压力分布有以下趋势。

（1）初始值。在挡板没有发生位移时，其上侧向土压力与土体自身静止土压力相当，如图 6.1.25（a）所示。

（2）周边消散。在挡板发生微小位移（0.0～0.5mm）时，其挡板侧向土压力显著减小，特别是周边侧向土压力明显减小［图 6.1.25（b)]；并且侧向土压力减小区域沿周边连续。

（3）上半圆萎缩。在挡板继续发生位移（0.5～1.0mm）时，其挡板侧向土压力沿周边消散区加大。挡板上半圆侧向土压力局部消失，使得上半圆存在侧向土压力区域发生萎缩，如图 6.1.25（c）所示。

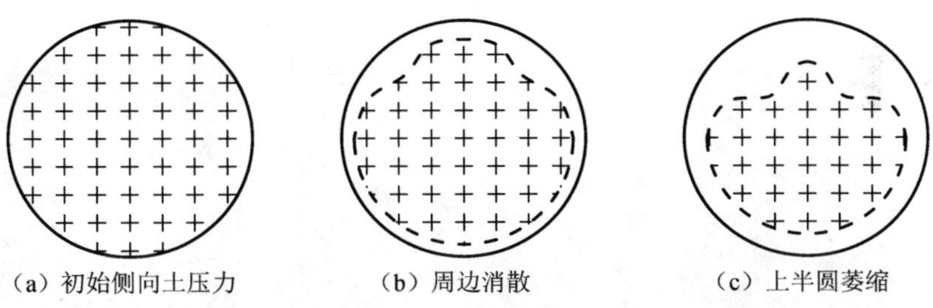

（a）初始侧向土压力　（b）周边消散　（c）上半圆萎缩

图 6.1.25　挡板侧向土压力随挡板位移的变化趋势

6.1.5　土层位移和滑裂面形状

1. 土体位移

为研究刚性面板位移条件下的土体位移情况，在观察视口的玻璃面板上粘贴刻度膜（最小刻度 1mm)，并使用染色砂对土体进行分层标记，如图 6.1.26 所示。

随着支护面板的位移开展，土体位移发展如图 6.1.27～图 6.1.29 所示。从图 6.1.27 中可以看出：当挡板位移为 2.9mm 时，其土层没有发生变化，位移为零（在肉眼观察范围内）。而由侧向土压力分析可知，当挡板位移为 1.0mm 时，挡板侧向土压力基本为零。对比分析可知：支护压力为零（或为微弱值）与土层发生扰动（发生位移）并不是同步的。当挡板位移为 12.7mm 时，开挖面纵断面土体发生局部下沉，如图 6.1.28（a）、（b）所示，横断面土体有轻微变形，如图 6.1.28（c）所示。当挡板位移为 21.7mm 时，开挖面纵横断面均有较大下沉，如图 6.1.29 所示。

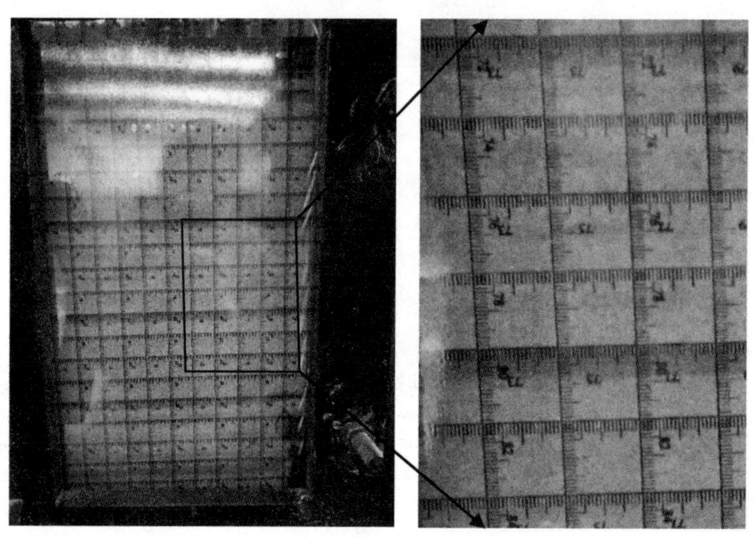

图 6.1.26　土层分层标记（单位：mm）

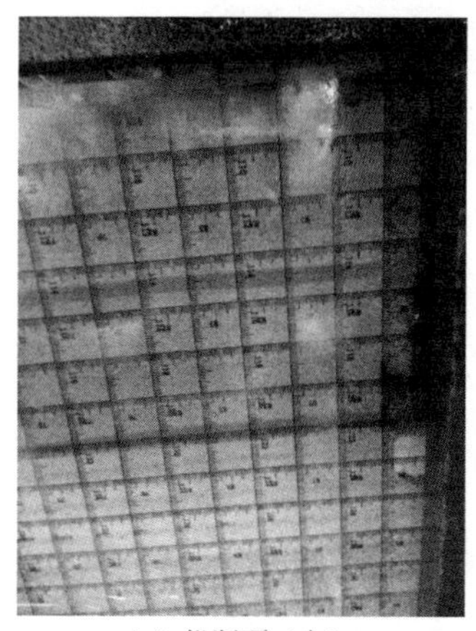

（a）纵断面（上）

（b）纵断面（下）

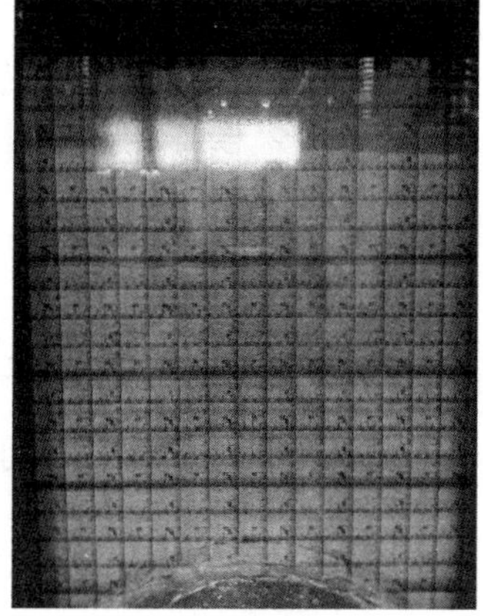

（c）横断面

图 6.1.27　当 C=300mm，P=100kPa 时，挡板位移 2.9mm 处的土体位移分布（单位：cm）

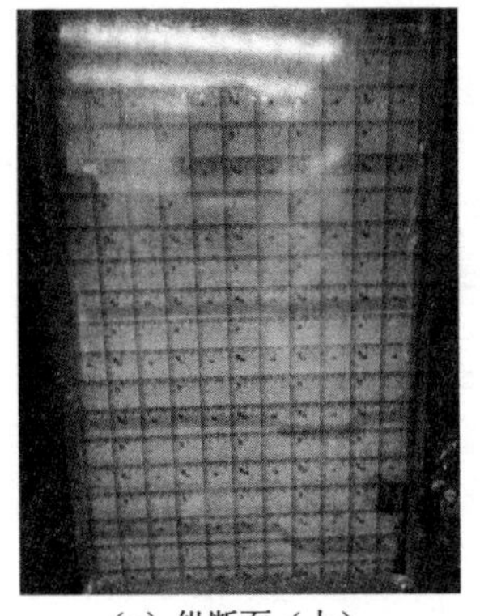
(a) 纵断面（上）

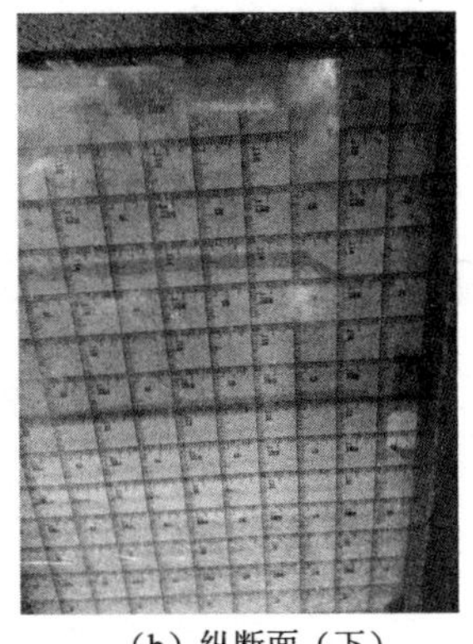
(b) 纵断面（下）

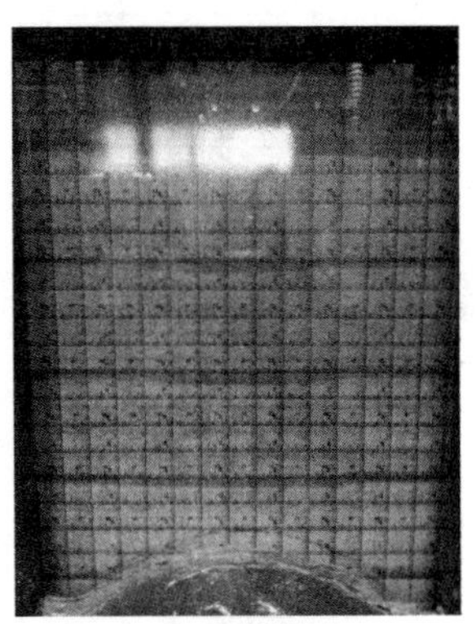
(c) 横断面

图 6.1.28　当 C=300mm，P=100kPa 时，挡板位移 12.7mm 处的土体位移分布（单位：cm）

更加直观地展现开挖面土体的变形情况，绘制网格图对土体进行素描，如图 6.1.30～图 6.1.32 所示。在挡板位移为 2.9mm 时，从标记砂层看不到土层位移，如图 6.1.30 所示。当挡板位移为 12.7mm 时，无论从纵断面还是横断面标记砂层均能显示出土层的位移变化；且发生位移土层与不发生位移土层交界处标记砂层被明显拉薄，这些明显拉薄点的连线即是滑裂面的形状，如图 6.1.31 中虚线所示。对比挡板位移为 12.7mm 和 21.7mm 可以看出，随着挡板位移的增加滑裂面内部土体（即滑动土体）的位移明显增大，滑裂面的位置也有稍微地外移，但变化不明显，如图 6.1.31 和图 6.1.32 所示。

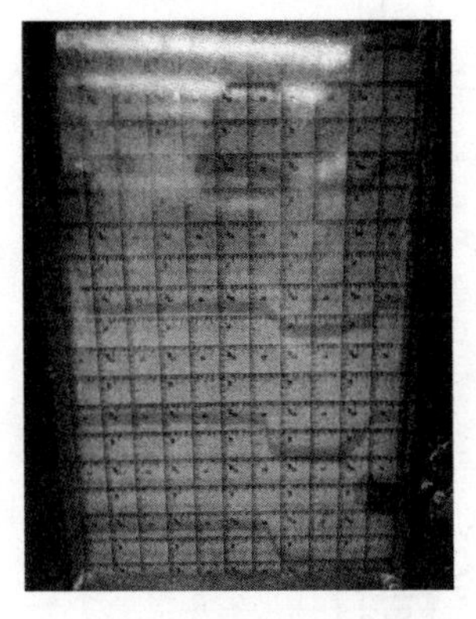
(a) 纵断面（上）

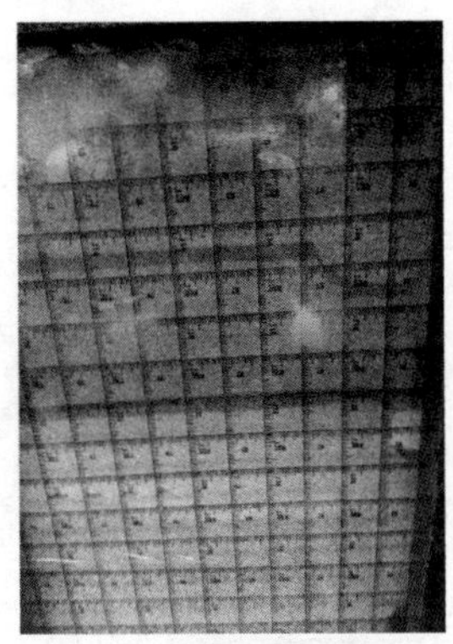
(b) 纵断面（下）

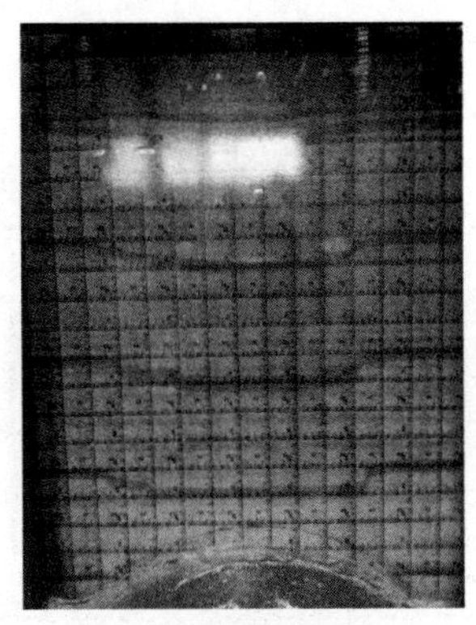
(c) 横断面

图 6.1.29　当 C=300mm，P=100kPa 时，挡板位移 21.7mm 处的土体位移分布（单位：mm）

为进一步观察开挖面前方土体的滑裂面形状，选择不同工况进行对比分析。由于挡板位移对滑裂面形状影响较小，当其较大时，土层位移幅值也较大，便于识别。因此，选择挡板位移较大时（21.7mm）试验工况进行分析。

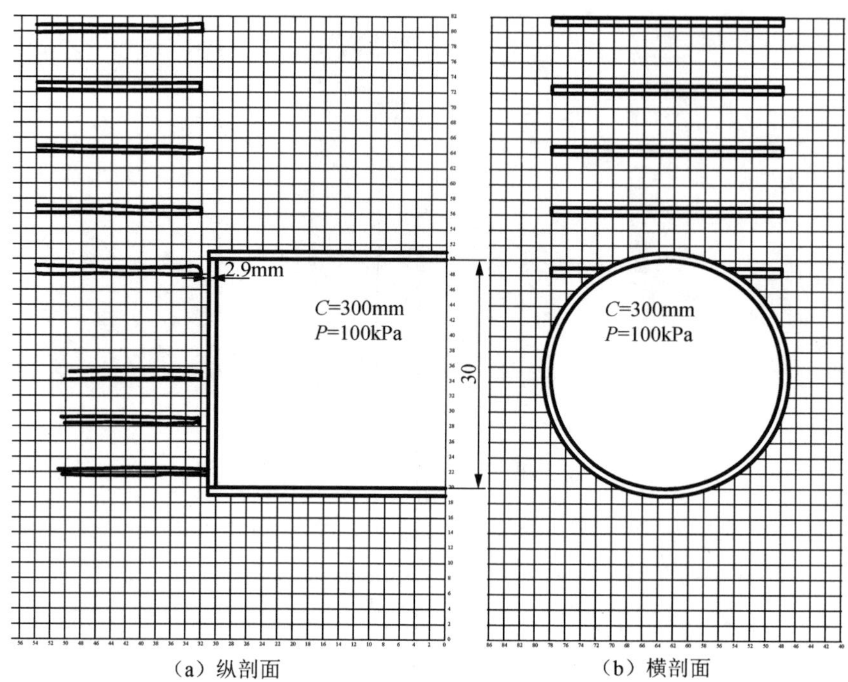

（a）纵剖面　　（b）横剖面

图 6.1.30　挡板位移 2.9mm 处的土体位移分布（单位：mm）

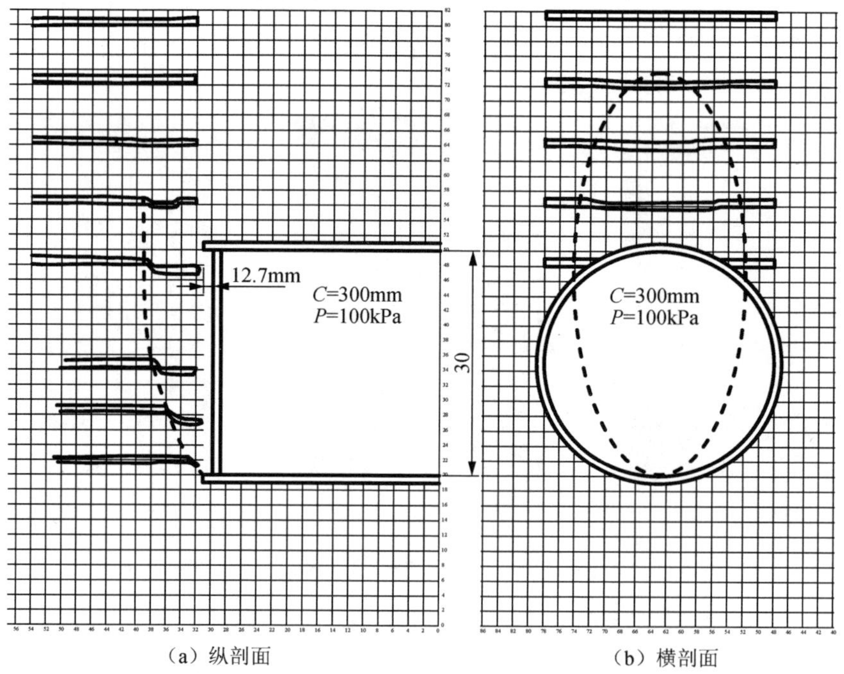

（a）纵剖面　　（b）横剖面

图 6.1.31　挡板位移 12.7mm 处的土体位移分布（单位：mm）

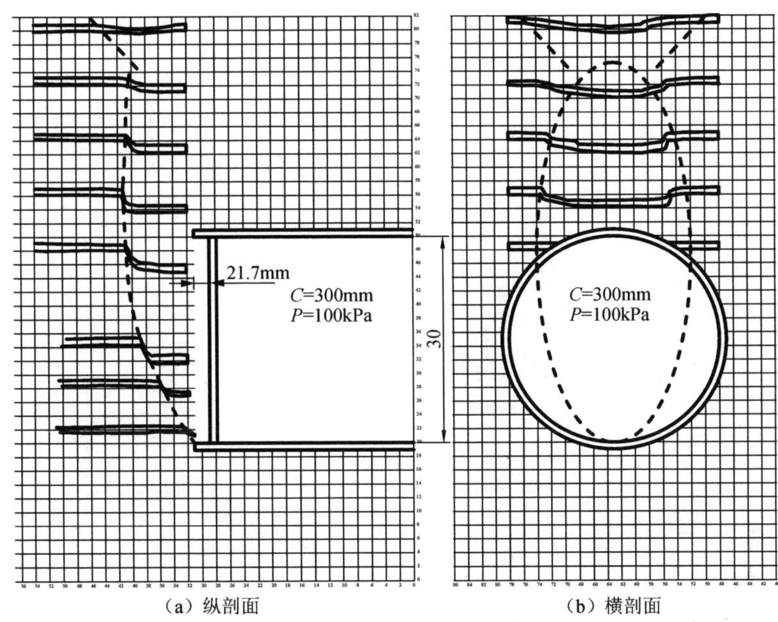

图 6.1.32　挡板位移 21.7mm 处的土体位移（单位：mm）分布

如图 6.1.33 所示，当竖向压力由 100kPa 增大到 200kPa 时，其开挖面滑裂面变得更为陡峭，即其滑动土体的体积减小了。这可能是围压增加，从而提高土体的强度。

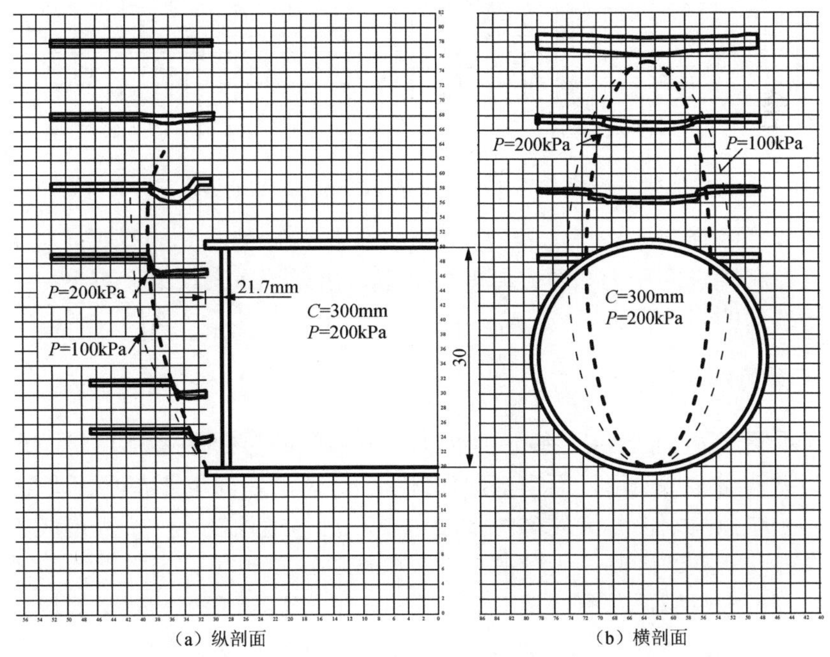

图 6.1.33　竖向压力 200kPa 下，挡板位移 21.7mm 处的土体位移分布（单位：mm）

如图 6.1.34 所示，当覆土厚度从 300mm 变为 150mm 时，其滑裂面形状变得稍微陡峭，但是变化微小。如图 6.1.35 所示，当覆土厚度从 150mm 变为 450mm 时，其滑裂面形状又变得稍微缓和。如图 6.1.36 所示，当覆土厚度从 450mm 变为 600mm 时，其滑裂面形状又变得稍微陡峭。综上可得：当覆土厚度从 150mm 到 600mm（0.5*D*～2.0*D*）时，对滑裂面形状的影响较小。

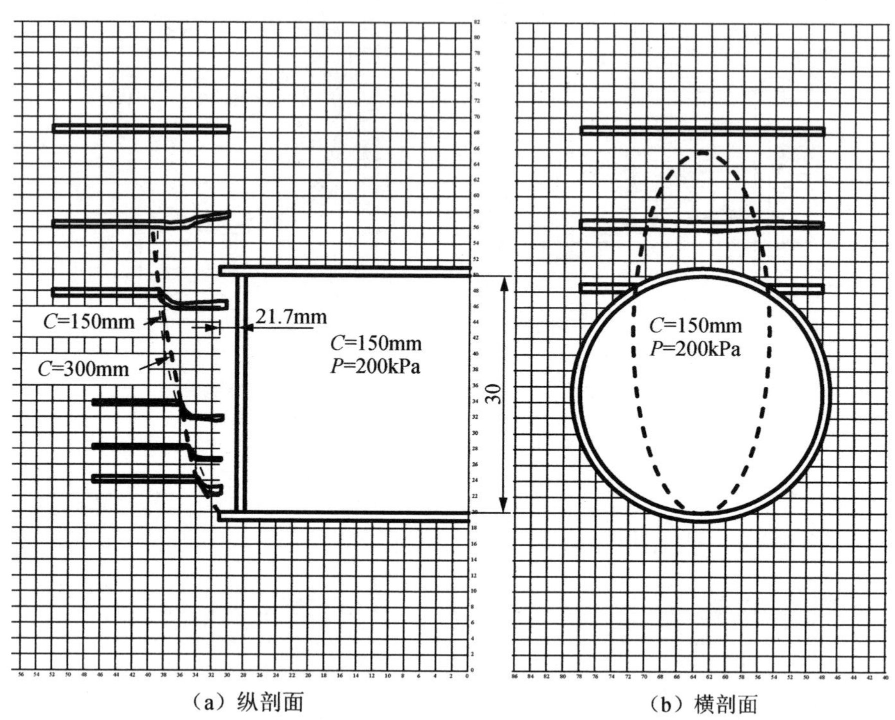

图 6.1.34　覆土厚度 150mm 条件下，挡板位移 21.7mm 处的土体位移分布（单位：mm）

如图 6.1.37 所示，由于细砂的内摩擦角大于粉砂的，其滑裂面形状明显更为陡峭，且在相同竖向压力和覆土厚度条件下，出现了冒顶现象。可见，土体自身性能对滑裂面的影响很大。

2. 滑裂面形状

综合不同工况下的土层位移分析可以得出开挖面前方的滑动体形状，如图 6.1.38 所示。其纵剖面如烟筒形，而横剖面如椭圆形[3]。滑裂面主要有两种类型。

（1）无摩擦滑裂面。无摩擦滑裂面主要存在隧道顶板上方，其围成的滑体主要沿竖直方向滑动。因此，无摩擦滑裂面围成的区域也可称为垂直滑动区。

（2）有摩擦滑裂面。有摩擦滑裂面主要存在于隧道顶板和隧道底板之间，其围成的滑体有明显的水平滑动趋势。因此，有摩擦滑裂面围成的区域也可称为侧向滑动区。

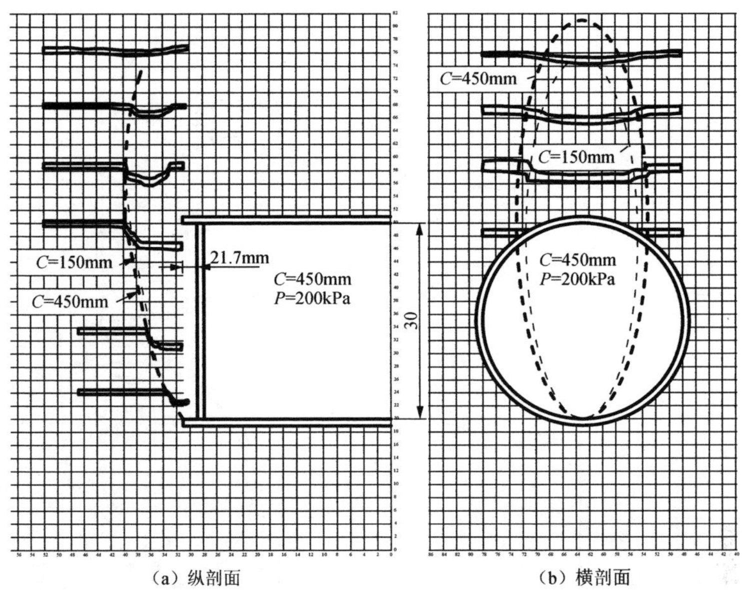

（a）纵剖面　　（b）横剖面

图 6.1.35　覆土厚度 450mm 条件下，挡板位移 21.7mm 处的土体位移分布（单位：mm）

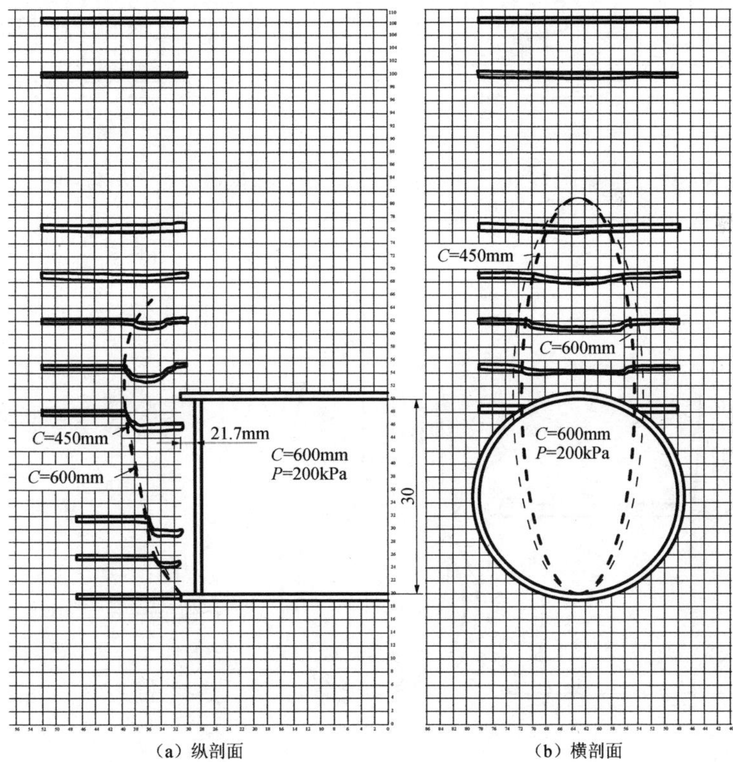

（a）纵剖面　　（b）横剖面

图 6.1.36　覆土厚度 600mm 条件下，挡板位移 21.7mm 处的土体位移分布（单位：mm）

当覆土厚度较薄时，在滑动区上方易形成漏斗状塌陷，如图 6.1.37 所示。

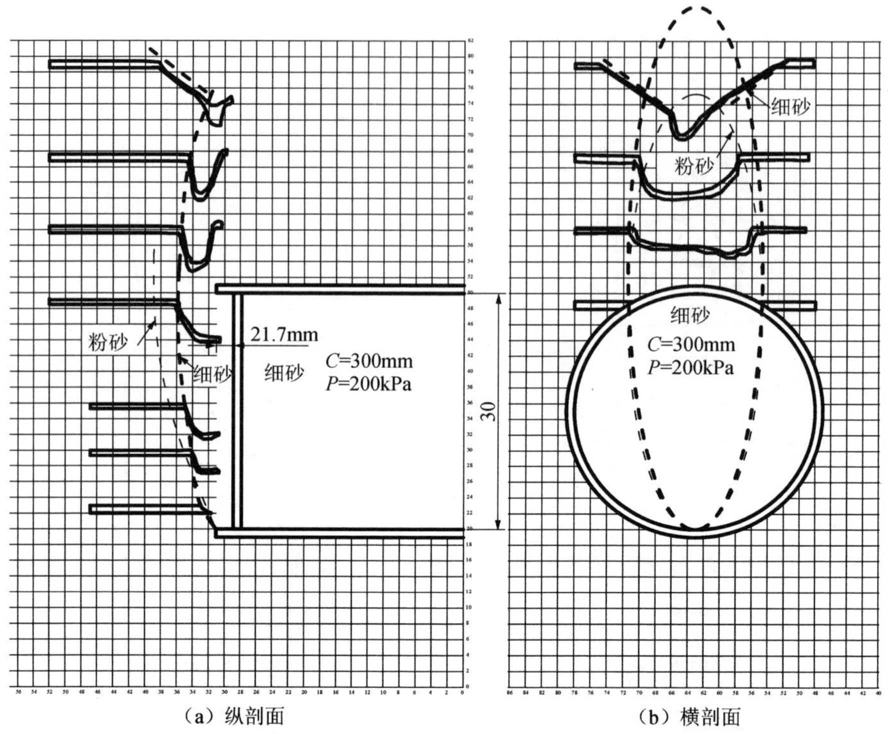

（a）纵剖面　（b）横剖面

图 6.1.37　细砂地层挡板位移 21.7mm 处的土体位移分布（单位：mm）

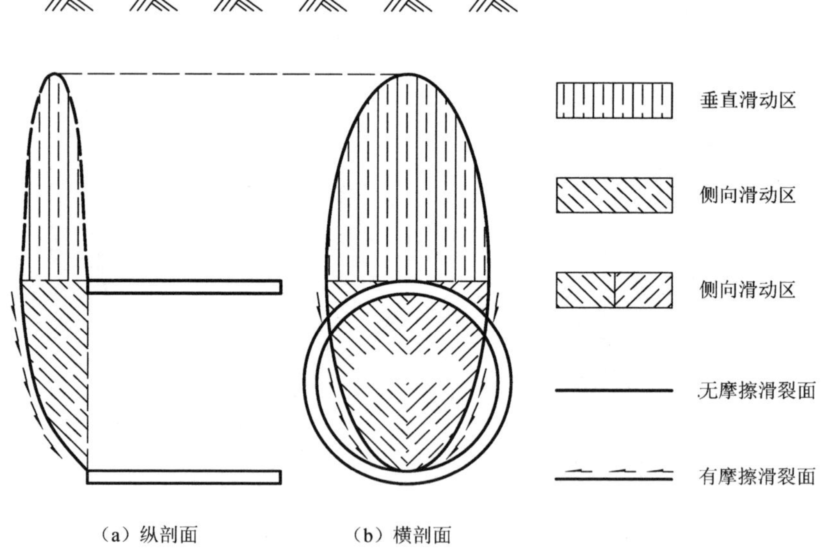

（a）纵剖面　（b）横剖面

图 6.1.38　滑裂面形状剖面图

6.2　最小支护压力模型建立

6.2.1　模型假定

从第 6.1 节分析可以看出，滑裂面在隧道前方和上方存在着不同的破坏机制：隧道前方滑裂面更多的是剪切破坏；而隧道上方滑裂面更多的是自重失稳破坏。因为对数螺旋线在土体破坏和极限分析中被广泛应用[4-6]，假定隧道前方滑裂面纵断面形状为对数螺旋线；而滑裂面横断面形状为纵断面绕轴旋转所得，如图 6.2.1 和图 6.2.2 所示。隧道上方土体按照太沙基松动土压力计算公式进行计算。

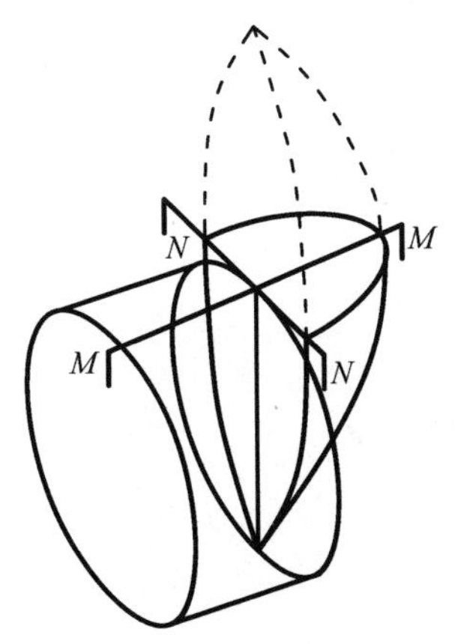

图 6.2.1　滑裂面形状模型

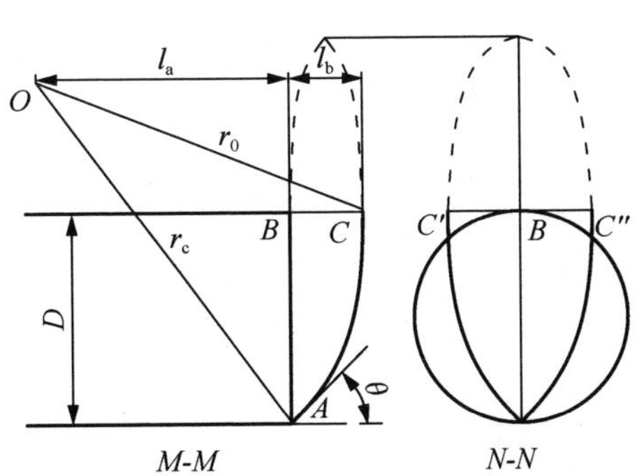

图 6.2.2　滑裂面形状剖面图

6.2.2　三维计算模型

由模型假定建立如图 6.2.3 所示模型。其纵截面如图 6.2.4 所示。

进行以下假定：

（1）假设滑裂面与 xOz 平面交线为对数螺线：滑裂线底端与竖向的夹角为 $\theta_c = \pi/4 - \varphi/2$，顶端与水平面垂直。

（2）滑裂面是由对数螺线绕 z 轴旋转形成的，其与任意竖直截面的交线为对数螺线，而与任意水平截面的交线为半圆。

（3）滑裂面上不同的刚体微元均在垂直平面内发生转动，即其转动中心与刚体微元在同一个垂直平面上。

（4）滑裂面为摩擦性材料，满足流动法则和相容方程。假设 C 点的转动方向为 CN，则 $OC \perp CN$，且 $\delta v = \delta u \cdot \tan\varphi$，即 w 与竖直方向的夹角为 φ。由图 6.2.5 简单几何关系得 $\angle COX = \varphi$。

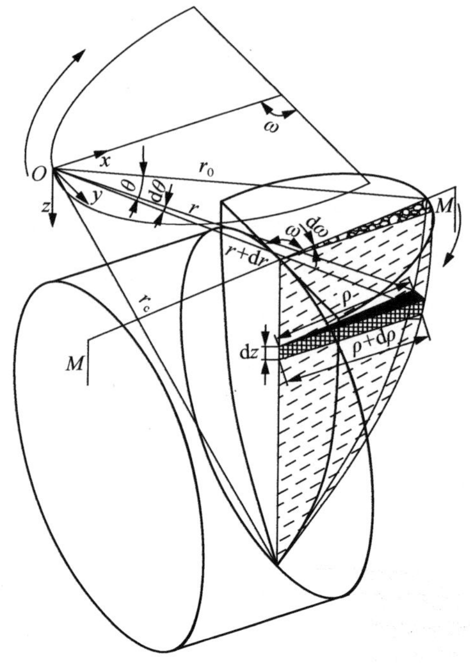

图 6.2.3　开挖面稳定三维计算模型

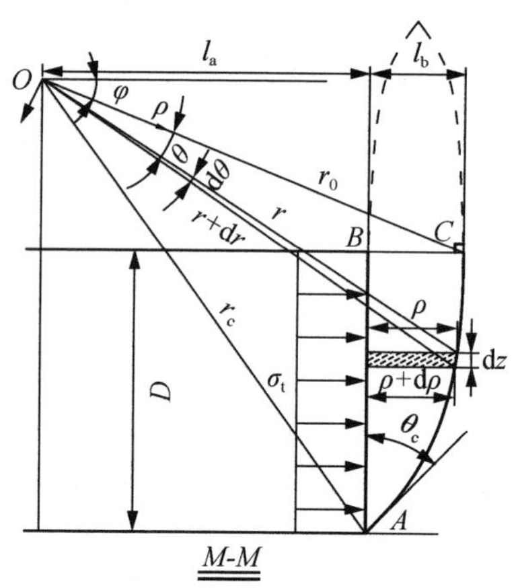

图 6.2.4　开挖面稳定模型纵剖面

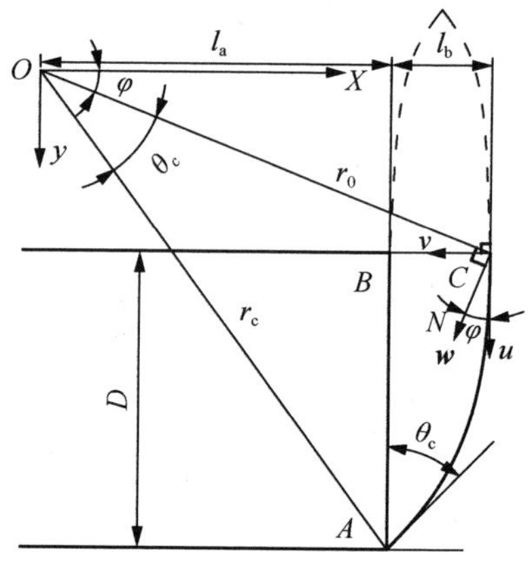

图 6.2.5　滑裂面失效准则

如图 6.2.4 所示，沿 OC 为起始线，并以顺时针方向为正，建立极坐标。则对数螺旋的方程可以表示为

$$r = a \cdot \exp(b \cdot \theta) \tag{6.2.1}$$

且边界条件为

$$r = r_0,\quad \theta = 0 \tag{6.2.2}$$

由对数螺线的定义得

$$\angle COA=\theta_{c}=\frac{\pi}{4}-\frac{\varphi}{2}$$

于是另一边界条件为

$$r=r_{c}，\quad \theta=\theta_{c} \tag{6.2.3}$$

由 $\tan\alpha=R(\theta)/R'(\theta)$，其中 α 为极半径与曲线切线的夹角，可得

$$\tan\alpha_{1}=\frac{r(\theta=0)}{r'(\theta=0)}=\tan\left(\frac{\pi}{2}-\varphi\right) \tag{6.2.4}$$

$$\tan\alpha_{2}=\frac{r(\theta=\theta_{c})}{r'(\theta=\theta_{c})}=\tan\left(-\frac{\pi}{2}-\varphi\right) \tag{6.2.5}$$

联立式（6.2.1）和式（6.2.5），可以解得对数螺线的方程为

$$r=r_{0}\cdot\exp(\tan\varphi\cdot\theta) \tag{6.2.6}$$

把式（6.2.3）代入式（6.2.6），得

$$r_{c}=r_{0}\cdot\exp(\tan\varphi\cdot\theta_{c}) \tag{6.2.7}$$

由图 6.2.5 中的几何关系得

$$r_{0}\cdot\sin\varphi+D=r_{c}\cdot\sin(\theta_{c}+\varphi) \tag{6.2.8}$$

联立式（6.2.7）和式（6.2.8）得

$$r_{0}=\frac{D}{\sin(\theta_{c}+\varphi)\cdot\exp(\theta_{c}\cdot\tan\varphi)-\sin\varphi} \tag{6.2.9}$$

$$r_{c}=\frac{D\cdot\exp(\theta_{c}\cdot\tan\varphi)}{\sin(\theta_{c}+\varphi)\cdot\exp(\theta_{c}\cdot\tan\varphi)-\sin\varphi} \tag{6.2.10}$$

同时由几何关系得

$$l_{a}=r_{0}\cdot\exp(\tan\varphi\cdot\theta_{c})\cdot\cos(\varphi+\theta_{c}) \tag{6.2.11}$$

$$l_{b}=r_{0}\cdot\cos\varphi-l_{a} \tag{6.2.12}$$

考虑开挖面前方滑动区域土体的力矩平衡条件，可得

$$M_{w}+M_{q}-M_{c}-M_{l}=0 \tag{6.2.13}$$

式中：M_{w} 为滑动区域土体自重的滑动力矩；M_{q} 为滑动土体上方荷载的滑动力矩；M_{c} 为滑裂面的阻滑力矩；M_{l} 为支护压力的阻滑力矩。下面对其分别进行求解。

（1）直接求解滑动区域的转动力矩比较困难。为此，选取如图 6.2.3 所示微元体进行分析。

微元体的体积为

$$\mathrm{d}V=\frac{[\rho^{2}\cdot\mathrm{d}w+(\rho+\mathrm{d}\rho)^{2}\cdot\mathrm{d}w]}{2}\times\mathrm{d}z \tag{6.2.14}$$

其中，由剖面图 6.2.4 易知：

$$\rho=r\cdot\cos(\theta+\varphi)-l_{a}=r_{0}\cdot\exp(\tan\varphi\cdot\theta)\cdot\cos(\theta+\varphi)-l_{a} \tag{6.2.15}$$

$$\begin{aligned}\mathrm{d}z &= (r+\mathrm{d}r)\cdot\sin(\theta+\varphi+\mathrm{d}\theta) - r\cdot\sin(\theta+\varphi) \\ &= r_0\cdot\exp(\tan\varphi\cdot\theta)[\sin(\theta+\varphi)\cdot\tan\varphi+\cos(\theta+\varphi)]\cdot\mathrm{d}\theta\end{aligned} \tag{6.2.16}$$

从而

$$\begin{aligned}\mathrm{d}\rho &= \mathrm{d}[r\cdot\cos(\theta+\varphi)-l_{\mathrm{a}}] = \mathrm{d}[r_0\cdot\exp(\tan\varphi\cdot\theta)\cdot\cos(\theta+\varphi)-l_{\mathrm{a}}] \\ &= r_0\cdot\exp(\tan\varphi\cdot\theta)\cdot[\tan\varphi\cdot\cos(\theta+\varphi)-\sin(\theta+\varphi)]\cdot\mathrm{d}\theta\end{aligned} \tag{6.2.17}$$

从而微元体的转动力矩为

$$\mathrm{d}M_{\mathrm{w}} = \gamma\cdot\mathrm{d}V\cdot\left(\frac{2\rho}{3}+l_{\mathrm{a}}\right) \tag{6.2.18}$$

把式（6.2.14）～式（6.2.17）代入式（6.2.18），消去高阶微分项并整理得

$$\begin{aligned}\mathrm{d}M_{\mathrm{w}} &= \gamma\cdot\mathrm{d}V\cdot\left(\frac{2\rho}{3}+l_{\mathrm{a}}\right) = \gamma\cdot\rho^2\cdot\left(\frac{2\rho}{3}+l_{\mathrm{a}}\right)\cdot\mathrm{d}w\cdot\mathrm{d}z \\ &= [\exp(\tan\varphi\cdot\theta)\cdot\cos(\theta+\varphi)-l_{\mathrm{r}}]^2\cdot[2\cdot\exp(\tan\varphi\cdot\theta)\cdot\cos(\theta+\varphi)+l_{\mathrm{r}}] \\ &\quad\cdot\gamma\cdot r_0^4\cdot\exp(\tan\varphi\cdot\theta)\cdot[\sin(\theta+\varphi)\cdot\tan\varphi+\cos(\theta+\varphi)]/3\cdot\mathrm{d}\theta\cdot\mathrm{d}w\end{aligned} \tag{6.2.19}$$

式中

$$l_{\mathrm{r}} = \frac{l_{\mathrm{a}}}{r_0} = \exp(\tan\varphi\cdot\theta_{\mathrm{c}})\cdot\cos(\theta_{\mathrm{c}}+\varphi) \tag{6.2.20}$$

对式（6.2.19）进行积分，可得 M_{w} 为

$$\begin{aligned}M_{\mathrm{w}} &= \int_0^{\pi}\int_0^{\frac{\pi}{4}-\frac{\varphi}{2}}\Big[[\exp(\tan\varphi\cdot\theta)\cdot\cos(\theta+\varphi)-l_{\mathrm{r}}]^2\cdot[2\cdot\exp(\tan\varphi\cdot\theta)\cdot\cos(\theta+\varphi)+l_{\mathrm{r}}] \\ &\quad\cdot\gamma\cdot r_0^4\cdot\exp(\tan\varphi\cdot\theta)\cdot[\sin(\theta+\varphi)\cdot\tan\varphi+\cos(\theta+\varphi)]/3\times\mathrm{d}\theta\Big]\cdot\mathrm{d}w \\ &= \pi\cdot\gamma\cdot r_0^4\cdot J_v\end{aligned} \tag{6.2.21}$$

式中

$$\begin{aligned}J_v &= \int_0^{\frac{\pi}{4}-\frac{\varphi}{2}}\{[\exp(\tan\varphi\cdot\theta)\cdot\cos(\theta+\varphi)-l_{\mathrm{r}}]^2\cdot[2\cdot\exp(\tan\varphi\cdot\theta)\cdot\cos(\theta+\varphi)+l_{\mathrm{r}}] \\ &\quad\cdot\exp(\tan\varphi\cdot\theta)\cdot[\sin(\theta+\varphi)\cdot\tan\varphi+\cos(\theta+\varphi)]/3\}\cdot\mathrm{d}\theta\end{aligned} \tag{6.2.22}$$

由于积分式（6.2.22）较为复杂，使用软件 Mathmatic 进行计算。

（2）对于滑动区上方的竖向荷载的滑动力矩 M_{q} 按照太沙基松动土压力计算公式[7]进行计算，如图 6.2.6 所示。

微元体平衡方式为

$$(\sigma_v+d\sigma_v)\cdot l_{\mathrm{b}}^2\cdot\frac{\pi}{2} = \sigma_v\cdot l_{\mathrm{b}}^2\cdot\frac{\pi}{2}+\gamma\cdot l_{\mathrm{b}}^2\cdot\frac{\pi}{2}\cdot\mathrm{d}z-(2+\pi)\cdot l_{\mathrm{b}}\cdot\tau\cdot\mathrm{d}z \tag{6.2.23}$$

式中

$$\sigma_v = \gamma\cdot z \tag{6.2.24}$$

$$\tau = c+\gamma\cdot z\cdot K_0\cdot\tan\varphi \tag{6.2.25}$$

式中：σ_v为竖向压力；τ为滑裂面剪应力；γ为土体重度；K_0为静止土压力系数；c、φ为土体强度参数；z为微元体到地面的距离。

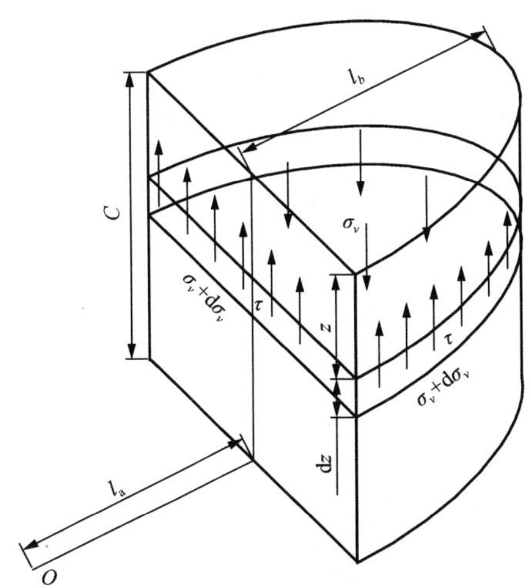

图 6.2.6　上覆荷载计算模型

边界条件为$z=C$，$\sigma_v=p_W$；$z=0$，$\sigma_v=q$（其中C为覆土厚度，q为地面超载），可以求得

$$p_W=\frac{(\gamma B-c)}{K_0\cdot\tan\varphi}\left[1-\exp\left(-\frac{CK_0\cdot\tan\varphi}{B}\right)\right]+q\exp\left(-\frac{CK_0\cdot\tan\varphi}{B}\right) \tag{6.2.26}$$

式中

$$B=\frac{\pi\cdot l_b}{2(2+\pi)}\left[1+\tan\left(\frac{\pi}{4}-\frac{\varphi}{2}\right)\right]$$

因此，总压力为

$$\begin{aligned}P_0&=p_W\cdot\frac{\pi l_b^2}{2}\\&=\frac{\pi l_b^2(\gamma B-c)}{2K_0\cdot\tan\varphi}\left[1-\exp\left(-\frac{CK_0\cdot\tan\varphi}{B}\right)\right]+q\exp\left(-\frac{CK_0\cdot\tan\varphi}{B}\right)\cdot\frac{\pi l_b^2}{2}\end{aligned} \tag{6.2.27}$$

竖向荷载的滑动力矩M_q为

$$\begin{aligned}M_q&=P_0\cdot\left(l_a+\frac{4l_b}{3\pi}\right)\\&=\frac{\pi l_b^2(\gamma B-c)}{2K_0\cdot\tan\varphi}\left[1-\exp\left(-\frac{CK_0\cdot\tan\varphi}{B}\right)\right]\cdot\left(l_a+\frac{4l_b}{3\pi}\right)\\&\quad+q\exp\left(-\frac{CK_0\cdot\tan\varphi}{B}\right)\cdot\frac{\pi l_b^2}{2}\cdot\left(l_a+\frac{4l_b}{3\pi}\right)\end{aligned} \tag{6.2.28}$$

（3）对于滑裂面的阻滑力矩 M_c 计算如下。

先选择模型纵断面 *M-M* 并进行受力分析。假设滑动面上土体强度同时得到充分发挥，根据 Mohr-Coulomb 强度准则，滑动面上土体抗剪强度为

$$\tau = c + \sigma\tan\varphi \tag{6.2.29}$$

运用条分法将滑动体分为 n 个土条，第 i 个土条的受力如图 6.2.7 所示。其受力平衡条件为

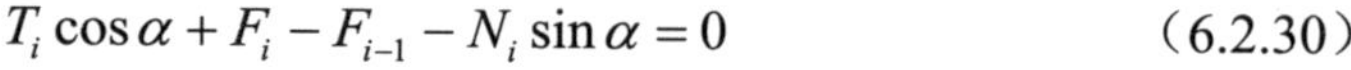

$$T_i\cos\alpha + F_i - F_{i-1} - N_i\sin\alpha = 0 \tag{6.2.30}$$

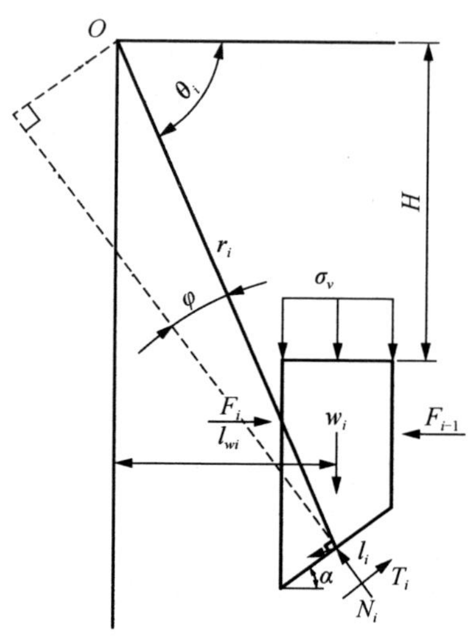

图 6.2.7　土条受力分析

$$\sigma_v l_i + w_i = T_i\sin\alpha + N_i\cos\alpha \tag{6.2.31}$$

$$T_i = cl_i + N_i\tan\varphi \tag{6.2.32}$$

式中

$$l_i = r_i\mathrm{d}\theta，\quad \alpha = \frac{\pi}{2} - \theta_i$$

第 i 个土条的重力为

$$w_i = \gamma l_i\cos\alpha\cdot\left(r_i\sin\theta_i - \frac{1}{2}\cdot l_i\cdot\sin\alpha\right) \tag{6.2.33}$$

式中

$$r_i = r_0\exp(\tan\varphi\cdot\theta_i) \tag{6.2.34}$$

联立式（6.2.31）和式（6.2.32）可以解得

$$N_i = \frac{\sigma_v l_i + w_i - cl_i\sin\alpha}{\cos\alpha + \tan\varphi\sin\alpha} \tag{6.2.35}$$

$$T_i = cl_i + \frac{\sigma_v l_i + w_i - cl_i\sin\alpha}{\cos\alpha + \tan\varphi\sin\alpha}\tan\varphi \tag{6.2.36}$$

而滑裂面上的微力矩为

$$\mathrm{d}M_{cT} = T_i r_i \cos\varphi \tag{6.2.37}$$

$$\mathrm{d}M_{cN} = N_i r_i \sin\varphi \tag{6.2.38}$$

由图 6.2.7 可知，M_{cT} 和 M_{cN} 的方向相反。因此，滑裂面上的总力矩为

$$M_c = M_{cN} - M_{cT} = \int_{\theta_0}^{\theta_1} (T_i r_i \cos\varphi - N_i r_i \sin\varphi)\mathrm{d}\theta \tag{6.2.39}$$

将式（6.2.39）积分，得

$$M_c = M_{cN} - M_{cT} = \frac{r_0^2 c \cdot \cos\varphi}{2\tan\varphi}[\exp(2\cdot\theta_c\cdot\tan\varphi) - 1] \tag{6.2.40}$$

由此可见，滑裂面上面的阻滑力矩只与滑裂面上的黏聚力有关，可将滑裂面微元的黏聚力求出，从而进行积分即可。

如图 6.2.3 所示，其微元的面积 dS 为

$$\mathrm{d}S = (r + \mathrm{d}r - r)\cdot\rho\cdot\mathrm{d}w \tag{6.2.41}$$

式中

$$\mathrm{d}r = r_0\cdot\tan\varphi\cdot\exp(\tan\varphi\cdot\theta)\mathrm{d}\theta \tag{6.2.42}$$

$$\rho = r_0\cdot\exp(\tan\varphi\cdot\theta)\cdot\cos(\theta+\varphi) - l_a \tag{6.2.43}$$

因此，其微力矩 dM_c 为

$$\mathrm{d}M_c = c\cdot\mathrm{d}S\cdot r_0\cdot\exp(\tan\varphi\cdot\theta)\cdot\cos\varphi \tag{6.2.44}$$

把式（6.2.41）、式（6.2.42）和式（6.2.43）代入式（6.2.44）并整理，得

$$\begin{aligned}\mathrm{d}M_c = {} & c\cdot r_0^3\cdot[r_0\cdot\exp(\tan\varphi\cdot\theta)\cdot\cos(\theta+\varphi) - l_r] \\ & \cdot\exp(2\tan\varphi\cdot\theta)\cdot\tan\varphi\cdot\cos\varphi\cdot\mathrm{d}\theta\cdot\mathrm{d}w\end{aligned} \tag{6.2.45}$$

式中

$$l_r = \frac{l_a}{r_0} = \exp(\tan\varphi\cdot\theta_c)\cdot\cos(\theta_c+\varphi) \tag{6.2.46}$$

对式（6.2.45）进行积分，得

$$M_c = \pi\cdot c\cdot r_0^3\cdot J_s \tag{6.2.47}$$

式中

$$J_s = \int_0^{\frac{\pi}{4}-\frac{\varphi}{2}} [\exp(\tan\varphi\cdot\theta)\cdot\cos(\theta+\varphi) - l_r]\cdot\exp(2\tan\varphi\cdot\theta)\cdot\sin\varphi\cdot\mathrm{d}\theta \tag{6.2.48}$$

积分式（6.2.46）使用软件 Mathmatic 进行计算。

（4）支护压力的阻滑力矩 M_l 求解如下。

首先求解滑裂面与开挖面的交点。

假设滑裂面与开挖面的交点为 C'（图 6.2.8），则满足几何关系

$$S_{OC}^2 = S_{BC}^2 + S_{AB}^2 \tag{6.2.49}$$

式中

$$S_{OC}=\frac{D}{2} \tag{6.2.50}$$

$$S_{OB}=r_0\cdot\sin\varphi+\frac{D}{2}-r\cdot\sin(\varphi+\theta) \tag{6.2.51}$$

$$S_{BC}=r\cdot\cos(\varphi+\theta)-l_{\rm a} \tag{6.2.52}$$

又因为

$$r=r_0\cdot\exp(\tan\varphi\cdot\theta) \tag{6.2.53}$$

$$l_{\rm a}=r_0\cdot\exp(\tan\varphi\cdot\theta_{\rm c})\cdot\cos(\varphi+\theta_{\rm c}) \tag{6.2.54}$$

$$r_0=\frac{D}{\sin(\theta_{\rm c}+\varphi)\cdot\exp(\theta_{\rm c}\cdot\tan\varphi)-\sin\varphi} \tag{6.2.55}$$

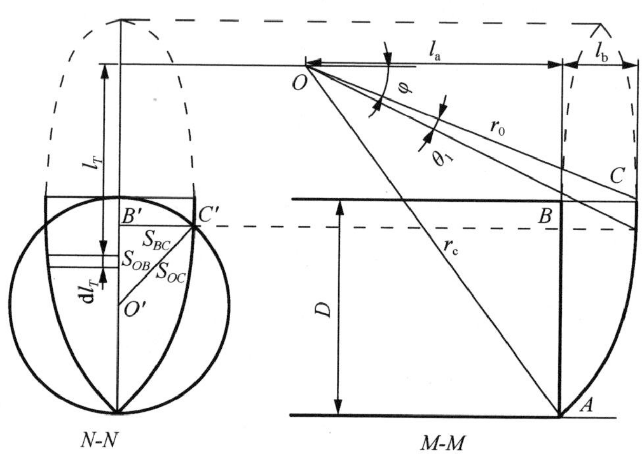

图 6.2.8　滑裂面与开挖面几何关系

把式（6.2.50）～式（6.2.55）代入式（6.2.49）中并整理，得

$$\begin{aligned}&\exp(2\tan\varphi\cdot\theta_1)-\exp(\tan\varphi\cdot\theta_1)\cdot\{2\cdot\exp(\tan\varphi\cdot\theta_{\rm c})\cdot\cos(\varphi+\theta_{\rm c})\cdot\cos(\varphi+\theta_1)\\&+[\sin(\theta_{\rm c}+\varphi)\cdot\exp(\theta_{\rm c}\cdot\tan\varphi)-\sin\varphi]\cdot\sin(\varphi+\theta_1)+\sin\varphi\cdot\sin(\varphi+\theta_1)\}\\&+\exp(2\tan\varphi\cdot\theta_{\rm c})\cdot\cos^2(\varphi+\theta_{\rm c})+\sin^2\varphi\\&+[\sin(\theta_{\rm c}+\varphi)\cdot\exp(\theta_{\rm c}\cdot\tan\varphi)-\sin\varphi]\cdot\sin\varphi=0\end{aligned} \tag{6.2.56}$$

式（6.2.56）中只有 θ_1 为未知量，而 φ 为参数。使用试算法求得 θ_1 与 φ 的关系如图 6.2.9 所示。

从而可得

$$\theta_1=0.181\,09\times\exp\left(-\frac{\varphi}{0.6825}\right)-0.034\,55 \tag{6.2.57}$$

$$S_{OB}=r_0\cdot\sin\varphi+\frac{D}{2}-r_0\cdot\exp(\tan\varphi\cdot\theta_1)\sin(\varphi+\theta_1) \tag{6.2.58}$$

$$S_{BC}=r_0\cdot\exp(\tan\varphi\cdot\theta_1)\cdot\cos(\varphi+\theta_1)-l_{\rm a} \tag{6.2.59}$$

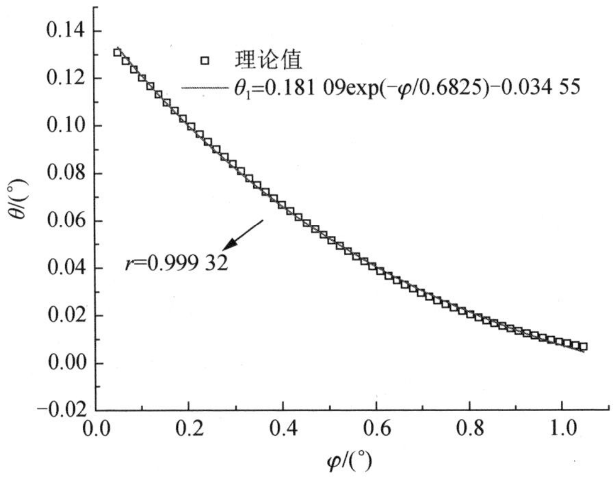

图 6.2.9　θ - φ 的关系

然后求解支护阻滑力矩。

由于支护面为对称图形，取一半进行计算，并分为 S_1、S_2 两部分进行计算，如图 6.2.10 所示。

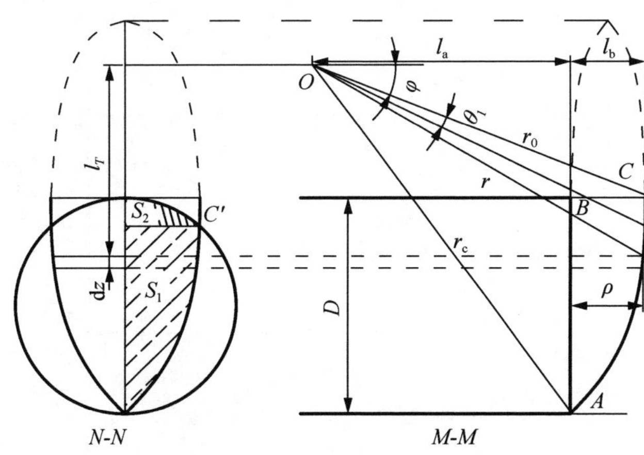

图 6.2.10　M_{s1} 惯性矩计算图

支护阻滑力矩微元体 $\mathrm{d}M_{s1}$ 为

$$\mathrm{d}M_{s1} = \sigma_T \cdot \rho \cdot \mathrm{d}z \cdot l_T \tag{6.2.60}$$

式中

$$\rho = r_0 \cdot \exp(\tan\varphi \cdot \theta) \cdot \cos(\theta + \varphi) - l_a \tag{6.2.61}$$

$$\mathrm{d}z = r_0 \cdot \exp(\tan\varphi \cdot \theta)[\sin(\theta + \varphi) \cdot \tan\varphi + \cos(\theta + \varphi)] \cdot \mathrm{d}\theta \tag{6.2.62}$$

$$l_T = r_0 \cdot \exp(\tan\varphi \cdot \theta) \cdot \sin(\varphi + \theta) \tag{6.2.63}$$

把式（6.2.61）～式（6.2.63）代入式（6.2.60）中得

$$\mathrm{d}M_{\mathrm{s1}} = \sigma_T \cdot r_0^3 \cdot \exp(2\tan\varphi\cdot\theta)\cdot[\exp(\tan\varphi\cdot\theta)\cdot\cos(\theta+\varphi)-l_{\mathrm{r}}] \cdot[\sin(\theta+\varphi)\cdot\tan\varphi+\cos(\theta+\varphi)]\cdot\sin(\varphi+\theta)\mathrm{d}\theta \tag{6.2.64}$$

因此，M_{s1} 可以表示为

$$M_{\mathrm{s1}} = \sigma_T \cdot r_0^3 \cdot J_{\mathrm{s1}} \tag{6.2.65}$$

式中

$$J_{\mathrm{s1}} = \int_{\theta_1}^{\theta_{\mathrm{c}}} \exp(2\tan\varphi\cdot\theta)\cdot[\exp(\tan\varphi\cdot\theta)\cdot\cos(\theta+\varphi)-l_{\mathrm{r}}] \cdot[\sin(\theta+\varphi)\cdot\tan\varphi+\cos(\theta+\varphi)]\cdot\sin(\varphi+\theta)\mathrm{d}\theta \tag{6.2.66}$$

式（6.2.66）为 θ 在区间[θ_1 , θ_c]的定积分，且 $\theta_1 = 0.181\,09\times\exp(-\varphi/0.6825)-0.034\,55$ ，$\theta_c=\pi/4-\varphi/2$ 。

而 S_2 部分的阻滑力矩 M_{s2} 计算如图 6.2.11 所示。

$$2M_{\mathrm{s2}} = M_{O'C'D'} - M_{\triangle O'C'D'} \tag{6.2.67}$$

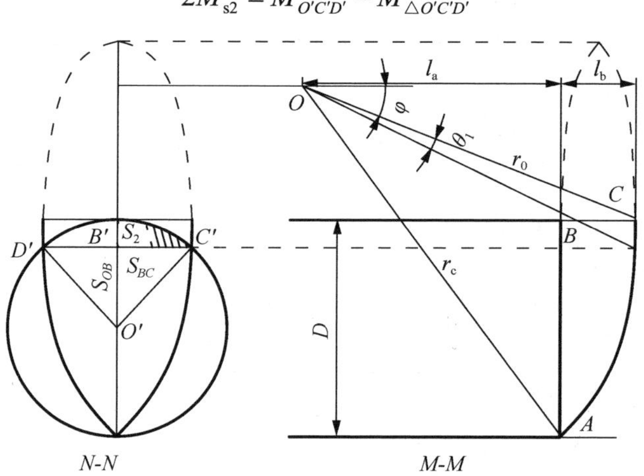

图 6.2.11　M_{s2} 惯性矩计算图

式中

$$M_{O'C'D'} = \sigma_T \cdot \arctan\left(\frac{S_{BC}}{S_{OB}}\right)\cdot\frac{D^2}{4}\cdot\left(r_0\cdot\sin\varphi+\frac{D}{6}\right) \tag{6.2.68}$$

$$M_{\triangle O'C'D'} = \sigma_T \cdot S_{BC}\cdot S_{OB}\cdot\left(r_0\cdot\sin\varphi+\frac{S_{OB}}{3}\right) \tag{6.2.69}$$

把式（6.2.68）和式（6.2.69）代入式（6.2.67）中得

$$2M_{\mathrm{s2}} = \sigma_T \cdot r_0^3 \cdot J_{\mathrm{s2}} \tag{6.2.70}$$

式中

$$J_{s2}=\arctan\left(\frac{S_{BC}}{S_{OB}}\right)\cdot[\sin(\theta_c+\varphi)\cdot\exp(\tan\varphi\cdot\theta_c)-\sin\varphi]^2$$
$$\cdot\frac{[6\sin\varphi+\sin(\theta_c+\varphi)\cdot\exp(\tan\varphi\cdot\theta_c)-\sin\varphi]}{24}$$
$$-\left\{\sin\varphi+\frac{[\sin(\theta_c+\varphi)\cdot\exp(\tan\varphi\cdot\theta_c)-\sin\varphi]}{2}-\exp(\tan\varphi\cdot\theta_1)\sin(\varphi+\theta_1)\right\}$$
$$\cdot[\exp(\tan\varphi\cdot\theta_1)\cdot\cos(\varphi+\theta_1)-\exp(\tan\varphi\cdot\theta_c)\cdot\cos(\varphi+\theta_c)]$$
$$\cdot\left[\frac{4\sin\varphi}{3}+\frac{\sin(\theta_c+\varphi)\cdot\exp(\tan\varphi\cdot\theta_c)-\sin\varphi}{6}-\frac{\exp(\tan\varphi\cdot\theta_1)\sin(\varphi+\theta_1)}{3}\right]\tag{6.2.71}$$

因此，支护压力的阻滑力矩 M_l 为

$$M_l=2\cdot M_{s1}+2\cdot M_{s2}=\sigma_T\cdot r_0^3\cdot(2J_{s1}+J_{s2})\tag{6.2.72}$$

把式（6.2.21）、式（6.2.28）、式（6.2.47）和式（6.2.72）代入式（6.2.13）中得支护压力的表达式

$$\sigma_T=cN_c+qN_q+\gamma DN_\gamma\tag{6.2.73}$$

式中

$$N_c=-\frac{\dfrac{l_b^2\cdot(3\pi l_a+4l_b)}{2K_0\cdot\tan\varphi}\left[1-\exp\left(-\dfrac{CK_0\cdot\tan\varphi}{B}\right)\right]+3\pi\cdot r_0^3\cdot J_s}{3r_0^3\cdot(2J_{s1}+J_{s2})}\tag{6.2.74}$$

$$N_q=\frac{\exp\left(-\dfrac{CK_0\cdot\tan\varphi}{B}\right)\cdot(3\pi l_a+4l_b)\cdot l_b^2}{6r_0^3\cdot(2J_{s1}+J_{s2})}\tag{6.2.75}$$

$$N_\gamma=\frac{3\pi\cdot r_0^4\cdot J_v+\dfrac{l_b^2B\cdot(3\pi l_a+4l_b)}{2K_0\cdot\tan\varphi}\left[1-\exp\left(-\dfrac{CK_0\cdot\tan\varphi}{B}\right)\right]}{3Dr_0^3\cdot(2J_{s1}+J_{s2})}\tag{6.2.76}$$

6.2.3　简化二维计算模型

为进行二维简化分析，进行以下假定。

（1）假设滑裂面沿横剖面分布相同，则在横剖面选取单位长度进行分析即可，如图 6.2.12 所示。

（2）滑裂面的形状为对数螺旋线：滑裂面底端与竖向的夹角 $\theta_c=\pi/4-\varphi/2$，顶端与水平面垂直。

（3）滑裂面为摩擦性材料，满足流动法则和相容方程。假设 C 点的转动方向为 CN，则 $OC\perp CN$，且 $\delta v=\delta u\cdot\tan\varphi$，即 w 与竖直方向的夹角为 φ。由图 6.2.12 简单几何关系得 $\angle COx=\varphi$。

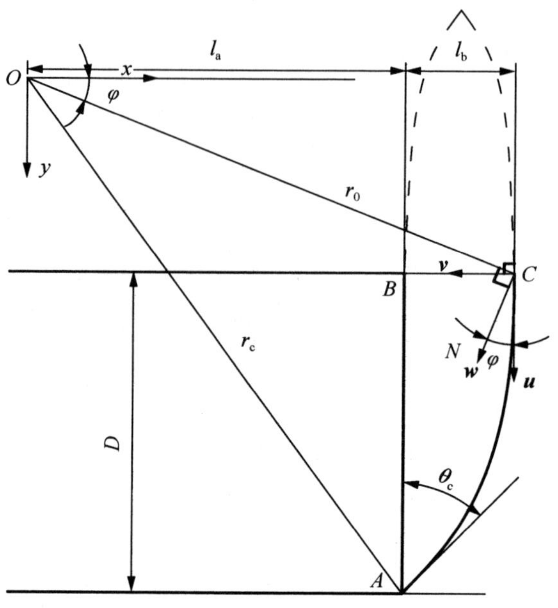

图 6.2.12　二维滑动失稳模型

沿 OC 为起始线，并以顺时针方向为正，建立极坐标如图 6.2.13 所示。则对数螺旋的方程可以表示为

$$r = a \cdot \exp(b \cdot \theta) \tag{6.2.77}$$

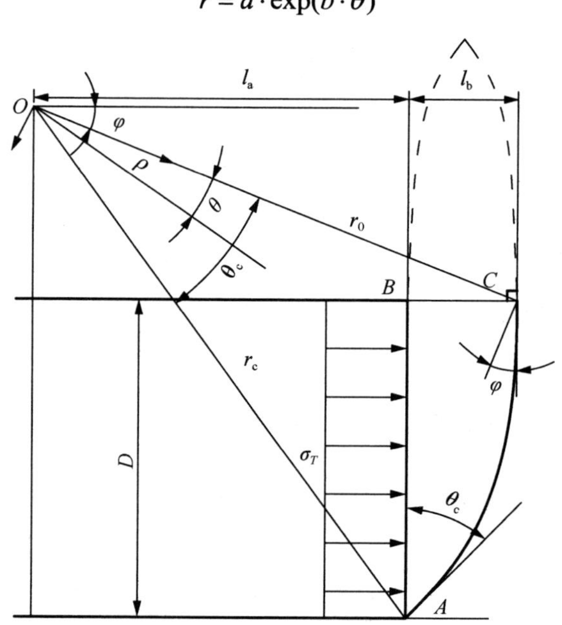

图 6.2.13　二维滑动失稳模型极坐标表示

且边界条件为

$$r = r_0, \quad \theta = 0 \tag{6.2.78}$$

由对数螺线的定义得

$$\angle COA = \theta_c = \frac{\pi}{4} - \frac{\varphi}{2}$$

于是另一边界条件为

$$r = r_c, \quad \theta = \theta_c \tag{6.2.79}$$

由 $\tan\alpha = R(\theta)/R'(\theta)$，$\alpha$ 为极半径与曲线切线的夹角，可得

$$\tan\alpha_1 = \frac{r(\theta=0)}{r'(\theta=0)} = \tan\left(\frac{\pi}{2} - \varphi\right) \tag{6.2.80}$$

$$\tan\alpha_2 = \frac{r(\theta=\theta_c)}{r'(\theta=\theta_c)} = \tan\left(-\frac{\pi}{2} - \varphi\right) \tag{6.2.81}$$

联立式（6.2.77）～式（6.2.81）可以解得对数螺线的方程为

$$r = r_0 \cdot \exp(\tan\varphi \cdot \theta) \tag{6.2.82}$$

把式（6.2.79）代入式（6.2.82）得

$$r_c = r_0 \cdot \exp(\tan\varphi \cdot \theta_c) \tag{6.2.83}$$

由图 6.2.13 几何关系得

$$r_0 \cdot \sin\varphi + D = r_c \cdot \sin(\theta_c + \varphi) \tag{6.2.84}$$

联立式（6.2.83）和式（6.2.84）得

$$r_0 = \frac{D}{\sin(\theta_c + \varphi)\cdot\exp(\theta_c \cdot \tan\varphi) - \sin\varphi} \tag{6.2.85}$$

$$r_c = \frac{D\cdot\exp(\theta_c \cdot \tan\varphi)}{\sin(\theta_c + \varphi)\cdot\exp(\theta_c \cdot \tan\varphi) - \sin\varphi} \tag{6.2.86}$$

考虑开挖面前方 *ABC* 滑动区域土体的力矩平衡条件，可得

$$M_{ws} + M_{qs} - M_{ls} - M_{cs} = 0 \tag{6.2.87}$$

式中：M_{ws} 为二维滑动土体产生的转动力矩；M_{qs} 为二维滑动土体上方土体产生的滑动力矩；M_{ls} 为二维支护压力的抵抗力矩；M_{cs} 为二维滑裂面的摩擦阻力抵抗力矩。下面对其分别进行求解。

（1）直接求解三角形 *ABC* 的惯性矩比较困难。为此，运用三角形 *AOC* 的惯性矩减去三角形 *OBC* 和 *OAB*。三角形 *OAC* 区域微元体的重力对 *O* 点的力矩为

$$\mathrm{d}M_{OAC} = \left(\frac{2}{3}r\cos\theta\right)\cdot\left(\frac{1}{2}\gamma\cdot r^2\mathrm{d}\theta\right) \tag{6.2.88}$$

式中

$$r = r_0 \cdot \exp(\theta \cdot \tan\varphi)$$

对式（6.2.88）进行积分得

$$M_{OAC}=\int_0^{\theta_1}\mathrm{d}M_{OAC}=\gamma\cdot r_0^3 f_1 \tag{6.2.89}$$

式中

$$f_1=\frac{(3\tan\varphi\cdot\cos\theta_c+\sin\theta_c)\exp(3\theta_c\cdot\tan\varphi)-3\tan\varphi}{3(1+9\tan^2(\varphi))} \tag{6.2.90}$$

三角形 OBC 区域土体重力对 O 点的力矩为

$$M_{OBC}=\gamma\cdot r_0 f_2 \tag{6.2.91}$$

式中

$$f_2=(2l_a+l_b)\cdot\frac{l_b\sin\varphi}{6}$$

$$l_a=r_0\cdot\exp(\tan\varphi\cdot\theta_c)\text{，}\quad l_b=r_0\cdot\cos\varphi-l_a$$

三角形 OAB 区域土体重力对 O 点的力矩为

$$M_{OAB}=\frac{1}{3}\cdot Dl_a^2\gamma \tag{6.2.92}$$

因此，三角形 ABC 的滑动力矩可以由式（6.2.89）～式（6.2.92）求出

$$M_w=\gamma\cdot r_0^3 f_1-\gamma\cdot r_0 f_2-\frac{1}{3}\cdot Dl_a^2\gamma \tag{6.2.93}$$

（2）上覆土松动土压力产生的力矩为

$$M_q=l_b\cdot\sigma_v\left(l_a+\frac{l_b}{2}\right) \tag{6.2.94}$$

其中，松动土压力采用太沙基公式进行计算，即

$$\sigma_v=\frac{\gamma B'-c}{K_0\tan\varphi}\left[1-\exp\left(-\frac{CK_0\tan\varphi}{B'}\right)\right]+q\exp\left(-\frac{CK_0\tan\varphi}{B'}\right) \tag{6.2.95}$$

式中

$$B'=l_b\frac{1+\tan\left(\frac{\pi}{4}-\frac{\varphi}{2}\right)}{2}$$

式中：q 为地面超载；K_0 为静止土压力系数，为方便计算，本书取 $K_0=1-\sin\varphi$ 。

（3）假设滑动面上土体强度同时得到充分发挥，根据 Mohr-Coulomb 强度准则，滑动面上土体抗剪强度为

$$\tau=c+\sigma\tan\varphi \tag{6.2.96}$$

运用条分法将滑动体分为 n 个土条，第 i 个土条的受力如图 6.2.14 所示。

其受力平衡条件为

$$T_i\cos\alpha+F_i-F_{i-1}-N_i\sin\alpha=0 \tag{6.2.97}$$

$$\sigma_v l_i+w_i=T_i\sin\alpha+N_i\cos\alpha \tag{6.2.98}$$

$$T_i=cl_i+N_i\tan\varphi \tag{6.2.99}$$

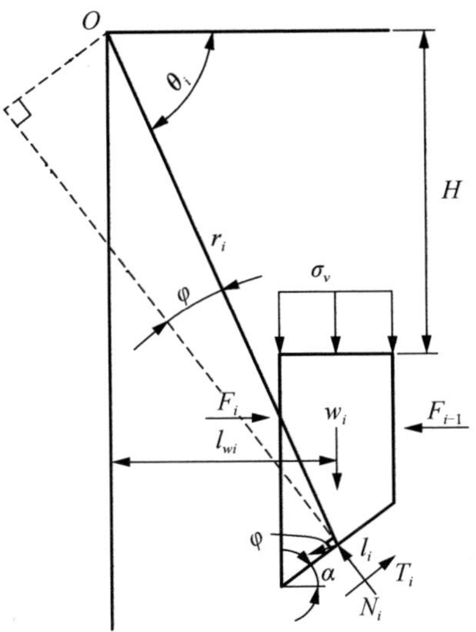

图 6.2.14　土条受力分析

式中

$$l_i = r_i \mathrm{d}\theta \qquad \alpha = \frac{\pi}{2} - \theta_i$$

第 i 个土条的重力为

$$w_i = \gamma l_i \cos\alpha \cdot \left(r_i \sin\theta_i - \frac{1}{2} \cdot l_i \cdot \sin\alpha \right) \tag{6.2.100}$$

式中

$$r_i = r_0 \exp(\tan\varphi \cdot \theta_i) \tag{6.2.101}$$

联立式（6.2.98）和式（6.2.99）可以解得

$$N_i = \frac{\sigma_v l_i + w_i - c l_i \sin\alpha}{\cos\alpha + \tan\varphi \sin\alpha} \tag{6.2.102}$$

$$T_i = c l_i + \frac{\sigma_v l_i + w_i - c l_i \sin\alpha}{\cos\alpha + \tan\varphi \sin\alpha} \tan\varphi \tag{6.2.103}$$

而滑裂面上的微力矩为

$$\mathrm{d}M_{cT} = T_i r_i \cos\varphi \tag{6.2.104}$$

$$\mathrm{d}M_{cN} = N_i r_i \sin\varphi \tag{6.2.105}$$

由图 6.2.14 可知，M_{cT} 和 M_{cN} 的方向相反。因此，滑裂面上的总力矩为

$$M_c = M_{cN} - M_{cT} = \int_{\theta_0}^{\theta_1} (T_i r_i \cos\varphi - N_i r_i \sin\varphi) \mathrm{d}\theta \tag{6.2.106}$$

将式（6.2.106）积分得

$$M_{\mathrm{c}} = M_{\mathrm{c}N} - M_{\mathrm{c}T} = \frac{r_0^2 c \cdot \cos\varphi}{2\tan\varphi}[\exp(2 \cdot \theta_{\mathrm{c}} \cdot \tan\varphi) - 1] \tag{6.2.107}$$

（4）支护压力抵抗矩为

$$M_l = \sigma_T \cdot D \cdot \left(r_0 \cdot \sin\varphi + \frac{D}{2} \right) \tag{6.2.108}$$

将式（6.2.93）、式（6.2.94）、式（6.2.107）、式（6.2.108）代入式（6.2.87）中得支护压力的表达式

$$\sigma_T = cN_{\mathrm{c}} + qN_{\mathrm{q}} + \gamma DN_{\gamma} \tag{6.2.109}$$

式中

$$N_{\mathrm{c}} = \frac{r_0^2 \cos\varphi[1 - \exp(2 \cdot \theta_{\mathrm{c}} \cdot \tan\varphi)]}{2D\left(r_0 \sin\varphi + \dfrac{D}{2} \right)\tan\varphi} - \frac{\left[1 - \exp\left(-\dfrac{CK_0 \tan\varphi}{B'} \right) \right]\left(l_{\mathrm{a}} l_{\mathrm{b}} + \dfrac{l_{\mathrm{b}}^2}{2} \right)}{K_0 D\left(r_0 \sin\varphi + \dfrac{D}{2} \right)\tan\varphi} \tag{6.2.110}$$

$$N_{\mathrm{q}} = \frac{\exp\left(-\dfrac{CK_0 \tan\varphi}{B'} \right)\left(l_{\mathrm{a}} l_{\mathrm{b}} + \dfrac{l_{\mathrm{b}}^2}{2} \right)}{D\left(r_0 \sin\varphi + \dfrac{D}{2} \right)} \tag{6.2.111}$$

$$N_{\gamma} = \frac{r_0^3 f_1 - r_0 f_2 - \dfrac{Dl_{\mathrm{a}}^2}{3}}{D^2\left(r_0 \sin\varphi + \dfrac{D}{2} \right)} + \frac{B'\left[1 - \exp\left(-\dfrac{CK_0 \tan\varphi}{B'} \right) \right]\left(l_{\mathrm{a}} l_{\mathrm{b}} + \dfrac{l_{\mathrm{b}}^2}{2} \right)}{K_0 D^2\left(r_0 \sin\varphi + \dfrac{D}{2} \right)\tan\varphi} \tag{6.2.112}$$

式中：N_{c}、N_{q}、N_{γ} 分别为黏聚力、地表超载和土体重度对支护压力的影响系数。

6.3 模型验证和应用

6.3.1 模型验证

1. 滑裂面形状

根据理论分析假定，滑裂面形状只与内摩擦角、隧道直径有关。试验模拟隧道直径为300mm。由材料特性知：试验使用粉砂、细砂的内摩擦角分别为 34.1° 和 37.5°。根据预测模型分别计算粉砂和细砂的滑裂面，如图 6.3.1 和图 6.3.2 所示。对于滑裂面纵剖面，粉砂地层滑裂面预测值与实测值较为吻合（图 6.3.1）；而细砂地层滑裂面预测值偏大（图 6.3.2）。从试验结果来看，其滑裂面的形状还与施加荷载有关。因此，在任意荷载条件下，预测值与实测值都会有一定的偏差，但这种偏差不一定意味着理论模型的不足，也可能是试验模型尺寸的局限造成的。

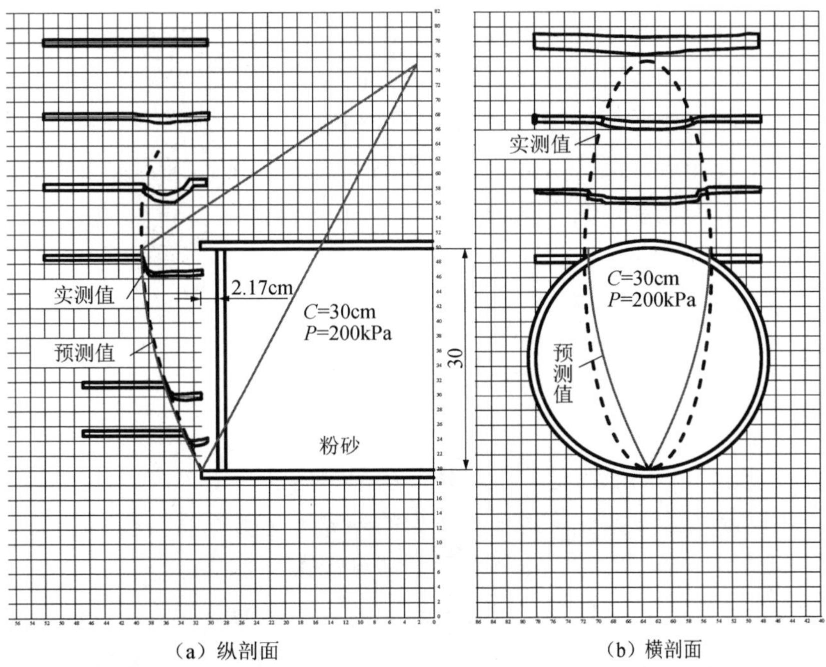

（a）纵剖面　　（b）横剖面

图 6.3.1　粉砂地层滑裂面预测值与实测值比较（单位：cm）

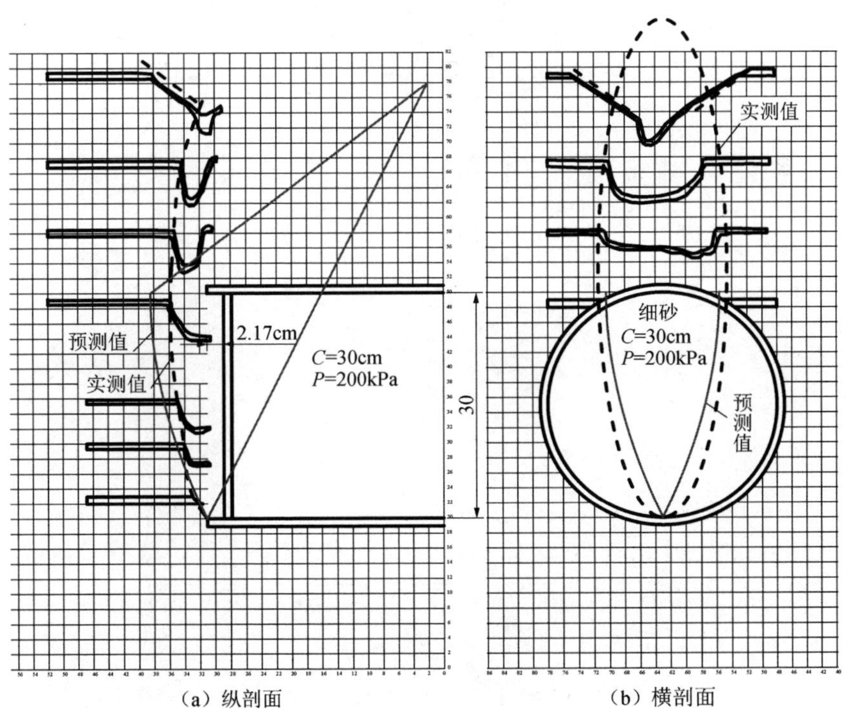

（a）纵剖面　　（b）横剖面

图 6.3.2　细砂地层滑裂面预测值与实测值比较（单位：cm）

同时，计算参数的选择也是影响预测结果的重要因素。从图 6.3.1（a）的预测结果来看，使用对数螺线对滑裂面纵剖面进行描述和分析是可靠的。

对于滑裂面横剖面，无论粉砂地层还是细砂地层，滑裂面预测值在隧道的上方与实测值比较吻合，而在隧道的下方预测值较小。由于理论模型中假定滑裂面是由纵剖面对数螺线绕轴旋转而成，这就造成了隧道底部滑裂面的尖点。这是理论假定的不足造成的。尖点的存在使得预测值偏小。但由于隧道顶部预测的准确性，其造成的误差影响不大。因此，使用本章建立的三维滑裂面预测是可行的。

2. 支护压力

为验证理论模型的适用性，运用建立的模型对试验结果进行预测。在 1 倍覆土厚度，不同附加荷载条件下的支护压力的预测值与实测值比较如图 6.3.3 所示。无论是三维模型还是二维简化模型的预测值都出现了负值。经仔细检查，该负值的出现与模型建立过程中使用了太沙基土条法有关。因太沙基土条法在计算过程中考虑竖向剪切力的影响，在覆土厚度较薄的情况下，易出现剪切抗力大于土体自重的情况。很显然，这种现象是有违事实的。为使预测值较为准确，在计算过程中对土条法中剪切力进行修正。修正后的剪应力为原有值的 1/4。修正后的三维预测计算值与 d=0.5mm（$\delta=d/D$=0.167%）时的试验值较为接近，如图 6.3.3 所示。

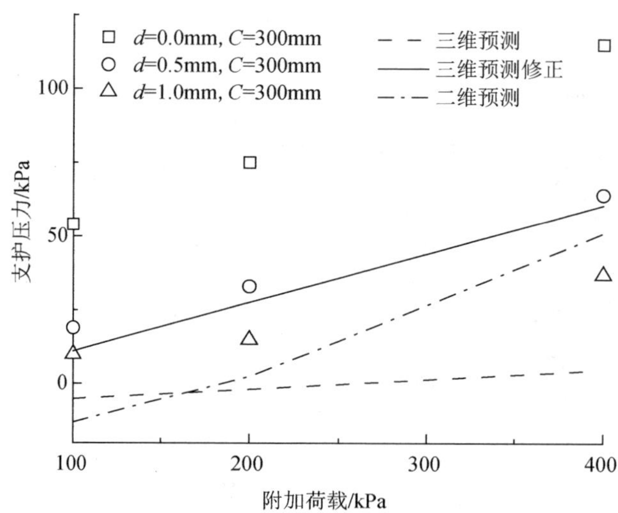

图 6.3.3　不同附加荷载条件下的支护压力的预测值和实测值比较

不同覆土厚度条件下的支护压力的预测值与实测值比较如图 6.3.4 所示。预测值和实测值在初始阶段均随着覆土厚度的增加而逐渐减小，然后实测值有稍微上扬，而三维预测修正值下降趋于平缓，与实测值 d=0.5mm 有一定的差别。但是，整体上三维预测修正值与实测值 d=0.5mm 较为吻合。

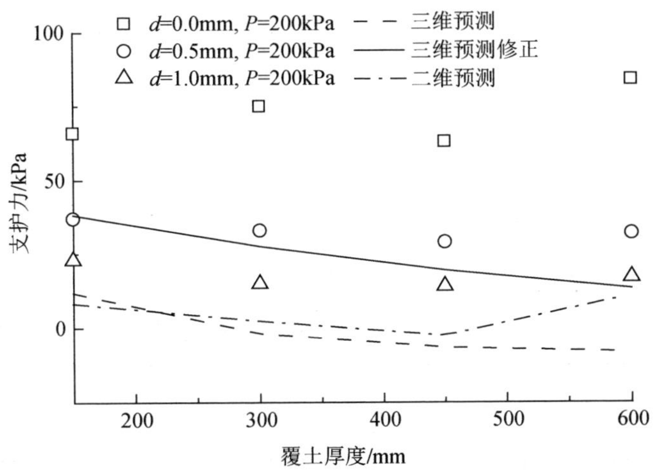

图 6.3.4　不同覆土厚度条件下的支护压力的预测值和实测值比较

不同土性条件下的支护压力的预测值与实测值比较如图 6.3.5 所示。由于细砂和粉砂的土性参数相差不大，其相同位移条件下的实测值基本相当。同时，三维预测修正值基本为水平线，与实测值 d=0.5mm 较为一致。

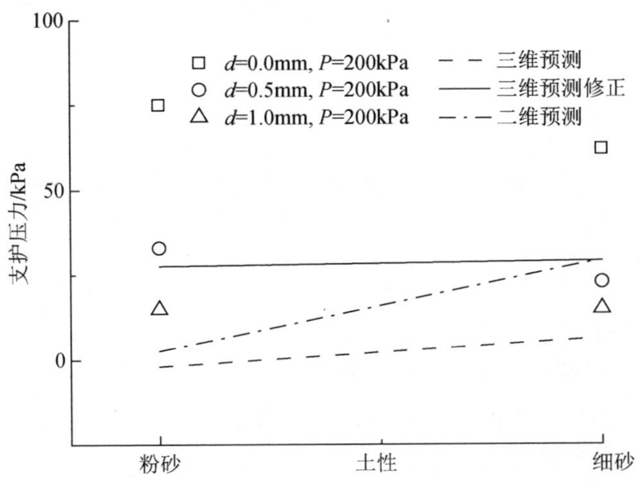

图 6.3.5　不同土性条件下的支护压力的预测值和实测值比较

综上所述，6.2 节的最小支护压力模型可以较准确地预测开挖面滑裂极限支护压力，且适用条件与太沙基条分法的使用条件一致。对于覆土厚度较薄（或极薄）情况，可以根据实际情况对上覆土压力周边剪应力进行折减后应用。

6.3.2　模型预测

对于隧道直径为 15.0m，附加荷载为 10kPa，土体力学性能参数如表 6.3.1 所示，不同覆土厚度条件下的隧道最小支护压力预测值如图 6.3.6 所示。无论是三维还是二维计算模型，其支护压力预测值均随着覆土厚度的增加而逐渐增大，且预测值范围基本在静止土压力和朗肯土压力之间。对于简化二维计算模型，其预测值在覆土较薄的情况下因为其模型过度估计了滑裂体的体积，导致其预测值偏大。这点从其与三维计算模型的对比也可以看出，其预测值偏大。

表 6.3.1　土体力学性能参数

土性	内摩擦角 φ/(°)	黏聚力 c/kPa	重度 γ/(kN/m³)
砂土	30	0	20

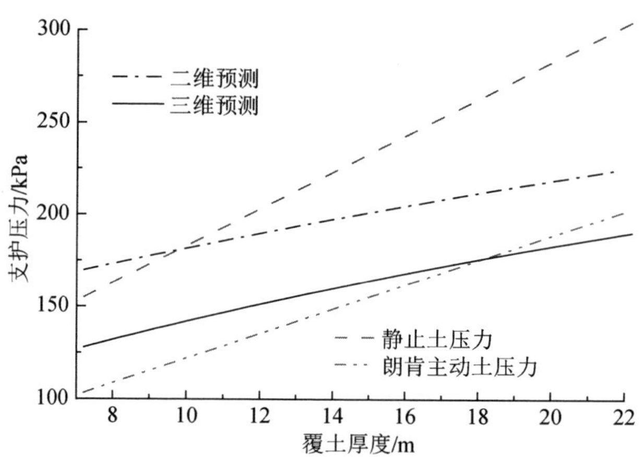

图 6.3.6　不同覆土厚度条件下的最小支护压力预测值

对于三维计算模型，其预测模型在覆土较薄时，其预测值比朗肯主动土压力稍微偏大，而随着覆土厚度的增加，其预测值又稍微大于朗肯主动土压力，这可能与覆土厚度增加后产生的土拱效应有关。土拱效应会减小施加在转动滑体上的荷载，从而使最小支护压力变小。

6.4　本章小结

本章运用极限平衡法研究开挖面前方土体主动失稳力学特性，主要研究开挖面前方土体失稳时的滑裂面的形状和维持开挖面稳定的最小支护压力。为实现以上目的，研制了开挖面稳定试验装置，并选择砂土进行了室内试验。我们研究了在不同附加荷载、覆土厚度和土性条件下开挖面挡板位移与支护压力之间的关系，得出了开挖面的压力分布特性和变化趋势。运用试验装置展示了滑裂面纵剖面和横剖面形状，为接下来的理论推导打下基础。

同时，基于极限平衡法，假定滑裂面为对数螺线的条件下，对开挖面三维滑裂体的最小支护压力进行了理论分析，给出了解析解；并在二维简化模型下给出了解答。运用室内试验结果对理论解析解进行了验证。通过研究分析，得出以下结论。

（1）研制了开挖面稳定试验装置。试验装置可以同时展示开挖面前方滑裂面纵剖面和横剖面形状，对描绘滑裂面三维形状起到很好的引导作用。采用升降机对挡板微型位移（精度可达 0.01mm）控制，可以得到开挖面土压力随挡板位移的连续变化趋势，弥补了以往试验位移跳跃的不足。

（2）给出了开挖面土压力的分布形式和其随挡板位移的变化趋势，为支护压力的设定提供一定的参考。

（3）得到了滑裂面的形状：横剖面为椭圆曲线，纵剖面为对数螺线，为开挖面支护压力的理论分析打下基础。

（4）在假定滑裂面纵剖面为对数螺线，滑裂体为对数螺线绕 z 轴旋转而成的条件下，严格按照摩擦性材料的位移相容和一般滑裂角给出了三维最小支护压力的解析解。其适用条件与太沙基条分法一致。

（5）在实际应用过程中，三维计算模型和二维简化计算模型均可对最小支护压力进行预测。但是，二维简化计算模型预测值偏大，特别是覆土厚度较浅的情况，使用时应加以注意。

（6）本章的理论分析经过了砂性土层开挖面稳定试验的检验，是可靠的。由于其严格的假定和严密的推导，其结论理论上也可以推广到黏性土地层中。

参考文献

[1] 村山朔郎, 遠藤正明, 橋場友则. 機械化シールドの掘進性能に関する土質力学的考察[J]. 第 1 回土質工学研究発表会, 1966, 75-79.

[2] 吕玺琳, 王浩然, 黄茂松. 盾构隧道开挖面稳定极限理论研究[J]. 岩土工程学报, 2011, 33 (1): 57-62.

[3] CHAMBON P, CORTE J F. Shallow tunnels in cohesionless soil stability of tunnel face[J]. Journal of Geotechnical Engineering, 1994, 120:1148-1165.

[4] CHEN W F. Limit analysis and soil plasticity[M]. Amsterdam: Elsevier, 1975.

[5] MOLLON G, DIAS D, SOUBRA A H. Rotational failure mechanisms for the face stability analysis of tunnels driven by a pressurized shield[J]. International Journal for Numerical and Analytical Methods in Geomechanics, 2011, 35(12): 1363-1388.

[6] 真下英人，铃木正彦，猪熊明．トンネル切羽安定性の簡易評価法の提案[J]．土木学会論文集，1999, No.638/III-49: 117-129.

[7] TERZAGHI K. Theoretical soil mechanics[M]. New York: John Wiley & Sons, Inc., 1943.

第七章　考虑掘进面稳定的泥水压力设定范围研究

7.1　泥水压力设定范围的提出背景

泥水盾构在掘进过程中，通过泥膜的支撑和阻隔作用来维持泥水压力和水土压力之间的泥水平衡效果。这种支护作用有别于土压平衡盾构，被称为主动支护。其对掘进面的稳定作用是通过泥水压力的调节（或控制）来完成的。由于土体卸载条件下的变形和力学特性较为复杂，且不同土体之间也存在着巨大差异，泥水压力的设定目前只是在掘进前给出一个初值，然后随着掘进响应进行相应的调整。因此，泥水压力的设定从工程应用上是一个难点。另外，越江海隧道具有直径较大的特点，其压力设定值的确定变得更为困难。掘进面稳定性分析这个难题引起了学者们的极大兴趣，有关泥水盾构施工方面的研究主要集中在这个方面。如 Chambon 和 Corté[1]、Broere[2]、Li 等[3]及 Kim 和 Tonon[4]等运用室内试验、理论分析、室内离心机试验和数值分析等方法研究了泥水盾构掘进面支护压力和变形之间的关系。但这些研究大多集中在观察现象和简单理论的应用，没有从力学机制上揭示其力学关系，更没有把研究结论应用在泥水压力的控制。

本章从防止掘进面劈裂（被动失稳）和滑塌（主动失稳）两种极限状态来研究掘进面稳定。具体来讲，是从设定泥水压力的上限和下限出发来控制泥水压力，从而防止掘进面的失稳。本章给出一般条件和有上覆建筑物、浅覆土高水压等特殊条件下盾构掘进时泥水压力设定的注意事项，为泥水盾构施工提供指导。

7.2　泥水压力设定上限

在泥水盾构掘进过程中，泥水压力过大会劈裂地层，造成带有压力的泥水顺着裂隙涌出地层，同时泥水支护压力降低，掘进面可能失稳。因此，在泥水盾构掘进过程中要控制泥水压力的上限，防止泥水喷发现象的发生。根据第四章的研究成果[5]，泥水压力的上限为地层劈裂抗力。

7.2.1　地层劈裂抗力的初估

由圆孔扩张理论[6]，地层劈裂抗力由土体应力和材料破坏抗力组成。假定土体破坏满足 Mohr-Coulomb 强度准则，可以建立如图 7.2.1 所示模型。由叠加原理得地层劈裂抗力如式（7.2.1）所示[7,8]。

$$p_{\mathrm{f}} = \sigma_3 \cdot (1 + \sin\varphi) + c \cdot \cos\varphi \tag{7.2.1}$$

式中：φ为土体内摩擦角；c为土体黏聚力；σ_3为最小主应力，$\sigma_3 = (\gamma C + q) \cdot (1 - \sin\varphi)$，其中$\gamma$为土体重度，$C$为覆土厚度，$q$为超载。若上覆水体，则换算为超载。这种使用总应力指标进行计算的方法称为总应力法。

若地层中存在孔隙水压力，式（7.2.1）也可以表示为

$$p_{\mathrm{f}} = (\sigma_3 - u_0)(1 + \sin\varphi') + c' \cdot \cos\varphi' + u_0 \tag{7.2.2}$$

式中：φ'为土体内摩擦角有效值；c'为土体黏聚力有效值；u_0为孔隙水压力。这种使用有效应力指标进行计算的方法称为有效应力法。

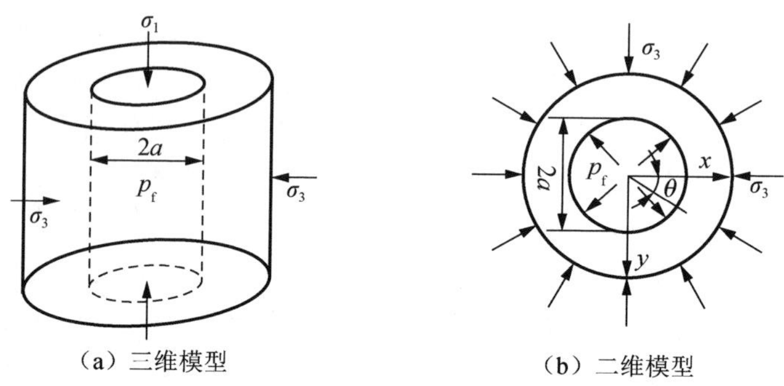

图 7.2.1　土体劈裂模型

由式（7.2.1）、式（7.2.2）可得：地层的劈裂抗力与地层静止土压力和土性有关。由于土体的c、φ不可能同时为零，所以地层的劈裂抗力总是大于地层静止土压力。因此，若使用静止土压力作为泥水压力设定上限，则不会发生泥水劈裂现象。

总应力法和有效应力法均可以对地层劈裂抗力进行预测。已有研究表明[9]：两种方法的预测结果基本一致，但是有效应力法预测值比实测值偏大，而总应力法预测值比实测值偏小。预测值偏大意味着安全风险增加。因此，总应力方法更适用于工程应用。

7.2.2　地层劈裂抗力的测定

为更加准确地测定地层劈裂抗力，袁大军等[10,11]研制了现场泥水劈裂仪，如图 4.4.1 所示。该仪器运用气-液联合体对地层劈裂抗力进行测定。由于气体压力易测定和控制、液体流量易测定，气-液联合体可以捕捉到泥水劈裂的发生并准确地给出当前压力值。

现场测定时，先进行钻孔并封堵，然后泵入泥水，平稳缓慢加压至流量计示数突增，即可测得泥水劈裂压力。现场测定方法与理论估计方法互为补充，在不同工程地质、经费预算条件下可以选择使用。

7.2.3　泥水压力设定上限

（1）通常泥水压力的设定以盾构中心为基点进行设定，称为泥水压力设定值 p_0，其数值取决于图 4.6.1 中 h_0 处水土压力。盾构掘进面顶部的泥水压力称为切口压力 p_c。它与泥水压力设定值 p_0 之间的关系为

$$p_0 = p_c + \gamma_s \cdot \frac{D}{2} \tag{7.2.3}$$

式中：γ_s 为泥水重度；D 为盾构直径。

对于黏性土地层，当切口压力 p_c 达到劈裂压力 p_f 时，泥水将劈裂地层，如图 4.6.1 所示为可能劈裂路径之一。因此，泥水压力设定最大值为

$$p_{0\max} = p_f + \gamma_s \cdot \frac{D}{2} \tag{7.2.4}$$

联合式（7.2.1）和式（7.2.4）可以得出

$$p_{0\max} = \sigma_3(1 + \sin\varphi) + c \cdot \cos\varphi + \gamma_s \cdot \frac{D}{2} \tag{7.2.5}$$

对于砂性土地层，当切口压力 p_c 达到临界渗透压力时，砂土可能会发生渗透破坏。为避免此类现象的发生，使用水流对砂土的临界渗透破坏压力来估计泥水对砂土的水力破坏的上限。泥水压力设定上限值为地层的临界渗透破坏压力，即

$$p_{0\max} = p_{c\max} + \gamma_s \cdot D = \gamma' \cdot h + \gamma_w \cdot H + \gamma_s \cdot D \tag{7.2.6}$$

式中：$h = h_1 - H$，H 为水的深度。

（2）当以切口压力为基准进行泥水压力设定值时：

对于黏性土，设定上限值直接为地层的劈裂抗力，即

$$p_{c\max} = p_f \tag{7.2.7}$$

对于砂性土地层，泥水压力设定上限值为地层的临界渗透破坏压力，即

$$p_{c\max} = \gamma' \cdot h + \gamma_w \cdot H \tag{7.2.8}$$

7.3　泥水压力设定下限

在泥水盾构掘进过程中，泥水压力过小则掘进面会发生滑塌，从而造成地层位移过大，可能引起地面上建筑物发生开裂、倾斜等破坏。因此，在泥水盾构掘进过程中要控制泥水压力的下限，防止掘进面主动失稳的发生。本书第六章给出了掘进面最小支护压力的理论解，下面对泥水支护压力设定下限分以下两种情况进行讨论：①无地下水情况；②有地下水情况。

7.3.1　无地下水情况

无地下水时，盾构中心支护压力可以用第六章掘进面最小支护压力的理论解进行设定如下：

$$p_{0\min} = \sigma_T = cN_c + qN_q + \gamma DN_\gamma \tag{7.3.1}$$

式中

$$N_c = -\frac{\dfrac{l_b^2 \cdot (3\pi l_a + 4l_b)}{2K_0 \cdot \tan\varphi}\left[1 - \exp\left(-\dfrac{CK_0 \cdot \tan\varphi}{B}\right)\right] + 3\pi \cdot r_0^3 \cdot J_s}{3r_0^3 \cdot (2J_{s1} + J_{s2})} \tag{7.3.2}$$

$$N_q = \frac{\exp\left(-\dfrac{CK_0 \cdot \tan\varphi}{B}\right) \cdot (3\pi l_a + 4l_b) \cdot l_b^2}{6r_0^3 \cdot (2J_{s1} + J_{s2})} \tag{7.3.3}$$

$$N_\gamma = \frac{3\pi \cdot r_0^4 \cdot J_v + \dfrac{l_b^2 B \cdot (3\pi l_a + 4l_b)}{2K_0 \cdot \tan\varphi}\left[1 - \exp\left(-\dfrac{CK_0 \cdot \tan\varphi}{B}\right)\right]}{3Dr_0^3 \cdot (2J_{s1} + J_{s2})} \tag{7.3.4}$$

$$\begin{aligned} J_v = \int_0^{\frac{\pi}{4}-\frac{\varphi}{2}} \Big[& [\exp(\tan\varphi \cdot \theta) \cdot \cos(\theta + \varphi) - l_r]^2 \cdot [2 \cdot \exp(\tan\varphi \cdot \theta) \cdot \cos(\theta + \varphi) + l_r] \\ & \cdot \exp(\tan\varphi \cdot \theta) \cdot [\sin(\theta + \varphi) \cdot \tan\varphi + \cos(\theta + \varphi)] / 3 \Big] \cdot \mathrm{d}\theta \end{aligned} \tag{7.3.5}$$

$$J_s = \int_0^{\frac{\pi}{4}-\frac{\varphi}{2}} [\exp(\tan\varphi \cdot \theta) \cdot \cos(\theta + \varphi) - l_r] \cdot \exp(2\tan\varphi \cdot \theta) \cdot \sin\varphi \cdot \mathrm{d}\theta \tag{7.3.6}$$

$$\begin{aligned} J_{s1} = \int_{\theta_1}^{\theta_c} & \exp(2\tan\varphi \cdot \theta) \cdot [\exp(\tan\varphi \cdot \theta) \cdot \cos(\theta + \varphi) - l_r] \\ & \cdot [\sin(\theta + \varphi) \cdot \tan\varphi + \cos(\theta + \varphi)] \cdot \sin(\varphi + \theta)\mathrm{d}\theta \end{aligned} \tag{7.3.7}$$

$$\begin{aligned} J_{s2} = \arctan\left(\frac{S_{bc}}{S_{Ob}}\right) & \cdot [\sin(\theta_c + \varphi) \cdot \exp(\tan\varphi \cdot \theta_c) - \sin\varphi]^2 \\ & \cdot [6\sin\varphi + \sin(\theta_c + \varphi) \cdot \exp(\tan\varphi \cdot \theta_c) - \sin\varphi] / 24 \\ & - \{\sin\varphi + [\sin(\theta_c + \varphi) \cdot \exp(\tan\varphi \cdot \theta_c) - \sin\varphi] / 2 - \exp(\tan\varphi \cdot \theta_1)\sin(\varphi + \theta_1)\} \\ & \cdot [\exp(\tan\varphi \cdot \theta_1) \cdot \cos(\varphi + \theta_1) - \exp(\tan\varphi \cdot \theta_c) \cdot \cos(\varphi + \theta_c)] \\ & \cdot \left\{\frac{4\sin\varphi}{3} + \frac{\sin(\theta_c + \varphi) \cdot \exp(\tan\varphi \cdot \theta_c) - \sin\varphi}{6} - \frac{\exp(\tan\varphi \cdot \theta_1)\sin(\varphi + \theta_1)}{3}\right\} \end{aligned} \tag{7.3.8}$$

$$\theta_1 = 0.181\ 09 \times \exp\left(\frac{-\varphi}{0.6825}\right) - 0.034\ 55 \tag{7.3.9}$$

$$\theta_c = \frac{\pi}{4} - \frac{\varphi}{2} \tag{7.3.10}$$

$$S_{Ob} = r_0 \cdot \sin\varphi + \frac{D}{2} - r_0 \cdot \exp(\tan\varphi \cdot \theta_1)\sin(\varphi + \theta_1) \tag{7.3.11}$$

$$S_{bc} = r_0 \cdot \exp(\tan\varphi \cdot \theta_1) \cdot \cos(\varphi + \theta_1) - l_a \tag{7.3.12}$$

$$l_a = r_0 \cdot \exp(\tan\varphi \cdot \theta_c) \cdot \cos(\varphi + \theta_c) \tag{7.3.13}$$

$$l_b = r_0 \cdot \cos\varphi - l_a \tag{7.3.14}$$

$$r_0 = \frac{D}{\sin(\theta_c + \varphi) \cdot \exp(\theta_c \cdot \tan\varphi) - \sin\varphi} \tag{7.3.15}$$

式中：c 为土体黏聚力；q 为地表超载；γ 为土体重度；N_c、N_q 和 N_γ 为相应的无量纲系数；J_v、J_s、J_{s1} 和 J_{s2} 为滑裂体形状参数，与土体内摩擦角 φ 有关；θ_1、θ_c、S_{Ob}、S_{bc}、l_a、l_b 和 r_0 为滑裂体形状参数，与土体内摩擦角 φ 和盾构直径 D 有关。

7.3.2　有地下水情况

一般只有地质水文条件复杂、掘进面稳定不易维持时，才使用泥水盾构。因此，在泥水盾构掘进时，一般都存在地下水。

（1）存在地下水时，建议采用水土分算，盾构中心最小支护压力设定值表示如下：

$$p_{0\min} = \sigma'_T + \gamma_w \cdot h_w \tag{7.3.16}$$

其中

$$\sigma'_T = c' \cdot N'_c + q \cdot N'_q + \gamma' \cdot DN'_\gamma \tag{7.3.17}$$

式中：γ_w 为水的重度；h_w 为水面高度；σ'_T 为盾构中心有效支护压力；γ' 为土体的浮重度；c' 为土体有效黏聚力；N'_c、N'_q 和 N'_γ 为相应的有效无量纲系数，计算时使用土体强度参数有效值。

（2）一般泥水盾构的刀盘面板开口率较小，其对掘进面有一定的稳定作用。可以认为支护面板可以有效抵抗地层土压力。在极端情况下，可以考虑面板支护贡献；但由于面板还是存在一定的开口率，对水压力没有抵抗力。水压力的抵抗只能通过泥水来实现。同时，泥水是通过泥膜的支挡和阻隔作用来实现其支护作用的。泥膜的形成需要泥水压力大于地层静水压力。因此，考虑面板支护作用后，其支护泥水压力最小极限压力可以取地层静水压力。

7.4　一般条件下盾构掘进泥水压力设定范围

一般盾构掘进段是指隧道穿过土层相对单一，地形平坦或者坡度、起伏不大，隧道线形平缓的情况。一般盾构掘进段具有盾构掘进操作简单、工程事故风险小的特点，其泥水压力设定也有大量的工程经验，设定较为简单。一般选择盾构中心泥水压力介于其主动土压力和静止土压力之间[12]，即

$$p_{0\min} = \gamma' h \tan^2\left(\frac{\pi}{4} - \frac{\varphi'}{2}\right) - 2c \cdot \tan\left(\frac{\pi}{4} - \frac{\varphi'}{2}\right) + \gamma_w h_w \tag{7.4.1}$$

式中：h 为土体表面到盾构中心的竖直距离，对于无黏性土 $c=0$。

$$p_{0\max} = \gamma' h(1 - \sin\varphi') + \gamma_w h_w \tag{7.4.2}$$

如图 7.4.1 所示，某隧道位于单一黏土地层中，地下水位与地面齐平。p_0 为盾构中心的泥水压力，按照已有工程经验，有

$$p_{0\min} \leqslant p_0 \leqslant p_{0\max} \tag{7.4.3}$$

把土体参数代入式（7.4.1）、式（7.4.2）可得泥水压力可设定范围如图 7.4.2 灰色区域所示，盾构中心泥水压力取值范围为 0.28～0.32MPa。可以得出：在一般情况下，泥水压力设定值有一定的选择范围，这有利于施工单位根据具体情况进行调整。例如，需要严格控制沉降则适当加大泥水压力等。实际上，泥水压力的设定还受泥水重度等自身性能参数的影响，具体操作时还需要结合泥水特性和地层特性进行设定。例如，当使用泥水重度为 12kN/m^3，泥水压力设定值约为 0.29MPa 时，其支护压力沿盾构直径分布如图 7.4.2 中 $p_{12设定}$ 所示。

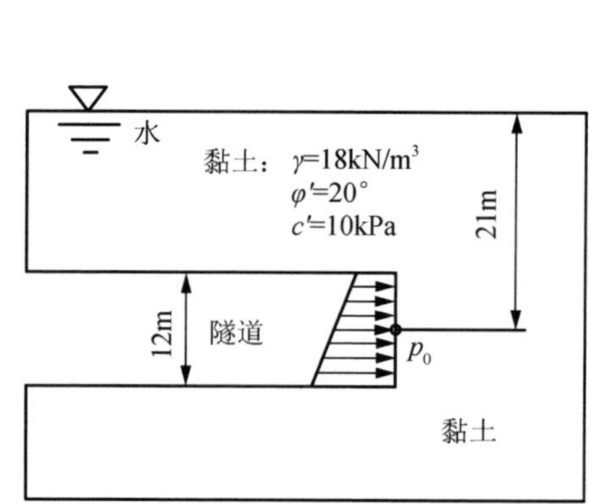

图 7.4.1　单一黏土地层泥水压力计算工况

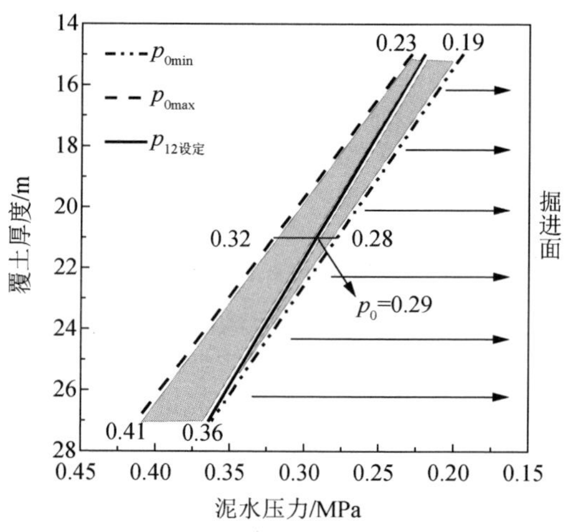

图 7.4.2　单一黏土地层泥水压力设定范围

7.5　特殊条件下盾构掘进泥水压力设定范围

特殊掘进段是指在盾构掘进过程中地质环境等不断变化，如穿越建筑物、遭遇高水压浅覆土等，或者盾构机本身处于非正常工作状态，如带压换刀等。

7.5.1　穿越建筑物

在盾构掘进过程中，常常会穿越建筑物。建筑物的存在使得盾构掘进参数设

定不同于一般掘进段：①由于建筑物的超载作用，需要更大的泥水支护压力来维持掘进面的稳定；②由于超载作用面积有限，超载作用并不能有效增加地层劈裂抗力。因此，一方面，为维持掘进面的稳定，泥水压力设定时需考虑超载影响；另一方面，泥水压力的设定需防止因压力过大而劈裂地层。因此，黏土地层泥水压力按地层劈裂抗力（砂土地层按临界渗透破坏压力）确定最大支护压力，并考虑超载确定最小支护压力，即

$$p_{0\min} = \sigma_T' + \gamma_{\mathrm{w}} \cdot h_{\mathrm{w}} \tag{7.5.1}$$

对于黏性土

$$p_{0\max} = p_{\mathrm{f}} + \gamma_{\mathrm{f}} \cdot \frac{D}{2} \tag{7.5.2}$$

对于砂性土

$$p_{0\max} = \gamma' \times h + \gamma_{\mathrm{w}} \times H + \gamma_{\mathrm{f}} \cdot \frac{D}{2} \tag{7.5.3}$$

在隧道上方存在建筑物时，一般要适当增大泥水压力以便降低盾构机对地层的扰动，从而更好地减少建筑物变形（或内应力）、沉降或者倾斜。因此，泥水压力设定上限起控制作用，使用式（7.5.1）进行确定。压力设定时，为防止泥水劈裂黏土地层（砂土地层发生渗透破坏），往往使用切口压力进行控制。

为便于与一般掘进段进行对比，在如图 7.4.1 所示工况的基础上隧道正前方布置 40kPa 的均布荷载，如图 7.5.1 所示。使用如图 7.5.1 所示参数代入式(7.4.1)、式（7.4.2）、式（7.5.1）和式（7.5.2）中研究可能的泥水压力的取值。

从图 7.5.2 中可以看出，仅运用静止土压力和主动土压力进行设定时，其掘进面中心点的设定范围为 0.30～0.33MPa；当考虑地层劈裂抗力和主动滑塌极限值时，其设定范围为 0.24～0.35MPa。这里考虑地层劈裂抗力进行盾构中心压力计

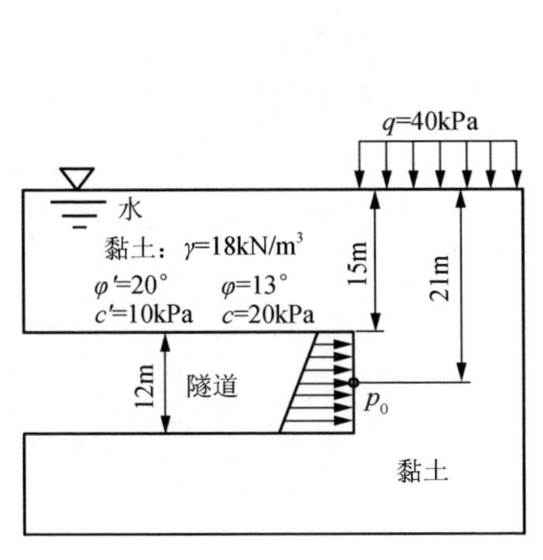

图 7.5.1　超载条件下的泥水压力计算工况

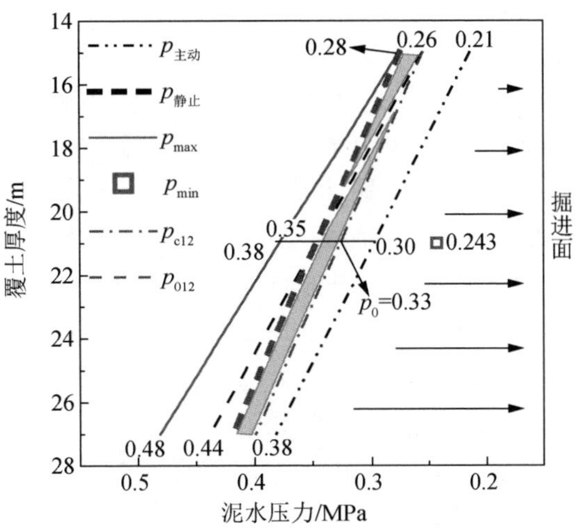

图 7.5.2　超载条件下的泥水压力设定范围

算时，泥水重度为 12kN/m^3（以下分析时均采用该值，运用时注意根据实际情况进行调整）。可以看出，运用极限值时泥水压力设定范围有一定的增加，增加值为 0.08MPa。

盾构掘进过程中为减少地层扰动，一般选择使用静止土压力作为设定参考值。由图 7.5.2 可以看出，可以选择切口静止土压力作为设定值，也可以选择盾构中心土压力作为设定值。当选择泥水重度为 12kN/m^3 时，选择盾构中心比选择切口进行设定，其压力要大于 0.02MPa。

通常泥水压力设定选择盾构中心，其压力对掘进面中心上半部分是属于被动支护的。这部分支护压力的存在实际上是运用了部分地层劈裂抗力。选择切口进行土压力设定，则整个掘进面均在主动支护范围内。因此，选择切口进行压力设定使压力的设定更为科学。同时，地层劈裂抗力的起算也是从切口开始的。因此，在泥水盾构施工过程中，注意切口点的运用和控制将使泥水压力的管理更为有效。

由图 7.5.2 可以看出，由于泥水重度的影响，其支护压力存在着跟泥水重度相关的水力梯度。泥水支护压力相对设定值总存在不同程度的欠压或者过载。要使支护压力完全等同于掘进面静止土压力将是非常困难的，但是可以调节泥水的重度使之接近。

7.5.2　高水压浅覆土

在越江海泥水盾构掘进过程中，常常会遭遇高水压浅覆土。高水压浅覆土地层由于覆土较薄，其抗劈裂能力急剧减低。在盾构开挖过程中易导致泥水劈裂地层，从而发生泥水喷发到江（海）底、泥水支护压力灭失、掘进面失稳等，甚至发生江（海）水倒灌等工程事故。因此，在该地段进行盾构掘进时要严格限制泥水压力设定上限，防止发生泥水劈裂。

为便于对比分析，仍使用已有土体特性，并把覆土厚度由 15m 减为 9m，在土体上方增加 10m 水头，如图 7.5.3 所示。使用如图 7.5.3 所示参数代入式(7.4.1)、式（7.4.2）、式（7.5.1）和式（7.5.2）中研究可能的泥水压力的取值。图 7.5.4 显示，高水压浅覆土下，主动土压力与静止土压力差距较小，在盾构中心点为 0.02MPa。由于泥水重度的影响，在其范围内进行泥水压力设定无从实施。然而，考虑压力设定极限值时，泥水压力设定范围增大到 0.28～0.34MPa。

当盾构在高水压浅覆土段进行掘进时，为防止泥水劈裂一般选择低值进行压力设定。一般支护压力选择低于静止土压力，在主动土压力附近。当选用泥水重度为 12kN/m^3，按照切口压力为静止土压力进行设定时，其支护压力随着深度的增加逐渐低于主动土压力（图 7.5.4），这时可以认为运用了土体滑塌的安全余量或者运用了部分刀盘的支护作用。

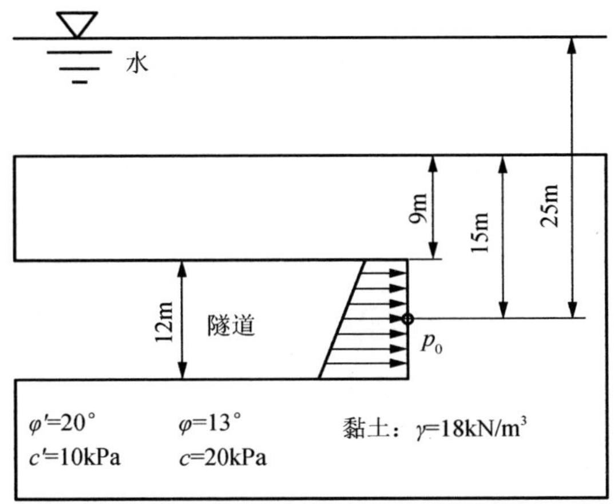

图 7.5.3　高水压浅覆土条件下的泥水压力计算工况

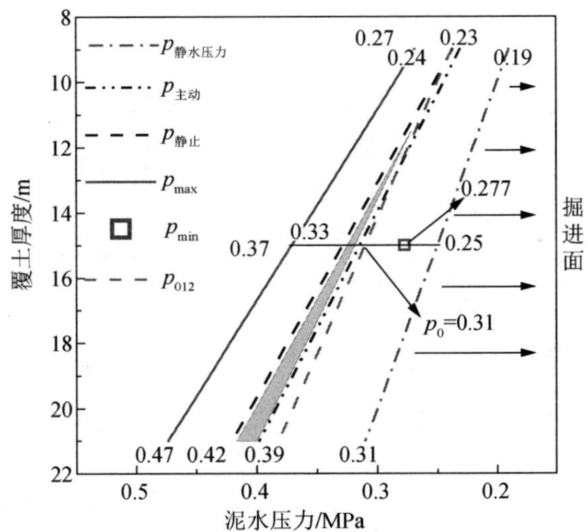

图 7.5.4　高水压浅覆土条件下的泥水压力设定范围

7.5.3　带压换刀

在越江海泥水盾构掘进过程中，由于掘进距离较长、地质条件复杂，经常出现刀具磨损严重等情况，会实施水下带压换刀。带压换刀时，将打开气垫仓与泥水仓之间的连通阀，打开环流系统，启动空压机，使得泥水液面的高度下降到目标位置（一般下降到盾构中心，以确保能够检查所有的刀具）。同时，空气压力代替泥水压力并支护掘进面，如图 7.5.5 所示。

由于空气压力各向同性，不再具有泥水压力梯度的特点。图 7.5.5 表明：当泥水液面降低到盾构中心时，其切口压力比原来增加了 $\gamma_{\mathrm{f}} \times D/2$。也就是说，如果

考虑掘进过程中的带压换刀需求，则掘进面泥水压力设定时需要对切口压力上限留有一定的安全裕度。切口压力设定最大值为

对于黏性土有

$$p_{c\max} = p_f - \gamma_f \cdot \frac{D}{2} \tag{7.5.4}$$

对于砂性土有

$$p_{c\max} = \gamma' \times h + \gamma_w \times H - \gamma_f \cdot \frac{D}{2} \tag{7.5.5}$$

在盾构直径为 12.0m、使用泥水重度为 $12kN/m^3$ 条件下，考虑带压换刀其泥水压力设定上限减低值为 0.072MPa。

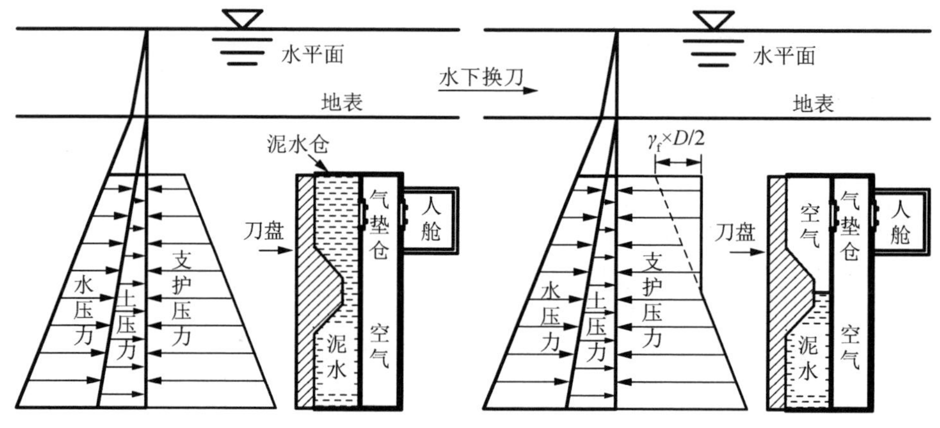

图 7.5.5　水下换刀时支护压力变化示意图

为比较以上工况实施带压换刀的可行性，将其不同压力计算值列于表 7.5.1 中。对于一般掘进段，当掘进时压力设定在主动土压力附近时，其切口压力设定值距离劈裂压力还有 0.09MPa 的压力裕量，可以在正常掘进中实施压力换刀；对于下穿建筑物段，由于建筑物荷载的影响，其掘进时一般压力设定在静止土压力附近，其切口压力距离劈裂压力的压力差值为 0.02MPa，不满足带压换刀所需最小压差 0.07MPa。当使用静水压力作为最小压力参考值时，其压差为 0.14MPa，可以满足带压换刀要求。但是，在实际盾构操作过程中，带压换刀还要考虑对上覆建筑物的影响。换刀过程漫长且有地层压力变化，会引起建筑物的沉降、倾斜，甚至破坏，不宜实施带压换刀。对于高水压浅覆土，由于其最大压力差（切口劈裂压力与静水压力之差）为 0.08MPa，与带压换刀所需最小压差 0.07MPa 相当，故不能实施带压换刀，否则会出现由于掘进面失稳或者泥水劈裂等导致的一系列工程事故。

表 7.5.1　不同工况下带压换刀可行性分析

工况		主动土压力 p/MPa	静止土压力 p_0/MPa	上限 p_{max}/MPa	下限 p_{min}/MPa	静水压力 p_w/MPa	是否可以实施带压换刀
一般掘进段	切口	0.19	0.23	0.28	—	0.15	是
	盾构中心	0.28	0.32	0.35	0.239	0.21	
下穿建筑物	切口	0.21	0.26	0.28	—	0.15	不宜
	盾构中心	0.30	0.35	0.35	0.243	0.21	
高水压浅覆土	切口	0.23	0.24	0.27	—	0.19	否
	盾构中心	0.31	0.33	0.34	0.28	0.25	

从以上分析可以得出：地层上覆荷载、水压力、土层厚度是影响泥水压力设定的主要因素。通过对高水压浅覆土工况的分析可以看出浅覆土减小了泥水压力的设定范围，使得泥水压力设定不能再根据其他因素的影响进行相对灵活的调整。而该工况，即盾构直径 12m、覆土厚度 9m，也是工程施工中常见的工况。倘若覆土厚度进一步减薄，可能导致泥水压力无从设定。因此，从泥水压力设定来讲，泥水盾构隧道需要一定的覆土厚度。

7.6　本章小结

本章从泥水盾构掘进过程中防止泥水劈裂和掘进面失稳出发，给出了泥水压力设定的上限和下限，并讨论了不同工况下泥水压力的设定方法和主要关注因素，得出以下结论。

（1）在一般掘进工况下，使用主动土压力和静止土压力之间的数值进行泥水压力的设定是合理的。该设定条件下不会超出泥水压力的上下限。

（2）当盾构机穿越建筑物时，为减小盾构掘进对地层的扰动，泥水压力设定一般选择高值（静止土压力）。同时，泥水压力设定选择切口静止土压力较为科学。

（3）当盾构在高水压浅覆土条件下进行掘进时，为防止泥水劈裂的发生，泥水压力设定一般选择低值（主动土压力）。在极限情况下，可以考虑盾构刀盘的支护作用，使用切口静水压力进行压力设定。

（4）当盾构需要进行带压换刀时，需要考察当前盾构掘进工况，一般选择地形平坦、覆土较厚的地方进行，便于给予带压换刀时的压力操作空间。

（5）从泥水压力设定上来讲，泥水盾构隧道需要一定的覆土厚度。

（6）泥水压力的设定范围为泥水压力设定上限（地层劈裂压力或临界渗透破坏压力）与泥水压力设定下限（掘进面最小支护压力）的差值。

参 考 文 献

[1] CHAMBON P, CORTÉ J F. Shallow tunnels in cohesionless soil: stability of tunnel face[J]. Journal of Geotechnical Engineering, 1994, 120(7): 1148-110.

[2] BROERE W. Face stability calculation for a slurry shield in heterogeneous soft soils[J]. Tunnels and Metropolises, 1998, 23: 215-218.

[3] LI Y, EMERIAULT F, KASTNER R, et al. Stability analysis of large slurry shield-driven tunnel in soft clay[J]. Tunnelling and Underground Space Technology, 2009, 24(4): 472-481.

[4] KIM S H, TONON F. Face stability and required support pressure for TBM driven tunnels with ideal face membrane-Drained case[J]. Tunnelling and Underground Space Technology, 2010, 25(5): 526-542.

[5] 刘学彦，袁大军. 盾构掘进过程中防止泥水劈裂的泥水压力设定[J]. 土木工程学报, 2014, 47(5): 128-132.

[6] CARTER J P, BOOKER J R, YEUNG S K. Cavity expansion in cohesive frictional soils[J]. Geotechnique, 1986, 36(3): 349-358.

[7] PANAH A K, YANAGISAWA E. Laboratory studies on hydraulic fracturing criteria in soil [J]. Soils and Foundations, 1989, 29(4):14-22.

[8] YANAGISAWA E, PANAH A K. Two dimensional study of hydraulic fracturing criteria in cohesive soils [J]. Soils and Foundations, 1994, 34(1):1-9.

[9] 刘学彦，袁大军，郭小红. 现场泥水劈裂试验及应用研究[J]. 岩土工程学报, 2013, 35(10): 1901-1907.

[10] 袁大军，黄清飞，李兴高，等. 盾构掘进黏土地层泥水劈裂伸展现象研究[J]. 岩土工程学报，2010，32(5): 712-716.

[11] 刘学彦，袁大军. 泥水劈裂试验伸展现象的力学分析[J]. 岩石力学与工程学报, 2013, 32(7): 1434-1442.

[12] SHEN S L, DAI Y Z, LIU J H, et al. Construction of slurry shield tunnel under Huangpu River in Shanghai[C] // Tunnelling and Undergroud Space Technology. 2004: 397, 398.

第八章　考虑泥水压力可设定条件下的合理覆土厚度确定

8.1　覆土厚度对泥水压力可设定范围的影响

经过第七章的研究可以得出泥水压力的设定范围为地层劈裂压力（或临界渗透破坏压力）与掘进面最小支护压力之差。通过第三～六章的研究可以得知：土体性能影响泥水压力设定范围。在隧道纵断面设计过程中，往往经过地段的地质情况已经查清，土体性能基本确定。这时需要根据线路、施工等要求确定隧道的合理覆土厚度[1]。

为分析覆土厚度对泥水压力可设定范围的影响，建立如图 8.1.1 所示模型，盾构直径为 12m、水深 10m，变化覆土厚度 6～24m，计算盾构中心泥水压力设定的上限和下限。计算使用泥水重度为 12kN/m³，计算结果如图 8.1.2 所示。

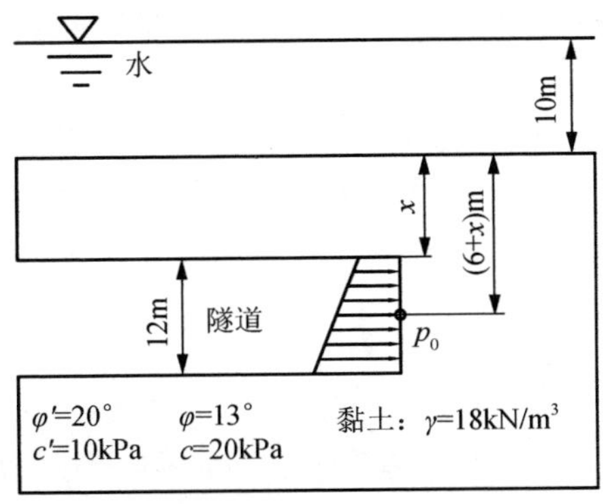

图 8.1.1　不同覆土条件下的泥水压力计算工况

随着覆土厚度的减小，盾构中心压力设定的上限和下限均有不同程度的降低，但压力上限比压力下限减小得快。当覆土厚度为 24m 时，其盾构中心的压力设定上限比下限高约 0.16MPa；当覆土厚度为 6m 时，其差值仅为 0.04MPa。因此，随着覆土厚度的减小，其泥水压力设定范围将逐渐减小。图 8.1.2 还给出了静水压力，当遭遇极限工况时，如高水压浅覆土、带压换刀等，可以考虑盾构刀盘对掘进面的支护作用，从而把静水压力考虑为泥水压力下限，更有利于施工操作。

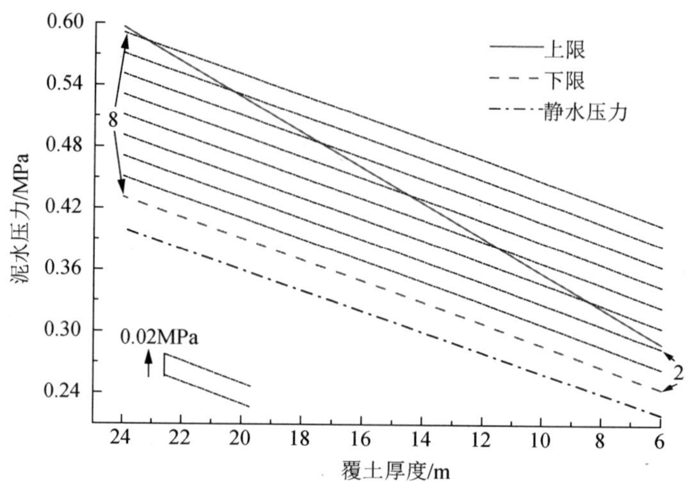

图 8.1.2　不同覆土条件下的泥水压力设定范围

在盾构掘进过程中，由于泥水压力存在波动及带压换刀时需要压力裕度等原因，泥水压力设定需要一定的范围。但是，泥水压力的设定范围随着覆土厚度的减薄而减小。因此，泥水压力的设定范围需要一定的覆土厚度来保证。

8.2　考虑施工因素的泥水压力设定区间长度

泥水和地层特性差异及泥水压力波动、带压换刀等施工因素会产生一定的压力变化区间。泥水压力可设定区间长度需要覆盖其压力变化区间，从而保证施工安全。下面从支护压差、压力波动和带压换刀三个角度分析泥水压力设定时需要的区间长度。

8.2.1　支护压差

如图 8.2.1 所示，某隧道位于单一黏土地层中，地下水位与地面齐平。p_0为盾构中心的泥水压力，按照一般条件下支护压力的确定方法，有

$$p_{0\min} = \gamma' h \tan^2\left(\frac{\pi}{4} - \frac{\varphi'}{2}\right) - 2c' \cdot \tan\left(\frac{\pi}{4} - \frac{\varphi'}{2}\right) + \gamma_w h_w \tag{8.2.1}$$

$$p_{0\max} = \gamma' h(1 - \sin\varphi') + \gamma_w h_w \tag{8.2.2}$$

$$p_{0\min} \leqslant p_0 \leqslant p_{0\max} \tag{8.2.3}$$

式中：γ'为浮重度；c'、φ'为有效强度参数；h为土体表面到盾构中心的竖直距离。对于无黏性土$c' = 0$。

把土体参数代入式（8.2.1）、式（8.2.2）可得泥水压力可设定范围，如图 8.2.2 中灰色区域所示，盾构中心泥水压力设定范围为 0.28～0.32MPa。取泥水重度为

12kN/m³，若按泥水支护压力最大值设定，则盾构上半圆区域会出现支护压力过大；若按泥水支护压力最小值设定，则盾构下半圆区域会出现支护压力过小。因此，上述理论解给出的支护压力选用最大值或者最小值并不是严格意义上的上限或者下限。运用时，还应考虑泥水压力梯度与土水压力梯度之间的关系。

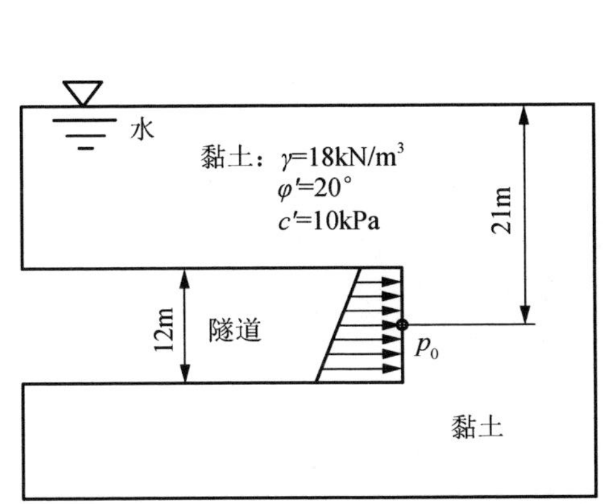

图 8.2.1　单一黏土地层的泥水压力计算工况

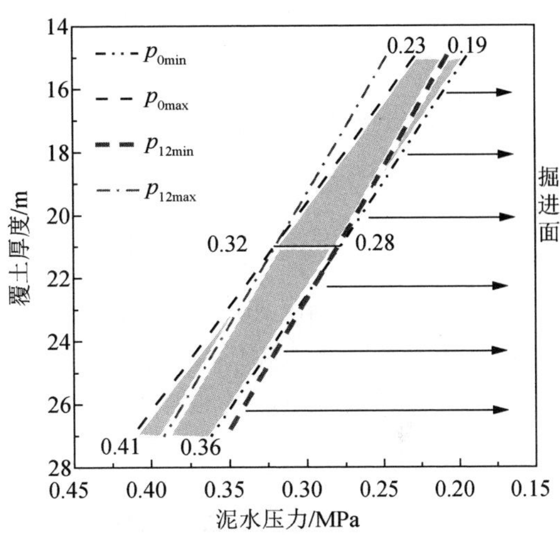

图 8.2.2　单一黏土地层的泥水压力设定范围

同理，按照切口压力设定时也会出现上述情况。这是由于泥水压力梯度与土水压力梯度之间的差异造成的。其差值可以表示为

$$l_{dp}=\left[\frac{\gamma'\cdot K+\gamma_{\mathrm{w}}}{\gamma_{\mathrm{w}}}\cdot\gamma_{\mathrm{w}}-\gamma_{\mathrm{s}}\right]\cdot D_{盾} \tag{8.2.4}$$

式中：K 为侧向土压力系数，当为主动土压力时，$K=K_{\mathrm{a}}=\tan^2(\pi/4-\varphi'/2)$，当为静止土压力时，$K=K_0=(1-\sin\varphi')$。

泥水压力梯度与土水压力梯度之间的差异在本书中统称为支护压差。为分析支护压差对支护压力范围的影响，取土体浮重度为 8kN/m³、侧向土压力系数 K=0.1～1，盾构直径为 6m、8m、10m 和 12m，泥水重度为 12kN/m³（图 8.2.3）。一般土体其侧向土压力系数为 0.4～0.6，那么对于直径

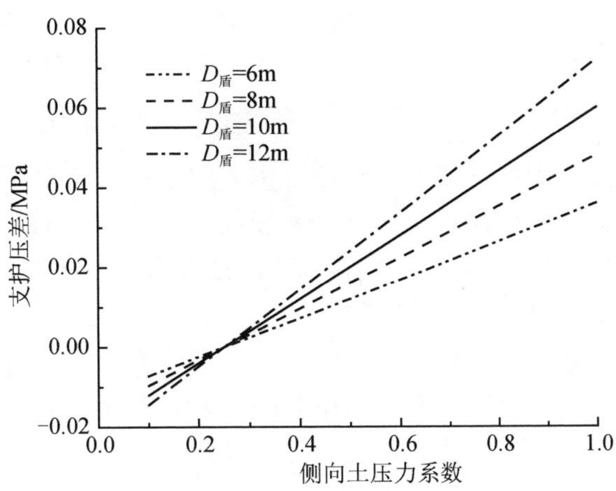

图 8.2.3　盾构掘进过程中的泥水支护压差

6m 的盾构隧道来讲，其支护压差为 0.005～0.017MPa，对于直径为 12m 的大直径盾构来讲，其支护压差为 0.015～0.035MPa。可见，随着盾构直径的增大，其支护压差越大。对于大直径盾构来讲，其支护压差需要在实际盾构泥水压力设定时予以考虑，不可忽视。

8.2.2 压力波动

在泥水盾构掘进过程中，泥水压力会随着盾构掘进发生波动。Kanayasu 等[2]监测了在盾构掘进过程中泥水管理良好和不良两种情况下的泥水压力，如图 8.2.4 所示。在泥水管理不良的情况下，其压力变化高达 0.15MPa；在泥水管理良好的条件下，其压力变化也有 0.03MPa。随着盾构技术的进步，为防止泥水压力的巨大波动，在盾构机内加装了气垫仓[3]。气垫仓运用空气的可压缩性能够在泥水压力出现波动的时候进行压力补偿，这样可以使泥水压力的控制精度达到 0.01MPa。但是，在通常情况下，其压力变化也会达到 0.02MPa。

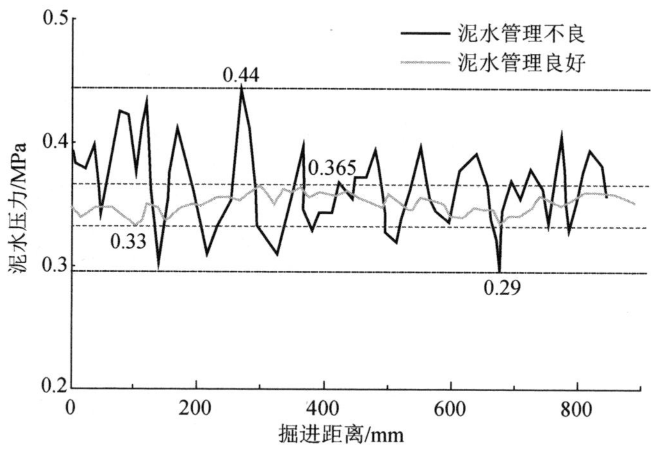

图 8.2.4　盾构掘进过程中的泥水压力

因此，盾构掘进过程中，泥水压力的设定值宜大于 0.02MPa，防止在掘进过程中由于泥水支护压力误差而导致的掘进面（主动或者被动）失稳。为了便于分析，泥水波动范围用 l_{pr} 表示，把泥水支护压差 l_{dp} 和压力波动统称为泥水支护误差，用 l_{pe} 表示，则有

$$l_{pe} = l_{pr} + l_{dp} \tag{8.2.5}$$

泥水压力设定值用 l_p 表示，存在关系式

$$l_{pe} \leqslant l_p \leqslant p_{0\max} - p_{0\min} \tag{8.2.6}$$

8.2.3　带压换刀

在越江海泥水盾构掘进过程中，由于掘进距离较长，当地质条件复杂时刀具磨损严重，会实施水下带压换刀，如图 7.5.5 所示。当泥水液面降低到盾构中心时，其切口压力比原来增加了 $\gamma_f \times D/2$ 。也就是说，如果考虑掘进过程中的带压换刀需求，则掘进面泥水压力设定时需要对切口压力上限留有一定的安全裕度 l_{ctt} 。由于盾构进行带压换刀时已经不再掘进，故不考虑支护压差，只考虑泥水压力波动即可。即安全裕度为带压换刀裕度与泥水压力波动之和，设为实施带压换刀而留有的压力安全裕度为 l_{ct} ，则考虑安全裕度为

$$l_{ct} = l_{ctt} + l_{pr} \tag{8.2.7}$$

$$l_{ct} \leqslant l_p \leqslant p_{0\max} - p_{0\min} \tag{8.2.8}$$

在越江海隧道泥水盾构掘进过程中，由于带压换刀地点不确定，所以在正常掘进段一般要留有压力安全裕度，以防遭遇换刀工况。

8.3　满足泥水压力设定的合理覆土厚度

8.3.1　确定步骤

总结以上分析，把满足泥水压力设定的覆土厚度确定分为八个步骤（图 8.3.1）。

（1）调查线路纵断面，确定地层参数，特别是土体强度参数、水位等。

（2）根据经验确定初始覆土厚度。

（3）根据初始覆土厚度、盾构直径、地层参数等计算地层劈裂压力（或临界渗透破坏压力），确定泥水压力设定上限。

（4）根据初始覆土厚度、盾构直径、地层参数等计算掘进面失稳支护压力，即掘进面稳定最小支护压力，确定泥水压力设定下限。

（5）根据步骤（3）和步骤（4）确定泥水压力设定值 l_p 。

（6）根据泥水特性，如重度等，考虑泥水支护压差和压力波动确定泥水压力设定的安全裕度 l_{pe} 。

（7）根据盾构直径和泥水特性，如重度等，考虑带压换刀确定泥水压力设定的安全裕度 l_{ct} 。

（8）比较泥水压力设定值 l_p 与泥水压力设定安全区间 Max$\{l_{ct}$、$l_{pe}\}$ 的关系，若满足 $l_p >$ Max$\{l_{ct}$、$l_{pe}\}$ ，则减小覆土厚度；反之，则增加覆土厚度。直至 l_p=Max$\{l_{ct}$、$l_{pe}\}$ 结束，此时的覆土厚度即是满足泥水压力可设定的最小覆土厚度。

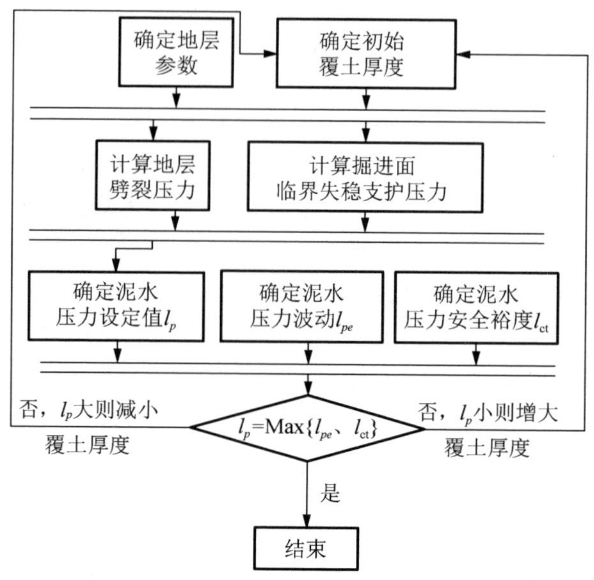

图 8.3.1　满足泥水压力设定的合理覆土厚度确定

8.3.2　安全系数

为增加泥水压力可设定的安全系数，引入安全系数 K_s，则满足泥水压力可设定的覆土厚度满足

$$l_p = K_s \times \mathrm{Max}\{l_{ct}、l_{pe}\} \tag{8.3.1}$$

在工程分析中，可以取 K_s= 1.0～1.1。由于在分析泥水压力设定的上限和下限时使用了极限分析法，如在掘进面稳定分析中使用了极限平衡法，在地层劈裂抗力分析中也是直接使用劈裂压力值。因此，在以上的分析中安全系数为 1.0。

8.3.3　案例分析

对于如图 8.1.1 所示工况，分别令 K_s=1.0 和 K_s=1.1，按照合理覆土厚度确定步骤进行计算分析，取 $l_{pe}=0.05\mathrm{MPa}$，$l_{ct}=0.09\mathrm{MPa}$，结果如图 8.3.2 所示。若不考虑带压换刀，其可以维持掘进安全的泥水压力设定所需最小覆土厚度为 7～8m，仅为盾构直径的 1/2 左右；若考虑带压换刀，其可以维持掘进安全的泥水压力设定所需最小覆土厚度为 13～15m，为盾构直径的 1～7/6 倍。考虑安全系数对最小覆土厚度的影响较小，因此考虑带压换刀的压力裕度，将显著增加最小覆土厚度。

由于隧道覆土厚度受到的影响因素较多，即使对同一条隧道也会因考虑工况不同，计算得出不同的最小覆土厚度。因此，在本书称为合理覆土厚度，实际上它有“最小”覆土厚度的意义。

在上海、东京等地区，由于土层中淤泥、淤泥质黏土、粉砂等占主要成分，在盾构掘进过程中，刀具磨损量较小，一般不需要水下换刀，可以采用较薄的覆土厚度；而对于南京、武汉等地区，因地层条件复杂，刀具磨损严重，一般需要实施带压换刀，这些地区盾构隧道需要较厚的土层覆盖。具体维持掘进面稳定的泥水压力设定需要的合理覆土厚度还需要结合地层参数，并运用本章的分析方法进行具体确定。

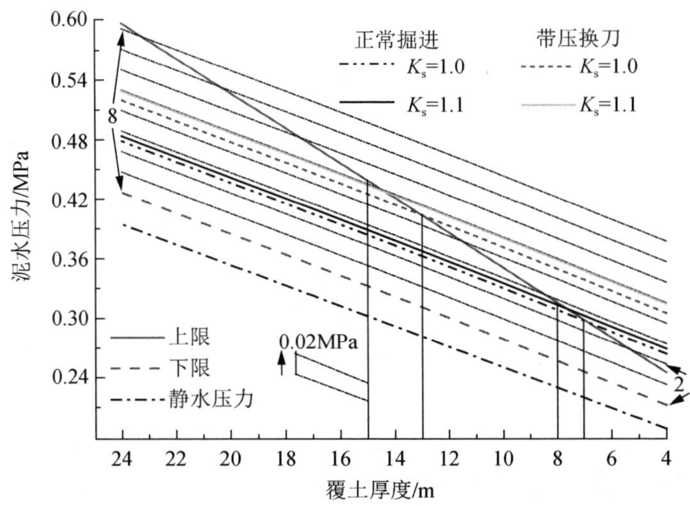

图 8.3.2　不同安全系数下考虑泥水压力可设定的覆土厚度的确定

8.4　本 章 小 结

本章结合泥水压力波动、带压换刀所需泥水压力安全裕度研究了维持掘进面稳定进行泥水压力设定所需要的合理覆土厚度，并得出以下结论。

（1）盾构掘进过程中，需要有一定的覆土厚度来实施泥水支护压力的操控，进而维持掘进面的稳定，实施安全有效的盾构掘进。

（2）盾构掘进过程中，需要满足泥水压力操控要求的合理覆土厚度可按照本章介绍的步骤进行计算确定。

（3）考虑带压换刀泥水压力安全裕度会使盾构掘进所需要的合理覆土厚度显著增大。

参 考 文 献

[1] 刘学彦，袁大军，姜曦. 基于抗浮稳定的盾构隧道合理覆土厚度研究[J]. 中国工程科学, 2015(8): 88-95.

[2] KANAYASU S, KUBOTA I, SHIKIBU N. Stability of face during shield tunneling: A survey of Japanese shield tunneling[C]. Underground Construction in Soft Ground, Rotterdam, 1995: 337-343.

[3] 程明亮，何峰，吕传田. 大埋深富水砂卵石地层泥水盾构带压换刀及动火焊接技术[J]. 中国工程科学, 2010(12): 46-50.

第九章　基于抗浮稳定的盾构隧道合理覆土厚度研究

在软土中修建过江越海隧道时，一般使用盾构法。由于受到地形和交通线路的影响，一般要求覆土厚度尽可能薄。但是，过薄的覆土厚度往往会使隧道本身不能满足抗浮要求，特别是断面较大的隧道，抗浮要求与线形布局的矛盾更为突出。因此，研究人员需要研究满足工程抗浮需求的合理覆土厚度，使理论更好地为实际工程服务。Palmer 等[1]运用离心机试验和等尺寸试验研究了海底埋置管道的上浮阻力，得出无量纲上浮阻力的表达式。Cheuk 等[2]研究了砂土中管道上浮的力学机制，并给出了三种土体变形模型。这些研究给出了管道上浮的力学特性，为隧道抗浮提供了一定的理论参考。

国内的一些学者对盾构隧道抗浮稳定性能进行了研究。例如，叶飞等[3]分析了隧道施工期上浮的原因，指出管片上浮是有多种因素作用造成的，并重点研究了螺栓接头的抗浮效应。杨方勤等[4]进行了隧道模型上浮试验，建立了动态浮力密度曲线。戴小平等[5]考虑上覆土体和周围土体之间的摩阻力，改进了最小埋深的计算方法。在隧道运营期，隧道抗浮的影响因素较少，但也要考虑洪水冲刷等因素的影响。由于城市越江隧道刚刚兴起，大断面过江隧道的抗浮安全设计尚无统一标准，考虑因素的种类和量值范围也没有定论。

因此，分别考虑隧道施工期和运营期工况研究隧道的抗浮稳定，建立不同的分析方法，然后综合考虑选择合理覆土厚度，显得尤为重要。直径在 14m 以上大盾构隧道的出现，使得隧道抗浮安全显得尤为突出。本章选择隧道直径为 14.5m 的南京某隧道作为分析对象，以便理论更好地应用于实际工程。

本章从隧道上浮中的土体变形和力学特性出发，研究不同覆土厚度和土体特性条件下的隧道上浮阻力，然后在此基础上确定隧道最小覆土厚度。对于工程实际问题，分别考虑水浮力、浆液浮力等因素研究隧道施工期和运营期的最小覆土厚度问题。

9.1　隧道上浮的土体变形和力学特性分析

9.1.1　黏土的土体变形和抗浮力学模型

对于黏性土，其土体抗浮阻力可以简化为竖向剪切带模型[1]，如图 2.4.1 所示。

即隧道上浮过程中的阻力不但包括上部土体的重力，还包括隧道上部土体与周边土体发生剪切破坏时的剪应力。

假定隧道上浮过程中水平应力不变，取单位长度隧道，建立平面模型如图 9.1.1 所示。隧道上方土体按照太沙基土条法理论[6]进行分析，其微分方程为

$$\sigma_v' \cdot D = (\sigma_v' - \mathrm{d}\sigma_v') \cdot D + \gamma_{cl}'\mathrm{d}z \cdot D + 2(c' + K_0\gamma_{cl}' z \tan\varphi') \cdot \mathrm{d}z \tag{9.1.1}$$

边界条件为

$$z = h \quad \sigma_v' = \frac{P + \gamma_{cl} D^2 \cdot \dfrac{\pi}{8}}{D} \quad z = 0 \quad \sigma_v' = 0$$

式中：D 为盾构直径；γ_{cl}' 为上覆黏土的浮重度；K_0 为静止土压力系数，可由现场实测取得，初步计算时可取 $K_0 = 0.95 - \sin\varphi'$；$c'$ 为土体黏聚力；φ' 为土体内摩擦角有效值；h 为上覆土厚度；P 为单位长度管片上的上覆土体抗浮阻力。

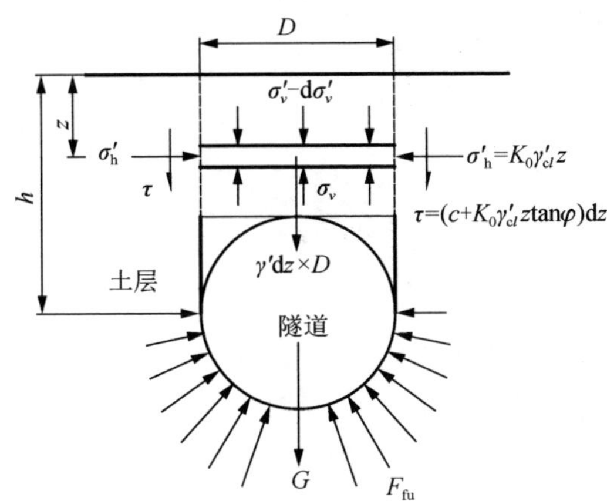

图 9.1.1　隧道抗浮计算力学模型

对式（9.1.1）进行积分，可得

$$\sigma_v' = \gamma_{cl}' z + \frac{2c'z}{D} + \frac{K_0\gamma_{cl}' z^2 \tan\varphi'}{D} \tag{9.1.2}$$

从而可以求出上浮阻力为

$$P = \gamma_{cl}' hD + 2c'h + K_0\gamma_{cl}' h^2 \tan\varphi' - \gamma_{cl}' D^2 \cdot \frac{\pi}{8} \tag{9.1.3}$$

同时，上浮阻力无量纲表达式为

$$F = \frac{P}{\gamma_{cl}' hD} = 1 + \frac{2c'}{\gamma_{cl}' D} + K_0 \tan\varphi' \frac{h}{D} - \frac{\pi}{8} \cdot \frac{D}{h} \tag{9.1.4}$$

假定黏结效应为土体黏聚力 c' 与盾构直径 D 和土体浮重度的乘积的比值，即 $e = c' / (\gamma_{cl}' D)$。式（9.1.4）表明无量纲上浮阻力受黏结效应、有效内摩擦角和覆

径比的影响。若某一种黏土参数如表 9.1.1 所示。假定盾构直径为 10.0m，对于如表 9.1.1 所示土体力学参数，则黏结效应这一项的数值为 0.5。固定黏结效应项，并变化表 9.1.1 中的有效内摩擦角，可以得出上浮阻力与覆径比的关系如图 9.1.2 所示。随着覆径比的减小，其上浮阻力逐渐减小。特别是当覆径比小于 1 时，其抗浮性能严重劣化。然而，有效内摩擦角的增加会对提高上浮阻力提供一定的帮助，特别是其数值由零增加到 15° 左右时对上浮阻力的提高作用明显。

表 9.1.1　黏土力学参数

土体类型	浮重度γ'_{cl}/(kN/m^3)	有效黏聚力 c'/kPa	有效内摩擦角φ'/(°)
黏土	6	15	10

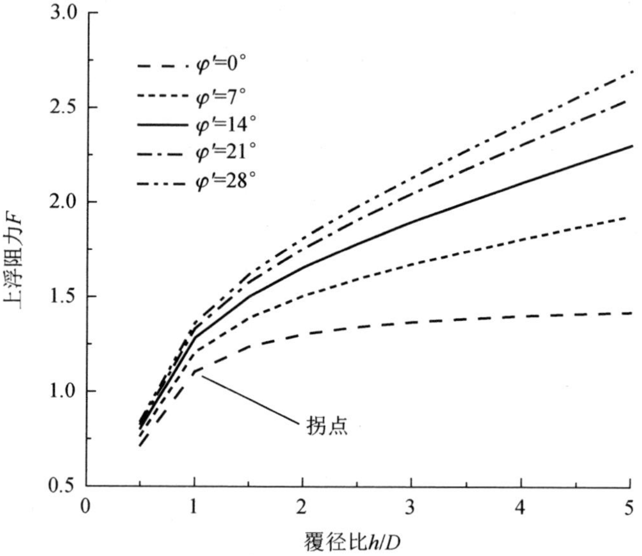

图 9.1.2　上浮阻力与覆径比关系

同时，黏结效应的变化也会影响其上浮阻力。当有效黏聚力变化范围为 5～30kPa，浮重度变化范围为 6～8kN/m^3 时，其上浮阻力变化范围为 0.125～1，通常值为 0.25～0.5。可以得出，黏结效应对上浮阻力的贡献有限。

9.1.2　砂土的土体变形和抗浮力学模型

已有研究[7-9]表明，在隧道上浮过程中，砂土的土体变形包括以下三个阶段：①最大上浮阻力的出现和隧道上方倒置梯形区的形成。该梯形区由一对分布剪胀带构成，如图 9.1.3（a）所示。②剪切带和回填区的形成。从隧道拱腰到地面形成了一对剪切带，如图 9.1.3（b）所示。该剪切带随着隧道上浮过程的发生，逐渐变薄、变陡峭。③土体回流的发生。回填区不断的变大，隧道周边土体出现明显的向下回流，如图 9.1.3（c）所示。回流区同样随着隧道的上浮不断扩大。

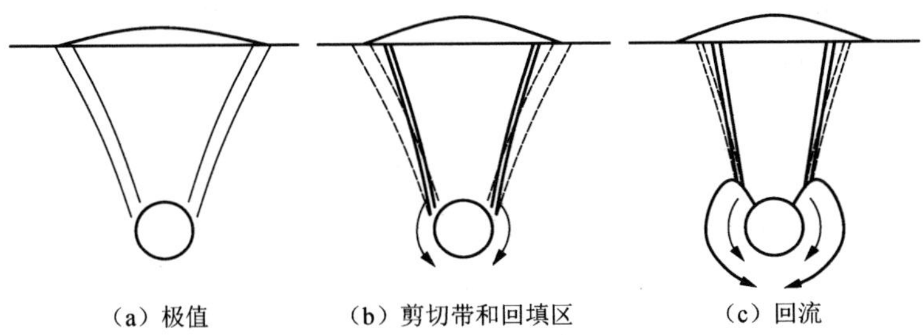

图 9.1.3　砂土土体变形机制

从图 9.1.3 中可以看出，土体剪胀对砂土的位移变形影响较大。因此，考虑砂土剪胀建立隧道上浮阻力模型，如图 9.1.4 所示。砂土剪胀现象受砂土相对密度、应力水平的影响，一般通过剪胀角来描述。为便于分析，简化剪胀角为常量，滑裂面即简化为平面，如图 9.1.4（a）所示。试验结果[8]表明，对剪胀角的简化误差是可以接受的。由于隧道上浮过程较慢，砂性土渗透系数较大，采用有效应力分析其上浮力学机制。

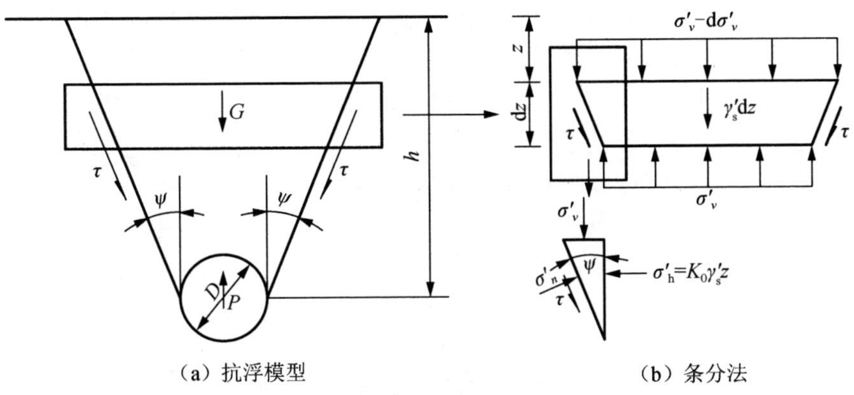

图 9.1.4　砂土上浮阻力模型

如图 9.1.4（b）所示，使用条分法分析上浮阻力，可以建立微分方程：

$$\sigma_v' \cdot (D+2m) = (\sigma_v' - \mathrm{d}\sigma_v')(D+2n) + \gamma_\mathrm{s}' \cdot \mathrm{d}z(D+m+n) + 2\tau \cdot \mathrm{d}z \tag{9.1.5}$$

边界条件为

$$z = h,\quad \sigma_v' = \frac{P + \gamma_{\mathrm{cl}}' D^2 \cdot \dfrac{\pi}{8}}{D},\quad z = 0,\quad \sigma_v' = 0$$

式中：σ_v' 为竖直有效应力；z 为单元条的埋深；D 为盾构直径；P 为上浮阻力；h 为隧道中心距地表的竖向距离；m 或 n 是单元条的水平长度，$m = (h - z - \mathrm{d}z)\tan\psi$，$n = (h - z)\tan\psi$，其中 ψ 为剪胀角；γ_s' 为砂土浮重度。

略去高阶项，则式（9.1.5）可以转化为

$$\frac{\mathrm{d}\sigma_v'}{\mathrm{d}z}-\frac{2\tan\psi}{D+2\tan\psi(h-z)}\sigma_v'=\gamma_s'+\frac{2\tau}{D+2\tan\psi(h-z)} \tag{9.1.6}$$

沿滑裂面的剪切力可以用单元平衡方程进行解答。假定竖向力随隧道上浮发生变化，而水平力不变。可以在水平方向建立平衡方程如下：

$$\tau\cdot\sin\psi+\sigma_h'\cdot\cos\psi-K_0\gamma_s'z\cdot\cos\psi=0 \tag{9.1.7}$$

式中：σ_n' 为滑裂面正应力；K_0 为静止土压力系数，即有效水平应力 σ_h' 与有效竖直应力 σ_v' 的比值。由于假定在上浮过程中水平应力不变，则 K_0 在隧道上浮前后保持一致，可以使用现场试验方法进行预先求得。

同时由 Mohr-Coulomb 强度准则得

$$\tau=\sigma_n'\tan\varphi' \tag{9.1.8}$$

联合式（9.1.7）和式（9.1.8）可得滑裂面剪应力

$$\tau=\frac{K_0\gamma_s'z}{\tan\psi+\cot\varphi'} \tag{9.1.9}$$

上面的推导可以由 Mohr 圆来描述：假定水平力不变，与初始应力相同，可由图 9.1.5 中的小圆表示。水平应力、剪胀角和滑裂面的失效准则决定了滑裂面上一点的破坏形式。该点的一条可能的应力路径为 AA'。其中，A 为原位应力 Mohr 圆上一点，A'为极限应力状态 Mohr 圆与 Mohr-Coulomb 破坏线的交点。从应力路径可以看出，在隧道上浮的过程中，其滑裂面剪应力增加而正应力减小。同时，剪应力可以由△$A'BC$ 和 Mohr-Coulomb 破坏线的几何关系求出。

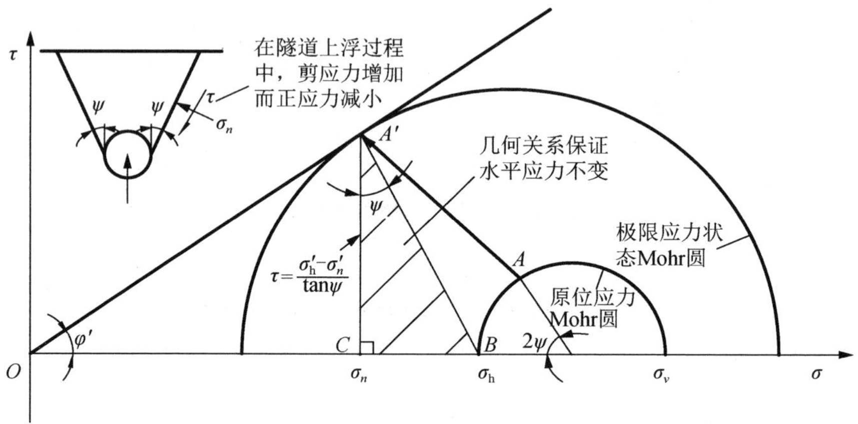

图 9.1.5　原位应力和极限应力条件下滑裂面单元土体的 Mohr 圆

把式（9.1.9）代入式（9.1.6）并进行积分，可得

$$\sigma_v'=\frac{\gamma_s'Dz+\gamma_s'(2hz-z^2)\tan\psi}{D+2(h-z)\tan\psi}+\frac{K_0\gamma_s'z^2}{\left[D+2(h-z)\tan\psi\right](\tan\psi+\cot\varphi')} \tag{9.1.10}$$

从而上浮阻力最大值为

$$P = \gamma_s' h(D + h\tan\psi) + \frac{K_0 \gamma_s' h^2}{\tan\psi + \cot\varphi'} - \frac{\gamma_s' D^2 \cdot 8}{\pi} \tag{9.1.11}$$

进行无量纲化后为

$$F = \frac{P}{\gamma_s' h D} = 1 + \left(\tan\psi + \frac{K_0}{\tan\psi + \cot\varphi'}\right)\frac{h}{D} - \frac{\pi}{8}\cdot\frac{D}{h} \tag{9.1.12}$$

式（9.1.12）表明：无量纲抗浮阻力与有效内摩擦角、剪胀角和覆径比相关。而抗浮阻力还与土体浮重度、盾构直径、埋置深度有关。由于剪胀角与应力状态有关，不容易测定。而单元试验表明：剪胀角和有效内摩擦角、临界状态角的关系[10]为

$$\varphi' - \varphi'_{crit} = 0.8\psi \tag{9.1.13}$$

White 等[8]和 Cheuk 等[2]对管道上浮进行了离心试验和室内模型试验。部分试验结果如表 9.1.2 所示。所有试样的临界内摩擦角为 32°。由表 9.1.2 和式（9.1.13）计算土体内摩擦角，而静止土压力系数由 1-sinφ'_{crit}求得。试验共分为 4 组：前三组为加速度 10g 的离心试验，后一组为室内模型试验。表 9.1.2 显示试验结果受土体剪胀角影响较大。理论值和实测值的误差在 10%之内。F_p/F_m平均值为 0.91。这些数据验证了基于剪胀失效的理论模型。它可以为隧道上浮阻力分析提供一种新方法。

表 9.1.2　试验结果和理论预测值对比

组	砂土特性		隧道		无量纲上浮阻力 F	
	剪胀角 ψ /(°)	静止土压力系数 K_0	埋深 h/mm	盾构直径 D/mm	实测值 F_m	理论值 F_p
1	15.0*	0.47	69*	22*	3.07+	2.85
					3.04+	2.85
					2.73+	2.85
2	4.4*				2.54+	2.12
	4.4*				2.29+	2.12
	1.2*				2.66+	1.88
	4.4*				2.41+	2.12
3	23.4*				4.04+	3.41
	21.5*				3.01+	3.28
	23.5*				3.86+	3.42
	25.6*				3.89+	3.56
4	25.0*		300*	100*	3.39+	3.52
	13.1*				2.41+	2.72
	25.0*				3.95+	3.52
	9.9*				3.70+	2.50

* 取自 White 等[8]和 Cheuk 等[2]。

\+ 由 White 等[8]和 Cheuk 等[2]试验结果换算得到。

假定临界状态内摩擦角为 32°，静止土压力系数由 $1-\sin\varphi'_{\text{crit}}$ 求得，则得出无量纲上浮阻力与覆径比的关系如图 9.1.6 所示。图 9.1.6 表明，上浮阻力随着覆径比和剪胀角的增大而增大。当覆径比小于 1.0 时，上浮阻力下降较为明显，标志着抗浮阻力的劣化。由于覆土厚度是由隧道拱腰起算的，若从拱顶起算，其值仅为 0.5。设计者需要关注这点变化，以防危险发生。

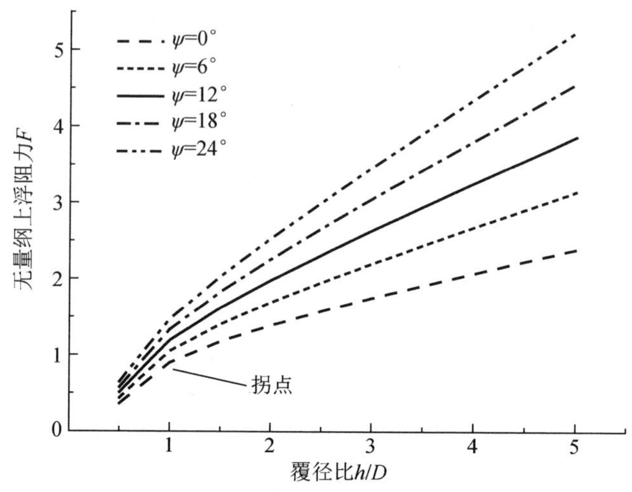

图 9.1.6　无量纲上浮阻力与覆径比的关系

9.1.3　土体变形的数值分析和抗浮力学模型验证

对于黏性土选取单位隧道长度进行分析，使用有限差分软件 FLAC3D 建立模型如图 9.1.7 所示。为使计算结果具有对比性，使用参数与理论计算保持一致，其余计算参数如表 9.1.3 所示。隧道施工期，管片拼装后较短的时间内，同步注浆使浆液成为地层与管片之间的柔软介质。水土压力通过浆液应力重分布后均匀地作用在盾构管片上。管片拖出盾尾后受到未凝浆液的影响，上浮趋势较大。由于未凝浆液重度比水重度大得多，所产生的浮力也相应增加。为建模的统一性，把未凝浆液的浮力作用分为两部分：①与水浮力等同部分；②超出水浮力部分。其中，超出水浮力部分作为等效荷载从管片内部施加，如图 9.1.8 所示。其中，γ_s 表示浆液重度，γ_q 表示等效重度，γ_w 表示水重度，R 表示管片外径，r_0 表示管片厚度，图 9.1.8（a）中 a 表示隧道上方所受浆液压力，图 9.1.8（b）中 a 表示隧道下方所受等效荷载压力。假设管片外部所受压力为 q，内部等效压力为 q_e。由等效关系

$$\gamma_q = \frac{(\gamma_s - \gamma_w)\cdot R^2}{(R - r_0)^2} + \gamma_w \tag{9.1.14}$$

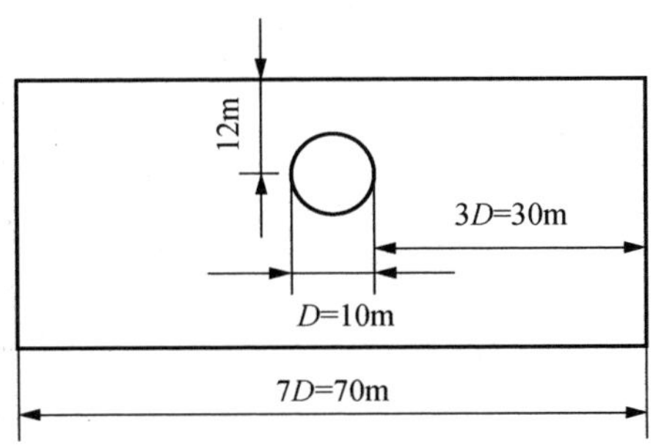

图 9.1.7　模型尺寸示意图

表 9.1.3　模型计算地层参数

材料	浮重度 γ'_{cl}/(kN/m³)	内摩擦角 φ'/(°)	黏聚力 c'/kPa	弹性模量 E/MPa	泊松比 μ
土体	6	10	15	10	0.40
管片	26.0	—	—	36 000	0.2

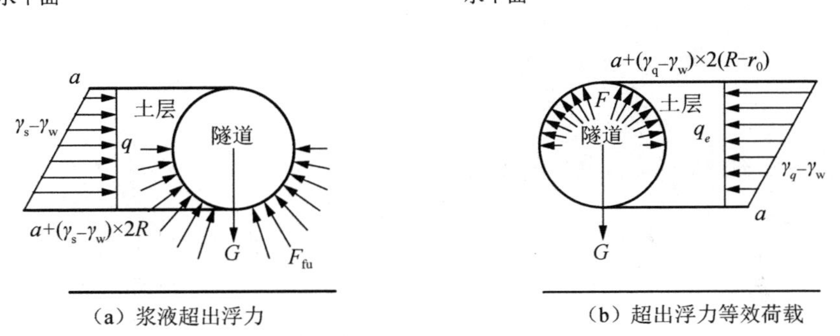

图 9.1.8　浆液浮力等效荷载示意图

从图 9.1.9 隧道上浮土体竖向位移云图可以看出，隧道两边土层位移基本呈竖直形态，在一定程度上验证了理论分析的正确。但是，从图 9.1.9 还可以看出隧道下方土体也呈现一定程度的上浮。这在很大程度上显示了有限元连续性的局限性，但也有可能与黏土的黏结特性有关，即运用剪切带模型没有考虑隧道下方土体的拖曳作用，使得估计值较为保守。

对于砂性土，选取单位隧道长度进行分析。为考虑砂土的粒径分布对隧道周边土体的变形影响，首先运用颗粒流软件 PFC 建立小尺寸管道离散元模型，如图 9.1.10 所示。然后运用相似理论类比到隧道上浮土体变形分析中来。模型分析使用的砂土的粒径分布如图 9.1.11 所示。颗粒材料物理参数如表 9.1.4 所示。为描述土体的变形形态，竖向位移分量为正值的标为蓝色，竖向位移分量为负值的标为红色，模拟结果如图 9.1.12 所示。管道上浮 10mm 时，周边土体整体位移向上，且集中在管道上部倒置梯形区内。当管道上浮位移为40mm时，管道拱顶45°范围内上部土体整体位移向上，其他周边土体形成了一对“猫耳”形向下位移填充区。

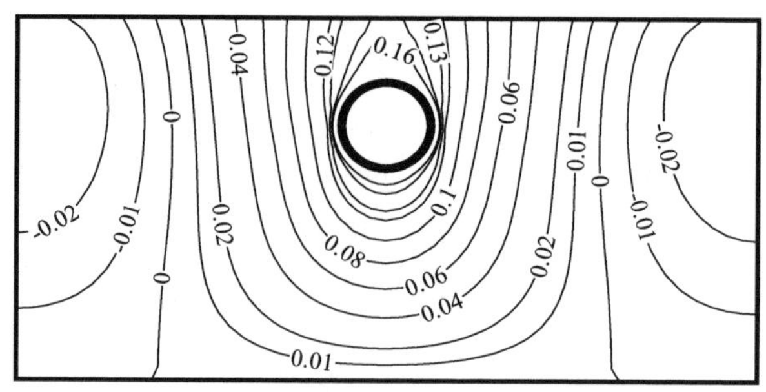

图 9.1.9　隧道上浮土体竖向位移云图（单位：m）

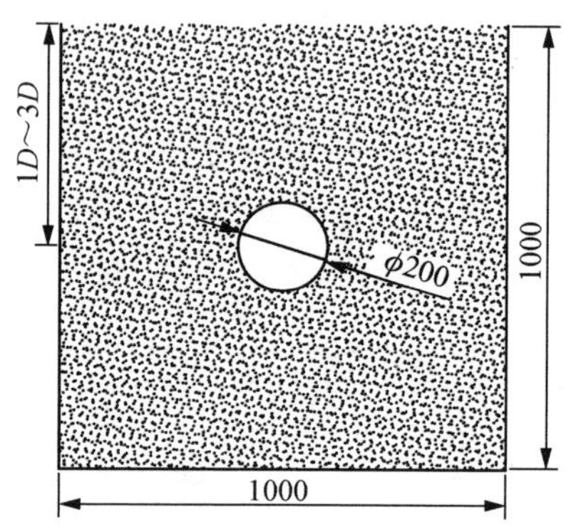

图 9.1.10　砂土管道上浮模型（单位：mm）

图 9.1.11　模型分析使用的砂土的粒径分布

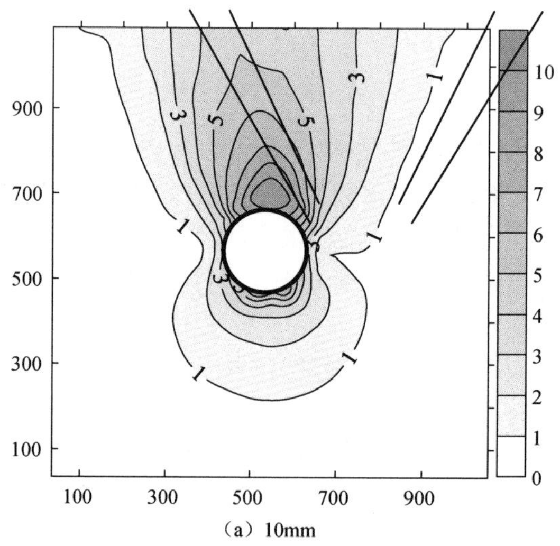

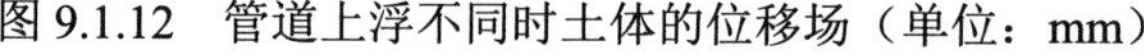

图 9.1.12　管道上浮不同时土体的位移场（单位：mm）

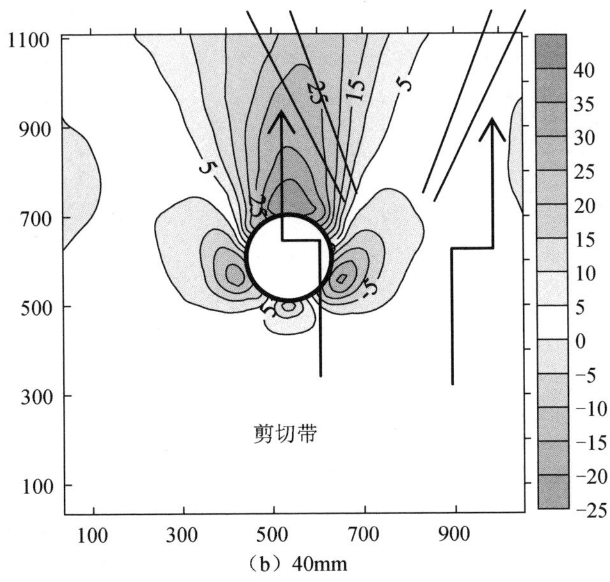

（b）40mm

图 9.1.12（续）

表 9.1.4　离散元模型计算材料参数

材料	颗粒重度 γ_s/(kN/m³)	颗粒法向刚度 K_n/(N/m)	颗粒切向刚度 K_s/(N/m)	颗粒摩擦系数 μ	初始孔隙比 e_p
土体	16	1.5×10^8	1.0×10^8	0.5	0.2
墙体	—	1.5×10^8	1.0×10^8	0.5	—

为更进一步分析其土体变形特性，绘制管道上浮不同时土体的速度场如图 9.1.13 所示。管道上浮 10mm 时，周边土体整体速度向上，且集中在管道上部 30° 内，土体在从管道到地面的过程中不断剪胀扩大。管道上浮 40mm 时，顶部土体速度向上，其他土体成速度为负的回流区。这些现象验证了理论分析的假定条件。但是，模拟结果显示土体在从管道到地面的过程中不断剪胀，而理论分析假设剪胀角为定值，这在一定程度上可能会造成预测值偏小。

综合以上分析，对于黏性土的竖向剪切带模型假设符合管道上浮中土体变形特征，能够反映黏性土变形力学特性。但是，由于假定忽略了管道底部黏性土的拖拽力，其对上浮阻力的估计将会偏小。对于砂性土，考虑其剪胀特性的土体变形特性可以较好地反映其力学特征。但是，由于假定砂性土的其剪胀破坏线为直线，没有考虑隧道到地表土体的剪胀余量，也对实际土体抗浮阻力估计偏小，但是误差较小。由以上分析可以得出模型假设吻合度在 90%以上。由于隧道和管道在几何特征上是一致的，在一定程度上可以把其力学特征推广到隧道抗浮分析上来。

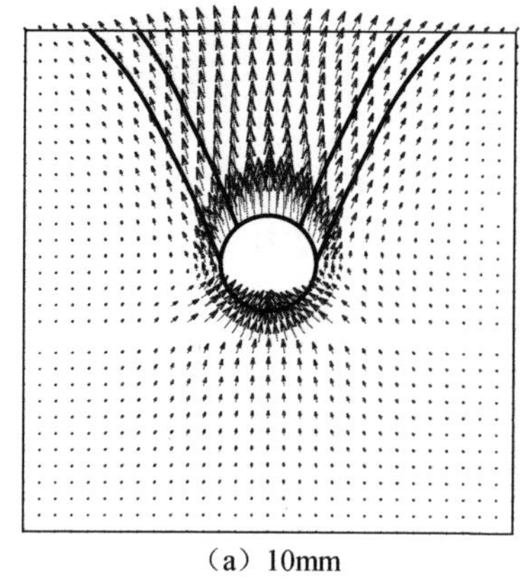

（a）10mm

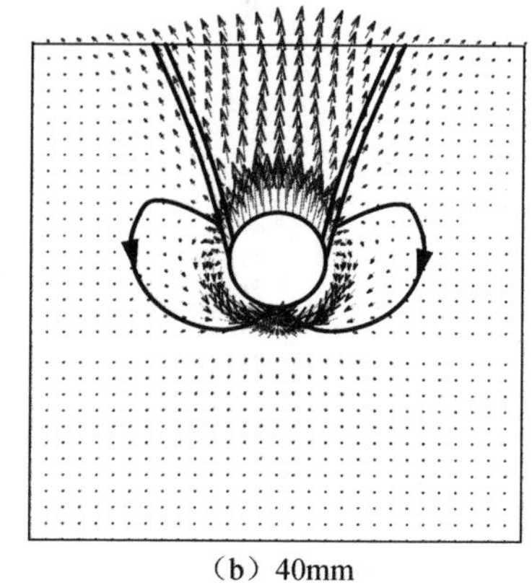

（b）40mm

图 9.1.13　管道上浮不同时土体的速度场

9.2　施工期盾构隧道抗浮稳定的合理覆土厚度研究

在隧道施工期盾构掘进产生的盾尾间隙必须由同步注浆及时填充。重度为 18.0kN/m^3 的浆液将产生很大的浮力[11]。

对于黏性土，考虑浆液浮力和黏性土的侧向摩阻力建立隧道抗浮模型如图 9.2.1 所示。

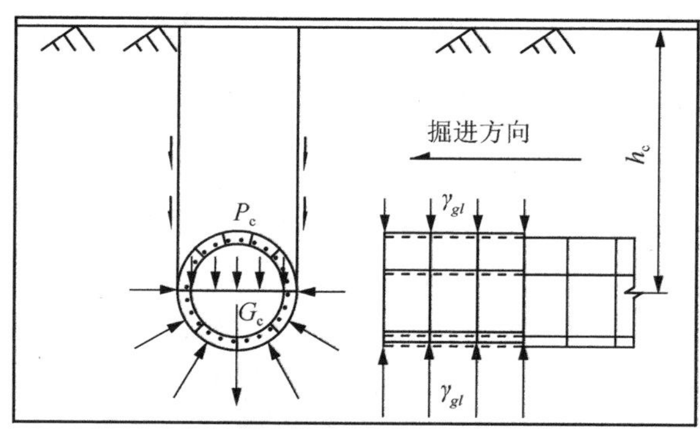

图 9.2.1　黏性土层隧道施工期上浮抗浮模型

隧道自重为

$$G_c = \gamma_c \left[1-(1-\delta_c)\right]^2 D^2 \cdot \frac{\pi}{4} \tag{9.2.1}$$

式中：γ_c 为管片重度，对于钢筋混凝土管片一般取 γ_c=26.0kN/m^3；δ_c 为管片厚度与管片外半径的比值，一般取 0.08～0.10，对于大直径隧道取小值[12,13]。

然后可以得出竖直方向力学平衡方程

$$P_c + G_c = \gamma_{gl} D^2 \cdot \frac{\pi}{4} \tag{9.2.2}$$

式中：γ_{gl} 为液态浆液的密度；P_c 为上覆黏性土的抗浮阻力

$$P_c = \gamma'_{cl} h_c D + 2c' h_c + K_0 \gamma'_{cl} h_c^2 \tan\varphi' - \gamma'_{cl} D^2 \cdot \frac{\pi}{8} \tag{9.2.3}$$

联合式（9.1.14）、式（9.2.1）和式（9.2.2）计算出抗浮稳定所需要上覆土的厚度为

$$h_c = \frac{\sqrt{b_{cl}^2 - 4a_{cl}c_{cl}} - b_{cl}}{2a_{cl}} \tag{9.2.4}$$

式中：a_{cl}、b_{cl} 和 c_{cl} 为计算参数，即

$$a_{cl} = K_0 \gamma'_{cl} \tan\varphi' \tag{9.2.5}$$

$$b_{cl} = \gamma'_{cl} D + 2c' \tag{9.2.6}$$

$$c_{cl} = -D^2 \cdot \frac{\pi}{4}\left\{\gamma_{gl} + \frac{\gamma'_{cl}}{2} - \gamma_c\left[1-(1-\delta_c)^2\right]\right\} \tag{9.2.7}$$

对于砂性土，考虑浆液浮力和砂性土的剪胀效应建立隧道抗浮模型如图 9.2.2 所示。

同理，建立竖向平衡方程

$$P_c + G_c = \gamma_{gl} D^2 \cdot \frac{\pi}{4} \tag{9.2.8}$$

而 P_c 为上覆砂性土的抗浮阻力，可以表示为

$$P_c = \gamma'_s h(D + h_c \tan\psi) + \frac{K_0 \gamma'_s h_c^2}{\tan\psi + \cot\varphi'} - \gamma'_s D^2 \cdot \frac{\pi}{8} \tag{9.2.9}$$

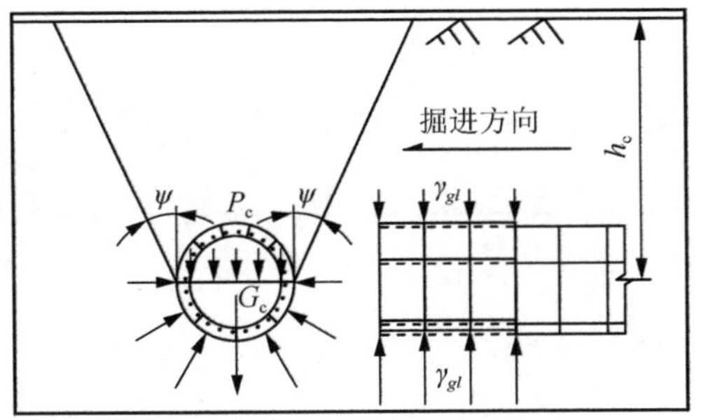

图 9.2.2　砂性土层隧道施工期上浮抗浮模型

于是可以得出砂性土隧道抗浮稳定最小覆土厚度 h_c 为

$$h_c = \frac{\sqrt{b_s^2 - 4a_s c_s} - b_s}{2a_s} \tag{9.2.10}$$

式中：a_s、b_s 和 c_s 为计算参数。

$$a_s = \gamma_s' \tan\psi + \frac{K_0\gamma_s'}{\tan\psi + \cot\varphi'} \tag{9.2.11}$$

$$b_s = \gamma_s' D \tag{9.2.12}$$

$$c_s = -D^2 \cdot \frac{\pi}{4}\left\{\gamma_{gl} + \frac{\gamma_s'}{2} - \gamma_c \cdot \left[1-(1-\delta_c)^2\right]\right\} \tag{9.2.13}$$

9.3　运营期盾构隧道抗浮稳定的合理覆土厚度研究

由于隧道服役期较长，通常设计周期为 100 年。在长期运营过程中一些不稳定因素需要考虑，如振动和地震等。因为振动和地震可以引起砂土的液化[14,15]，特别是饱和砂土的液化[16]。当砂土发生液化时，其强度会降低甚至会消失[17]，特别是摩擦和剪胀特性。因此，在运营期考虑砂土的剪胀特性来进行抗浮稳定计算是不安全的。而对于黏性土也会因应力松弛、蠕变等因素的影响而丧失黏聚力等。因此，在运营期只考虑上覆土重量进行抗浮计算建立模型如图 9.3.1 所示。

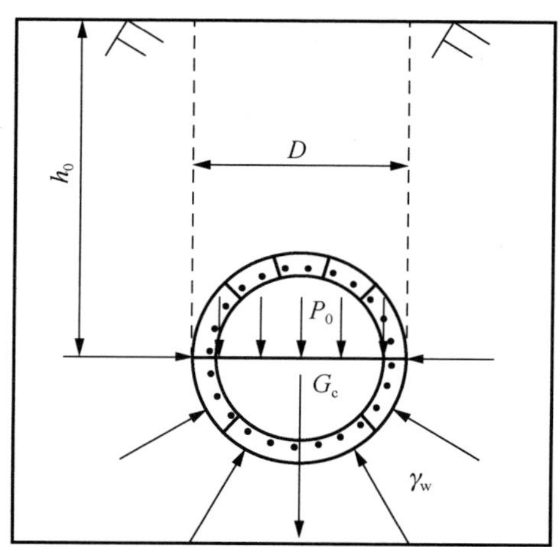

图 9.3.1　隧道运营期上浮抗浮模型

建立竖直向力学平衡方程如下：

$$P_0 + G_c = \gamma_w \cdot D^2 \cdot \frac{\pi}{4} \tag{9.3.1}$$

式中：γ_w 为水的重度；P_0 为上覆土的抗浮阻力。

$$P_0 = \gamma' h_0 D - \gamma' D^2 \cdot \frac{\pi}{8} \tag{9.3.2}$$

式中，γ' 为上覆土的浮重度。

于是，抗浮稳定最小覆土厚度为

$$h_0 = \frac{\pi}{4} \cdot \frac{D\left\{\gamma_w - \gamma_c\left[1-(1-\delta_c)^2\right] + \frac{\gamma'}{2}\right\}}{\gamma'} \tag{9.3.3}$$

另外，在运营期还要考虑河床土体冲蚀而带来的覆土厚度减少。

9.4 讨 论

9.4.1 浆液重度

浆液一般有两种形式：硬性浆液和惰性浆液。惰性浆液主要包括细砂、膨润土、熟石灰和水，主要用于上海[11]和苏州的地铁建设中。但是，惰性浆液不包含水泥。硬性浆液包含水泥，被广泛用于中国的其他城市地铁建造过程中。

对于惰性浆液来说，在抗浮计算中，其可以等同周围土体。因此，上述抗浮分析是适用的。

对于硬性浆液，应该考虑浆液重度对抗浮稳定的贡献。在施工期，硬性浆液在注入盾尾 6h 后开始凝固[18]，但是凝固要持续一段时间（至少一个月）。因此，浆液会以固-液两相混合形式存在一段时间。在这段时间内，固结、失水和胶结同时进行，使得难以估计浆液的重度。但是，浆液的这种形态与周围土体比较相似，可以把此时的浆液视为周边土体。在运营期，硬性浆液在隧道周围凝固。假定浆液完全填充盾尾的建筑间隙，如图 9.4.1 所示。

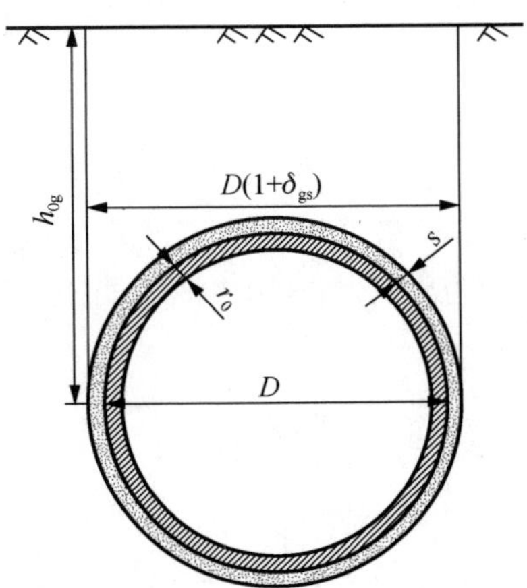

图 9.4.1 隧道运营期硬性浆液抗浮模型

浆液的重量为

$$G_{gs} = \gamma_{gs}\left[(1+\delta_{gs})^2 - 1\right]D^2 \cdot \frac{\pi}{4} \tag{9.4.1}$$

式中：γ_{gs} 为浆液凝固后重度；δ_{gs} 为浆液厚度 s 与隧道外径之比。

土体的重量为

$$P_{0g}=\gamma_s' h_{0g} D(1+\delta_{gs})-\gamma_s' D^2(1+\delta_{gs})^2\cdot\frac{\pi}{8} \tag{9.4.2}$$

然后，式（9.3.1）可以修正为

$$P_{0g}+G_c+G_{gs}=\gamma_w(1+\delta_{gs})^2 D^2\cdot\frac{\pi}{4} \tag{9.4.3}$$

把式（9.1.14）、式（9.4.1）和式（9.4.2）代入式（9.4.3）得最小覆径比为

$$\frac{h_{0g}}{D}=\frac{\pi}{4}\cdot\frac{\gamma_w(1+\delta_{gs})^2+\dfrac{\gamma_s'(1+\delta_{gs})^2}{2}-\gamma_{gs}\left[(1+\delta_{gs})^2-1\right]-\gamma_c\left[1-(1-\delta_c)^2\right]}{\gamma_s'(1+\delta_{gs})} \tag{9.4.4}$$

假定浆液厚度与隧道外径之比为0.06[18-20]，可得浆液厚度如表 9.4.1 所示。把表 9.4.1 中的参数代入式（9.3.3）和式（9.4.4）得最小覆径比分别为 0.77 和 0.86。可以看出，考虑隧道周边硬性浆液进行抗浮计算可使最小覆径比减少 9%。该显著贡献表明：不但隧道上方的浆液抵抗了部分浮力，而且整个环形浆液体和浆液体上部的土体都增加了隧道的抗浮稳定性。但是，这部分贡献必须建立在盾构建筑间隙被完全填充的条件下。

表 9.4.1　浆液重度分析参数

土体浮重度 γ' /(kN/m^3)	固体浆液		隧道		
	厚度 s/m	浆液重度γ_{gs}/(kN/m^3)	直径 D/m	厚度 e/m	管片重度γ_c/(kN/m^3)
10	0.3	20	10	0.4	26.0

9.4.2　浆液浮力

当盾尾间隙注入浆液后，高重度浆体将产生很大浮力。如果上浮抗力不够强大，隧道将产生上浮。Bezuijen 等[18]在假定浆液为 Bingham 流体的条件下给出了浆液和隧道同时上浮的断定方法：土体和浆液之间的剪切力超过浆液自身的屈服应力。剪应力的计算方法为

$$\tau_{gs}=\frac{F_b s}{D^2} \tag{9.4.5}$$

式中：F_b 为上浮力，即

$$F_b=\gamma_{gl}D^2\cdot\frac{\pi}{4}-G_c \tag{9.4.6}$$

对于重度为 18.0kN/m^3 的浆液，由式（9.4.5）、式（9.4.6）和表 9.4.1 可得剪应力为 3.3kPa。若浆液自身屈服应力超过该剪应力则隧道和浆体不会上浮。但上浮土体依然需要提供足够抗力，否则浆液和隧道会把上覆土体顶起。因此，覆土厚度仍然需要满足上述理论分析。

浆液抗浮稳定分析完成后，其抗浮分析工作仍然没有完成。由于隧道和浆体之间的剪应力很小，隧道在浆体中依然可以发生上浮。幸运的是浆液中管片环的一端由已经固结或胶结浆液中的管片提供抗浮摩阻力；另一端则由盾构机推进力臂提供抗浮摩阻力。

对于硬性浆液，浆液只是在一段区间内为液相。由于几环管片遭受上浮力，而且这些管片离拼装机构很近，拼装机构的重量使得隧道抗浮性能更为良好。

对于惰性浆液，拼装好的隧道周围浆液会一直处于液相直到固结、失水过程完成。因此，上浮土体需要提供足够抗力，覆土厚度仍然需要满足上述理论分析。

9.4.3 相邻环的侧向摩阻力

由于未凝浆液只作用于局部管片，管片环之间的环间摩擦力将发挥作用。考虑管片环之间只发生变形趋势，环间摩擦力 f 由螺栓预紧力 N 提供，如图 9.4.2 所示。提供的摩阻力平均到单位长度上为

$$S=\sum_{i=1}^{n}\frac{\mu_{\mathrm{s}}N_i}{B} \tag{9.4.7}$$

式中：n 为一环管片环间纵向螺栓的数量；N_i 为每个纵向螺栓施加的预紧力；μ_{s} 为管片环间的摩擦系数；B 为局部上浮管片环宽度。

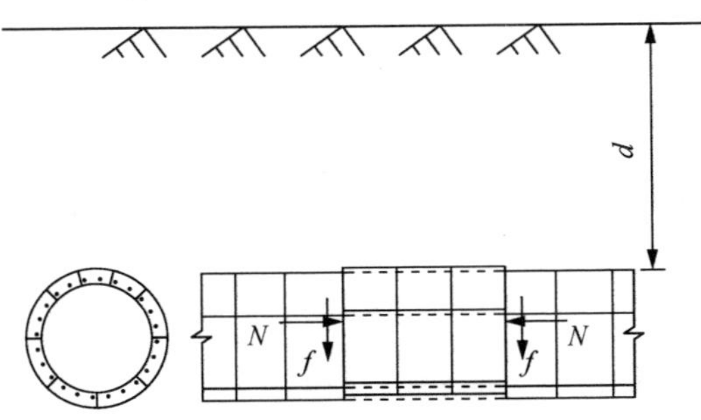

图 9.4.2 局部管片上浮时受到摩阻力示意图

9.4.4 安全系数

强度折减法广泛用于边坡稳定分析中[21-23]。该方法是为达到更高的安全系数 K_{s}，对强度参数（如内摩擦角、黏聚力）进行折减的一种分析方法。运用该方法进行抗浮分析时，和强度相关的剪胀角、重度等参数也进行折减。

由于抗浮分析使用的是极限分析法，上述分析的安全系数为 1.0。为得到更高的安全系数，抗浮分析中的强度参数，如内摩擦角、黏聚力、剪胀角和重度等折减如下：

$$\tan\varphi_{\mathrm{k}}'=\frac{\tan\varphi'}{K_{\mathrm{s}}} \tag{9.4.8}$$

$$c_{\mathrm{k}}' = \frac{c'}{K_{\mathrm{s}}} \tag{9.4.9}$$

$$\tan\psi_{\mathrm{k}} = \frac{\tan\psi}{K_{\mathrm{s}}} \tag{9.4.10}$$

$$\gamma_{\mathrm{sk}}' = \frac{\gamma_{\mathrm{s}}'}{K_{\mathrm{s}}} \tag{9.4.11}$$

因此，在施工期，带有安全系数 K_{s} 的最小覆土厚度 h_{ck} 为

$$h_{\mathrm{ck}} = (\sqrt{b_{\mathrm{k}}^2 - 4a_{\mathrm{k}}c_{\mathrm{c}}} - b_{\mathrm{k}}) - 2a_{\mathrm{k}} \tag{9.4.12}$$

对于黏性土

$$a_{\mathrm{k}} = \frac{K_0\gamma_{cl}'\tan\varphi'}{K_{\mathrm{s}}^2} \tag{9.4.13}$$

$$b_{\mathrm{k}} = \frac{\gamma_{cl}'D + 2c'}{K_{\mathrm{s}}} \tag{9.4.14}$$

$$c_{\mathrm{k}} = -D^2 \cdot \frac{\pi}{4}\left\{\gamma_{gl} + \frac{\frac{\gamma_{cl}'}{2}}{K_{\mathrm{s}}} - \gamma_{\mathrm{c}}\left[1-(1-\delta_{\mathrm{c}})^2\right]\right\} \tag{9.4.15}$$

对于砂性土

$$a_{\mathrm{k}} = \frac{\gamma_{\mathrm{s}}'\tan\psi}{K_{\mathrm{s}}^2} + \frac{K_0\gamma_{\mathrm{s}}'}{\tan\psi + \cot\varphi' \cdot K_{\mathrm{s}}^2} \tag{9.4.16}$$

$$b_{\mathrm{k}} = \frac{\gamma_{\mathrm{s}}'D}{K_{\mathrm{s}}} \tag{9.4.17}$$

$$c_{\mathrm{k}} = -\frac{\pi}{4} \cdot D^2\left\{\gamma_{\mathrm{s}}'/2/K_{\mathrm{s}} + \gamma_{gl} - \gamma_{\mathrm{c}} \cdot \left[1-(1-\delta_{\mathrm{c}})^2\right]\right\} \tag{9.4.18}$$

在运营期，带有安全系数 K_{s} 的最小覆土厚度 h_{ok} 为

$$h_{\mathrm{ok}} = \frac{\pi}{4} \cdot D \frac{\gamma_{\mathrm{w}} - \gamma_{\mathrm{c}}\left[1-(1-\delta_{\mathrm{c}})^2\right] + \frac{\frac{\gamma'}{2}}{K_{\mathrm{s}}}}{\frac{\gamma'}{K_{\mathrm{s}}}} \tag{9.4.19}$$

9.4.5 工程应用

为进一步说明最小覆土厚度的取值范围，作者对一些过江越海隧道进行了统计分析。这些隧道包括上海长江隧道、南京长江隧道、武汉长江隧道、狮子洋隧道、东京湾隧道和上海几条穿越黄浦江的隧道。取安全系数 K_{s} 分别为 1.0 和 1.1，使用如表 9.4.2 所示参数，可以计算抗浮稳定所需最小覆土厚度，如图 9.4.3 所示。施工期和运营期最小覆径比均为直线，即最小覆径比不随隧道直径发生变化。

表 9.4.2　最小覆土厚度计算参数

黏土特性			砂土特性			浆液重度 γ_{gl}/(kN/m³)	隧道		
浮重度 γ'_{cl}/(kN/m³)	有效黏聚力 c'/kPa	有效内摩擦角 φ'/(°)	浮重度 γ'_s/(kN/m³)	临界状态内摩擦角 φ'_{crit}/(°)	剪胀角 ψ /(°)		直径 D/m	管片厚度 r_0/m	管片重度 γ_c/(kN/m³)
6	15.0	10.0	10	30.0	15.0	18	10	0.4	26.0

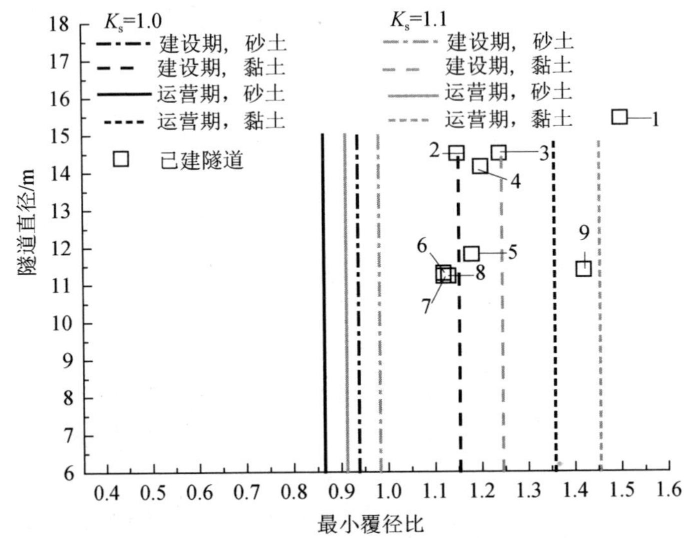

1—上海长江隧道；2—上海上中路隧道；3—南京长江隧道；4—东京湾隧道；5—狮子洋隧道；6—上海延安路隧道；7—上海大连路隧道；8—上海复兴东路隧道；9—武汉长江隧道。

图 9.4.3　最小覆土厚度预测值与工程实例对比

对于砂性土，当安全系数为 1.0 时，隧道最小覆径比在 0.86～0.91 之间变化；当安全系数为 1.1 时，隧道最小覆径比在 0.84～0.98 之间变化。可见，安全系数对最小覆径比的影响不大，基本为等比例关系，且隧道施工期所需最小覆土厚度要大于运营期。

对于黏性土，当安全系数为 1.0 时，隧道最小覆径比在 1.15～1.35 之间变化；当安全系数为 1.1 时，隧道最小覆径比在 1.25～1.45 之间变化。同样，对于黏性土，安全系数对最小覆径比的影响不大，基本为等比例关系。但是，对于黏性土，其运营期抗浮所需要的最小覆土厚度较大。

综上所述，隧道最小覆径比在 0.9～1.4 之间。但是，由于覆径比小于 1.0 时，土体抗浮性能将严重劣化，所以在隧道覆土厚度设计时，建议取值大于 1 倍洞径。同时，由理论分析可以得出，砂性土的抗浮稳定性能要优于黏性土层。对于直径在 11～12m 的隧道，其最小覆径比在 1.1～1.2；对于直径在 14.0m 以上的隧道，其最小覆径比约为 1.2。

从图 9.4.3 中可以看出，理论分析结果与实际工程覆土厚度设定较为一致。因此，建议抗浮稳定最小覆径比为 1.0～1.2。当覆土厚度从隧道拱顶算起时，其最小覆径比为 0.5～0.7。

9.5 本章小结

为分析最小覆土下盾构隧道的抗浮稳定性，根据黏土和砂土的不同特性，运用极限平衡法分别建立了隧道上浮条件下上覆土体的上浮阻力模型。上浮阻力模型考虑了黏性土的侧向摩阻力和砂性土的剪胀特性。在此基础上，给出了不同地层特性条件和不同工程条件下满足抗浮稳定的最小覆土计算公式。讨论了浆液重度、浆液浮力、环间侧向摩阻力对上浮稳定的影响。使用强度折减法给出了考虑安全系数的抗浮稳定最小覆土厚度计算公式。通过分析得出以下结论。

（1）隧道抗浮稳定需要克服不同工况下浆液浮力、水浮力和河床冲刷的影响。工程案例表明：基于极限平衡法的隧道抗浮稳定最小覆土计算公式可以应用的实际工程的最小覆土厚度估算，为隧道纵断面设计提供参考。

（2）在隧道运营期，硬性浆液会在隧道周围形成凝固体。浆液凝固体和其上方土体均对隧道抗浮起到积极作用。这一积极贡献可以使隧道抗浮稳定的最小覆土厚度减小 9%。不过这一贡献是建立在盾构间隙被充分填充的基础上的。

（3）在隧道施工期，隧道上覆土层并不能有效阻止隧道在未凝浆液中的上浮问题。幸运的是，此时未凝浆液中的隧道一端被盾构机的推进装置固定，而另一端也在一定程度上受相邻管片的侧向摩阻力作用。但是，要想保持抗浮稳定，依然需要足够的覆土厚度来提供反力。

（4）考虑隧道抗浮安全系数，给出了不同地层条件下抗浮稳定的最小覆土厚度取值范围。这将为隧道的纵断面设计提供一定的参考。

参考文献

[1] PALMER A C, WHITE D J, BAUMGARD A J, et al. Uplift resistance of buried submarine pipelines: comparison between centrifuge modelling and full-scale tests[J]. Géotechnique, 2003, 53(10): 877-883.

[2] CHEUK C Y, WHITE D J, BOLTON M D. Uplift mechanisms of pipes buried in sand[J]. Journal of Geotechnical and Geoenvironmental Engineering, 2008, 134(2): 154-163.

[3] 叶飞, 朱合华, 丁文其. 考虑管片环间接头效应的盾构隧道抗浮计算与控制分析[J]. 中国公路学报, 2008, 21(3): 76-80.

[4] 杨方勤, 段创峰, 吴华柒, 等. 上海长江隧道抗浮模型试验与理论研究[J]. 地下空间与工程学报, 2010, 6(3): 454-459.

[5] 戴小平, 郭涛, 秦建设. 盾构机穿越江河浅覆土层最小埋深的研究[J]. 岩土力学, 2004, 27(5): 782-786.

[6] TERZAGHI K. Theoretical soil mechanics[M]. New York: John Wiley & Sons, 1943: 37-42.

[7] SCHAMINÉE P, ZORN N, SCHOTMAN G. Soil response for pipeline upheaval buckling analyses: full-scale

laboratory tests and modelling[J]. International Offshore Technology Conference, 1990, 563-571.

[8] WHITE D J, BAREFOOT A J, BOLTON M D. Centrifuge modeling of upheaval buckling in sand[J]. International Journal of Physical Modeling in Geotechnics, 2001, 2(1): 19-28.

[9] WHITE D J, CHEUK C Y, BOLTON M D. The uplift resistance of pipes and plate anchors buried in sand[J]. Géotechnique, 2008, 58(10): 771-779.

[10] BOLTON M D. The strength and dilatancy of sands[J]. Géotechnique, 1986, 36(1): 65-78.

[11] ZHAO T S. Study on mortar material and application of tail void grouting of slurry shield tunnel[D]. Shanghai: Tongji University, 2008.

[12] MASHIMO H, ISHIMURA T. Evaluation of the load on shield tunnel lining in gravel[J]. Tunnelling and Underground Space Technology, 2003, 18(2): 233-241.

[13] HE C, FENG K, YANG X. Model test on segmental lining of Nanjing Yangtze River Tunnel with super-large cross-section[J]. Chinese Journal of Rock Mechanics and Engineering, 2007, 11: 2260-2269.

[14] SEED H B. Soil liquefaction and cyclic mobility evaluation for level ground during earthquakes[J]. Journal of the Geotechnical Engineering Division, ASCE, 1979, 105(2): 201-255.

[15] IWASAKI T. Soil liquefaction studies in Japan: state-of-the-art[J]. Soil Dynamics and Earthquake Engineering, 1986, 5(1): 2-68.

[16] SHAMOTO Y, ZHANG J M, GOTO S. Mechanism of large post-liquefaction deformation in saturated sand[J]. Soils and Foundations, 1997, 37(2): 71-80.

[17] POULOS S J, CASTRO G, FRANCE J W. Liquefaction evaluation procedure[J]. Journal of Geotechnical Engineering, 1985, 111(6): 772-792.

[18] BEZUIJEN A, TALMON A M, KAALBERG F J, et al. Field measurements of grout pressures during tunnelling of the Sophia Rail Tunnel, Soils and Foundations, Japanese Geotechnical Society, 2004, 44(1): 39-48.

[19] LEE K M, ROWE R K. An analysis of three-dimensional ground movements: the Thunder Bay tunnel[J]. Canadian Geotechnical Journal, 1991, 28(1): 25-41.

[20] YANG F, LIN J, YUAN Y. Shanghai Yangtze River Tunnel Stability against Uplift during Tail Void Grouting[M]//ICPTT, 2009: Advances and Experiences with Pipelines and Trenchless Technology for Water, Sewer, Gas, and Oil Applications, ASCE: 1403-1412.

[21] DAWSON E M, ROTH W H, DRESCHER A. Slope stability analysis by strength reduction[J]. Géotechnique, 1999, 49(6): 835-840.

[22] ZHANG L, ZHENG Y R, ZHAO S, et al. The feasibility study of strength-reduction method with FEM for calculating safety factors of soil slope stability[J]. Journal of Hydraulic Engineering, 2003, 34(1): 21-27.

[23] CHENG Y M, LANSIVAARA T, WEI W B. Two-dimensional slope stability analysis by limit equilibrium and strength reduction methods[J]. Computers and Geotechnics, 2007, 34(3): 137-150.

第十章 综合确定泥水盾构隧道合理覆土厚度

10.1 考虑泥水压力可设定的合理覆土厚度

盾构掘进时需要一定的覆土厚度来满足不同工况下泥水压力的设定，具体是指隧道所处地层所承受泥水压力的上下限覆盖泥水压力变化区间（可能因为工况而有变化）。泥水压力的上限、下限和泥水压力变化区间论述如下。

10.1.1 泥水压力上限

根据第四、五章的研究成果：对于黏性土地层，泥水压力上限为盾构切口地层的劈裂抗力，如图 4.6.1 所示。地层劈裂抗力可以使用第四章介绍的现场泥水劈裂仪进行测定，也可以进行估算为

$$p_{\mathrm{f}} = (1+\sin\varphi)\sigma_3 + c\cos\varphi \tag{10.1.1}$$

式中：φ 为内摩擦角；c 为黏聚力；σ_3 为静止土压力；c 、φ 均为总应力强度指标。应用这些指标进行土体稳定性分析的方法称为总应力法，由固结不排水试验得到（对于黏性土进行水土合算，$\sigma_3 = K_0(\gamma h + q)$，其中 q 为超载，若上覆水体则换算为超载；对于砂性土进行水土分算，$\sigma_3 = K_0'\gamma' h + \gamma_{\mathrm{w}} h_1$）。

对于砂性土，泥水压力上限估计为地层临界渗透破坏压力，即

$$p_{\mathrm{in}} = \gamma' \times h + \gamma_{\mathrm{w}} \times H \tag{10.1.2}$$

式中：p_{in} 为地层临界渗透破坏压力。

泥水压力上限如下。

（1）按照切口压力进行控制。

对于黏性土

$$p_{\mathrm{c\,max}} = p_{\mathrm{f}} \tag{10.1.3}$$

对于砂性土

$$p_{\mathrm{c\,max}} = p_{\mathrm{in}} \tag{10.1.4}$$

（2）按照盾构中心压力进行控制。

对于黏性土

$$p_{0\max} = p_{\mathrm{f}} + \gamma_{\mathrm{f}} \cdot \frac{D}{2} \tag{10.1.5}$$

式中：γ_{f} 为泥水重度，一般为 10～13kN/m^3；D 为盾构直径。

对于砂性土

$$p_{0\max} = p_{\text{in}} + \gamma_{\text{f}} \cdot \frac{D}{2} \tag{10.1.6}$$

10.1.2 泥水压力下限

由第六章研究成果，泥水压力下限为掘进面发生滑塌时的临界支护压力。

（1）当以盾构中心为控制点时，其压力值表示为

$$p_{0\min} = \sigma_T = cN_{\text{c}} + qN_{\text{q}} + \gamma DN_{\gamma} \tag{10.1.7}$$

式中：c 为土体黏聚力；q 为地表超载；γ 为土体重度；其中：J_v、J_{s}、J_{s1}、J_{s2}、l_{a}、l_{b} 和 r_0 为滑裂体形状参数，与土内体摩擦角 φ 的盾构直径 D 有关，具体取值见 7.3 节；N_{c}、N_{q} 和 N_{γ} 为相应的无量纲系数，即

$$N_{\text{c}} = -\frac{\dfrac{l_{\text{b}}^2(3\pi l_{\text{a}} + 4l_{\text{b}})}{2K_0 \tan\varphi}\left[1 - \exp\left(-\dfrac{cK_0 \tan\varphi}{B}\right)\right] + 3\pi r_0^3 J_{\text{s}}}{3r_0^3(2J_{\text{s1}} + J_{\text{s2}})} \tag{10.1.8}$$

$$N_{\text{q}} = \frac{\exp\left(-\dfrac{CK_0 \tan\varphi}{B}\right)(3\pi l_{\text{a}} + 4l_{\text{b}})l_{\text{b}}^2}{6r_0^3(2J_{\text{s1}} + J_{\text{s2}})} \tag{10.1.9}$$

$$N_{\gamma} = \frac{3\pi r_0^4 J_v + \dfrac{l_{\text{b}}^2 B(3\pi l_{\text{a}} + 4l_{\text{b}})}{2K_0 \tan\varphi}\left[1 - \exp\left(-\dfrac{CK_0 \tan\varphi}{B}\right)\right]}{3Dr_0^3(2J_{\text{s1}} + J_{\text{s2}})} \tag{10.1.10}$$

对于存在地下水情况，建议采用水土分算，盾构中心最小支护压力设定值表示如下：

$$p_{0\min} = \sigma_T' + \gamma_{\text{w}} h_{\text{w}} \tag{10.1.11}$$

其中

$$\sigma_T' = c' N_{\text{c}}' + qN_{\text{q}}' + \gamma' DN_{\gamma}' \tag{10.1.12}$$

式中：γ_{w} 为水的重度；h_{w} 为水面高度；σ_T' 为盾构中心有效支护压力；γ' 为土体浮重度；c' 为土体有效黏聚力；N_{c}'、N_{q}' 和 N_{γ}' 为相应的有效无量纲系数，计算时使用土体强度参数有效值。

（2）当以切口压力为控制值时，有

$$p_{\text{c}\min} = p_{0\min} - \gamma_{\text{f}} \cdot \frac{D}{2} \tag{10.1.13}$$

10.1.3 泥水支护压差

用泥水压力进行支护时，会因泥水压力梯度与土水压力梯度不同而产生支护

压差。根据第五章研究成果，对于侧向土压力系数为 0.4～0.6，盾构直径为 15m 情况，支护压差为 0.02～0.04MPa，如图 10.1.1 所示。进行泥水压力设定时，需要考虑泥水支护压差 l_{dp}。

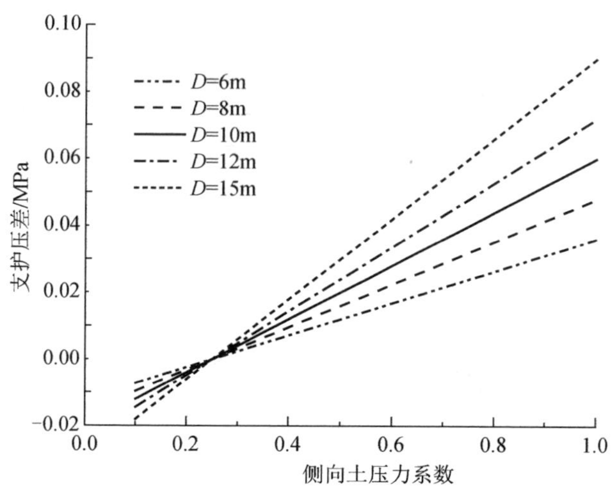

图 10.1.1　盾构掘进过程中的泥水支护压差

10.1.4　泥水压力波动

用泥水压力进行支护时，会因泥水循环或者盾构掘进发生泥水压力波动。根据第五章研究成果，泥水压力的波动大小为 0.01～0.03MPa。进行泥水压力设定时，需要考虑因泥水压力而产生的支护压力误差 l_{pr}。

10.1.5　带压换刀

在越江海泥水盾构掘进过程中，由于掘进距离较长，当地质条件复杂时，常常刀具磨损严重，会实施水下带压换刀，如图 7.5.5 所示。当泥水液面降低到盾构中心时，其切口压力比原来增加了 $\gamma_f \times D/2$。为此，需要进行带压换刀时，其泥水压力设定需要距离压力上限有一定的压力裕量 l_{ctt}，且 $l_{ctt}=\gamma_f \times D/2$。

10.1.6　合理覆土厚度确定

满足泥水压力可设定的覆土厚度按 8.3.1 节的步骤确定。

10.2　考虑抗浮稳定的合理覆土厚度

10.2.1　施工期合理覆土厚度

（1）对于黏性土，抗浮稳定所需要上覆土的厚度根据式（9.2.4）～式（9.2.7）

计算。

（2）对于砂性土，砂性土隧道抗浮稳定最小覆土厚度可以根据式（9.2.10）～式（9.2.13）计算。

（3）对于地层土性同时含有黏土地层和砂土地层，其抗浮稳定最小覆土厚度按逐一选取单一土层进行计算后取大值。

10.2.2 运营期合理覆土厚度

满足抗浮稳定的最小覆土厚度根据式（9.3.3）计算。

10.2.3 抗浮稳定的合理覆土厚度确定

综合分析施工期和运营期抗浮稳定所需要的最小覆土厚度，然后选择大值作为抗浮稳定的合理覆土厚度。需要引进安全系数进行分析时，参考第九章。

10.3 水力冲刷

当隧道位于江河下面时，其位于河床下面的覆土厚度还受洪水冲刷的威胁。图 10.3.1 展示了百年一遇洪水对纬三路过江通道工程隧道上方河床的冲刷程度。可以看出隧道上方土体被冲蚀了数米深度。对于位于河床下方的隧道一般按照百年一遇洪水进行设计、按照 300 年一遇洪水位进行校核[1]。

假设设计洪水位的河床冲蚀深度为 h_{er}，则合理覆土厚度在已有研究的基础上还要加上这部分以考虑河床冲蚀。由于水力冲刷按照百年一遇设计，属于偶然工况，一般只在隧道运营期考虑，而在隧道施工期不再考虑。

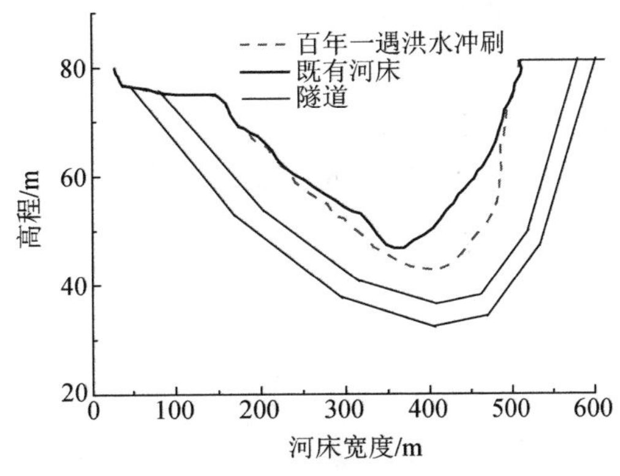

图 10.3.1 河床冲刷示意图

10.4 本章小结

本章研究了泥水盾构隧道合理覆土厚度的影响因素和考虑这些因素的合理覆土厚度分析方法。研究表明：泥水盾构掘进安全和隧道抗浮稳定是影响隧道覆土厚度设定的主要因素。结合这些因素对纬三路过江通道工程的隧道纵断面给出了优化设计建议方案，并得出以下结论。

（1）考虑泥水压力可设定的盾构掘进安全是泥水盾构施工的重要影响因素，在隧道覆土厚度设定中要考虑该因素的影响。

（2）考虑泥水压力变化（往往是因为掘进工况变化，如压力波动或者带压换刀）与掘进面失稳（泥水劈裂或者主动失稳）之间的关系来确定覆土厚度的方法经过纬三路隧道工程的纵断面优化设定检验，是合适的。

（3）在泥水盾构隧道覆土厚度设定中考虑盾构掘进安全（泥水压力可设定）和隧道抗浮安全是必要的。

（4）本章给出的合理覆土厚度设定方法经过了纬三路过江通道工程的检验，是可靠的。

参 考 文 献

[1] 钱七虎. 从河床冲淤分析沉管法修建长江水下隧道问题[J]. 现代隧道技术, 2006, 43(4): 1-4.

第十一章　南京长江隧道高水压、小覆土盾构安全掘进

11.1　南京长江隧道工程概况及背景

南京长江隧道是《南京城市总体规划》确定的一条重要的城市过江快速通道。江南接主城滨江大道和纬七路（即应天西路），通过纬七路再接城西干道和城东干道；江北接江北滨江大道和浦珠路，将江南江北的快速交通网络连为一体，形成横跨长江的一条东西向城市快速通道。

南京长江隧道设计为双管盾构隧道，隧道分为东（左）西（右）两线，自浦口工作井始发，梅子洲工作井吊出：盾构长度 2932.756m，选用两台泥水加压盾构同向掘进。盾构隧道内径 13.30m，外径 14.50m，衬砌厚度 0.60m。本工程盾构隧道穿越多种地层，结构受力不均衡，隧道覆土厚度最大 30.0m，最小覆土约 5.5m（0.4 倍盾构直径），江中最小覆土厚度 10.2m，隧道内线路最大纵坡 4.5%，最小竖曲线半径 R=7500m。管片环外径 14.5m，内径 13.3m，壁厚 0.6m，环宽 2m，混凝土强度等级 C60，抗渗等级 S12，工程纵断面如图 11.1.1 所示。

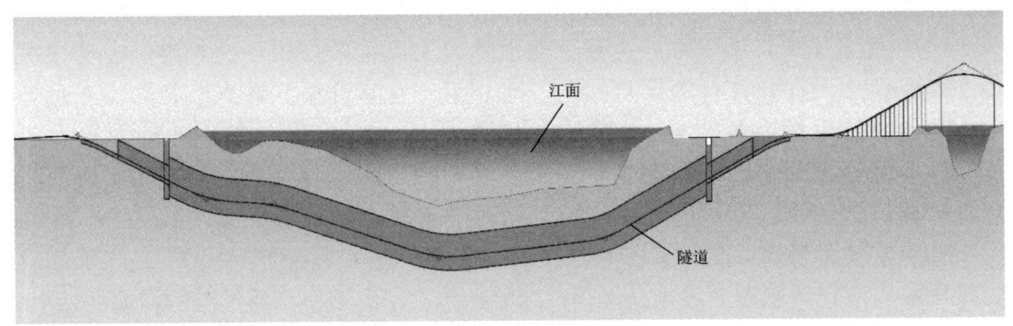

图 11.1.1　南京长江隧道纵断面图

11.2　南京过江通道隧道段地质水文条件

隧道穿越场地为长江冲积平原区，主要为堤外滩地、堤内高漫滩、堤内低漫滩，长江水域及江心洲。拟建隧道除了横穿长江两侧大堤外，未见穿越主要道路，穿越区均为农田及堤防。隧道穿越重点水利设施南京长江大堤，大堤为高级别堤

防，堤防近水侧采用干砌块石护坡和浆砌块石护脚，保证岸坡及堤防稳定。

1. 地质条件

隧道主要穿越第四系和白垩系地层，隧道场地通过部位不存在断裂或破碎带。上部第四系地层主要有：长江段水下地层上部由第四系全新统新近沉积松散粉细砂组成。中部由第四系中密—密实粉细砂组成。下部由上更新统密实状砾砂、圆砾等组成；第四系地层下伏基岩为白垩系钙质泥岩夹钙质细砂岩。

盾构隧道通过的地层以粉细砂为主，但江中地段数百米长度为粉细砂、砾砂和卵石混合地层，掌子面岩性明显差异、上下软硬不均，土质缺乏黏性，呈松散、流塑状态，稳定性很差，易坍方冒顶、造成严重后果；地层软硬不均，隧道易产生不均匀沉降，造成衬砌结构的局部附加应力和与应力集中。

隧道场地20m以内的粉细砂层具有液化性，为可液化土层，液化指数0.2～14.9，液化等级轻微—中等。

2. 水文条件

场地水文主要含地表水、孔隙潜水、孔隙（微）承压水和基岩裂隙水，分述如下。

（1）拟建长江隧道范围内的地表水主要为长江水。

（2）孔隙潜水。主要赋存于长江漫滩区上部地层，含水介质为黏性土、淤泥质土及粉土，其渗透性差，含水量贫乏，渗透系数为（1.75～19.5）$\times10^{-7}$cm/s，场地地下水水位埋深为0.40～1.40m，平均为0.70m。

（3）孔隙（微）承压水。主要分布于基岩上部松散层中，在漫滩区上覆淤泥质土及黏性土，在长江河道区直接与江水相通。含水介质为粉细砂及卵砾石层。粉细砂层渗透系数为（1.293～1.556）$\times10^{-4}$cm/s，卵砾石层渗透系数较大。

（4）基岩裂隙水。赋存在钙质泥岩、钙质砂岩中。白垩系泥岩裂隙不发育，岩性较软，塑性强，富水性差，可视为相对隔水层。

南京水位的涨落主要取决于长江径流的变化，也兼受潮汐、下游支流入汇和风力等影响。南京属感潮河段半日潮型，潮差枯季大，汛期小，随径流的增大而减小。

实测历史最高潮（水）位：10.22m。

实测历史最低潮（水）位：1.54m。

历年最高潮水位多年平均：8.37m。

历年最低潮水位多年平均值：2.20m。

历史最大潮水位变幅：7.70m。

最大潮差：1.73m。

最小潮差：0.01m。

11.3　典型断面开挖面稳定性分析

11.3.1　泥水盾构开挖面稳定性原理

泥水加压式盾构开挖面土体是依靠泥水压力对开挖面上的水土压力发挥平衡作用以求稳定。泥水压力主要是在掘进中起支护作用，其原理如图 11.3.1 所示。当盾构底部处于地下水位以下的深度为 H 时，其水压力为 $\gamma_w H$，而在盾构正面密封舱（即泥水压力室）底部的泥水压力为 $\gamma_{sw}\times(H+\Delta h)$（其中 γ_{sw} 为舱底泥水重度），由此可见地下水压力小于泥水压力。因此在盾构正面密封舱内通入高于地下水位 Δh 的泥水，则在开挖面任何一点 y 处的地下水压力为 $\gamma_w\times y$，泥水压力为 $\gamma_{sw}\times(h+\Delta h)$。一般情况下 Δh 取 2m，而 $\gamma_{sw}>\gamma_w$，开挖面任何一点的泥水压力总是大于地下水压力，从而就形成了一个向外的水力梯度，这是保持开挖面稳定的基本条件。盾构机提供的支撑力必须控制在一定范围内以保证开挖面的稳定，平衡力太小会导致开挖面前方土体塌陷进入盾构压力舱；平衡力太大会导致地表产生隆起过大甚至造成地面冒浆产生劈裂破坏。平衡压力取决于压力舱的泥浆压力、土体性质、地下水条件、开挖方法、开挖尺寸、隧道埋深等。

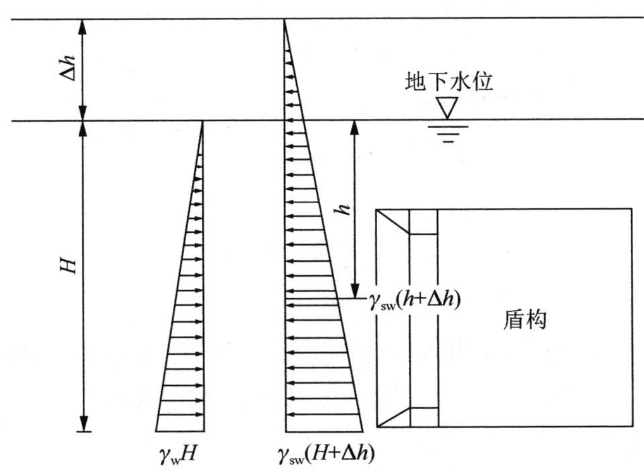

图 11.3.1　泥水加压盾构的泥水压力作用原理

11.3.2　典型断面选取

1. 盾构掘进及土层特征分析

盾构在高水压小覆土条件下掘进时，存在以下六种盾构掘进和土层特征。

（1）地表（江底面）较平坦，盾构机掘进水平（图 11.3.2）。江中段覆土小，水压大，地层稳定性差，需对泥水压力审慎设定及控制，对泥水特性有要求。

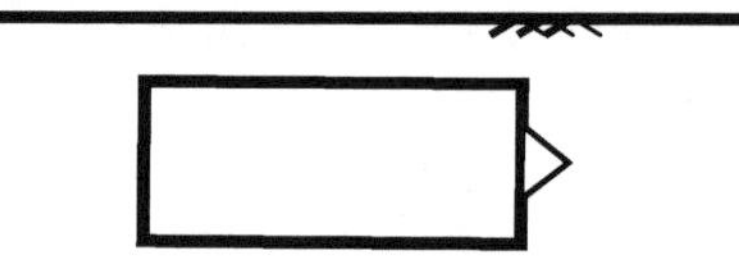

图 11.3.2　一般掘进形式

（2）地表较平坦，盾构机掘进朝下方向（图 11.3.3）。在初始掘进段属于这种情况。从小覆土条件讲是相对安全地段，但需注意的是泥水压力按盾构切口位置设置，在盾构中部或尾部，覆土厚度小，劈裂有可能在盾构中部或尾部发生，需对泥水压力审慎设定及控制，对泥水特性有要求。

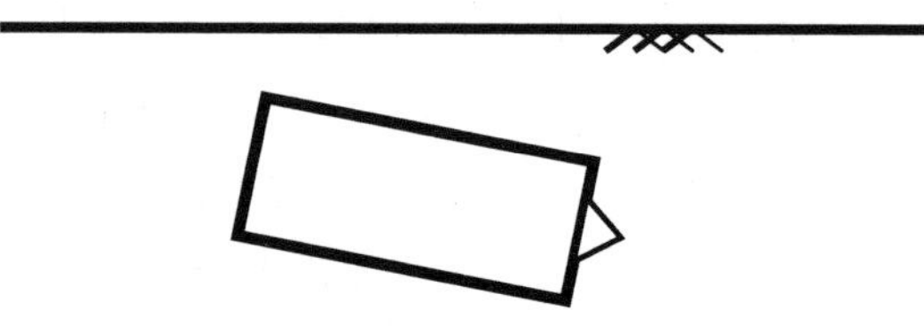

图 11.3.3　初始掘进形式

（3）地表向下倾斜，盾构机掘进朝下方向（图 11.3.4）。在盾构进入水中后属于这种情况。从小覆土条件讲是相对安全地段，但需注意的是，水压增高，需对泥水压力审慎设定及控制，对泥水特性有要求。

图 11.3.4　前期水中初始掘进形式

（4）地表向下倾斜，盾构机掘进朝下方向（图 11.3.5）。在盾构进入水中后属于这种情况，与（3）基本相同。但有小的浅槽出现，水压力大，需注意对泥水压力的设定及控制，防止劈裂的发生，对泥水特性有要求。

图 11.3.5　前期水中初始掘进形式（有浅槽）

（5）地表向上倾斜，盾构机掘进朝上方向（图 11.3.6）。在盾构进入江底改变掘进方向后属于这种情况。水压虽然渐渐减小，但覆土厚度也在较小的范围内，且开挖面稳定难以控制。掘进过程中需注意对泥水压力的设定及控制，防止劈裂的发生，对泥水特性有要求。

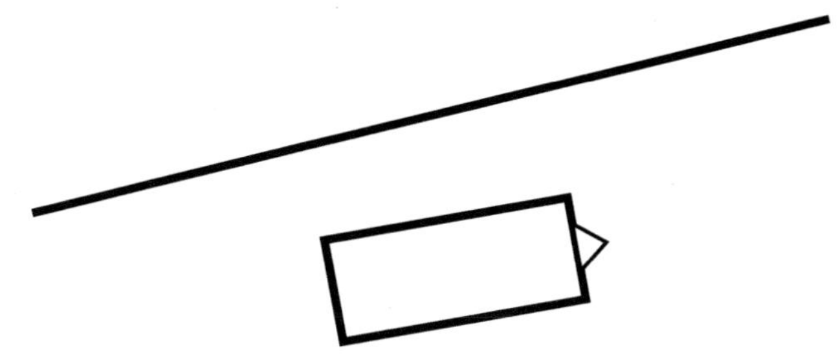

图 11.3.6　后期水中初始掘进形式

（6）江底面呈上坡，盾构机掘进上坡；且由覆土小地段向突变覆土大地段掘进（图 11.3.7）。泥水压力难以设定。掘进必须同时满足小覆土劈裂及高覆土开挖面稳。施工难度大，地层稳定性差，需对掘进参数及泥水压力、泥水特性审慎设定及控制，这是最危险地段，也是本章研究的重点。

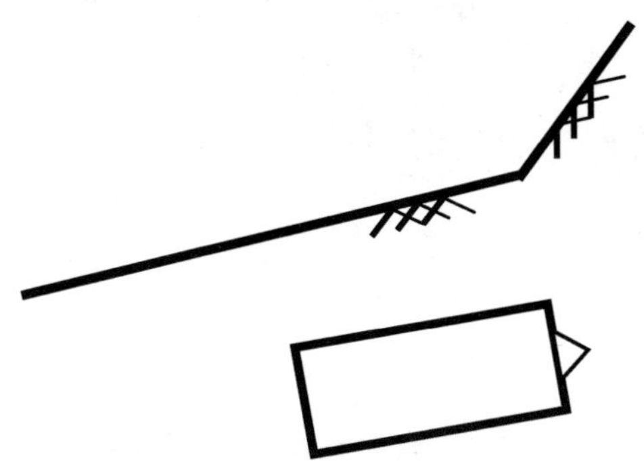

图 11.3.7　最大风险区域江中冲槽掘进形式

2. 南京长江隧道典型断面选取

根据南京长江隧道的实际工程情况，对江中粉细砂段和风险最大的冲槽地段进行分析，选取开挖面稳定难度最大盾构线路中心里程附近的变坡点和位于冲槽段水压最大、覆土最浅和冲槽的凹点断面进行开挖面稳定的判定，即里程 K5+100（断面 1）、里程 K6+73.1（断面 2）和 K6+96.2（断面 3），如图 11.3.8～图 11.3.10 所示。断面 1～断面 3 的计算材料参数如表 11.3.1～表 11.3.3 所示。

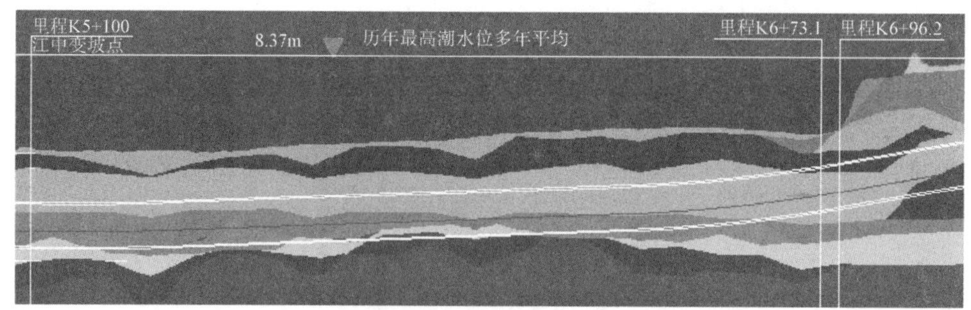

图 11.3.8　开挖面稳定选取断面图

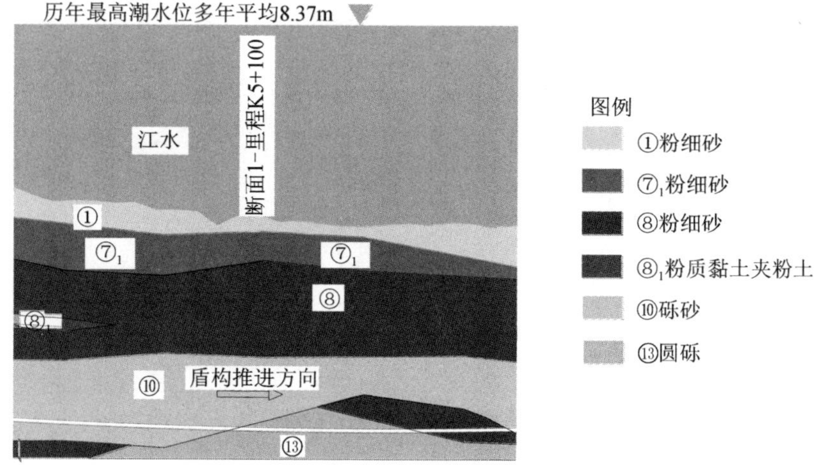

图 11.3.9　断面 1 计算地层分布示意图

表 11.3.1　断面 1 计算部分材料参数

材料	厚度/m		滑动体厚度/m		内摩擦角/(°)	黏聚力/kPa	重度/(kN/m^3)
①粉细砂	上覆土	2.3	松动区	2.3	30.5	6	18.5
⑦$_1$粉细砂		4.3		4.3	31.6	6	19
⑧粉细砂		10.8		10.9	31.9	5	19
⑧粉细砂	隧道区	3.8	滑动区	3.8	31.9	5	19
⑩砾砂		9		8.8	34	6	20.1
⑬圆砾		2.13		2.33	40	0	20.7

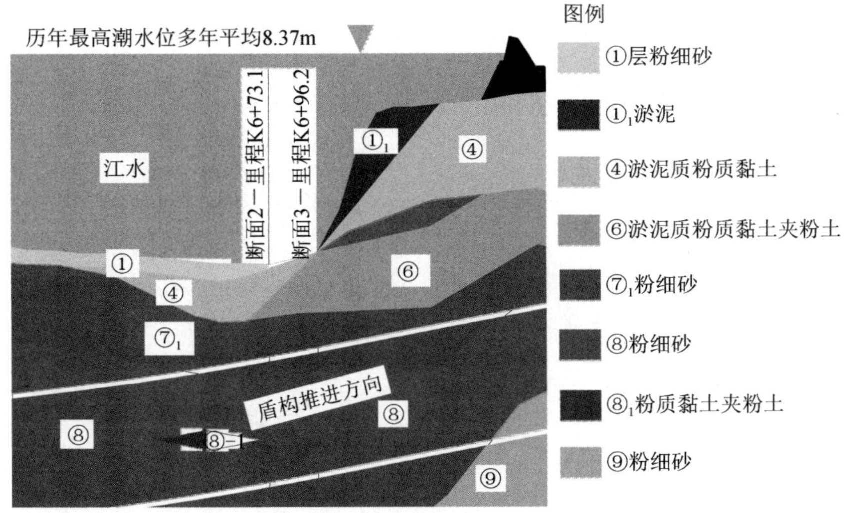

图 11.3.10　断面 2、断面 3 计算地层分布示意图

表 11.3.2　断面 2 计算材料参数表

材料	厚度/m		滑动体厚度/m		内摩擦角/(°)	黏聚力/kPa	重度/(kN/m^3)
④层淤泥质粉质黏土	上覆土	1.7	松动区	1.6	10	10	17.4
⑥层淤泥质粉质黏土夹粉土		4.3		4.7	13.5	11	17.5
⑦$_1$层粉细砂		5.4		5.3	30.5	6	19
⑦$_1$层粉细砂	隧道区	2.23	滑动区	2.33	30.5	6	19
⑧层粉细砂		12.7		12.6	31.9	5	19

表 11.3.3　断面 3 计算材料参数表

材料	厚度/m		滑动体厚度/m		内摩擦角/(°)	黏聚力/kPa	重度/(kN/m^3)
④淤泥质粉质黏土	上覆土	1.6	松动区	2.4	10	10	17.4
⑥淤泥质粉质黏土夹粉土		6.0		6.0	13.5	11	17.5
⑦$_1$粉细砂		4.4		4.4	30.5	6	19
⑦$_1$粉细砂	隧道区	3.03	滑动区	2.73	30.5	6	19
⑧粉细砂		11.9		12.2	31.9	5	19

11.3.3　泥水盾构开挖面极限支护压力计算

盾构掘进是个三维动态推进过程，施工中开挖面支护压力决定着盾构掘进对周围地基造成的影响程度，掘进中开挖面支护压力施加是一个动态的过程。随着支护压力的变化，会引起周围地基发生不同变位，如果其变幅超过一定的极限，

则对盾构掘进产生的影响作用将会发生质的变化，如支护压力低于极限最小支护压力，则将出现开挖面坍塌事故。极限支护压力的确定为保证盾构正常施工及控制压力的选择提供基础。本节对于开挖面极限支护压力的研究主要侧重于极限最小支护压力的确定。

二维对数螺旋线滑动模型的基本理论是村山氏等[1]根据二维试验及施工时的塌方状况和太沙基式的松动土压提出的二维法村山公式。结合南京长江隧道工程选取了开挖面稳定难度最大盾构线路中心里程附近的变坡点和位于冲槽段水压最大、覆土最浅和冲槽的凹点断面进行开挖面稳定的判定，通过三个断面分别用土力学中的朗肯主动土压力公式计算主动土压力，从而求出盾构中心泥水支护压力的下限值和二维对数螺旋线滑动模型计算盾构中心极限泥水支护压力。根据三个断面的地层条件进行计算得到表 11.3.4 的结果。

表 11.3.4　三断面极限支护压力、静止土压力、主动土压力比较

项目	里程	覆土厚度/m	盾构中心水头高度/m	极限支护压力/bar	主动土压力/bar	静止土压力/bar
断面 1	K5+100	17.4	53.2	5.75	5.87	6.30
断面 2	K6+73.1	11.4	41.7	4.67	4.63	4.84
断面 3	K6+96.2	12.0	41.0	4.67	4.60	4.78

对于江中粉细砂断面 1，二维对数螺旋线滑动模型计算盾构中心极限支护压力 5.75bar 小于朗肯主动土压力公式所求得的盾构中心泥水支护压力的下限值 5.87bar；冲槽凹点断面 2 和断面 3 利用二维对数螺旋线滑动模型计算结果均大于朗肯主动土压力公式所求得的盾构中心泥水支护压力的下限值，原因是二维对数螺旋线滑动模型是考虑开挖面前方滑动面的土压作用，朗肯土压力公式考虑的是开挖面上方覆土的作用，而断面 2、断面 3 为冲槽的凹点位置，其盾构推进前方覆土厚度逐渐增加，必须考虑前方突出土体部分对滑动面土体的影响。

11.4　考虑泥水劈裂的压力设定

大型跨江海盾构隧道小覆土条件下，盾构安全高效质量掘进的核心是泥水平衡盾构能否保证开挖面稳定。掘进面泥水压力设定需要满足：①掘进面的稳定；②防止掘进面发生水力劈裂。因此，在泥水压力设定的时候要保证不出现泥水压力设定过大导致泥水劈裂地层现象，或者说即使发生微小劈裂也不使其伸展到江海底面，不发生泥水喷发事故等。

针对南京长江隧道高水压和小覆土的地质情况进行分析，泥水劈裂产生的可能性较大。作者课题组开展现场泥水劈裂试验，并对劈裂压力进行详细计算。

森麟和田村昌仁对盾尾注浆时的劈裂现象进行了室内试验研究，并对各种黏性的浆液对劈裂压力的影响进行了研究，得出了劈裂压力与泥水的黏性和土层强度的关系，即

$$p_{\mathrm{f}} = \sigma_3 + \alpha q_{\mathrm{u}} \tag{11.4.1}$$

式中：p_{f}为劈裂压力；σ_3为最小主应力（静止土压力）；q_{u}为无侧限抗压强度；α为与泥水黏性等相关的系数。

无侧限抗压强度为

$$q_{\mathrm{u}} = 2c\tan\left(45^\circ + \frac{\varphi}{2}\right) \tag{11.4.2}$$

根据南京长江隧道实际工程情况，对江中粉细砂段和风险最大的冲槽地段进行仔细分析，选取开挖面稳定难度最大盾构线路中心里程附近的变坡点和位于冲槽段水压最大，覆土最浅和冲槽的凹点断面进行开挖面稳定的判定。选取江中断风险最大的三个断面计算，即里程 K5+100（断面 1）、里程 K6+73.1（断面 2）和 K6+96.2（断面 3）（图 11.3.8～图 11.3.10）。从图中可以看出，三个断面均为复杂地层，且最下面一层为粉细沙。而森麟公式的计算前提是单一地层。从以往的经验来看，沙层的劈裂压力要大于黏土层，出于安全考虑，劈裂压力公式采用黏土公式，当中最小主应力采用实际土层计算，取每个断面地层土为计算对象，与黏度有关的系数分别采用经验值 2.0 和现场劈裂试验反推值 1.8。计算结果见表 11.4.1 和表 11.4.2。

表 11.4.1　江中段各断面劈裂压力汇总表一（α=2.0）

断面	里程	覆土厚度/m	盾构中心水头高度/m	q_{u} /bar	σ_3 /bar	p_{f} /bar	气舱压力/bar
断面 1	K5+100	17.4	53.2	0.67	5.28	6.62	7.59
断面 2	K6+73.1	11.4	41.7	0.37	3.85	4.59	5.56
断面 3	K6+96.2	12.0	41.0	0.37	3.79	4.53	5.50

表 11.4.2　江中段各断面劈裂压力汇总表二（α=1.80）

断面	里程	覆土厚度/m	盾构中心水头高度/m	q_{u} /bar	σ_3 /bar	p_{f} /bar	气舱压力/bar
断面 1	K5+100	17.4	53.2	0.67	5.28	6.48	7.45
断面 2	K6+73.1	11.4	41.7	0.37	3.85	4.51	5.48
断面 3	K6+96.2	12.0	41.0	0.37	3.79	4.45	5.42

11.5　高水压、小覆土冲槽段的盾构安全掘进

南京长江隧道小覆土高水压泥水盾构施工存在较大施工风险，江中段最小覆土厚度小于 1 倍盾构直径，江中最小覆土厚度 10.2m，尤其是江南冲槽段覆土厚度仅 11.49 m（0.7*D*）。其前方以大坡度覆土厚度增加，切削面稳定和泥水压力很难控制，稍有不慎，就有可能发生泥水劈裂、江水倒灌事故。以下将对南京长江隧道冲槽段的盾构掘进安全问题进行讨论。

11.5.1　冲槽段开挖面极限支护压力计算

根据隧道实际工程情况，选取开挖面稳定难度最大的两个断面进行计算：冲槽段水压最大，以及覆土最浅和冲槽的凹点断面，即里程 K6+73.1（断面 2）和 K6+96.2（断面 3）。根据二维对数螺旋线滑动模型计算理论计算的结果如表 11.5.1 所示。

表 11.5.1　三断面极限支护压力、静止土压力、主动土压力比较

项目	里程	覆土厚度/m	盾构中心水头高度/m	极限支护压力/bar	主动土压力/bar	静止土压力/bar
断面 2	K6+73.1	11.4	41.7	4.67	4.63	4.84
断面 3	K6+96.2	12.0	41.0	4.67	4.60	4.78

第 11.3 节计算结果显示，冲槽凹点断面的二维对数螺旋线滑动模型计算中心极限支护压力大于朗肯主动土压力结果，需考虑前方突出土体部分对滑动面土体的影响，分两种方式：①将突出土体部分的覆土厚度通过折减作用于松动区上面；②将突出土体部分通过折减以超载的形式作用于土体松动区，选取冲槽段前方突出土体厚度的 1/3 作用在滑动面上，用二维对数螺旋线滑动模型进行计算，断面 3 极限支护压力计算结果如表 11.5.2 所示。

表 11.5.2　断面 3 极限支护压力计算结果　　（单位：bar）

正常覆土厚度村山公式计算结果	取 1/3 斜坡高度作为覆土厚度村山公式计算结果	取 1/3 斜坡荷载作用于松动区村山公式计算结果
4.4	4.5	5.8

冲槽段将前方突出土体厚度的 1/3 作用在滑动面上和不考虑前方突出土体对滑动面作用的情况下用二维对数螺旋线滑动模型计算的盾构顶部过剩泥水压力（在盾构顶部的泥水压力和地下水压的压差）为 0.4bar，盾构中心极限支护压力小于朗肯主动土压力公式求得的盾构中心泥水支护压力的下限值约 0.1bar。使用朗肯主动土压力公式计算的盾构中心泥水支护压力作为泥水压力下限值也是偏于安

全的，开挖面不会发生坍塌。

冲槽段前方土体重量的 1/3 作为超载作用滑动体时，断面 3 用二维对数螺旋线滑动模型计算的盾构顶部过剩泥水压力（在盾构顶部的泥水压力和地下水压的压差）为 1.7bar，盾构中心极限支护压力为 5.8bar，大于朗肯主动土压力公式求得的盾构中心泥水支护压力的下限值 4.6bar，差值约 1.2bar。在这种情况下将朗肯主动土压力公式计算的盾构中心泥水支护压力作为泥水压力下限值不能维持开挖面的稳定，开挖面会发生坍塌。

11.5.2　冲槽段盾构施工开挖面稳定数值模拟分析

FLAC3D 是 Fast Lagrangian Analysis of Continua in 3 Dimensions（三维快速拉格朗日有限差分）的缩写，是一种应用快速拉格朗日有限差分法进行分析的一种仿真计算软件。拉格朗日有限差分法将计算区域划分为若干四面体单元，每个单元在给定的边界条件下遵循指定的线性或非线性本构关系，如果单元应力使材料屈服或产生塑性流动，则单元网格可以随着材料的变形而变形，非常适合模拟大变形问题。FLAC3D 采用显式有限差分格式求解场的控制微分方程，并应用了混合单元离散模型，可以准确地模拟材料的屈服、塑性流动、软化直至大变形，尤其在材料的弹塑性分析、大变形分析、模拟施工过程等领域有其独特的优点。

1. 模型介绍

根据地质纵断面图，取里程 K5+975 至 K6+175 范围（纵向 200m）建立地层与隧道数值模型，数值模型有一定简化，如图 11.5.1 所示。

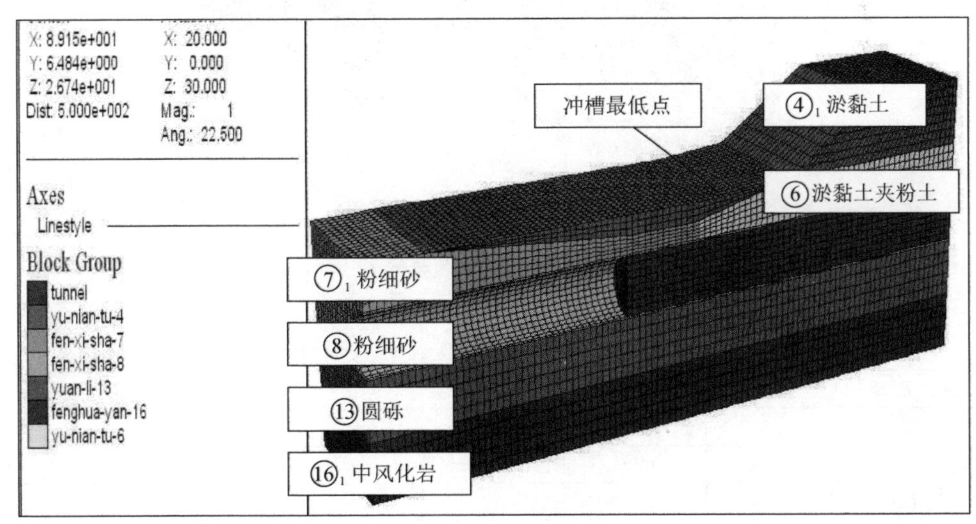

图 11.5.1　模型图

由于没有盾构到达时预计水位，模型中长江水位暂取历年最高潮水位的平均值，标高 8.37m，建模经简化，对应盾构中心到冲槽地表距离 18.68m（对应结构覆土厚度 11.43m），水位在盾构中心上方 40m，盾构外径简化为 15.0m，地层初始孔隙水压分布如图 11.5.2 所示。

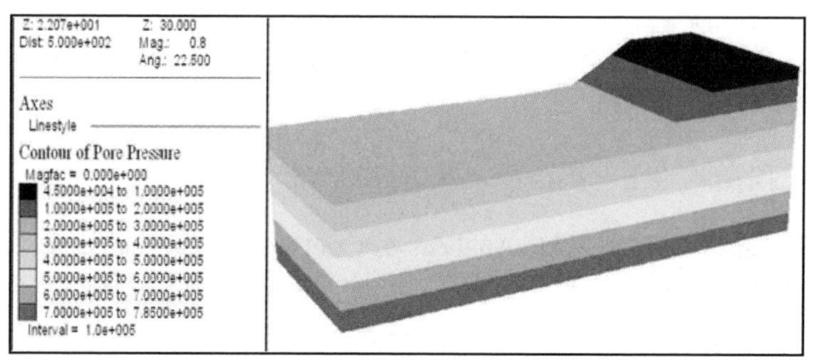

图 11.5.2 初始孔隙水压分布（水位高度暂取最高潮水位多年的平均值）

选取里程 K6+96.2 为第一分析断面图 11.5.3，对应模型中刀盘刚好处于冲槽坡脚正下方，地质参数如表 11.5.3 所示，模型中地层采用实体单元、Mohr-Coulomb 材料模拟，管片采用壳单元，弹性材料模拟，屈服准则采用 Mohr-Coulomb 强度准则。

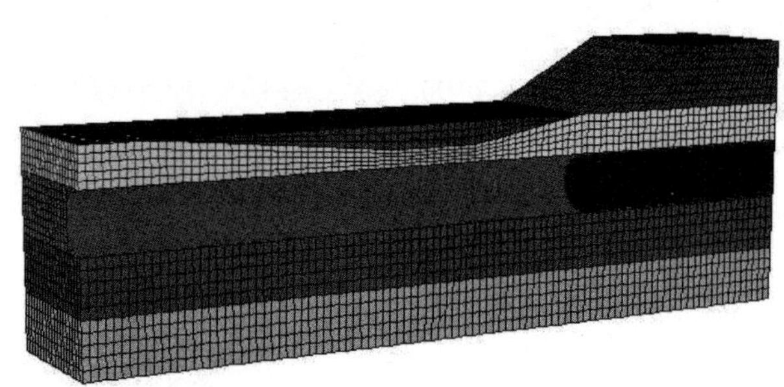

图 11.5.3 K6+96.2 断面模型图

表 11.5.3 地质参数

项目	天然重度 γ/(kN/m^3)	压缩模量 E_s/MPa	泊松比μ	黏聚力 c/kPa	内摩擦角 φ/（°）	层厚/m
④淤黏土	17.4	3.23	0.3	10	10	—
⑥淤黏土	17.5	3.55	0.3	11	13.5	10.7
⑦粉细砂	19	12.45	0.3	6	31.6	10.7
⑧粉细砂	19	12.72	0.3	5	31.9	16
⑬圆砾	20.7	17.93	0.3	0	40	15
⑯风化岩	22	25	0.25	20	45	15

2. 计算工况

根据工程实际，假定泥水相对密度为1.3，分析计算在不同中心支护压力作用下开挖面的稳定性，极限支护压力（开挖面主动破坏和被动破坏）采用试算的方式确定。选取中心支护压力为4.1bar、4.2bar、4.3bar、4.6bar、4.9bar、5.1bar、5.5bar、5.8bar、6.1bar、7.0bar、7.5bar、8.0bar、8.5bar、9.5bar和10.5bar共15个支护压力值进行试算。计算结果表明：当中心支护压力小于等于4.1bar时，开挖面发生主动失稳破坏，而当中心支护压力大于等于10.5bar时，开挖面仍未发生被动挤压破坏，故最小极限支护压力为4.1bar，最大极限支护压力大于10.5bar。其中选取中心支护压力为4.1bar、7.0bar和10.5bar的三个支护压力作用下的地层竖向位移、开挖面水平位移及地表沉降槽示意图如图11.5.4～图11.5.12所示。

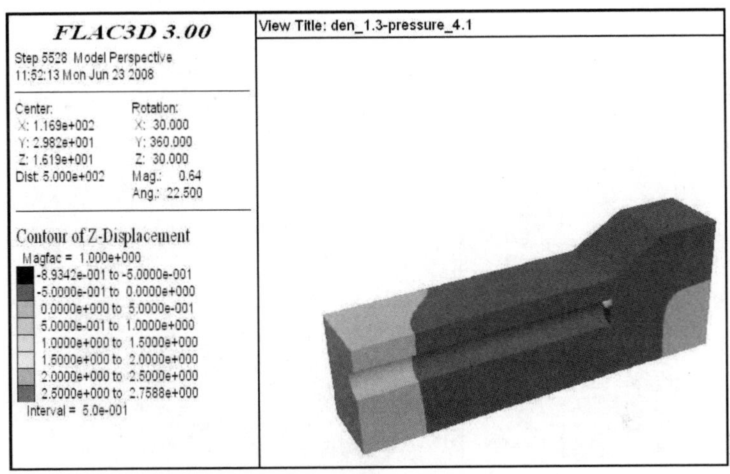

图 11.5.4 支护压力 4.1bar 地层竖向位移

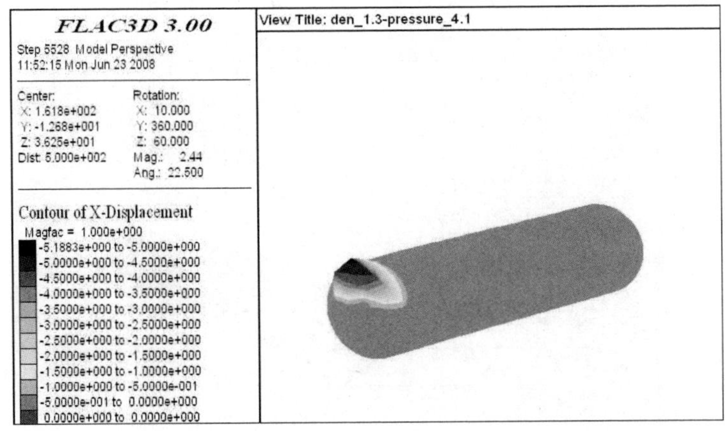

图 11.5.5 支护压力 4.1bar 开挖面水平位移

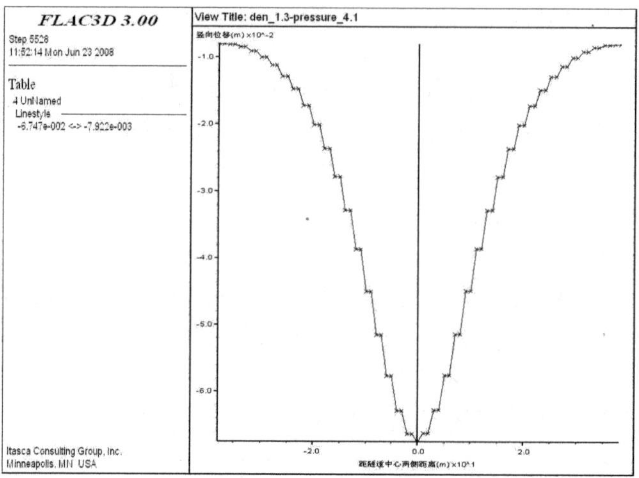

图 11.5.6　支护压力 4.1bar 刀盘上方河床地表沉降槽

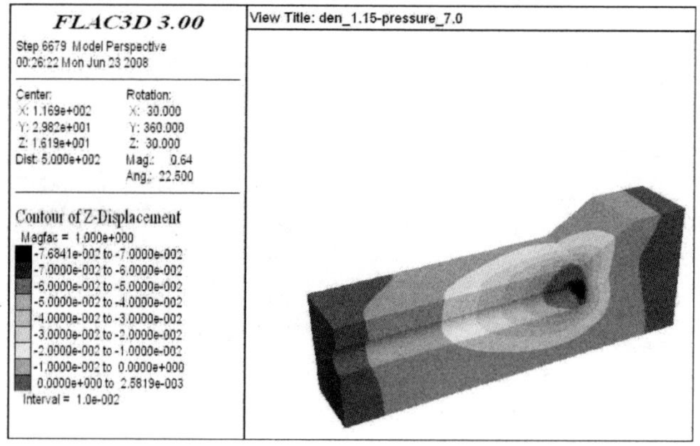

图 11.5.7　支护压力 7.0bar 地层竖向位移

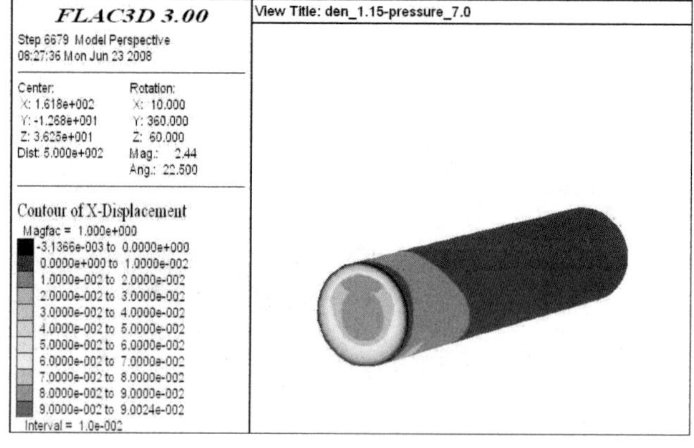

图 11.5.8　支护压力 7.0bar 开挖面水平位移

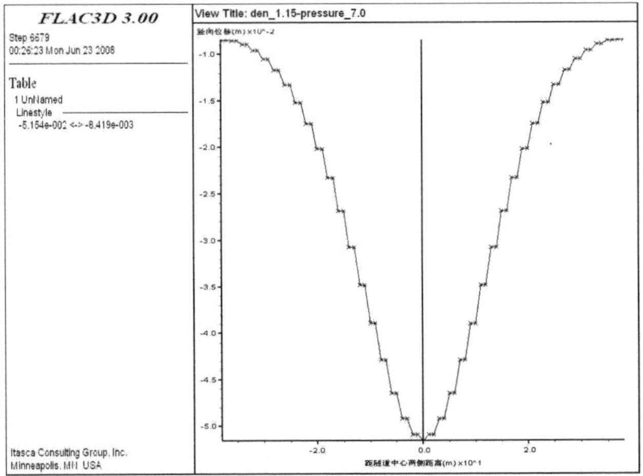

图 11.5.9　支护压力 7.0bar 刀盘上方河床地表沉降槽

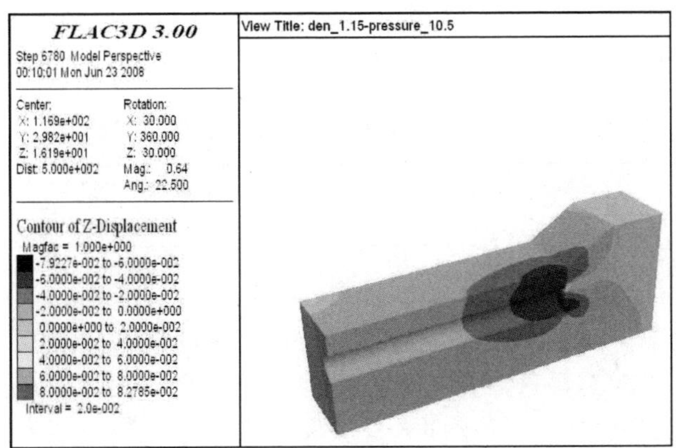

图 11.5.10　支护压力 10.5bar 地层竖向位移

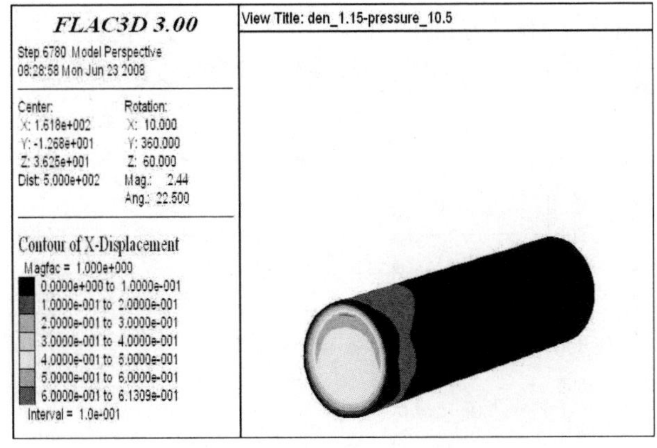

图 11.5.11　支护压力 10.5bar 开挖面水平位移

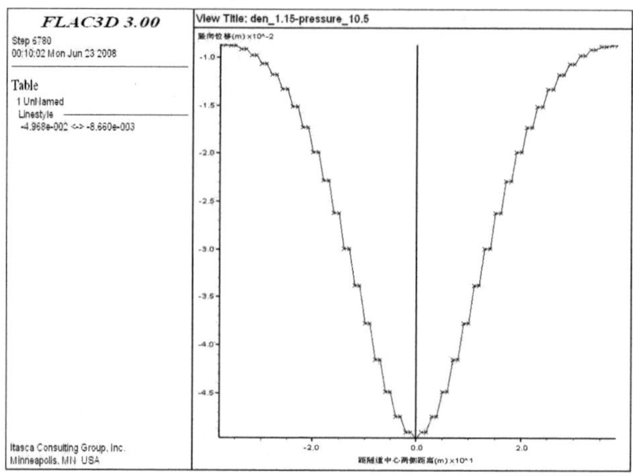

图 11.5.12　支护压力 10.5bar 刀盘上方河床地表沉降槽

盾构中心到冲槽地表距离 18.68m（对应结构覆土厚度 11.43m），水位在盾构中心上方 40m，地质概况静止土压力和极限支护压力如表 11.5.4 所示。

表 11.5.4　地质概况静止土压力和极限支护压力

断面里程	覆土厚度/m	盾构中心水头高度/m	静止土压力/bar	主动极限支护压力/bar	被动极限支护压力/bar
K6+96.2	11.43	40	4.95	4.1	>10.5

从开挖面水平位移图 11.5.5、图 11.5.8 和 11.5.11 可以看出，支护压力的改变对开挖面水平位移影响显著，中心支护压力小于 4.1bar 时，开挖面水平位移急剧增大，表现为不收敛趋势，开挖面失稳破坏，当中心支护压力大于 4.1bar 时，支护压力和开挖面水平位移表现为指数相关关系，拟合数学关系为

$$y=2.2084\exp 0.5421x$$

式中：y 为开挖面水平位移，mm；x 为中心支护压力，bar。

泥水仓中心支护压力和开挖面水平位移的关系如图 11.5.13 所示。

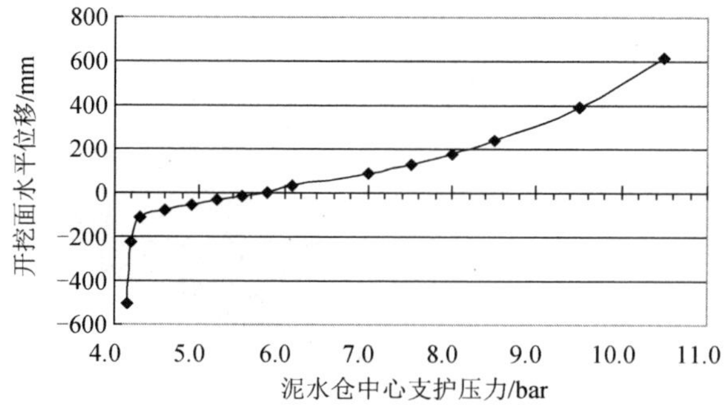

图 11.5.13　泥水仓中心支护压力和开挖面水平位移的关系

11.5.3　江中冲槽段劈裂压力的计算

根据实际工程情况，选取冲槽段水压最大，以及覆土最浅和冲槽的凹点断面进行劈裂压力的计算，即里程 K6+73.1（断面 2）和 K6+96.2（断面 3），隧道开挖直径 14.93m。计算结果汇总于表 11.4.1 和表 11.4.2。

（1）各个断面取 $\alpha = 2.0$ 进行计算，q_u 取每个断面最底层土为计算对象。

① 断面 2：

$$q_u = 2c\tan\left(45^\circ + \frac{\varphi}{2}\right) = 2\times 15\times\tan\left(45^\circ + \frac{13.6^\circ}{2}\right) = 0.37(\text{bar})$$

$$\begin{aligned}\sigma_3 &= k_0\sum_{i=1}^{n}\gamma_i' H_i + \gamma_w H_w \\ &= 0.46\times[(17.4-10)\times 1.7 + (17.5-10)\times 4.3 + (19-10)\times 5.4] + 10\times 34.2 \\ &= 385.0(\text{kPa}) = 3.85(\text{bar})\end{aligned}$$

$$P_f = \sigma_3 + \alpha q_u = 3.85 + 2\times 0.37 = 4.59(\text{bar})$$

$$P_{f0} = P_f + \gamma_{泥}\frac{D}{2} = 4.59 + 1.3\times\frac{15}{2}\times 0.1 = 5.57(\text{bar})$$

② 断面 3：

$$q_u = 2c\tan\left(45^\circ + \frac{\varphi}{2}\right) = 2\times 15\times\tan\left(45^\circ + \frac{13.6^\circ}{2}\right) = 0.37(\text{bar})$$

$$\begin{aligned}\sigma_3 &= k_0\sum_{i=1}^{n}\gamma_i' H_i + \gamma_w H_w \\ &= 0.46\times[(17.4-10)\times 1.6 + (17.5-10)\times 6.0 + (19-10)\times 4.4] + 10\times 33.5 \\ &= 379.4(\text{kPa}) = 3.79(\text{bar})\end{aligned}$$

$$P_f = \sigma_3 + \alpha q_u = 3.79 + 2\times 0.37 = 4.53(\text{bar})$$

$$P_{f0} = P_f + \gamma_{泥}\frac{D}{2} = 4.53 + 1.3\times\frac{15}{2}\times 0.1 = 5.50(\text{bar})$$

（2）取试验段反推所得的 $\alpha = 1.80$ 进行劈裂压力的计算：

① 断面 2：

$$P_f = \sigma_3 + \alpha q_u = 3.85 + 1.8\times 0.37 = 4.51(\text{bar})$$

$$P_{f0} = P_f + \gamma_{泥}\frac{D}{2} = 4.51 + 1.3\times\frac{15}{2}\times 0.1 = 5.48(\text{bar})$$

② 断面 3：

$$P_f = \sigma_3 + \alpha q_u = 3.79 + 1.8\times 0.37 = 4.46(\text{bar})$$

$$P_{f0} = P_f + \gamma_{泥}\frac{D}{2} = 4.45 + 1.3\times\frac{15}{2}\times 0.1 = 5.42(\text{bar})$$

11.5.4　各种计算方法下冲槽折线下方气舱压力汇总

各种计算方法下冲槽折线下方气舱压力汇总如表 11.5.5 所示。

表 11.5.5　各种计算方法下冲槽折线下方气舱压力汇总（水位高度 8.37 m）（单位：bar）

数值模拟计算开挖面失稳气舱压力	正常覆土厚度村山公式计算结果	取 1/3 斜坡高度作为覆土厚度村山公式计算结果	取 1/3 斜坡荷载作用于松动区村山公式计算结果	取侧压力系数 0.46 计算静止土压力	经验公式计算劈裂压力
4.1	4.4	4.5	5.8	4.65	5.3

综合比较，各种方法计算结果相对吻合，数值模拟计算的开挖面失稳压力最小，可作为压力设定的下限值，尤其当考虑刀盘对土体的支撑作用时，该计算值更具工程意义，在折线坡脚处按正常上覆土厚度采用日本村山公式计算得极限支护压力为 4.4bar，考虑到前方斜坡土体对压力的影响，折算斜坡高度 1/3 作为增加计算断面上方覆土厚度，采用村山公式重新计算极限支护压力为 4.5bar，而折算斜坡高度 1/3 作为超载作用于松动区采用村山公式计算极限支护压力为 5.8bar，偏大异常，考虑到斜坡对冲槽土体的实际影响，折算高度作为覆土厚度相对合理，作为超载考虑欠妥，故认为折算作为覆土厚度进行计算得出的 4.5bar 更具参考价值。由前期试验现场监测值反推侧压力系数为 0.46，用该侧压力系数计算本工况下泥水舱中心静止土压力为 4.65bar，大于失稳压力，而经验公式计算劈裂压力为 5.3bar，理论上泥水压力设定取小于劈裂压力大于失稳压力即可，考虑到工程实际，建议盾构中心泥水压力设定取小于静止土压力大于失稳压力的中间值 4.5bar（假定泥水重度 13kN/m^3），即不发生劈裂破坏同时维持开挖面稳定，可保证工程安全。

11.6　本 章 小 结

本章主要针对典型高水压小覆土泥水盾构隧道——南京长江隧道盾构施工典型案例进行讨论，采用理论分析、数值模拟和现场试验等方法，从典型断面开挖面稳定性、考虑泥水劈裂的压力设定和江中冲槽段施工等方面进行分析计算，主要结论有以下几点。

（1）高水压、小覆土盾构过江隧道的泥水压力设定，在开挖面上覆土没有明显起伏的情况下使用朗肯主动土压力公式计算的盾构中心泥水支护压力作为下限值是安全的。但是，在冲槽凹点如果用朗肯主动土压力公式计算盾构中心支护压力作为下限值则不能维持开挖面的稳定，甚至有塌陷的危险。覆土厚度变化时，应考虑前方土体部分对滑动面土体的影响。

（2）针对南京过江隧道高水压、小覆土施工条件进行了史无前例的现场试验，此次试验确定了泥水压力设定计算所需的相关参数。利用现场实测的土压力反推出侧向土压力系数为 0.46，现场劈裂压力值与森麟公式的计算值相近，误差在 4%以内，并利用实际的劈裂压力值反推出森麟公式中与泥浆黏度相关的系数为 1.8。

（3）考虑开挖面稳定性和泥水劈裂等情况，对高水压小覆土冲槽段盾构安掘进的泥水压力设定进行了讨论，考虑到工程实际，综合建议盾构中心泥水压力设定取小于静止土压大于失稳压力的中间值 4.5bar（假定泥水重度 13kN/m^3），即不发生劈裂破坏同时维持开挖面稳定，可保证工程安全。

本章的研究成果服务于南京长江隧道的成功穿越，该隧道左线于 2009 年 5 月 20 日 10 时贯通，右线于 2009 年 8 月 22 日上午贯通。

参 考 文 献

[1] 村山朔郎, 遠藤正明, 橋場友则. 機械化シールドの掘進性能に関する土質力学的考察[J]. 第 1 回土質工学研究発表会, 1966, 75-79.

第十二章　南京纬三路过江通道的合理覆土设计

12.1　工 程 概 况

南京纬三路过江通道工程位于南京长江大桥上游5km处，是南京市穿越长江的第二条隧道。该项目北起浦口区珠江镇，以隧道形式穿越长江后，在江南南线隧道与定淮门大街顺接，北线隧道与扬子江大道顺接。南线全长7.363km，北线全长7.014km，如图12.1.1所示。

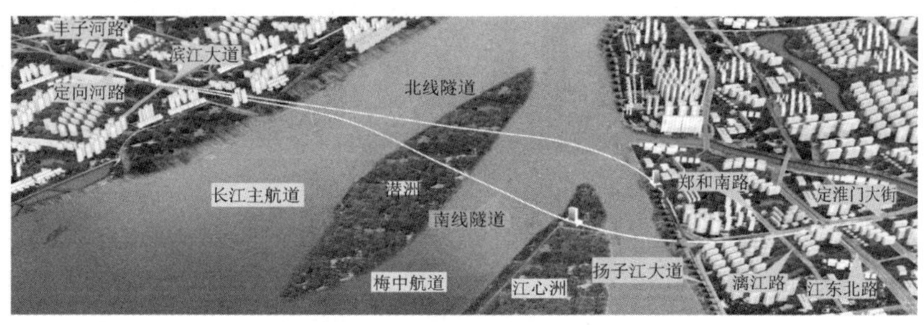

图12.1.1　线路方案概况示意图

隧道内径13.3m，外径14.5m，双层四车道，如图12.1.2所示。使用两台直径为14.93m的泥水盾构机进行挖掘，盾构机如图12.1.3所示，其参数如表12.1.1所示。南线隧道掘进段4.1km，北线隧道掘进段为3.5km。隧道上覆软弱土层，如黏土、粉砂等，下卧岩层。盾构掘进段最大估计水压为0.77MPa。

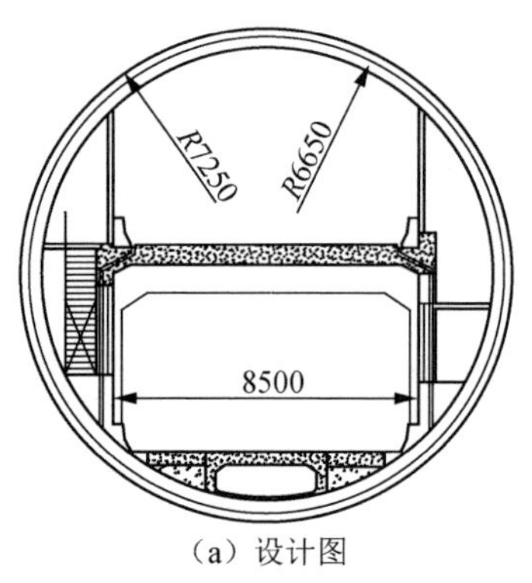

（a）设计图

（b）渲染图

图12.1.2　隧道断面示意图（单位：mm）

表 12.1.1　盾构机主要参数

<table>
<tr><th>设备系统和部件名称</th><th colspan="2">参数名称</th><th>规格或参数值</th></tr>
<tr><td rowspan="11">盾构机主体</td><td colspan="2">开挖直径</td><td>15.00m</td></tr>
<tr><td colspan="2">总体长度</td><td>19.17m</td></tr>
<tr><td colspan="2">盾体长度</td><td>15.98m</td></tr>
<tr><td colspan="2">管片外径</td><td>14.50m</td></tr>
<tr><td colspan="2">管片内径</td><td>13.30m</td></tr>
<tr><td colspan="2">总体重量</td><td>约 4758.2t</td></tr>
<tr><td colspan="2">盾体总重量</td><td>约 3158.2t</td></tr>
<tr><td colspan="2">后部拖车总重</td><td>约 1300t</td></tr>
<tr><td colspan="2">空隙（开口）率</td><td>27.5%</td></tr>
<tr><td colspan="2">开口幅宽</td><td>400mm</td></tr>
<tr><td colspan="2">刀盘重量</td><td>约 685t</td></tr>
<tr><td rowspan="16">刀具配置</td><td colspan="2">主切削刀</td><td>172 把</td></tr>
<tr><td colspan="2">可更换型切削刀</td><td>80 把</td></tr>
<tr><td colspan="2">先行刀</td><td>312 把</td></tr>
<tr><td colspan="2">外周保护切削刀</td><td>32 把</td></tr>
<tr><td rowspan="2">推出式切削刀</td><td>单独的</td><td>5 把</td></tr>
<tr><td>3 连推出式</td><td>12 把</td></tr>
<tr><td rowspan="4">推出式双刃滚刀</td><td>最外周</td><td>6 把</td></tr>
<tr><td>5 连推出式</td><td>5 把</td></tr>
<tr><td>4 连推出式</td><td>24 把</td></tr>
<tr><td>3 连推出式</td><td>3 把</td></tr>
<tr><td rowspan="4">仿形刀</td><td>行程</td><td>150mm</td></tr>
<tr><td>最大超挖量</td><td>120mm</td></tr>
<tr><td>最大顶出力</td><td>370kN</td></tr>
<tr><td>液压工作压力</td><td>21MPa</td></tr>
<tr><td colspan="2">双刃滚刀</td><td>45 把</td></tr>
<tr><td colspan="2">单刃滚刀（中心刀）</td><td>6 把</td></tr>
<tr><td rowspan="9">推进系统</td><td colspan="2">推进油缸数量</td><td>58 个</td></tr>
<tr><td colspan="2">油缸行程</td><td>3200mm</td></tr>
<tr><td colspan="2">推进系统最高压力</td><td>30MPa</td></tr>
<tr><td colspan="2">最大推力</td><td>278 400kN</td></tr>
<tr><td colspan="2">正常推力</td><td>127 136kN</td></tr>
<tr><td colspan="2">额定扭矩</td><td>36 585kN·m</td></tr>
<tr><td colspan="2">最大扭矩</td><td>43 902kN·m</td></tr>
<tr><td colspan="2">脱困扭矩</td><td>54 878kN·m</td></tr>
<tr><td colspan="2">转速范围</td><td>0.1～1.84rpm</td></tr>
<tr><td rowspan="6">泥水输送系统</td><td colspan="2">排泥泵单台功率</td><td>1025kW</td></tr>
<tr><td colspan="2">排泥泵数量</td><td>3 台</td></tr>
<tr><td colspan="2">排泥泵最大输送粒径</td><td>250mm</td></tr>
<tr><td colspan="2">排泥泵输送能力</td><td>3180m³/h</td></tr>
<tr><td colspan="2">排泥泵单泵最大水平输送距离</td><td>扬程 60m</td></tr>
<tr><td colspan="2">流量传感器数量</td><td>4 个</td></tr>
</table>

图 12.1.3　纬三路隧道所用盾构机

采用泥水平衡盾构进行大型跨江海软土隧道施工时，一个很重要的技术难点就是特殊小覆土区间盾构掘进要保证开挖面稳定和正常区间确定隧道最小合理覆土厚度。小覆土区间由于覆土浅，注浆压力和切削面稳定很难控制，稍有不慎，就有可能发生泥水劈裂，导致泥水喷发到江（海）底，引发塌陷和江（海）水倒灌等重大事故。而正常区间为达到工程经济性目的，隧道覆土厚度应尽可能小，但同时必须保证工程安全。目前特殊小覆土区间一般采用加固或加大覆土厚度等措施，受特殊条件制约时也采用把盾构始发和到达竖井加深等措施，增大了工程造价和施工难度。

对南京纬三路过江通道工程盾构隧道而言，如按一般原则设定覆土厚度，则在遇到岩层较多时，将给盾构掘进带来极大的困难。由于江底冲槽的存在，冲槽附近的覆土厚度是制约整个盾构隧道设计轴线的控制点，在该区域范围内，开挖面稳定是否和泥水劈裂压力大小成为一对矛盾。控制开挖面稳定需要较大的泥水压力，而泥水压力过大又有可能使泥水压力劈裂地层。所以，既要保持开挖面的稳定又要防止泥水劈裂地层成为合理覆土厚度设计的关键。

12.2　地质水文条件

南京纬三路过江通道工程分为南线（S 线）和北线（N 线）。北线自 NK2+742 至长江为陆域农田，属长江低漫滩平原，地势平坦，地面标高约 8m，主江自 NK4+600 至 NK5+480，水面宽约 880m，其中水深 20m 的宽度约 650m，江底呈宽 U 形，北坡较南坡陡，最大水深 30m，位于 NK4+740 附近。潜洲为荒岛，宽 550m 左右，中间低洼，标高 7m 左右。NK6+080 至 NK6+750 为夹江，宽 670m

左右，水深10m的宽约400m，江底呈U形，北坡平缓，南坡略陡，最大水深20m，位于NK6+500附近。NK6+750以东陆域为平原，地形平坦，标高8m左右。南线地形地貌特征与N线基本一致。

隧道主要通过粉细砂、砾砂、卵石等地层，部分通过黏土、淤泥质黏土。南线隧道SK4+446～SK5+432段下卧部分泥岩、中风化砂岩，如图12.2.1和图12.2.2所示。北线隧道NK4+300～NK5+090段下卧部分中风化砂岩，如图12.2.3和图12.2.4所示。其土体主要物理力学参数如表12.2.1和表12.2.2所示。

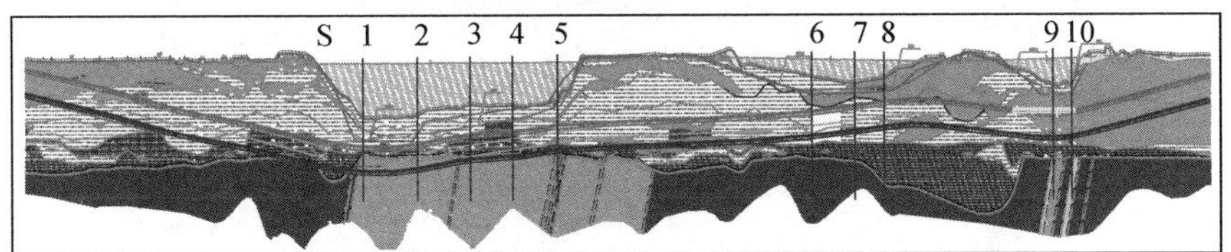

S—S线，工程南线；1,…,10—工程分段。

图12.2.1　纬三路隧道初步设计南线纵剖面

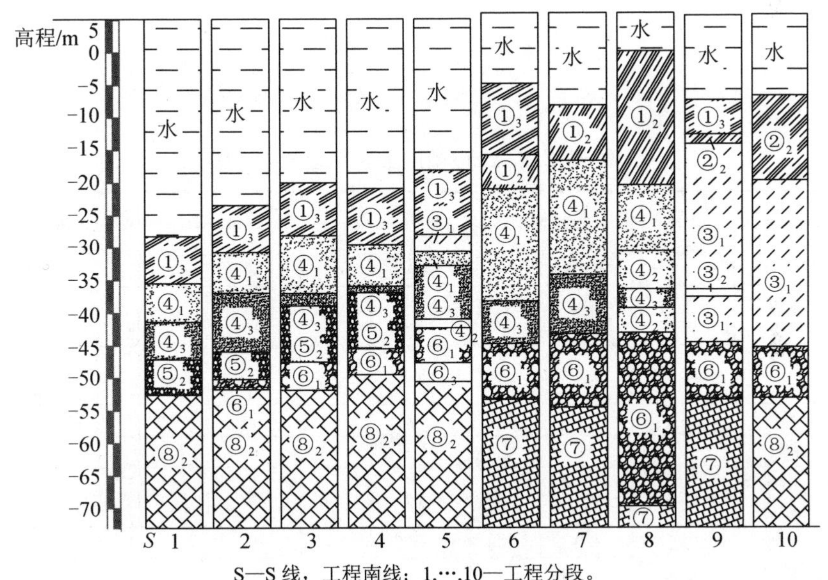

S—S线，工程南线；1,…,10—工程分段。

图12.2.2　纬三路隧道南线部分断面地层分布

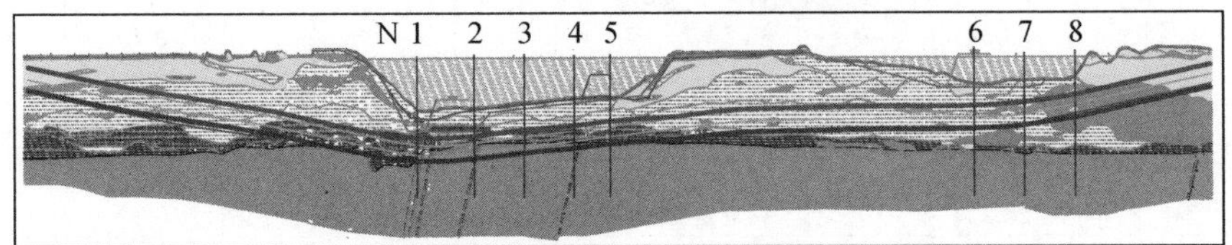

N—N线，工程北线；1,…,8—工程分段。

图12.2.3　纬三路隧道初步设计北线纵剖面

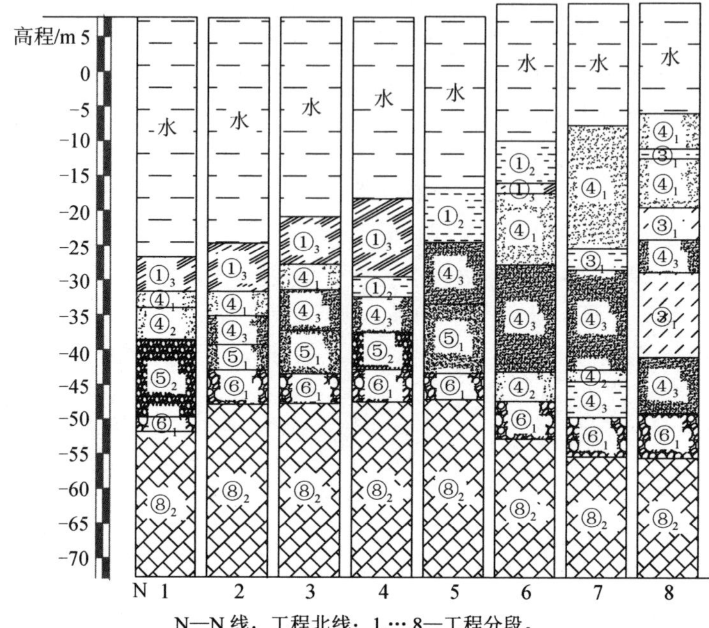

N—N 线，工程北线；1,…,8—工程分段。

图 12.2.4　纬三路隧道北线部分断面地层分布

表 12.2.1　土性地层主要物理力学参数

层号	土层名称	重度 γ/(kN/m³)	固结快剪		三轴抗剪强度				侧向土压力系数 K_0	压缩模量 E_s/MPa
					CU		CU′			
			c/kPa	q/(°)	c/kPa	q/(°)	c/kPa	q/(°)		
①$_1$	黏土/粉质黏土	18.3	14	12.3	—	—	—	—	0.65	4.20
①$_2$	淤泥质粉质黏土	18.0	15	12.1	15.4	12.1	13.9	21.8	0.72	3.05
①$_3$	粉砂	19.5	2	34.1	—	—	—	—	0.43	14.51
②$_1$	黏土	18.6	21	14.3	20.5	13.3	9.6	20.6	0.65	4.21
②$_2$	淤泥质粉质黏土	18.0	17	12.7	12.1	15.6	8.8	25.4	0.72	3.14
②$_3$	粉砂	19.2	0.0	30.0	—	—	—	—	0.43	13.18
③$_1$	粉质黏土夹粉砂	18.4	24	15.4	14.1	15.2	11.7	24.4	0.68	3.95
③$_2$	粉砂	19.2	5	33.6	—	—	—	—	0.41	11.90
④$_1$	粉细砂	19.3	2	32.3	—	—	—	—	0.40	13.78
④$_2$	粉质黏土	18.6	22	14.6	11.7	16.7	7.1	26.6	0.65	4.23
④$_3$	粉细砂	19.4	2	34.1	—	—	—	—	0.37	13.93
⑤$_1$	中粗砂	20.2	0	35.0	—	—	—	—	0.35	15.46
⑤$_2$	砾砂	20.3	0	38.0	—	—	—	—	0.30	—
⑥$_1$	圆砾及卵石	20.6	0	45.0	—	—	—	—	0.25	—
⑥$_2$	粉细砂	20.1	0	34.0	—	—	—	—	0.38	—
⑥$_3$	粉质黏土	19.5	20.0	15.0	11.0	29.1	1.0	32.3	0.60	5.79

表 12.2.2　岩石地层主要物理力学参数

层号	土层名称	重度 γ/(kN/m^3)	饱和抗压强度 R_s/MPa	泊松比μ	天然抗剪强度	
					c/MPa	q/(°)
⑦	泥岩	24.1	2.02	0.15	0.8	45.0
⑧$_2$	中风化粉砂岩	26.3	52.1	0.12	11.2	48.9

12.3　覆土厚度设定方法

该工程项目是在已有初步设计的基础上进行覆土厚度的优化设计，是对覆土厚度的局部或者小幅调整，不会影响到其他因素如线路、管片结构等。因此，分析仅从地质条件、盾构机操作、工程安全等角度进行分析，对于其他如造价、工法比选等在初步设计中已有讨论，本节不再涉及。

本研究主要从盾构掘进泥水可操控和考虑水力冲刷的隧道抗浮安全角度来确定该隧道工程的优化覆土厚度，可以分为以下几个步骤，如图 12.3.1 所示。

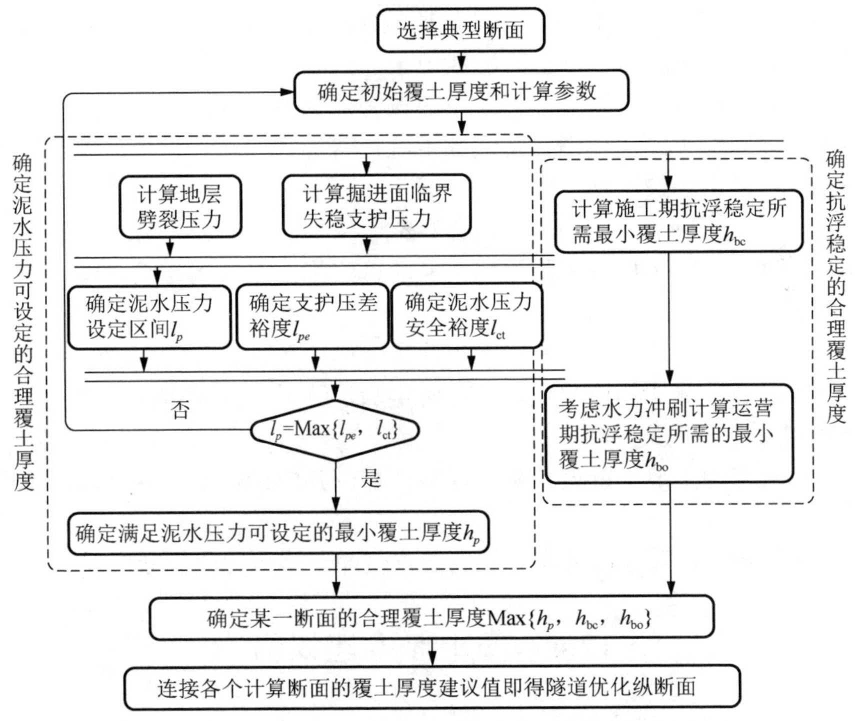

图 12.3.1　纬三路隧道纵断面优化合理覆土厚度确定步骤

（1）根据纬三路过江通道工程地形地貌特点，选择隧道穿越长江过程中的覆土厚度控制点进行分析。南线选择控制点 10 个，如图 12.2.1 所示；北线选择控制点 8 个，如图 12.2.3 所示。

（2）变化隧道覆土厚度（隧道上抬或者下沉，从现有位置变化±1D，其中 D 为盾构直径，D=15m），每次幅值为 1m。计算当前覆土厚度条件下，隧道掘进面稳定最小支护压力和此时地层劈裂抗力，确定泥水压力的下限 $p_{0\min}$ 和上限 $p_{0\max}$。在计算掘进面稳定最小支护压力时，注意掘进面土层的变化，若掘进面部分断面为岩层，则计算时不考虑其滑动力，也不计入支护压力作用面积内。特殊断面使用数值方法[1]确定，如 S1、S5、N1 和 N5 等带有正坡或逆坡的隧道断面。

（3）考虑支护压差裕量 l_{dp}（此时，盾构直径为 15m，若泥水重度为 12kN/m^3、侧向土压力系数为 0.4～0.6，据第八章研究成果，压力裕量为 0.04MPa），并考虑泥水压力波动范围 l_{pr} 为 0.01～0.03MPa。为便于比较，将压力波动控制精度范围划分为 3 个等级，即 0.01MPa、0.02MPa 和 0.03MPa。

（4）考虑带压换刀泥水压力裕量 l_{ct}（此时，盾构直径为 15m，若泥水重度为 12kN/m^3。据第七章、第八章研究成果，压力裕量为 0.09MPa），并考虑泥水压力波动范围 l_{pr} 为 0.01～0.03MPa。为便于比较，将压力波动控制精度范围划分为 3 个等级，即 0.01MPa、0.02MPa 和 0.03MPa。

（5）比较下列等式是否成立。若左边偏大，则覆土厚度偏厚，隧道可上抬；若右边偏大，则覆土厚度偏薄，隧道须下沉；若等式成立，则当前覆土厚度为满足泥水压力可设定的最小覆土厚度 h_p，即

$$\mathrm{Max}\{l_{pe},l_{\mathrm{ct}}\}=p_{0\max}-p_{0\min} \tag{12.3.1}$$

（6）计算当前覆土厚度下隧道施工期的抗浮稳定，并确定满足隧道施工期抗浮稳定所需最小覆土厚度 h_{bc}。

（7）考虑百年一遇洪水冲刷，即当前覆土厚度要除去冲刷深度，并计算此时覆土厚度下隧道运营期的抗浮稳定，并确定满足隧道运营期抗浮稳定所需的最小覆土厚度 h_{bo}。

（8）比较三种工况下的最小覆土厚度，并以其中最大值作为合理覆土厚度建议值。

（9）连接各个计算断面的覆土厚度建议值即得隧道优化纵断面。

12.4　覆土厚度建议值

根据地层条件和已有计算理论和方法，给出纬三路过江通道工程纵断面优化覆土厚度建议值。泥水压力波动控制精度分为 0.01MPa、0.02MPa 和 0.03MPa。由于隧道掘进距离长，在整个掘进过程中，泥水压力控制精度始终保持在 0.01MPa 是

有困难的。因此，建议覆土厚度按 0.02MPa 控制精度设定。这样可以为盾构掘进提供一定的安全裕度。在计算过程中，满足抗浮稳定的隧道覆土厚度不起控制作用，在计算结果中没有体现。

12.5 本章小结

本章结合纬三路过江通道工程研究了泥水盾构隧道合理覆土厚度的影响因素和考虑这些因素的合理覆土厚度分析方法。研究表明：泥水盾构掘进安全和隧道抗浮稳定是影响隧道覆土厚度设定的主要因素。本章结合这些因素对纬三路过江通道工程的隧道纵断面给出了优化设计建议方案，并得出以下结论：

（1）考虑泥水压力可设定的盾构掘进安全是泥水盾构施工的重要影响因素，在隧道覆土厚度设定中要考虑该因素的影响。

（2）考虑泥水压力变化（往往是因为掘进工况变化，如压力波动或者带压换刀）与掘进面失稳（泥水劈裂或者主动失稳）之间的关系来确定覆土厚度的方法经过南京纬三路隧道工程的纵断面优化设定检验是合适的。

（3）在泥水盾构隧道覆土厚度设定中考虑盾构掘进安全（泥水压力可设定）和隧道抗浮安全是必要的。

（4）本章给出的合理覆土厚度设定方法经过了南京纬三路过江通道工程的检验是可靠的。

参考文献

[1] 袁大军, 刘学彦. 南京纬三路过江通道工程合理覆土厚度研究[R]. 北京：北京交通大学, 2013.

第十三章　妈湾跨海通道合理覆土厚度设计探讨

13.1　概　　况

13.1.1　工程概况

妈湾跨海通道工程位于深圳市南山半岛西部、珠江入海口东岸，隔内伶仃洋与珠海、中山相望。建成后，妈湾跨海通道将主要承担妈湾、赤湾、蛇口等港区的疏港货运交通，兼顾各片区间客运交通联系，进而有效减小西部港区疏港交通对前海环境的影响，实现前海交通“客货分离”。拟建工程南段起于妈湾大道与月亮湾大道立交，沿前海片区妈湾大道敷设；北段沿大铲湾港区金港大道敷设，止于沿江高速大铲湾立交，线路全长约 7.3km，其中分隔南北两岸的前海湾海域宽约 1.1km。

13.1.2　隧道结构形式

1. 平面设计

两岸陆域段隧道平面为直线，在海域段设置大半径反向 S 形曲线以接顺规划中线。盾构法隧道线路中线在海域段以 R=2000m 平曲线布设，指标均衡、接线顺适。妈湾跨海通道工程平面设计如图 13.1.1 所示。左右双线平行隧道间净距一般不小于 1D，盾构井段逐步减小为不小于 0.6D。

图 13.1.1　妈湾跨海通道工程平面设计

2. 横断面设计

盾构法隧道采用上、下行分离式横断面布局（图 13.1.2）。单线隧道采用内径为 13.7m、外径 15.0m 的圆形断面，按功能自上而下划分为三层，上层为排烟风道、中部为行车空间，行车道板以下用于逃生疏散及布置设备管线与检修维护通道。

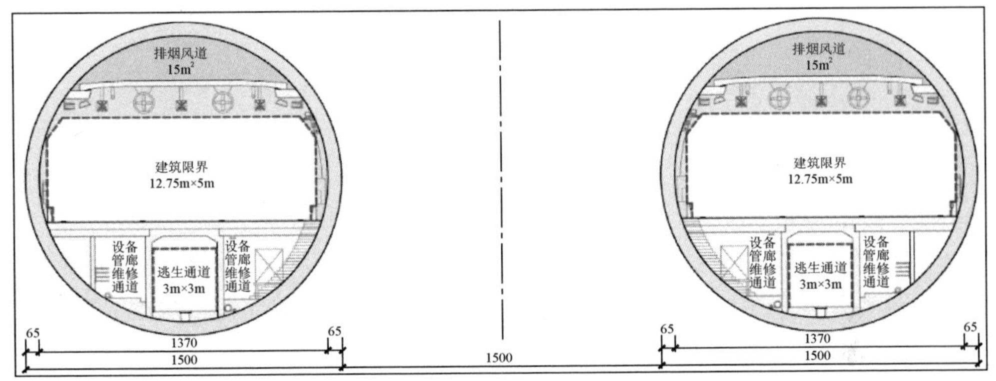

图 13.1.2　横断面设计（尺寸单位：cm）

3. 竖向设计

盾构法隧道结构顶高程取决于前海湾规划航道底高程及为保证盾构隧道施工期间开挖面稳定或正常运营所需防护与抗浮要求的覆土厚度。

为保证 150 000DWT 集装箱船抵达突堤内侧泊位，规划进港航道底高程按 −18.0m 控制。

盾构隧道结构顶覆土厚度取决于以下三个方面。

（1）盾构机掘进过程中为保持开挖面稳定所需的最小覆土厚度。

（2）拼装完成的管片环脱离盾尾后，为抵抗地下水与壁后注浆的浮力所需的最小覆土厚度。

（3）远期规划航道开挖、岸壁构筑等外界条件变化等情况下，为保障深埋隧道安全与正常使用所需的最小覆土厚度。

4. 结构设计

盾构法隧道结构外径 15.0m，采用平板式钢筋混凝土管片拼装结构。预制行车道板安装随主体结构管片拼装同步推进。

管片厚度 0.65m，约为隧道外径的 4.3%。盾构管片径向分为 10 片，其中 B1～B7 为标准块，L1、L2 为邻接块，F 为封顶块。采用环宽为 2.0m 的通用楔形管片或直线环＋左右转弯环组合管片拟合线路中线。管片采用错缝拼装，环、纵向以高强斜螺栓连接。衬砌环管片分块方案如图 13.1.3 所示。

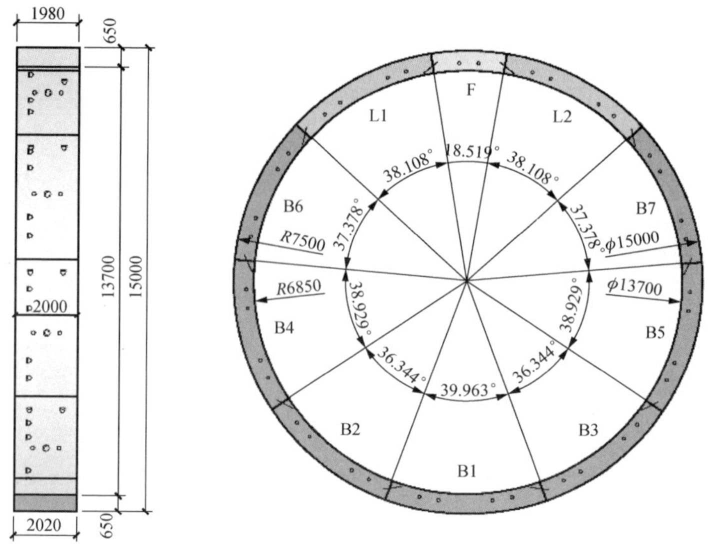

图 13.1.3　衬砌环管片分块方案（单位：mm）

13.1.3　航道开挖与岸壁构筑规划

1. 航道开挖

根据前海湾进港航道的现状及规划设计，根据《深圳港大铲湾集装箱码头陆域形成工程施工图设计》，大突堤侧码头前沿停泊水域宽度为 112m，进港航道宽度为 650m，航道规划底高程为-18.0m（赤湾理论最低潮面高程），即-19.3m（黄海高程系），航道开挖剖面示意图如图 13.1.4 所示。

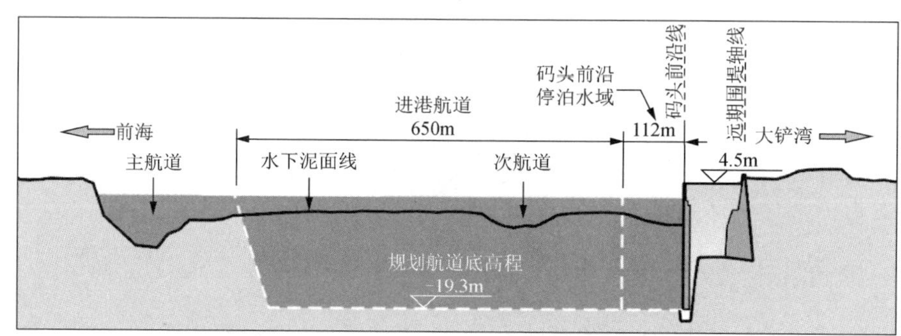

图 13.1.4　前海湾规划航道开挖剖面示意图

2. 岸壁构筑

北侧大铲湾港区突堤正面规划有泊位，远期用地岸壁构筑时也需采用直立式岸壁形式，岸壁构筑主体结构采用重力式沉箱结构方案，如图 13.1.5 所示。采用

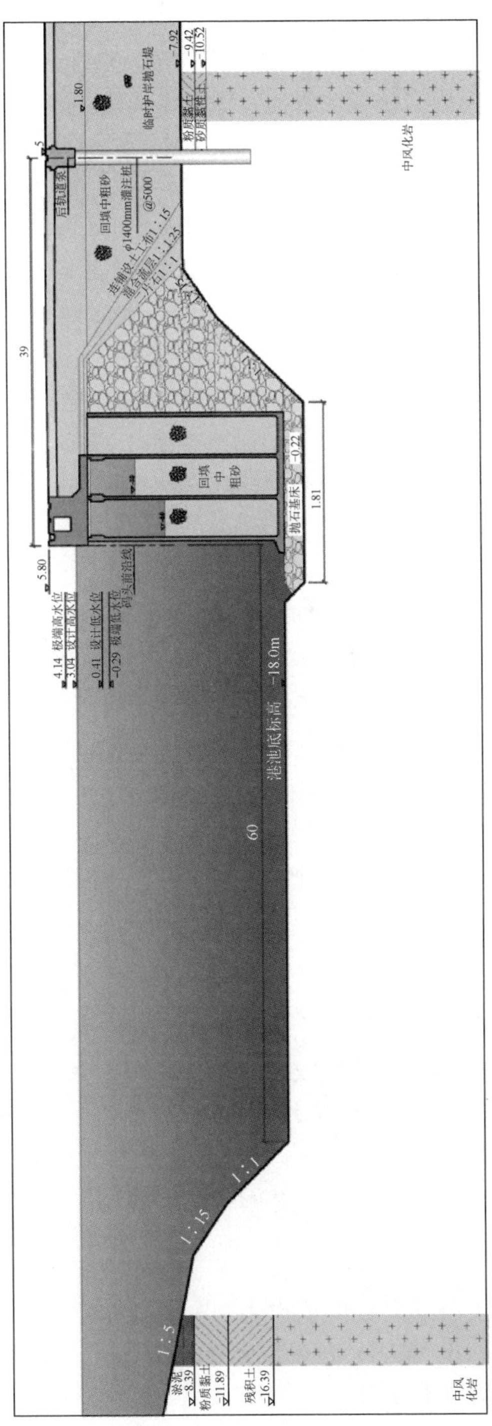

图 13.1.5　岸壁构筑（单位：m）

底宽 14.10m、长度为 17.92m 的沉箱作为其结构主体，单个沉箱总重 2340t。沉箱底高程为-18.0m，沉箱顶高程为 1.80m，沉箱设前趾，趾宽 1.2m、趾高 1.0m。沉箱前后壁厚分别为 400mm 和 350mm，侧壁厚 350mm，底板厚 600mm，纵横隔墙壁厚分别为 300mm 和 200mm。沉箱分为 4×3＝12 个仓格，仓格内抛填中粗砂，前 4 个仓格内抛填中粗砂至高程-6.0m、中间 4 个仓格抛填中粗砂至-3.0m、后 4 个仓格沉箱内抛填中粗砂至箱顶 1.80m 高程，沉箱顶部 3m 范围采用高性能混凝土、其他部分采用 C40 混凝土，沉箱后设 10～100kg 抛石棱体，棱体顶面高程为 1.8m，棱体后设置倒滤层。

沉箱下部为 10～100kg 抛石基床，基床厚 2.0m，抛石基床基本坐落于全风化花岗岩或强风化岩基础上，局部较小范围内坐落于残积土上。沉箱上部为现浇钢筋混凝土胸墙，胸墙高 4.0m、宽 4.9m，胸墙顶高程为 5.8m。港池炸礁底标高-18.0m。（上述高程均为赤湾理论最低潮面高程系）。

另外，由于岸壁构筑加载发生在航道开挖卸载之后，隧道在开挖卸载过程中已发生相应的变形，所以需考虑在卸载基础上的加载叠加效应。码头前沿线两侧的海、陆域高程的陡然抬升，将使下穿港池岸壁的隧道结构上覆荷载发生突变，这种多次卸载与加载作用，在纵向不均匀地层条件下，将导致隧道管片结构发生超出预期的变形与变位，进而影响管片结构受力性能、防水性能、使用耐久性能，甚至危及隧道结构与运营安全。这种环境的复杂在国内外越江海隧道领域尚无先例。

13.2　地质水文条件

1. 地形地貌

场区原始地貌为海域、滨海滩涂、滨海潮间带，局部分布有鱼塘。后经人工围填造地，多已形成陆域，开发形成多个港口、码头（如赤湾码头、西部政府码头、大铲湾码头、妈湾港等）。隧道沿线地形较为复杂，现状为道路、沙场、海湾、填海区、集装箱堆场等。

前海湾水下地形呈中部高、近岸低的“一滩两漕”断面，如图 13.2.1 所示。

2. 地质条件

拟建隧道场地岩土层从上至下依次为：人工填土（Q^{ml}）素填土、填石、填砂，其下为第四系全新统海积（Q_4^{m}）淤泥，全新统冲洪积（Q_4^{al+pl}）黏土、中砂，上更新统湖沼沉积（Q_3^{h}）淤泥质黏土，冲洪积（Q_3^{al+pl}）粉质黏土、砾砂，中更新统残积（Q_2^{el}）砂质黏性土、全—微风化蓟县—青白口系混合岩（Jx-Qb）及构造岩（F）。土性地层主要物理力学参数如表 13.2.1 所示。

图 13.2.1 前海湾水下地层等高线图

表 13.2.1 土性地层主要物理力学参数

层号	土层名称	天然密度 ρ(g/cm^3)	固结快剪		三轴抗剪强度				侧向土压力系数 K_0	压缩模量 E_s/MPa
					CU		CU′			
			c/kPa	φ/(°)	c/kPa	φ/(°)	c/kPa	φ/(°)		
①$_6$	冲填土	1.80	3.5	15.0	—	—	—	—	—	5.96
③$_1$	淤泥	1.65	12.7	13.5	13.75	14.00	13.55	23.59	0.59	2.20
③$_2$	淤泥	1.52	10.6	9.0	7.96	13.18	7.38	24.97	0.71	1.99
③$_3$	淤泥	1.65	—	—	2.13	16.56	10.20	23.22	0.56	2.12
⑤$_1$	黏土	1.91	42.5	11.7	24.64	14.03	16.23	25.23	0.49	6.73
⑤$_2$	中粗砂	2.04	—	32.0	—	—	—	—	—	—
⑥$_1$	淤泥质黏土	1.79	26.6	9.7	—	—	—	—	0.65	3.23
⑥$_3$	黏土	1.85	71.2	11.8	—	—	—	—	—	5.82
⑥$_4$	粗砂	2.04	—	35.0	—	—	—	—	—	—
⑧$_1$	砂质粘性土	1.85	22.4	23.5	—	—	—	—	0.41	4.61
⑧$_2$	砂质粉质黏土	1.83	25.1	23.3	—	—	—	—	0.33	4.76
⑩1	全风化混合花岗岩	1.99	34.3	24.7	—	—	—	—	0.37	6.35
⑩2	强风化混合花岗岩	2.24	40.0	30.0	—	—	—	—	—	—
⑩3	中风化混合花岗岩	2.59	—	—	—	—	—	—	—	—
⑩4	微风化混合花岗岩	2.68	—	—	—	—	—	—	—	—
㊱1	中风化混合岩	2.50	—	—	—	—	—	—	—	—
㊱2	微风化混合岩	2.60	—	—	—	—	—	—	—	—

数字符号文中有说明

红线是规划航道范围，文中有说明

3. 地下水

根据其赋存介质的类型，沿线地下水主要有两种类型：一类是第四系地层中的孔隙潜水，主要赋存于人工填土、石及冲洪积砂层中；另一类为基岩裂隙（构造）裂隙水，主要赋存于强、中等风化带及断裂构造裂隙中，略具承压性。场地孔隙水赋存地层（除砂层外）一般含水性、富水性较差，基岩裂隙水赋存地层裂隙较发育，富水性较好，且由于其裂隙发育不均匀，局部地下水富集，可能造成涌水现象。

拟建线路场区地下水水质对混凝土结构在强透水层中具有中等腐蚀性，对钢筋混凝土结构中的钢筋在干湿交替环境中具有中等腐蚀性。

隧址范围内主要的地表水为海水，其余少量河道和渠道均与海水直接连通。按《公路工程地质勘察规范》（JTG C20—2011）中的相关规定综合判定如下。

大铲湾边检西侧：按Ⅱ类环境考虑，该海水水质对混凝土结构具有强腐蚀性，对混凝土结构中的钢筋在长期浸水时具有弱腐蚀性，在干湿交替时具有强腐蚀性。

前海湾沿江高速旁：按Ⅱ类环境考虑，该海水水质对混凝土结构具有中等腐蚀性，对混凝土结构中的钢筋在长期浸水时具有弱腐蚀性，在干湿交替时具有强腐蚀性。

项目沿线不同地点的海水腐蚀性有很大差别，尤其是海水中 Cl^-和 SO_3^{2-}的含量差别很大。同时，地下水和海水有紧密的联系，这是地下水受海水入侵的缘故，其入侵深度甚至可到基岩。

13.3 基于大直径泥水盾构掘进安全的最小覆土厚度

13.3.1 基于泥水压力可设定的安全掘进最小覆土厚度

如果某覆土厚度下计算出的最小极限支护压力大于最大极限支护压力或最大、最小极限支护压力差值超过泥水压力波动幅值，那么认为此时的盾构泥水支护压力无从设定，从而此时的覆土厚度设定不合理，或者说此时覆土厚度设定过小，不能满足开挖面稳定要求，需要增加覆土厚度。

根据《妈湾跨海通道工程初步勘察阶段岩土工程勘察报告》，钻孔测点 K28～K45 为跨海段隧道范围内测点，围绕测点 K28～K45 的岩土条件，通过泥水劈裂理论和开挖面稳定理论计算开挖面支护压力的上限和下限，选择最小覆土厚度。不同计算断面不同覆土厚度开挖面支护力学特性如图 13.3.1 所示。

根据各断面最大支护压力和最小支护压力计算情况，考虑泥水压力波动裕度为 0.06MPa，可以分析得出考虑泥水压力可设定的各断面最小覆土厚度。此最小覆土厚度未考虑安全系数，考虑到工程安全储备，可在此结果上增加 2m，作为满足泥水压力可设定的最小覆土厚度。

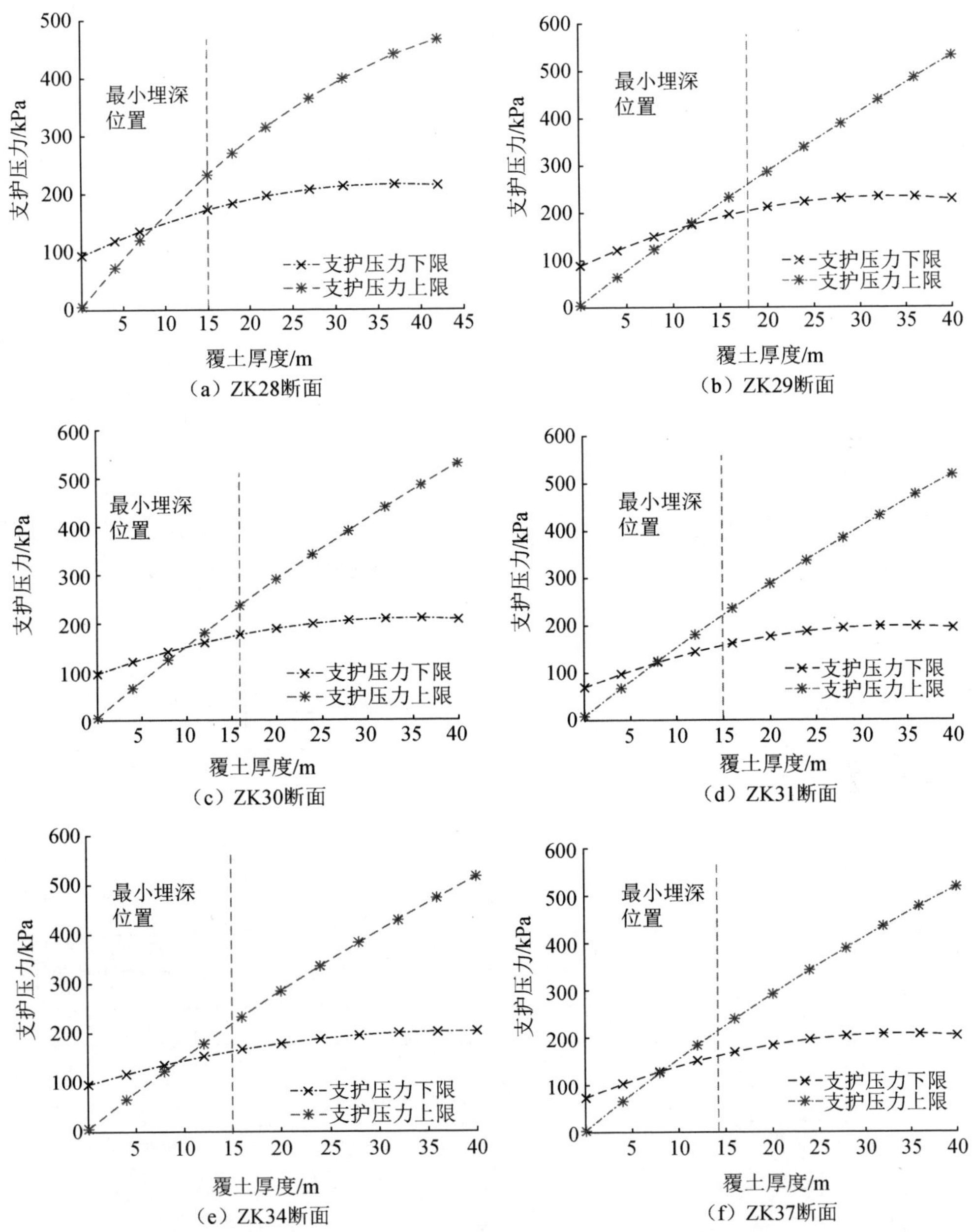

图 13.3.1　不同计算断面不同覆土厚度开挖面支护压力学特性

13.3.2　基于抗浮稳定的最小覆土厚度

目前关于隧道上浮的机理研究已经比较多了，但是关于隧道上浮的计算并没有公认的计算方法，一般都是在施工过程中采取相应的措施来控制。各类规范中对于隧道抗浮计算也并没有专门的条目涉及。目前研究较深入的抗浮计算模式主要有局部抗浮计算模式和纵向总体抗浮计算模式。局部抗浮计算模式即单独考虑某块管片或者整环（数环）管片，在动态上浮力或者静态上浮力的作用下，通过计算上浮力与抗浮力的平衡来判定隧道是否会发生上浮；而纵向总体抗浮计算模式是指将隧道纵向看成一长梁，运用弹性地基梁的原理，考虑该梁在上浮力及上覆土荷载作用下的变形，进而用最大变形来进行抗浮验算。

纵向总体抗浮计算模式有能够计算隧道上浮量的优点，但其模拟管片环的接头较困难，并且隧道实际上覆土情况复杂，将其简化为均匀覆土中的弹性地基梁会使误差变大，且计算烦琐。在本章中采用了局部抗浮计算模式，采用第九章提出的抗浮模型，分别从施工期和运营期两个方面进行考虑计算。

选取典型断面，根据实际覆土情况，计算满足妈湾隧道施工期抗浮稳定的最小覆土厚度、满足妈湾隧道运营期抗浮稳定的最小覆土厚度和航道开挖后满足妈湾隧道运营期抗浮稳定的最小覆土厚度，将所得结果统计到表 13.3.1 和表 13.3.2 中。

表 13.3.1　盾构左线分断面最小覆土厚度

断面	施工期 最小覆土厚度/m	运营期 最小覆土厚度/m	航道开挖后 运营期最小覆土厚度/m
ZK28	13.91	11.02	—
ZK30	13.12	11.02	7.03
ZK32	13.21	7.83	7.51
ZK34	13.18	7.83	7.03
ZK36	14.30	14.18	7.03
ZK38	12.65	11.02	7.03
ZK40	12.64	11.02	7.03
ZK42	13.04	11.02	5.23
ZK44	14.97	14.18	—

表 13.3.2　盾构右线分断面最小覆土厚度

断面	施工期 最小覆土厚度/m	运营期 最小覆土厚度/m	航道开挖后 运营期最小覆土厚度/m
ZK29	17.61	14.18	7.03
ZK31	13.10	11.02	7.51
ZK33	13.00	7.83	5.23
ZK35	12.12	7.83	5.23

续表

断面	施工期 最小覆土厚度/m	运营期 最小覆土厚度/m	航道开挖后 运营期最小覆土厚度/m
ZK37	13.33	11.02	7.03
ZK39	12.67	11.02	5.23
ZK41	13.22	11.02	5.23
ZK43	12.84	7.51	5.23
ZK45	15.04	14.18	—

13.4　考虑开挖卸荷及构筑加载影响的最小覆土厚度

与南京长江隧道工程和南京纬三路过江通道工程相比，妈湾跨海通道工程除面临泥水盾构掘进安全、隧道抗浮稳定考虑外，更面临后期规划中隧道上方航道开挖卸载和岸壁构筑加载对隧道结构的影响，在确定隧道合理覆土厚度时影响因素更为复杂。本节分析探讨远期规划航道开挖、岸壁构筑等外界条件变化等情况下，为保障深埋隧道安全与正常使用所需的最小即覆土厚度要求。采用理论分析和数值模拟等方法，设定多种覆土厚度，分析远期岸壁构筑与规划航道开挖疏浚等外荷载变化，以及对大直径盾构隧道结构的影响方式、范围和程度。综合隧道结构安全（结构受力、变形变位）及防水安全（接缝张开）的分析评价，探讨妈湾隧道考虑环境变化影响的竖向设计安全最小覆土厚度。

13.4.1　妈湾盾构隧道数值模型

隧道结构的分析模型可简单分为荷载-结构模型和地层-结构模型两种。地层-结构模型只需准确定义岩土体参数及地下水压力等数值而可免去荷载计算的过程，能够更好地反映土体与隧道结构的相互作用，并且可以更直观地反映不同埋深条件下隧道的力学特性。本节数值模拟采用地层-结构模型。

在盾构隧道中，接头的存在会对装配式衬砌结构的受力和变形产生非常大的影响，尤其在跨海隧道中接头的处理决定着盾构隧道的防水性能。因此，为了在结果中体现接头对结构整体的影响及接头处的力学特性，模型将盾构管片接头纳入建模考虑重点。目前考虑接头的计算模型通常都使用弹簧来模拟各种接头性能，这类模型也代表着当前装配式隧道模型的发展趋势。本节中采用弹簧来模拟管片的接头，并将梁-弹簧模型与地层-结构模型结合，建立一种地层-实体-弹簧模型，即用实体单元模拟地层与管片，并在两者之间设置接触，用弹簧单元模拟接头，管片间环向设置回转弹簧，管片环间设置拉压弹簧与剪切弹簧。

在模型的建立过程中，采用以下假定简化模型。

（1）假定地层形状规则，材料均匀，以便模拟实际工程中地层的分层。

（2）假定地层的变形处于弹塑性范围内，并应用扩展的 Drucker-Prager 模型，各向同性。

（3）混凝土管片采用实体单元，表面平整，不考虑手孔、注浆孔、传力衬垫和防水胶条及钢筋等，不考虑混凝土的塑性变形，采用线弹性材料模拟。

（4）接头的变形由螺栓变形和混凝土的受压体现，且螺栓仅受拉，混凝土仅受压。

（5）地表的海水以荷载形式进行模拟，岩土体中的孔压单独进行施加。

（6）岸壁构筑以荷载形式进行模拟。

妈湾跨海通道工程规模较大，无论是隧道本身的规模，还是航道开挖的规模，都达到了相当大的程度，在模型细化到管片和接头等细部结构情况下，如果按隧道真实长度进行模拟达到 1km，计算分析的时间成本过高。考虑到 ABAQUS 计算的时间效率，在隧道长度方面进行了相关的简化，建立长度为 100m 的盾构隧道模型。隧道结构外径为 15.0m，管片厚度为 0.65m，环宽为 2.0m，盾构管片径向分为 10 片，管片采用错缝拼装，环、纵向以高强斜螺栓连接，按照 1∶1 的比例建立管片模型并连接成环。

对于地层，主要对盾构隧道起到约束作用，通过地应力平衡而使地层具有初始地应力，与重力相平衡，从而真实模拟出盾构隧道外部环境条件。本书作者研究的重点是盾构隧道结构的受力及变形情况，因此对地层尺寸及细部结构的模拟可以进行一定程度的简化。经过模型试算，对比计算结果，并考虑盾构隧道的埋深情况，以及 ABAQUS 的计算能力，将地层模型的尺寸定为 55m×60m，沿隧道方向的长度同样取值 100m，将地层与隧道在一定的空间位置进行装配组合。妈湾跨海隧道地层模型如图 13.4.1 所示。

图 13.4.1　妈湾跨海隧道地层模型

模型中的地层具体参数来自《妈湾跨海通道岩土工程初勘报告》。模型建立的一个重要的理论基础是“梁-弹簧模型”理论，因此弹簧参数的取值也是模型建立成功的重要影响因素。弹簧常数的最终确定综合参考了小泉淳教授的理论公式、相关的设计规范及国内外相似的工程案例。环向管片间，设置回转弹簧。转动弹簧系数 K_θ 定义为作用在管片接头上的弯矩 M 与接头所发生的转角 θ 之比，即 $K_\theta = M/\theta$，受到接头处的轴力、接头板的变形、接头的初始拧紧力等影响，力学行为复杂。根据小泉淳教授在《盾构隧道管片设计》一书中提供的管片接头的转动弹簧系数参考值，并结合上海隧道工程设计院在实际工程中总结的经验数值，将转动弹簧系数 K_θ 取为 $3\times10^7\,\mathrm{N\cdot m/rad}$。环间管片间，设置拉压弹簧和剪切弹簧模拟接头作用。采用管片间的接触关系模拟环间压缩弹簧的作用，环间拉伸和剪切均采用弹簧连接进行模拟，即在管片环缝设置一组沿隧道纵向（Y 向）的抗拉弹簧，剪切弹簧则分 X 方向和 Z 方向两个方向进行设置。模型弹簧设置效果图如图 13.4.2 所示。

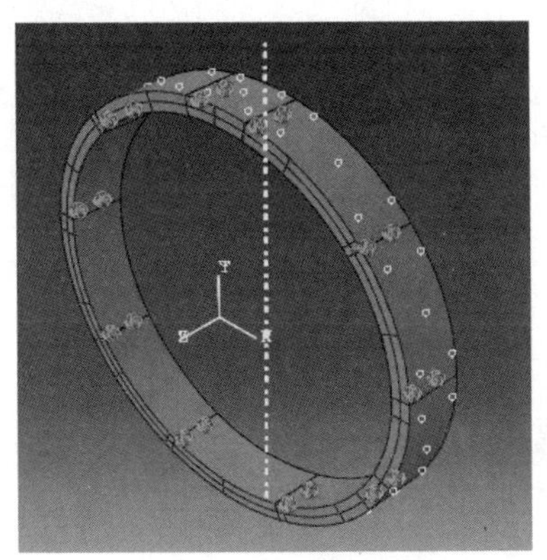

（a）环向弹簧设置效果图

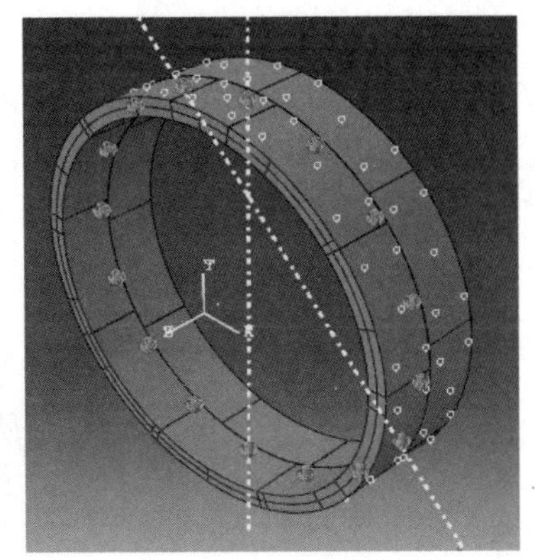

（b）环间弹簧设置效果图

图 13.4.2　模型弹簧设置效果图

由于模型中每一块管片和地层均为单一的部件，通过装配在空间上形成一个整体，而部件之间并没有实际的作用关系，需要设置一定的相互作用以实现结构传力的整体化。

模型涉及的相互作用一共分为三大类。

（1）管片间的弹簧连接，模拟管片接头处螺栓的作用，实现管片拼接成环，管片环组装成整条隧道。

（2）管片间的通用接触，接触属性定义为“法向硬接触”，避免在受力变形过程中管片间发生互相侵入的现象。

（3）盾构隧道与地层间的定义法向硬接触及切向的摩擦（罚函数），摩擦系数经验取值为 0.3。

通过调研航道开挖工法，并参考 ABAQUS 模拟开挖案例，对航道开挖卸载效应模拟如下。

（1）将被开挖的土体和其余地层分别单独建立部件，两者之间定义绑定关系，以实现前期地应力平衡过程中的协调变形。

（2）利用相互作用中的“model change”功能，设定被开挖土体部件在卸载分析步中失效，通过设置卸载分析步中增量步的大小实现对航道逐步开挖效应的模拟，效果如图 13.4.3 所示。

（3）在航道底面施加因土体开挖而涌入海水的压强荷载，同样施加在卸载增量步，以实现航道开挖卸载和海水涌入加载的叠加效应，如图 13.4.4 所示。

岸壁构筑的具体情况已在前面进行了详细介绍，其最终以荷载的形式体现在有限元模型中。

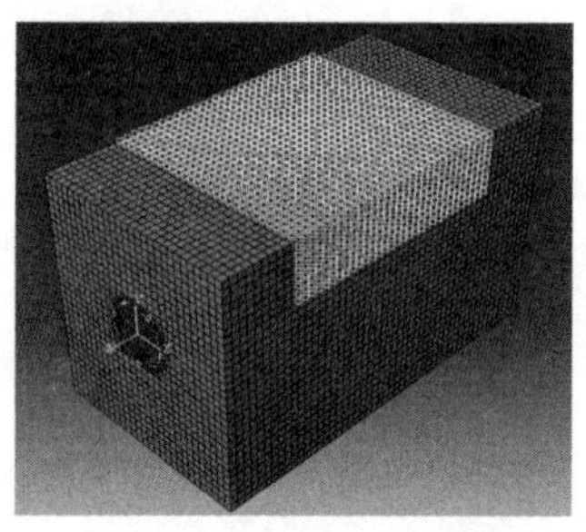

图 13.4.3　航道开挖卸载效果图

图 13.4.4　航道底部海水荷载效果图

13.4.2　岸壁构筑加载效应下最小覆土厚度

为了确定在岸壁构筑加载效应下隧道的安全最小覆土厚度，利用数值模拟的方法，依次建立隧道初始覆土厚度为 18m、20m、21m、22m、24m、25m、26m 和 27m 的有限元分析模型，分别进行计算分析，将计算结果与结构受力和变形指标进行对比，确定在加载效应影响下的跨海隧道安全最小覆土厚度。

1. 管片应力指标

对 8 种不同覆土厚度下的隧道受力情况进行分析，对管片最大拉压应力的统计如表 13.4.1 所示，并与安全指标进行比对，分析其变化规律，并划定管片应力安全埋深范围。

表 13.4.1　管片最大拉应力统计

隧道覆土厚度/m	航道开挖后管片纵向最大拉应力/MPa	管片最大拉应力安全限值/MPa
18	2.504	1.890
20	1.970	
21	1.954	
22	1.865	
24	1.840	
25	1.850	
26	1.851	
27	1.843	

如图 13.4.5 所示，以混凝土抗拉强度设计值 1.89MPa 为管片最大拉应力的安全评估限值，分别绘制了 8 种埋深情况下航道开挖卸载前后盾构隧道管片最大拉应力的变化情况，并与安全评估限值进行了对比。由图 13.4.5 不难看出，随着覆土厚度的增加，管片的拉应力出现减小的趋势，加载效应的影响减弱。对比 8 种

埋深加载后管片最大拉应力和安全限值的关系，隧道覆土厚度小于 22m 时加载效应下的管片拉应力超过安全标准。因此，以管片拉应力为限值标准确定加载效应下妈湾跨海隧道的最小覆土厚度为 22m（本节中覆土厚度指航道开挖前覆土厚度）。

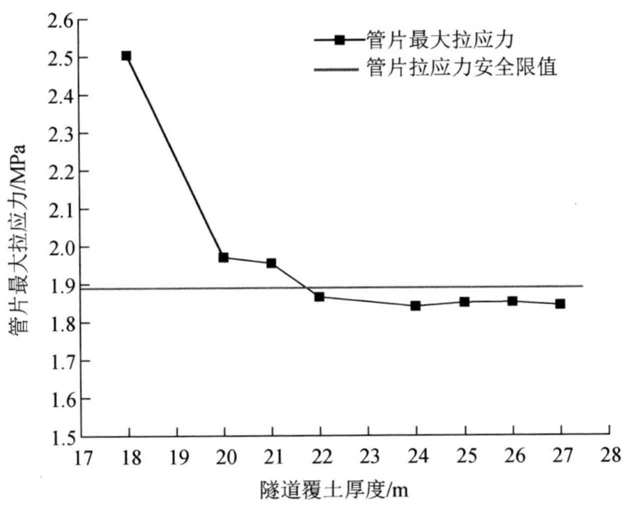

图 13.4.5 管片最大拉应力指标分析

2. 隧道竖向位移指标

基于岸壁构筑加载对隧道受力及变形影响特性的分析，绘制 8 种覆土厚度工况下隧道在岸壁构筑加载后的竖向沉降（图 13.4.6）并提取 8 种覆土厚度的盾构隧道纵向位移变化最大位置处进行分析比较，隧道纵向沉降值统计数据如表 13.4.2 所示，并绘制如图 13.4.7 所示曲线。

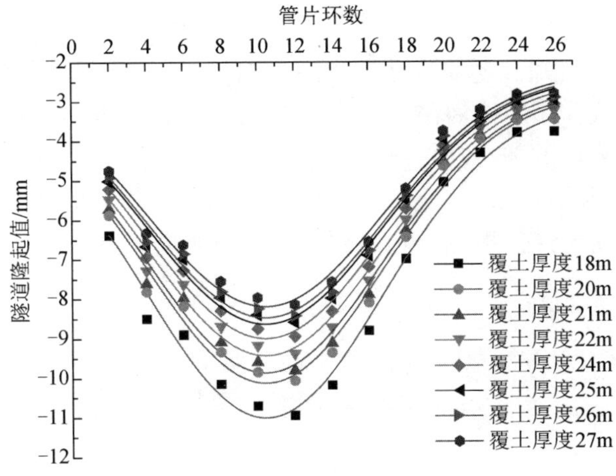

图 13.4.6 各埋深工况岸壁构筑后隧道竖向沉降

表 13.4.2 隧道纵向沉降值统计

隧道覆土厚度/m	隧道最大沉降量/mm	隧道竖向位移安全限值/mm
18	−10.95	±20
20	−10.07	
21	−9.81	
22	−9.38	
24	−8.95	
25	−8.59	
26	−8.43	
27	−8.15	

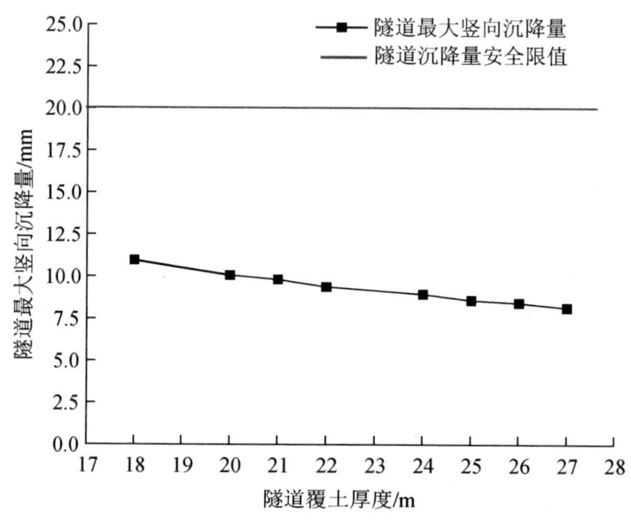

图 13.4.7 隧道竖向位移指标分析

通过图 13.4.7 可知，随着隧道覆土厚度的增加，隧道竖向沉降量减小，即岸壁构筑带来的加载作用对跨海隧道竖向位移的影响越来越小，而且依据曲线可以初步判定隧道沉降量的减小与隧道覆土厚度的增加呈线性关系。已知隧道竖向位移指标以±20mm 为安全评估指标，8 种埋深下的盾构隧道在岸壁构筑加载作用下的竖向沉降量与安全评估指标进行对比，各隧道竖向沉降量满足安全要求。

3. 接缝张开量指标

选取 8 种覆土厚度的盾构隧道管片环间的最大接缝张开量进行分析比较，管片环间最大接缝张开量统计数据如表 13.4.3 所示，并绘制如图 13.4.8 所示曲线。

表 13.4.3　管片环间最大接缝张开量统计

隧道覆土厚度/m	管片环间最大接缝张开量/mm	接缝张开量安全限值/mm
18	3.160	3.2
20	3.044	
21	3.080	
22	2.998	
24	2.822	
25	2.760	
26	2.808	
27	2.706	

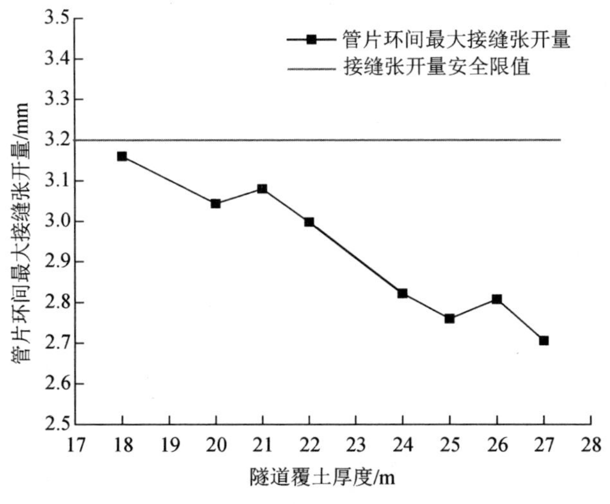

图 13.4.8　管片环间接缝张开指标分析

通过图 13.4.8 可知，隧道在加载效应影响下管片环间张开量的数值随覆土厚度的增大而变小，也是加载效应随覆土厚度增大而弱化的表现。对比管片接缝张开量的安全评估指标 3.2mm，8 种覆土厚度下的盾构隧道在岸壁构筑加载作用下的接缝张开量均满足安全要求。

4. 螺栓内力指标

根据所设定的螺栓内力安全评估指标，将螺栓达到屈服时所能承受的最大拉力 361kN 作为指标数值，将每种覆土厚度工况下的最大弹簧拉力数值进行提取分析，并与安全限值进行对比，对隧道安全情况进行评估。岸壁构筑加载效应下的螺栓内力最大值统计数据如表 13.4.4 所示，并绘制如图 13.4.9 所示曲线。由螺栓内力指标分析曲线可以看出，8 种覆土厚度工况下螺栓内力值均低于安全限值，可以判定螺栓内力控制指标安全。

表 13.4.4 螺栓内力最大值统计

隧道覆土厚度/m	螺栓内力最大值/kN	螺栓内力安全限值/kN
18	253.7	361.0
20	244.3	
21	247.2	
22	240.5	
24	226.3	
25	221.5	
26	225.4	
27	217.2	

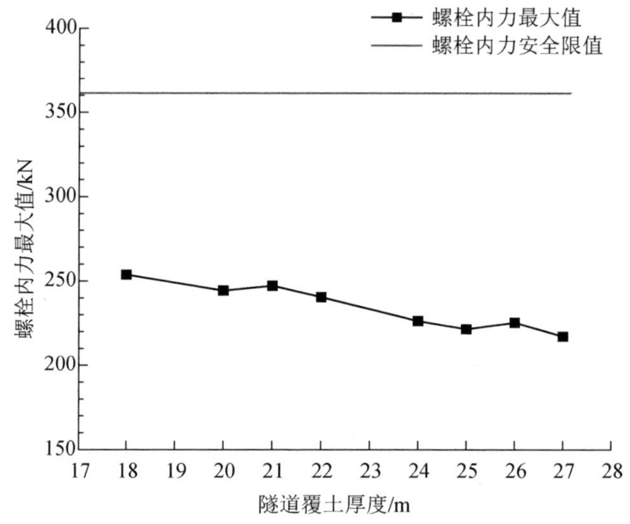

图 13.4.9 螺栓内力指标分析

综上所述，关于盾构隧道的安全评估，以管片纵向拉应力、隧道竖向位移和管片环间接缝张开量、螺栓内力为主要的控制指标，与相关的安全评估指标进行对比分析，考虑岸壁构筑加载效应的影响，跨海隧道的安全最小覆土厚度（航道开挖前上覆地层厚度）为 22m。

13.4.3 航道开挖卸载效应下最小覆土厚度

为了确定在卸载效应下隧道的安全最小覆土厚度，利用数值模拟的方法依次建立隧道初始覆土厚度为 18m、22m、24m、25m、26m、27m 和 28m（深度为 15m 的航道开挖完成后隧道上覆地层厚度依次为 3m、7m、9m、10m、11m、12m 和 13m 的 7 个有限元分析模型，分别进行计算分析，提取所需数据。通过将计算结果与安全评估指标进行逐一的对比，确定在卸载效应影响下的跨海隧道安全最小覆土厚度。

1. 管片应力分析

7 种覆土厚度工况下的隧道管片最大的纵向拉应力统计如表 13.4.5 所示，并与管片所能承受的最大拉应力标准值进行比对，绘制曲线图如图 13.4.10 所示分析其变化规律，并划定管片应力安全覆土厚度范围。如图 10.3.10 所示，以混凝土抗拉强度设计值 1.890MPa 为管片最大拉应力的安全评估限值，分别绘制了 7 种覆土厚度情况下航道开挖卸载前后盾构隧道管片最大拉应力的变化情况，并与安全评估限值进行了对比。由图 10.3.10 不难看出，航道开挖后，在巨大的卸载效应下，隧道管片在纵向会产生较大的拉应力，而且随着覆土厚度的增加管片的拉应力出现减小的趋势，推测为航道开挖的卸载效应引起隧道上浮。由于沿隧道纵向各部分的隆起量不同，隧道结构沿纵向产生弯矩，在管片上反映为拉应力的产生。对比 7 种覆土厚度卸载后管片最大拉应力和安全限值的大小关系，均满足混凝土抗拉强度设计值，因此各覆土厚度均满足管片应力限值指标。

表 13.4.5　隧道最大纵向拉应力统计

航道开挖前隧道覆土厚度/m	航道开挖后管片纵向最大拉应力/MPa	管片最大拉应力安全限值/MPa
18	1.833	1.890
22	1.738	
24	1.732	
25	1.716	
26	1.648	
27	1.642	
28	1.578	

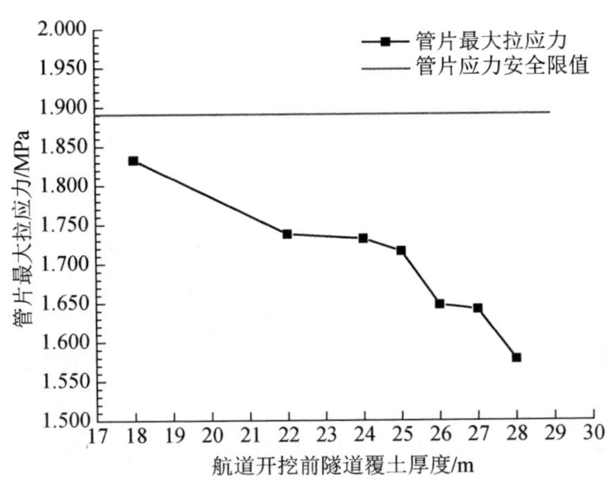

图 13.4.10　管片最大拉应力指标分析

2. 隧道竖向位移指标

分别提取 7 种覆土厚度工况下的隧道纵向位移情况，并在之前分析的基础上绘制了不同工况下的隧道隆起曲线，如图 13.4.11 所示。确定了隧道在卸载效应下的基本隆起规律，即卸载区域的中心位置处隧道隆起量最大，为了更为直观地比较隧道最大隆起量与安全限值的关系，提取 7 种埋深下的盾构隧道隆起量最大位置处的数据进行分析比较，数据如表 13.4.6 所示，并绘制如图 13.4.12 所示曲线。

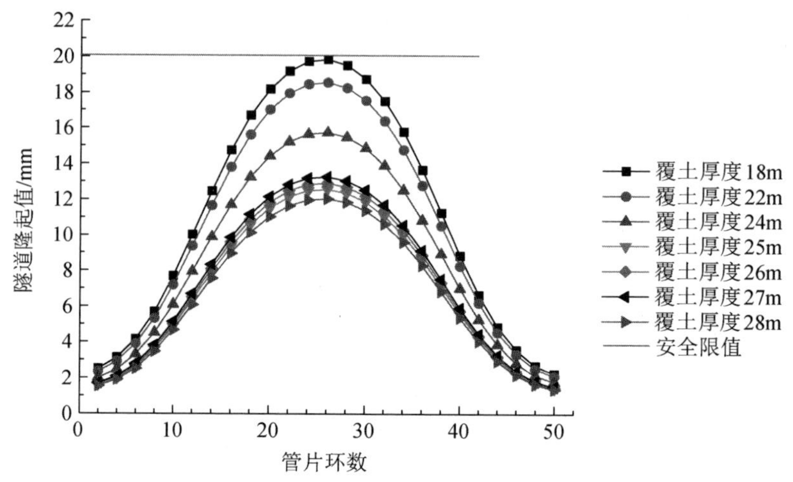

图 13.4.11　各埋深工况航道开挖后隧道竖向隆起量

表 13.4.6　隧道纵向隆起值统计

航道开挖前隧道覆土厚度/m	隧道最大竖向隆起量/mm	隧道竖向隆起安全限值/mm
18	19.83	20.00
22	18.55	
24	15.73	
25	12.55	
26	12.90	
27	13.25	
28	12.03	

随着隧道覆土厚度的增加，隧道竖向隆起量的数值越来越小，即航道开挖带来的卸载作用对跨海隧道竖向位移的影响越来越小。已知隧道竖向位移指标以 ±20 mm 为安全评估指标，7 种覆土厚度下的盾构隧道在航道开挖卸载作用下的竖向隆起量与安全评估指标进行对比，发现各隧道竖向隆起量满足要求。

3. 接缝张开量指标

基于上述分析和数值模拟的结果不难发现，由卸载作用导致的隧道结构的变位主要体现在管片环间的接缝张开，而错台量是微小的，因此对两者的安全限值重点考虑管片环间的张开量。航道开挖卸载后管片环间的接缝最大张开量统计如表 13.4.7 所示。

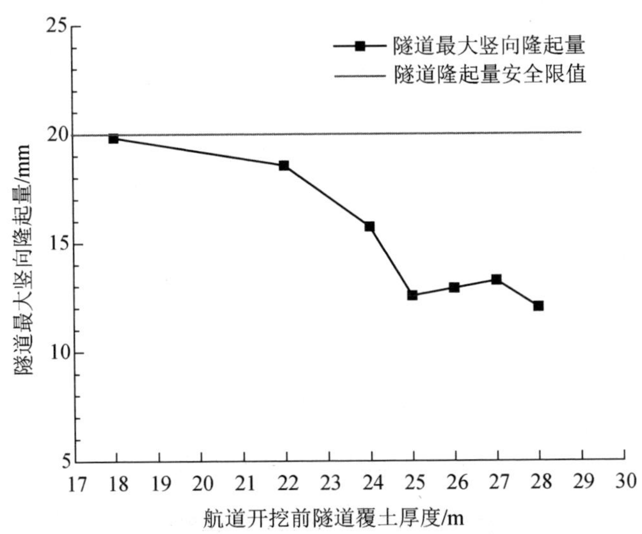

图 13.4.12　隧道竖向位移指标分析

表 13.4.7　管片环间最大接缝张开量统计

航道开挖前隧道覆土厚度/m	管片环间最大接缝张开量/mm	接缝张开量安全限值/mm
18	3.318	3.200
22	3.228	
24	3.222	
25	3.214	
26	3.198	
27	3.176	
28	3.146	

不同覆土厚度工况下盾构隧道的管片环间张开量如图 13.4.13 所示，隧道在卸载效应影响下管片环间张开量的数值随覆土厚度的增大而变小，也是卸载效应随覆土厚度增大而弱化的表现。对比管片接缝张开量的安全评估指标 3.2mm，隧道覆土厚度小于 26m 时航道开挖后管片环间的张开量超过安全标准。因此，以接缝张开量为限值标准确定卸载效应下妈湾跨海隧道的最小覆土厚度为 26m。

4. 螺栓内力指标

根据所设定的螺栓内力安全评估指标，将螺栓达到屈服时所能承受的最大拉力 361kN 作为指标数值，将每种覆土厚度工况下的最大弹簧拉力数值进行提取分析，并与安全限值进行对比，对隧道安全情况进行评估，航道开挖卸载效应下的螺栓内力最大值统计数据如表 13.4.8 所示，并绘制如图 13.4.14 所示曲线。

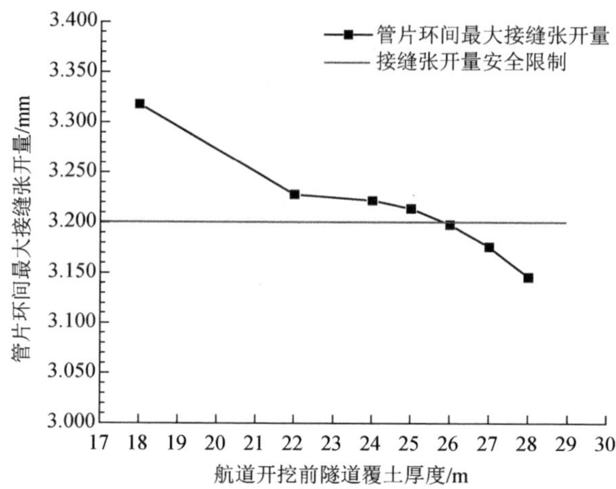

图 13.4.13　管片环间接缝张开指标分析

表 13.4.8　螺栓内力最大值统计

航道开挖前隧道覆土厚度/m	螺栓内力最大值/kN	螺栓内力安全限值/kN
18	274.4	361.0
22	259.1	
24	258.6	
25	257.9	
26	256.6	
27	254.8	
28	252.5	

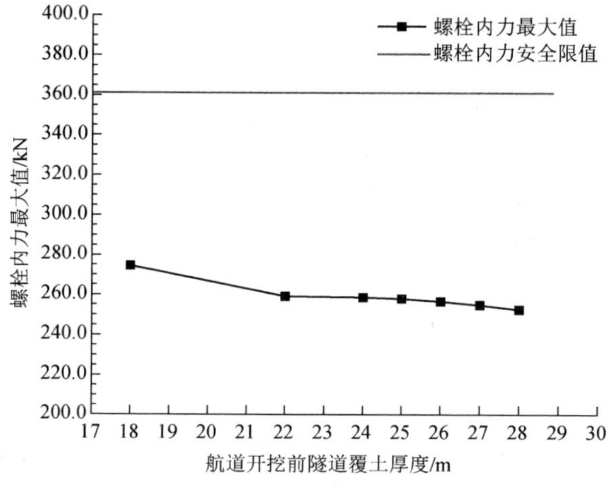

图 13.4.14　螺栓内力指标分析

由螺栓内力指标分析曲线可以看出，7 种覆土厚度工况下螺栓内力值均低于安全限值，可以判定螺栓内力控制指标安全。

综合上述关于盾构隧道的安全评估，以管片纵向拉应力、隧道竖向位移、管片环间接缝张开量、螺栓内力为主要的控制指标，与相关的安全评估指标进行对比分析，最终确定在课题所研究的工程背景下，考虑航道开挖卸载效应的影响，跨海隧道的安全最小覆土厚度（航道开挖前上覆地层厚度）为 26m。

13.5　覆土厚度建议值

目前妈湾跨海通道尚在规划设计阶段，本章中部分计算与分析采用的都是初期设计和地层初勘报告中相关数据，隧道受力与变形分析中部分指标经相关规范、文献调研并参考类似工程实践选取。根据地层条件和已有计算理论和方法，综合考虑盾构掘进安全与航道开挖卸载和岸壁构筑加载影响，通过各计算断面和隧道结构安全指标分析，比较各种条件下的最小覆土厚度并以最大值作为合理覆土厚度建议值，给出了妈湾跨海通道工程覆土厚度建议值，如图 13.5.1 所示。

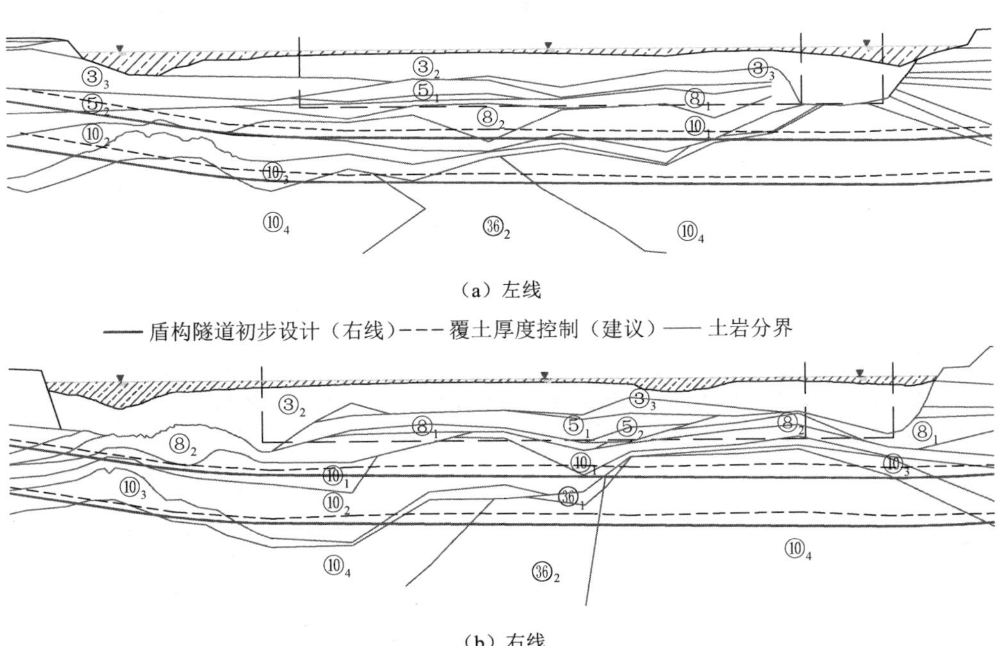

（a）左线

（b）右线

图 13.5.1　妈湾跨海通道合理覆土厚度竖向设计控制图（建议）

13.6 本章小结

本章结合妈湾跨海通道工程，基于大直径泥水盾构掘进安全和航道开挖卸载及岸壁构筑加载效应，通过理论计算、数值模拟等研究，探讨了妈湾跨海通道合理覆土厚度，给出了妈湾跨海通道合理覆土厚度竖向设计控制建议。本章主要结论如下。

（1）相比于南京长江隧道工程和南京纬三路过江通道工程，妈湾跨海通道工程除面临泥水盾构掘进安全、隧道抗浮稳定考虑外，更要面临后期规划中隧道上方航道开挖卸载和岸壁构筑加载对隧道结构的影响，在确定隧道合理覆土厚度时影响因素更为复杂。

（2）在泥水盾构隧道覆土厚度设定中，考虑泥水压力可设定的盾构掘进安全和隧道抗浮稳定至关重要，也是合理设定覆土厚度的重要判据。

（3）妈湾跨海通道合理覆土厚度设定必须考虑后期航道开挖卸载和岸壁构筑加载对隧道结构受力和变形的影响。事实上，在部分地层中，隧道结构受力与变形对合理覆土厚度的设定起到了控制作用。